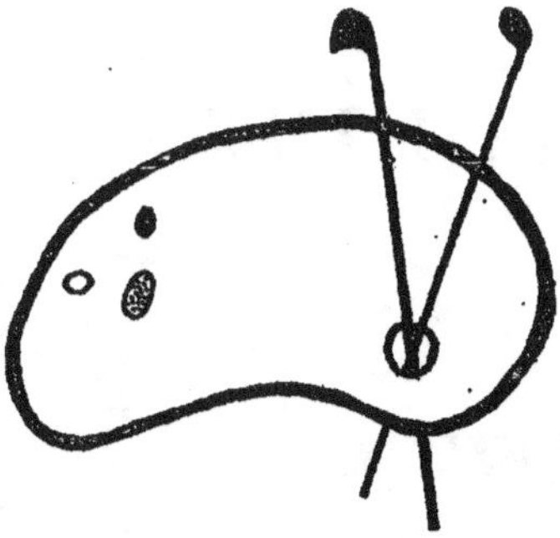

DEBUT D'UNE SERIE DE DOCUMENTS
EN COULEUR

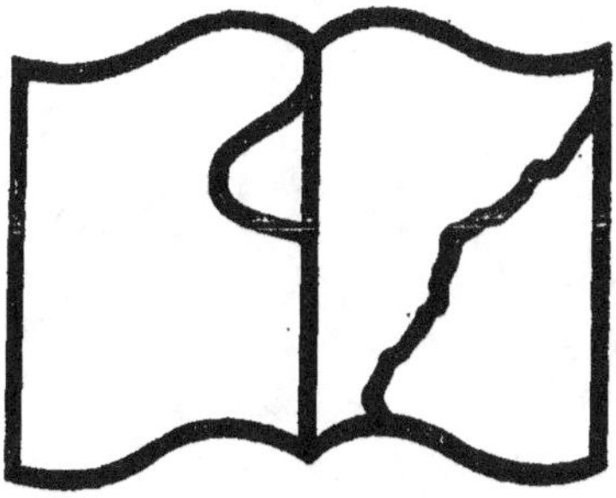

Texte détérioré — reliure défectueuse
NF Z 43-120-11

CORRESPONDANCE

DU VICOMTE

Armand de MELUN

ET DE

MADAME SWETCHINE

PUBLIÉE

Par Le Comte Le CAMUS

PARIS
ANCIENNE LIBRAIRIE RELIGIEUSE H. OUDIN
J. LEDAY ET Cⁱᵉ, SUCCESSEURS
10, RUE DE MÉZIÈRES, 10

1892

A LA MÊME LIBRAIRIE :

*MÉMOIRES, CORRESPONDANCES ET ŒUVRES DIVERSES DU VICOMTE ARMAND DE MELUN, revus et mis en œuvre par le comte Le Camus, chevalier de la Légion d'honneur, ancien secrétaire général de la Société d'Économie charitable.
— Tome I, de 1807 à 1848, in-8°. 3 50
— Tome II, de 1849 à 1877, in-8°. 3 50

MÉMOIRES SUR LA VIE, LES MALHEURS, LES VERTUS DE LA PRINCESSE MARIE FÉLICE DES URSINS, épouse et veuve du duc Henri II de Montmorency, décédée (en odeur de sainteté) religieuse du monastère de la Visitation de Moulins-sur-Allier, par Mgr Fliche, prélat de la Maison de Sa Sainteté. Deux beaux volumes in-8°, avec portraits et fac-similé. 10 »

ÉTUDE SUR LA VIE ET LES ŒUVRES DE SAINT BERNARDIN DE SIENNE, franciscain de l'Observance, par le R. P. Apollinaire, du même Ordre, 1 vol. in-8°. 3 75

ÉTUDES SUR LES TEMPS PRIMITIFS DE L'ORDRE DE SAINT-DOMINIQUE, par le R. P. Danzas, ancien provincial du même Ordre.

1re série : Le Bienheureux Jourdain de Saxe. 4 beaux vol. in-8°. 20 »

2e série : Saint Raymond de Pennafort et son époque, 1 fort vol. in-8°. 7 »

SOMME ASCÉTIQUE DE SAINT FRANÇOIS DE SALES, docteur de l'Église, ou la Vie chrétienne à l'école du saint Docteur, par l'abbé N. Albert, chanoine honoraire, curé-doyen de Thônes, 2e éd., revue et considérablement augmentée. Ouvrage honoré d'un Bref de S. S. Léon XIII et recommandé par S. E. le Cardinal Desprez, archevêque de Toulouse ; S. G. l'archevêque de Chambéry ; S. G. l'évêque d'Annecy ; Mgr Charles Gay ; Mgr Mermillod ; le T. R. Père Eschbach, supérieur du Séminaire français à Rome, etc. Deux forts vol. in-12, avec portrait. 5 »

Depuis longtemps l'Église a pour but de conduire de plus en plus le monde catholique à l'école de saint François de Sales. Or, pour bien des causes, il est difficile de saisir dans son ensemble saint François de Sales, si riche et si varié, qui est un guide si sûr et si aimable, d'autant plus qu'il est le seul des docteurs qui ait écrit en français. Innombrables sont les trésors cachés dans ses ouvrages : morale, ascétisme, théologie, mystique, exégèse, histoire ecclésiastique, théologie pastorale et droit canon, tout s'y donne rendez-vous pour faire de ses œuvres une véritable encyclopédie sacrée.

Nous avons voulu faire un ouvrage qui renfermât la moelle et la fleur de saint François de Sales ; les matières y sont classées dans un ordre clair et facile à saisir.

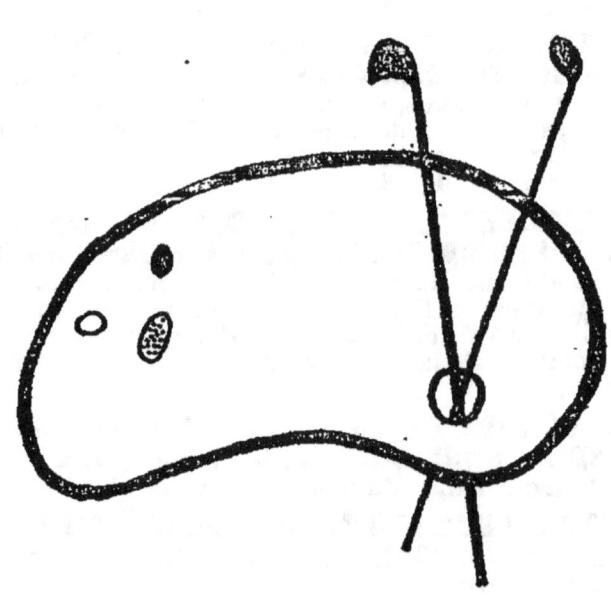

FIN D'UNE SERIE DE DOCUMENTS
EN COULEUR

CORRESPONDANCE

DU

VICOMTE ARMAND DE MELUN

ET DE

MADAME SWETCHINE

Les Éditeurs déclarent réserver leurs droits de traduction et de reproduction à l'étranger.

Cet ouvrage a été déposé au Ministère de l'Intérieur (Section de la Librairie) en février 1892.

Reproduction interdite en France sans autorisation.

CORRESPONDANCE

DU VICOMTE

Armand de MELUN

ET DE

MADAME SWETCHINE

PUBLIÉE

Par Le Comte Le CAMUS ✻

PARIS
ANCIENNE LIBRAIRIE RELIGIEUSE H. OUDIN
J. LEDAY ET Cⁱᵉ, SUCCESSEURS
10, RUE DE MÉZIÈRES, 10

1892

La correspondance que nous donnons aujourd'hui au public n'est pas entièrement inédite.

M. de Falloux, en effet, avait inséré dans ses deux volumes de la correspondance générale de Mme *Swetchine la plus grande partie de ses lettres au Vicomte de Melun. Nous disons la plus grande partie, parce que, lors de cette publication, qui parut, on s'en souvient, bien peu d'années après la mort de cette femme éminente, à la fois si russe et si française, le Comte de Falloux, sur la demande de M. de Melun et d'accord avec lui, retrancha des lettres de M*^{me} *Swetchine certains passages devenus obscurs par la suppression des réponses, certains détails plus intimes et la presque totalité de ce que les éditeurs des œuvres de saint François de Sales au XVII*^{e} *siècle appelaient « la partie affective » de ses lettres, partie considérable chez l'aimable femme comme chez l'aimable saint, et non moins considérable aussi chez M. de Melun.*

En publiant aujourd'hui pour la première fois les Lettres du Vicomte de Melun, nous avons donc rétabli dans leur intégrité celles de Mme *Swetchine. Ni les unes ni les autres n'ajouteront rien sans doute à la physionomie désormais fixée de l'amie incomparable dont M. de Falloux a été l'historien fidèle* autant que délicat, mais elles feront certainement connaître M. de Melun sous un aspect nouveau et bien touchant.

Dans la première partie de cette correspondance, M. de Melun cherche encore sa voie et se livre à des études et à des recherches qui mûrissent son jugement. Puis on le voit peu à peu abandonner ces études pour marcher d'un pas ferme et résolu dans cette voie de la charité et des œuvres dont il ne s'écartera plus jusqu'à la fin de sa vie.

Cette correspondance n'avait pas été écrite évidemment avec la pensée qu'elle pourrait un jour être publiée, aussi croyons-nous qu'en montrant le Vicomte de Melun sous des aspects tout à fait intimes et sans apprêt, elle intéressera vivement ceux qui aiment à voir une âme humaine dans toute sa simplicité et toute sa grandeur.

CORRESPONDANCE

DE M. LE VICOMTE

ARMAND DE MELUN

ET DE MADAME SWETCHINE

Gandelu (Aisne), ce 20 juillet 1835.

Madame,

En quittant Paris, j'avais compté sur M. Franck (1) pour me donner de vos nouvelles. Depuis mon arrivée ici, je lui ai rappelé ses promesses, en le priant, avec instance, de les tenir. Ses importants travaux ne lui auront sans doute pas permis de me répondre, et j'aurai été sacrifié à la correction de la Genèse ou de l'Exode.

Je ne pouvais cependant m'arranger de cet obstiné silence, et me résigner à laisser passer une

---

(1) Professeur d'hébreu, dont M. de Melun prenait des leçons, à la sollicitation de Mme Swetchine.

année presque tout entière sans rien apprendre de votre santé : aussi me serais-je adressé à vous depuis longtemps, si un abcès à la tête n'était venu tout à coup me mettre dans l'impossibilité d'écrire un mot et même de lire une ligne. Il a bien fallu donner à cet hôte fort peu sociable un long mois que je destinais à un meilleur usage, et j'ai eu souvent besoin du souvenir de votre admirable résignation pour ne pas me révolter contre ce fatigant repos.

Me voilà aujourd'hui à peu près quitte, touchant une plume pour la première fois. Je ne veux pas remettre à demain ma demande; soyez donc assez bonne, Madame, pour me faire savoir comment vous avez passé ces derniers mois, si vous allez à Vichy ou si, à mon passage à Paris, vers la fin d'août, je puis espérer de vous rencontrer. Malgré tout le plaisir que j'aurais à vous voir, j'aimerais mieux apprendre votre départ pour les eaux : ce serait une preuve de force et un présage de parfaite guérison. Je ne sollicite qu'un mot, et il est attendu avec tant d'impatience que vous ne voudrez pas me le refuser.

Pardon mille fois de mon importunité et de cette espèce de bulletin sanitaire que je vous envoie. Bien mieux vaudrait vous parler de quelques-unes de ces grandes et belles idées dont j'ai trouvé le germe dans vos conversations et que vous aviez recommandées à mon examen ; mais un sujet tant soit peu sérieux n'est pas encore de mon régime.

Ma pauvre intelligence ne sait pas, comme la vôtre, conserver toute sa liberté à travers les souffrances du corps. Heureusement la maladie, souvent si forte contre l'esprit, n'a pas tant d'action sur l'âme ; les sentiments lui échappent, elle ne peut nuire qu'à leur expression, et j'ai la ferme confiance que les miens peuvent maintenant fort bien se passer auprès de vous du mérite de la rédaction.

Veuillez agréer l'assurance de mon respectueux dévouement.

A. DE MELUN.

Gandelu, 21 octobre 1835.

MADAME,

Si vous avez encore la bonté de conserver quelque inquiétude sur mon compte, il n'y faut plus songer, vous ne sauriez placer plus mal votre pitié. Vos bons conseils ont préparé cette rapide restauration, la campagne a fait le reste. Je ne demande plus qu'à pouvoir mesurer vos progrès sur les miens ; ma santé m'en deviendrait plus chère ; mais ces longues pluies et ce froid m'attristent en pensant à vous, et je n'entrevois pas un rayon de soleil sans vous l'envoyer. Que ce vilain temps n'arrête pas votre voyage à Chantilly, on ne peut se mal trouver de chercher l'air et la lumière.

Depuis mon arrivée, malgré l'hiver, je n'ai cessé d'être homme de course et d'exercice ; nul régime ne m'a mieux profité, au moins pour le corps, car le reste sommeille un peu par respect pour la convalescence, n'élevant pas ses méditations au delà de la teinte mobile des arbres et de la pauvre feuille qui, n'ayant plus à nous défendre des ardeurs du ciel, vient mourir à nos pieds.

Je lis cependant la Sœur Emmerich, et je goûte fort ses méditations. Je ne la prends pas pour un treizième apôtre, ni son œuvre pour une page de la Bible; mais elle a vu plus loin et mieux que les autres dans la Passion. Quelle que soit la source de ses inspirations, elle est pure, car elle est vraie; elle raconte ce qu'elle voit, non ce qu'elle invente ; c'est ainsi que je m'imagine la poésie au commencement, plus clairvoyante que toute autre langue, pénétrant plus avant dans le secret des choses, en un mot, la plus belle forme de la révélation divine par le moyen de l'intelligence humaine. Il est vrai qu'on a donné de la poésie une tout autre définition ; on a fait de la fiction son partage, c'est-à-dire que les hommes, si habiles à fausser les intentions de la Providence, ont chargé le poète de mentir pour les distraire. N'ont-ils pas ainsi profané la musique et même la douleur, cette source sévère et sacrée d'expiation, dont ils s'amusent au théâtre dans leurs tragédies ?

Je n'ai pas le droit de juger la vie de la sainte religieuse, elle est trop extraordinaire pour ne pas effaroucher une époque si scrupuleuse sur les empiétements de la toute-puissance divine ; mais j'aime le traducteur de n'avoir pas respecté ces scrupules. Nous entrons si avant dans les habitudes constitutionnelles que nous finirons par refuser à Dieu un article 14 dans la Charte de l'Univers.

M. Benjamin Constant édifie moins, mais n'est pas inutile à la vérité. Il explique fort bien tous les cultes par la distinction du principe et des formes ; seulement il est trop modeste. Pourquoi s'arrêter à la religion ? Mille autres problèmes auraient trouvé leur solution dans sa découverte. Le jardinier ne taille-t-il pas les arbres ? Il les découpe, double leurs fleurs, altère leurs fruits. Les minéraux n'ont-ils pas subi sous nos mains mille figures, mille combinaisons ? Le système de M. Benjamin Constant rend compte de tout cela. Il sépare le principe végétal et métallique de toutes ces formes qui nous appartiennent : ainsi nous avons fait arbres, pierres, peut-être même animaux, qui ne sont après tout que des applications changeantes et humaines du grand principe vital. Je ne sais même pourquoi nous ne réclamerions pas le soleil en le présentant comme une des formes de la lumière ; nous avons bien inventé le quinquet, qui représenterait parfaitement le fétichisme dans la hiérarchie des lumières, si la chandelle n'existait pas. Il faut avouer que Dieu a été bien heureux de rencontrer l'homme pour mettre à fin la création ; ses idées n'auraient pu être exprimées ; sans nous la terre n'eût jamais été qu'une théorie.

M. Bautain, d'autre côté, a bien tort de si maltraiter le raisonnement ; s'il boite quelquefois à la poursuite de la vérité, l'erreur n'a pas de plus perfide ennemi. Il la flatte d'abord, lui prête des arguments, fournit au besoin cinq volumes de faits et de preuves ; le système s'élève là-dessus, explique et démontre ce qu'il veut. La logique ne conteste rien, signe tout ; seulement elle ne s'arrête pas sitôt que l'écrivain. Elle l'attache à son principe, le presse, en exige toutes les conséquences, et ne le quitte qu'en lui laissant pour conclusion dernière la démonstration la mieux raisonnée d'un fait absurde ou impossible.

Je ne connais pas de meilleure méthode avec le mensonge; c'est un cadavre à qui les attaques de ses adversaires donnent une apparence de vie; il se soutient par la résistance; qu'on lui accorde ce qu'il demande, il ne résiste pas à son propre succès.

J'espère au moins que vous n'avez pas interrompu votre promenade pour déchiffrer tout ce long bavardage. Malgré mon indiscrétion, j'ai bien peine à le finir : il me rappelle un peu ces bonnes soirées où minuit venait si vite me surprendre, et je m'oublierais facilement à vous conter toutes mes idées; malheureusement vous n'êtes plus là pour me donner les vôtres, que j'aime bien mieux entendre.

Ne vous fatiguez pas cependant à me répondre ; je ne veux absolument qu'une ligne de vous, pas une parole de plus : c'est le plus grand sacrifice que je puisse faire à votre santé.

J'ai eu besoin de toute l'affection de famille qui m'a accueilli en fils et en frère pour ne pas me plaindre. Je m'étais si facilement accoutumé à vous garder quelques heures dans ma journée, j'étais si heureux de vous voir, de vous parler chaque jour. Les habitudes se prennent bien vite et sont bien fortes lorsqu'elles viennent du cœur. Il me reste au moins la consolation de parler bien souvent de vous ; tout le monde ici veut de vos nouvelles et ressent quelque chose de mon amitié. Ma mère n'a pu entendre sans émotion le récit de toutes vos bontés, de toutes vos sollicitudes pour son fils, et votre souvenir est souvent présent entre nous.

Veuillez, Madame, recevoir l'expression de ma

respectueuse amitié, et me rappeler au souvenir du général Swetchine.

A. DE MELUN.

Lettre de Mme Swetchine.

Paris, 9 novembre 1835.

Vous êtes bien à l'aise pour ne me demander qu'un mot sur ma santé. Il m'eût trop coûté de m'y borner, et voilà pourquoi jusqu'ici vous n'avez pas eu de réponse à votre lettre, si charmante en tous points. Je n'en ai joui seule que pour ce que je ne veux partager avec aucun autre, et tous ont dit comme moi. Si mon silence avait mis en doute quelqu'une de mes impressions, s'il vous en avait seulement laissé beaucoup à deviner, je n'aurais, aujourd'hui que je vous parle, que bien peu de chose à vous dire. Mais vous ne m'avez cru aucun tort, parce que tous se seraient réduits à un seul, à jamais banni de nos rapports.

J'ai fait passer avant vous mille devoirs de bienséance et de procédés ; vous y reconnaîtrez le privilège de ceux qu'on honore comme *amis*, et j'ai *ajourné* pour vous répondre, armée de cette patience que l'affection possède aussi lorsqu'elle se sent éternelle. Et puis, je l'avais entre les mains, cette lettre si parfaitement bonne, que je vous avais reproché, soit dit en passant, de me faire attendre, et, après avoir songé à la prévenir, je n'ai plus été si pressée lorsqu'il ne s'est plus agi que de remercier.

Voilà comme on touche toujours par quelque

bout à l'ingratitude humaine, et c'est peut-être ce que découvrent davantage les cœurs les plus reconnaissants. Ma pauvre vie, du reste, me fournirait bien d'autres excuses; il se fait de plus en plus une disproportion effrayante entre les obligations qui me sont chères et mes forces. Cette vie debout, toujours en marche (1), abrège mes forces au point de les anéantir; l'activité de l'âme aux prises avec des organes malades n'a vraiment que deux refuges, la foi de ce qui nous aime et le monde du dedans où tout se colore et se met davantage en relief, à mesure que l'autre jour baisse. C'est ainsi qu'on entre plus avant dans les conditions d'un heureux affranchissement et en même temps sous la dépendance plus étroite de ceux qui peuvent nous démêler, nous répondre et nous encourager. Vous dire à quel point vous êtes pour moi un de *ceux-là* serait difficile : vous me manquez chaque jour. Ces idées que vous accueillez avec indulgence n'ont plus d'écho ; il m'est bien démontré qu'elles *faisaient semblant* de venir de moi, et qu'elles s'achevaient ou commençaient en vous.

Votre jugement sur la Sœur Emmerich, qui a ravi M. de Cazalès, a résumé tous ses jugements à lui-même et toutes mes impressions (2). Nous nous sommes également rencontrés dans l'appréciation du

---

(1) Mme Swetchine était atteinte d'une maladie de cœur qui l'obligeait à marcher sans cesse dans son salon. « Pour tout le monde, la politesse consiste à se lever quand une visite arrive, et pour moi elle consiste à m'asseoir, » disait-elle.

(2) M. de Cazalès venait de publier les *Révélations de la Sœur Emmerich sur la douloureuse Passion de Notre-Seigneur Jésus-Christ*, traduites de l'allemand.

courage difficile qui lui a fait vaincre tout respect humain dans le choix d'une œuvre si extraordinaire : c'est là l'héroïsme des salons, dans ce qu'il peut avoir de plus courageux et de plus volontaire, la conscience même ne venant lui prêter aucunement sa force. Si j'avais été avertie à temps, j'aurais, je crois, détourné M. de Cazalès de ce travail : rien n'eût été plus dans l'ordre, que la générosité en lui et la prudence dans ses amis, et pourtant l'impression générale du livre me paraît bonne, mais de cette bonté trop relative, trop contestable, qui exclut le grand nombre et le trop grand jour. Sur mille personnes qui le liront, il y en aura à peine dix qui le jugeront comme vous, et pas une seule pour en parler si bien. M. de Cazalès l'a bien senti ; il a été très frappé de *votre talent d'écrire* (je me sers de ses mots), et je vous réponds que vous avez été bien vengé de ce *dédain de la forme* dont vous accusait M. de la Bouillerie.

Ce que vous me dites de B. Constant est d'une vérité profonde ; on interrompt trop vite l'erreur, on ne la laisse pas se perdre elle-même ; on se hâte trop d'avoir raison, et l'on oublie toute la force que l'on a contre elle, en l'écoutant simplement, *l'arme au bras.*

M. Bautain, dans ses excès d'un autre genre, appellerait la même immobilité ; d'après l'avis d'un bon juge, tout ce qui est nouveau dans son second volume est insoutenable, et le reste est partout. Quant à moi, je n'ai pu encore même l'entr'ouvrir, et cela vous donnera la mesure de mes loisirs et de ma liberté d'esprit.

A travers beaucoup d'autres ennuis, ma santé est toujours au fond de ces obstacles ; j'ai été beaucoup plus souffrante de l'irritation que me cause le froid, et l'enflure qu'il augmente me forcera probablement à me tenir enfermée pendant tout l'hiver ; je lutte encore contre cette nécessité, liée à des inconvénients majeurs et à des privations bien sensibles. Mon médecin persiste cependant à me trouver mieux, seulement pas guérie et ne pouvant attendre une amélioration positive et soutenue que de ma cure de Vichy, au printemps, si j'y arrive sans accidents nouveaux. Voilà donc l'état que retrouveront, j'espère, vos bons soins et votre amitié à votre retour ; il m'est doux de penser que je suis sur votre passage, que mes heures vous conviennent, enfin que je vous suis commode ; ne vous récriez pas sur ce mot, je n'en repousse aucun quand ils m'offrent, pour des habitudes qui me sont chères, une facilité de plus.

Combien je suis reconnaissante à madame votre mère de la sanction qu'elle veut donner à votre si réelle bonté pour moi ! Dieu sait qu'on ne s'est jamais tiré du danger de l'envie, par plus de respect et de sympathie pour le bonheur d'un autre. Il y a bien quelque chose qui ressemble à l'adoption dans le fond de mon cœur, mais sans mélange d'usurpation ; si j'empiétais, ce serait sur ces relations du monde, et il y a tout plaisir, si ce n'est tout gain, à disputer le terrain aux indifférents. Sachez-moi donc associée pour toujours à vos *amis naturels*, à vos affections les plus vraies. C'est au milieu d'elles que j'aime à vous chercher, et à penser aussi que rien de ce qui vous amène à moi ne vous en sépare.

Je veux vous dire que j'ai fait connaissance avec M. Berryer et que je suis charmée de sa conversation facile et d'un éclat doux. La flexibilité de son esprit m'a frappée ; on sent qu'il saisirait aussi rapidement tous les points de vue que tous les tons, et que s'il le voulait plus souvent, il s'élèverait aux considérations les plus hautes. Ce jugement est bien superficiel, je ne l'ai vu qu'une fois, mais cette fois *était hier*, et ce que je vous dis là m'est resté bien distinct d'un assez long entretien. Peut-être en appellerez-vous à *Philippe à jeun* ; il y a toujours un peu d'enivrement dans le contact des célébrités ; pourtant je ne vis pas assez de leur atmosphère pour que ma raison en soit vraiment troublée.

A propos de célébrité, une circonstance particulière m'a amené aussi M. de Chateaubriand ; il m'a promis, quand je le voudrais, la lecture de ses Mémoires. La politesse serait de la lui demander immédiatement ; mais je pense que vous en seriez curieux, et c'est la meilleure raison que je connaisse pour ajourner.

Adieu ; je ne veux pas oublier de vous dire que M. Lacordaire me demande souvent de vos nouvelles ; il travaille beaucoup, et cette année, pour son talent et pour son influence, sera décisive. S'il y a progrès incontestable, il les lui assurera tous, et il sera difficile de leur assigner un terme. Adieu ; continuez cette bonne vie d'air, de lumière et d'exercice, qui n'arrête rien et protège tout, et puis revenez, à travers vos chemins rompus, vous enfermer dans ce pauvre Paris que vous subissez en vrai Germain. Vous ne me laisserez pas jusque-là sans vos nouvelles : je les désire et les attends, bien plus que mes longs retards à moi-même ne m'en laisseraient le droit.

S. SWETCHINE.

Gandelu, ce 19 novembre 1835.

MADAME,

Je ne sais comment vous dire combien j'ai été touché et reconnaissant de votre lettre. Avec toutes vos souffrances et si peu de loisir, je n'osais l'attendre si longue, si pleine de bonnes et douces choses: aussi a-t-elle été reçue comme une amie inespérée. Je vous ai reconnue dans chaque ligne, j'y ai retrouvé tout ce que je regrette chaque soir; pour un moment vous m'avez été rendue.

Merci donc mille fois de vos bontés, de votre confiance dans mon affection ; merci de vos éloges : ils me prouvent que, dans leur petite sphère, les lettres ont quelquefois le sort des livres, le lecteur les fait, et c'est votre amitié qui a lu la mienne. De tout ce que vous me dites, je ne voudrais effacer qu'une seule ligne, celle qui parle de votre santé ; ses promesses sont trop incertaines et la guérison trop lente. Méchante médecine qui vous condamne sans pitié à quatre ou cinq mois de prison ! Heureusement moins sévère que la justice, elle ne met pas ses victimes au secret, et je bénis comme vous l'à-propos de notre voisinage, non que la distance puisse jamais être un obstacle entre vous et moi, mais si près, la route ne prend rien du temps, on peut arriver plus tôt et vous quitter plus tard.

Nous sommes ici en pleine possession de l'hiver ; je finirai par me brouiller tout à fait avec lui pour le mal qu'il vous fait, et c'est dommage, car je m'arrangeais très bien de ces premiers froids. C'est un aiguillon qui presse les pas, et fait mieux circuler mon sang, puis, à la campagne, on ne perd aucun des détails administratifs de ce monde, on remarque jour par jour les ingénieux expédients mis en usage pour préparer le printemps et rajeunir la terre.

On cite souvent, comme expression de la force divine, l'océan en fureur, le roulement du tonnerre ou quelque torrent déchaîné qui emporte une ville avec lui. Tout ce bruit semble indiquer l'effort ; qu'il y a bien plus de puissance et de majesté dans l'action silencieuse d'une forte gelée d'automne ! En peu d'heures, sans bruit et sans effort, toute la physionomie du sol est changée, pas une goutte d'eau, pas une poussière n'échappent à la serre du froid. Toute fleur se fane, toute feuille pâlit ; on dirait la nature morte, parce que, la nuit, il a passé sur la terre un léger souffle du nord, et le lendemain un rayon de soleil suffit pour ramener le mouvement que tout à l'heure va suspendre encore la nouvelle gelée du soir. Dans ces changements imprévus, ces vicissitudes de temps et de température, on ressent l'intervention perpétuelle et directe du législateur. Le caprice de l'exécution repousse l'idée de fatalité qui pourrait s'attacher à l'inflexibilité de la loi ; on voit que partout la Providence s'est réservé une sorte d'arbitraire légal, comme pour laisser, jusque dans l'application naturelle de la législation physique, une large part à la faveur et une influence à la prière.

Voilà les réflexions d'un esprit qui vit en plein air. Cependant quelquefois, surtout quand il neige, je reviens à mes livres, et principalement à ma Bible que je ne puis ouvrir sans penser à vous. Sans vos conseils et vos encouragements, j'aurais toujours reculé devant les formes menaçantes d'une langue qui n'est vraiment difficile que pour ceux qui n'en savent pas l'alphabet ; c'est à vous que je dois d'entendre la parole divine telle qu'elle a résonné aux oreilles de Moïse, et de lire dans l'original les vieux papiers de famille de l'humanité. Je jette aussi de temps en temps sur le papier quelques courtes notes sur des sujets bien vastes pour ma faiblesse ; je ne vous en parle que comme preuve de ma docilité à vos prescriptions ; la mémoire m'est plus utile pour ce travail que la réflexion, car il ne m'est guère possible d'arriver à l'examen d'une question élevée, sans rencontrer pour la résoudre une de vos idées. Je comprends très bien maintenant l'action des bons génies sur nous.

Soyez assez bonne pour remercier M. Lacordaire de son souvenir. Personne plus que moi ne s'intéresse à ses succès à venir, et ne les attend avec plus d'impatience et moins d'inquiétude. Je suis sûr que le travail va le réconcilier un peu avec la science, qu'on lui reprochait autrefois de trop mépriser. La science n'apprend rien, mais confirme beaucoup de choses, comme certaines opérations mathématiques impuissantes à résoudre un problème et si habiles à vérifier les solutions. Rien n'est inutile dans l'univers, pas même les faits. Ce sont, si l'on veut, de méchants témoins qui, tant que la vérité est ignorée, la taisent et souvent même la cachent, mais qui n'osent la nier quand elle est connue, et s'empressent même d'en apporter des preuves. Jésus-Christ guérissait ceux qui croyaient ; c'était en même temps une récompense et une démonstration. Après que sa parole divine avait été acceptée par la foi, il donnait le miracle comme preuve à la raison, et mettait ainsi chaque chose à sa place. Chez M. Lacordaire, l'étude doit être féconde ; il peut aller droit aux choses, sans s'occuper, comme les autres orateurs, du mécanisme du style et du choix des expressions, car il possède une parole qui n'a rien à faire de la rhétorique ; ses discours semblent empruntés à cette admirable langue que l'âme se parle à elle-même, c'est l'idée presque dégagée de l'alliage matériel du mot.

Vous êtes bien charitable de vouloir me conserver une part dans les lectures de M. de Chateaubriand : rien, en effet, ne peut être plus curieux et intéressant. Il a été souvent blâmé d'avoir négligé l'histoire pour le travail plus facile et, aujourd'hui, plus vulgaire des mémoires. Il n'avait guère le choix : dans les siècles d'autorité, le génie, comme toutes les puissances légitimes, rendait la justice ; il prononçait sur les hommes et les événements des arrêts sans appel qu'exécutait docilement l'opinion publique. Sans doute alors M. de Chateaubriand eût pu être un grand historien ; mais aujourd'hui cette belle magistrature a péri avec toutes les autres ; personne n'est plus chargé de juger pour tout le monde, chacun prend part à la discussion avec une égale autorité ; l'homme supérieur n'a que le droit commun d'exposer son avis comme un conseil, non plus comme un ordre ; force est à lui de recourir à la forme des mémoires, qui n'expriment jamais qu'une opinion personnelle : conséquence nécessaire de l'introduction du jury dans le tribunal de l'histoire.

Vous voilà très bien placée entre deux grands hommes, Berryer et Chateaubriand ; et je me réjouis fort de vous savoir de tels interlocuteurs ; seulement je fais mes réserves : à eux tout votre esprit, rien de plus juste, et je leur fais bonne part ; mais à nous, pauvres gens, quelque chose de meilleur encore ; vous admirerez les forts, mais vous aimerez les faibles. Il faut bien, pour rétablir l'équilibre, que l'avantage soit du côté de la faiblesse.

Adieu, Madame ; prenez bien soin de vous, fortifiez-vous contre l'hiver, échappez par l'excès des précautions à sa mauvaise influence ; que dans un mois je puisse reconnaître du progrès. Je compte être à Paris vers le 20 décembre, et vous savez pour qui sera ma première visite. Si d'ici là, par hasard, après tout le temps qu'exigent les soins de votre santé et les obligations de la vie, il vous restait un moment de loisir, ne pourrait-il pas m'en revenir encore quelques minutes ?

J'ai honte vraiment d'une telle indiscrétion, après tout ce que j'ai reçu de vous ; mais aussi pourquoi me traiter si bien ? Le succès, loin de satisfaire, excite les prétentions, et ce sont les faveurs des princes qui font les ambitieux.

Ma mère me charge de vous dire expressément

qu'elle légitime toutes vos usurpations ; elle prétend qu'un tel partage l'enrichit, parce que son cœur maternel profite de tout ce que son fils y gagne.

A. DE MELUN.

Lettre de Mme Swetchine.

Paris, 14 décembre 1835.

Vous croyez peut-être que j'ai des excuses à vous faire, et il n'en est rien ; on n'en doit pas aux lettres lues et relues, à ceux à qui on aurait à dire au moins deux fois par jour, ce qui ne se présente jamais aux indifférents. Serait-ce donc pour préparer les voies à votre indulgent souvenir que je vous écris à la veille de vous revoir ? Pas davantage. J'obéis à une impression bien autrement libre et affectueuse, en prenant sur un temps réservé et en vous faisant une part dans mes pensées les plus recueillies. Demain on bénit ma petite chapelle ; ce jour-là m'en fera oublier bien d'autres, et j'ai besoin que vous sachiez mon regret de ne vous y associer qu'absent. J'ai été bien tentée de vous prier de revenir cinq jours plus tôt, ce qui prouve peut-être mieux qu'autre chose, que vous êtes toujours sûr avec moi de revenir à temps. Les joies longtemps poursuivies, longtemps espérées, dont la date reste, ont toujours quelque chose de solennel ; on y mêle toutes les grâces reçues, on s'arrête à chacune de ses richesses, et il est bien vrai que le cœur ne perd rien de sa reconnaissance en le faisant remonter à une source unique. Ainsi donc, souffrez que ce soit Dieu avant tout que je remercie de tant de douceur que je trouve dans votre amitié et que ce soit aussi à lui que je la confie.

Je ne sais comment il se fait que les vues qui vous frappent sont toujours celles qui me plaisent, que vous ne voyez pas seulement là où je regarde toujours, mais que vous me portez précisément où je veux aller. Ce que vous dites sur les choses comme sur les personnes est toujours ma pensée la plus intime : je vous en demande presque pardon, mais vous savez ce que sont les ressemblances et l'espace qu'elles laissent entre elles dans l'échelle de la beauté. J'ai toujours rêvé dans la nature un panthéisme tout chrétien, l'action de Dieu continue, incessante, partout présente, au lieu de cette division de lui-même si absurde et répartie d'une manière si monstrueuse. On avait tout cru sauver en le fractionnant jusqu'en *étincelles*, comme si une étincelle de Dieu n'était pas Dieu tout entier, avec sa puissance, son éternité, tout son amour et toute sa grâce ! La religion attend beaucoup, ce me semble, de la nature envisagée dans son ensemble et traitée comme science, et cette route-là est encore à frayer. Que Dieu nous rende, au dix-neuvième siècle, un Linnée : je vous promets qu'il se mettrait sur les rangs pour vous accompagner dans vos champs et suivre avec vous toute la vie qui se déploie jusque dans la saison appelée *morte*.

Adieu ; dites à madame votre mère que je la remercie comme je vous remercie vous-même, et que c'est deux fois que je reçois dans votre amitié un aimable et bien cher présent.

S. Swetchine.

1836. Brumetz, par Gandelu (Aisne).

Madame,

A mon départ vous avez exigé deux choses : travail et santé. Arrivé hier soir chez ma mère, je veux vous dire ce matin comment j'ai tenu mes engagements ; et d'abord, comme je le prévoyais, ma partie animale s'est déjà rendue digne de tous vos éloges, pour ne pas dire de votre admiration. Elle n'a trompé aucune de mes espérances, s'est prêtée à toutes les réformes que nous avons méditées ensemble.

Levé à six heures du matin, au repos à dix heures du soir, jamais nuits n'ont été mieux employées que les miennes : aussi la santé me revient-elle au galop. Elle a gagné de vitesse le printemps, et la voilà qui arrive avec toutes ses réparations, pendant que celui-ci s'attarde et s'oublie je ne sais où, laissant les pauvres feuilles à peine naissantes se morfondre à la gelée de chaque matin.

Malheureusement la partie pensante ne va pas si vite en besogne. Vous savez qu'à Paris, les deux principes de mon individu s'étaient fort maladroitement partagé l'activité et le repos ; l'esprit avait pris la part du corps et se reposait à sa place aux dépens de l'un et de l'autre ; maintenant il est peu pressé de changer de rôle, l'abus est de son goût, et je trouve qu'il est bien moins docile à s'éveiller que l'autre à s'endormir. Mes premières tentatives d'application n'ont pas été de nature à l'encourager. Mes idées longtemps inactives et inexprimées sont presque perdues dans le vague ; de toutes mes superbes conceptions, il ne reste guère plus que l'informe et l'insaisissable. Le chaos est rentré dans ma pauvre création, c'est à peu près le tohu-bohu de l'Écriture ; mais une pensée toute biblique vient à mon secours : Dieu ne nous a-t-il pas révélé sa manière de créer ? L'univers est né de sa parole ; faits à son image, nous pouvons appliquer sa méthode, dans les proportions de notre puissance. Les œuvres humaines vivent par les mots, prennent une forme dans l'expression ; aujourd'hui comme avant le premier jour, l'esprit divin flotte sur les eaux ; mon intelligence plane sur l'abîme où dorment les germes de ma création, et ne puis-je à mon tour la faire renaître à ma parole ?

Sous l'inspiration de cette audacieuse pensée, je me mets dès demain à l'ouvrage. Vos bons conseils ne seront pas perdus, je veux détacher de l'ensemble une partie que je pourrai compléter et rédiger à loisir, et déjà mon choix est fait. Ce sera, comme toujours, un souvenir de nos entretiens, un fils d'une de vos pensées et en même temps un des développements les plus féconds de mon idée première, l'opposition dans ce monde des deux actions de Dieu et de l'homme. J'ai eu trop souvent l'occasion de remarquer, dans l'étude de l'histoire et de la philosophie, tout le mal que nous avons tiré des lois divines : de notre respect de l'autorité, le despotisme ; de notre penchant à la foi, la superstition ; de la science, l'incrédulité ; de nos instincts de dévouement, l'asservissement à des volontés humaines ; du sentiment de notre dignité, l'orgueil et la vanité ;

enfin de la conviction de notre faiblesse, le scepticisme et le désespoir.

Ce triste tableau demande un pendant qui lui serve de compensation. Il s'agit de montrer tout le bien que la Providence a tiré, non plus de ses propres lois, mais du mal que nous avons fait ; de manifester ce qui me semble l'essence du christianisme, une des plus belles parties de sa mission. Si la création première est la conséquence que Dieu lui-même a tirée des lois divines, l'application des principes divins, la rédemption n'est-elle pas la conséquence que Jésus-Christ tire des conceptions humaines, l'application qu'il fait de nos œuvres ? La première fois, il tire l'être du néant ; ici, il est peut-être encore plus puissant, puisqu'il fait sortir le bien du mal.

En partant de la première désobéissance qui nous a valu la fraternité d'un Dieu et les miracles de la rédemption, je veux suivre ce point de vue à travers toutes les institutions catholiques et les prescriptions de l'Église. La religion, dès notre berceau, profitant de notre ignorance pour nous faire accepter sans effort la vérité qui plus tard se dérobe si souvent aux poursuites de la science ; tournant au profit de la charité nos inégalités sociales et nos injustices héréditaires ; là aussi je rencontrerai votre idée si vraie sur les ordres religieux. Là se présenteront tous les saints jetés dans la pénitence par un crime, toutes les fautes devenues heureuses, tous les excès qui ont provoqué de sublimes repentirs.

Que ne pourrais-je dire sur le sacrement qui absout et pardonne ? Là, le passé coupable devient un principe d'amélioration ; le crime est en quelque sorte devenu une *occasion de vertus*. Encore une fois, entre les mains divines, la perversité humaine, ses égarements, ses révoltes, deviennent des sources de moralité, et je ne sais rien de plus puissant en faveur de ses dogmes. Après une telle étude, s'il pouvait rester encore quelque doute sur l'origine céleste du christianisme, il suffirait, pour en finir avec les objections, de jeter un regard sur ce que les législateurs les plus sages, les sociétés les plus avancées ont fait du crime et du criminel : la comparaison ferait rendre à chacun ce qui lui appartient, et en voyant ce qui, dans l'administration de la justice sur la terre, revient à César, on ne disputerait plus à Dieu ce qui est à Dieu. Ici-bas, l'impunité encourage au mal ou la punition déprave ; on paie une mauvaise action par l'oisiveté de la prison, par la société des méchants, on expie le crime par le vice.

Je finis ; car, si je m'écoutais, je vous ferais subir aujourd'hui tout mon travail de demain, et j'ai regret à vous faire déchiffrer une suite de phrases à peine lisibles, sur un sujet qui doit passer par une longue méditation ; mais vous savez que c'est maintenant mon seul moyen d'échapper à la tristesse de l'absence ; le temps que je passe à vous écrire me rappelle celui où je vous parlais, et je tâche à entretenir le plus possible cette douce illusion : d'ailleurs c'est en errant au milieu de ces idées religieuses que je suis sûr de rencontrer votre souvenir. Votre âme aime à habiter le royaume qui n'est pas de ce monde ; et lorsque je cherche à en apercevoir quelque horizon lointain, la distance s'efface, ma pensée dévore l'espace ; il me semble que je suis avec vous, que j'entends votre parole, que mon âme salue la vôtre et suit les chemins que vous parcourez. Notre éloignement n'est plus alors qu'apparent, notre séparation illusoire ; je sens qu'en dépit des obstacles, notre amitié a trouvé au sein de la vérité une commune patrie, que nous habitons la même terre, et qu'à chaque heure du jour, où je m'élève au-dessus des préoccupations humaines pour me réfugier dans le monde des idées, vous êtes là qui m'accueillez, encouragez mes efforts, et vous associez à mes travaux. Je ne vous dis donc pas adieu, comme à une amie que j'ai quittée.

Quand vous aurez le temps, je serai toujours bien heureux de tout ce qui me viendra de vous ; mais mon amitié n'a plus besoin de votre écriture : sans le secours des mots, j'entends toujours votre voix qui parle à mon cœur.

A. DE MELUN.

Au château de Brumetz, par Gandelu (Aisne),
11 juin 1836.

MADAME,

Voilà, depuis mon départ, le premier moment que me laissent nos grandes affaires de famille. Jusqu'ici tout a été pris par les fonctions fraternelles, les devoirs de l'hospitalité et tous ces soins qui accompagnent toujours un et surtout deux mariages. Les jours ont passé sans me permettre une seule minute de liberté, et à mon très grand regret, car, dans cette semaine si pleine d'émotions et d'événements, j'aurais voulu vous associer à tout ce que j'ai pensé et senti ; il me semblait qu'en vous les faisant partager, mes joies deviendraient plus vives, mes idées meilleures. Ne pouvant vous les écrire, je vous les racontais en moi-même, comme on parle à son bon génie, et, au milieu de tant d'occupations, votre bonne et sainte amitié ne m'a jamais quitté.

Aujourd'hui, tout est fini ; ma seconde sœur est partie hier pour sa nouvelle demeure ; je suis déjà installé chez l'aînée ; ces deux jeunes et belles branches sont maintenant détachées de notre grand arbre de famille qui avait poussé jusqu'ici intact ; nous sommes encore sous l'impression de cette séparation première. Il me serait impossible de penser, de dire autre chose : aussi ne vous parlerai-je que de mes chères sœurs sans réserve, sans crainte d'être trop long. A d'autres j'épargnerais ces détails si personnels ; mais je ne pourrais prendre sur moi de vous les taire, je me croirais coupable envers vous.

Ma sœur aînée Léonie s'est mariée mercredi ; ce jour-là tout était joie, nulle ombre d'inquiétude ne s'est mêlée à nos riantes espérances ; nos prières étaient des actions de grâces, et lorsque l'Église a prononcé sur les nouveaux époux ces magnifiques paroles qui tracent leurs devoirs et réunissent sur leur tête tant de souhaits de bonheur pour l'avenir, nous les avons reçues bien moins comme des vœux que comme des prophéties ; car l'épouse a reçu de la Providence une de ces âmes à qui l'Évangile promet la terre parce qu'elles sont pacifiques, et le ciel parce qu'elles sont pures, et depuis longtemps nous connaissions dans notre nouveau frère le mérite et les bonnes qualités qui justifient la préférence qu'il va maintenant obtenir dans l'affection de sa femme sur nos droits plus anciens. Si le lendemain un léger nuage de tristesse a paru, lorsque pour un jour elle nous a quittés, ces larmes données au doux souvenir du passé n'avaient pas d'amertume, elles venaient là seulement pour sanctifier nos joies. Le bonheur n'est pur et grand ici-bas que lorsqu'il n'est pas entièrement séparé des sacrifices et qu'il apporte avec lui de nouveaux devoirs.

Lundi dernier, c'était le tour de la cadette; elle aussi est bonne, pleine de sentiments élevés. Elle se présentait aussi avec bien des chances de bonheur; mais elle est plus jeune, plus vive, plus près de cette exaltation qui exagère les promesses et les difficultés de la vie; elle a une sensibilité profonde, dangereux privilège qui fait les saintes, mais devient dans ce monde d'une si difficile application ; puis elle devait aller vivre plus loin de nous avec un mari que nous connaissions moins. Tout cela a donné à notre séparation d'hier un caractère plus chagrin; c'est elle qui maintenant nous occupe le plus ; nos pensées, nos vœux l'accompagnent, et je voudrais déjà être au moment de la revoir. Heureusement l'attente ne sera pas longue pour moi ; mon frère est parti avec elle, et j'irai les rejoindre à la fin du mois. Je passerai par Paris, où j'espère rester avec vous deux ou trois jours.

Cette double espérance de vous revoir et de retrouver ma sœur me cause une grande joie en se confondant et se soutenant mutuellement. Après quelques semaines, je reviendrai ici, et je suis bien heureux de penser que tous ces petits voyages me donneront l'occasion de vous rendre visite ; je ne suis plus exposé à passer des semaines entières sans vous voir.

Ces derniers jours ont été assez beaux pour me faire croire au retour sérieux du printemps : vous en trouvez-vous mieux ? pouvez-vous reprendre vos promenades ? J'aurais sur tout cela mille questions à vous faire, et je ne demande pas de réponse avant mon retour, dans la crainte de nuire à votre plus sérieuse correspondance.

Ma santé se trouve fort bien du grand air et du mouvement ; cependant je ne serais pas fâché de me reposer quelques jours des grandes agitations de la semaine dernière ; je prévois, au reste, que tout cet été sera disposé de façon que les recommandations de paresse et d'indolence ne s'exécuteront que trop ; j'ai peur de ma facilité à m'habituer à ne plus ouvrir un livre, ni écrire une ligne. Ma pauvre intelligence commence à mourir d'inanition, c'est de toutes les morts celle que j'aime le moins...... Je n'ai plus maintenant pour la rassasier les bonnes matinées que vous me réserviez avec tant de profusion, et j'aurai grand besoin, à mon passage à Paris, de prendre chez vous un approvisionnement d'idées : vous savez que j'en use ainsi depuis longtemps.

Adieu, Madame ; je me repens maintenant en vous quittant de mon désintéressement en fait de réponse, et je finis par vous demander humblement un petit mot. Si vous étiez en pleine santé, je me résignerais jusqu'à la fin du mois; mais je vous vois toujours souffrante et j'ai besoin de quelques lignes rassurantes.

Ma mère me charge de la recommander à votre souvenir. Elle a assez bien soutenu toutes ces émotions; et maintenant, pour se reposer, elle se prépare à accomplir un vœu fait pendant ma maladie. Cette bonne mère va partir pour Liesse, où elle remerciera Notre-Dame de ma guérison. Ainsi toute sa vie se passe en travaux pour ses enfants : à peine a-t-elle marié les uns qu'elle court en pèlerinage pour l'autre ; elle a toujours à adresser pour eux au ciel des remerciements ou des prières. Dans ce saint voyage, qui heureusement ne lui demandera que trois jours, vos vœux s'uniront aux siens; vos prières se rencontreront au pied du même trône, et la Providence, qui m'a déjà rendu une fois à vos instances, qui a tant fait pour moi en m'accordant en même temps deux affections comme les vôtres, ne saurait m'abandonner jamais tant que je m'appuierai auprès d'elle sur deux si puissantes intercessions.

A. de Melun.

Lettre de Mme Swetchine.

20 juin 1836. Vichy.

Nous ne sommes pas brouillés que je sache, cependant nous avons à nous expliquer, ce qui a presque la douceur d'une réconciliation sans rien de son amertume.

Je croyais, comme on croit toujours, avoir avec

vous bien du temps par devers moi, et puis est arrivée votre dernière visite, mon inconcevable lubie de vous faire chercher dans mes livres, et puis une solennelle interruption qui ne m'a plus laissé, ni traiter avec vous de mes plans de correspondance future, ni vous dire que vos lettres entre toutes m'étaient bonnes, douces et chères à la fois. Je vous l'avais laissé deviner même après la dernière, à laquelle *in petto* j'avais répondu, sans que vous en sussiez un mot; car je vous traite presque toujours en homme de *seconde vue*, et il est même bon que vous sachiez que je trouve assez mauvais que j'aie avec vous quelque chose à faire pour me faire comprendre. Ainsi puisque nous en sommes aux récriminations, je vous dirai que j'ai attendu un souvenir de vous dans l'intervalle, et qu'en allant chercher votre adresse, le lendemain du jour où monsieur votre frère arrivait à Paris, mon intention était de vous écrire deux lignes avant mon départ pour vous demander compte de votre silence. Si je ne l'ai pas fait, c'est que j'ai espéré un peu que monsieur votre frère y suppléerait. Ni lui, ni vous, n'avez voulu faire mes affaires, et je ne m'en fierai plus qu'à moi seule. Tout était incertain dans vos projets, n'ayant plus pour boussole la convenance d'un autre; si vous étiez décidé à vous payer de mauvaises raisons, je pourrais bien vous offrir un vif et grand désir de vous revoir, même en courant; mais ce plaisir que je sentirais si bien, je ne saurais dans quel lieu le placer avec quelque certitude, tous mes plans se trouvant dépendre de l'effet des eaux, *grand inconnu* qu'il s'agit de dégager.

Depuis cinq jours que je suis ici, j'ai été plus d'une fois ébranlée dans ma confiance du bien que j'y venais chercher, en reconnaissant toujours davantage que je n'étais plus sous les mêmes conditions ; je poursuis pourtant, parce qu'il faut, pour qu'une expérience compte, qu'elle se complète. Je pourrais donc m'éclaircir sur Vichy par la *méthode d'exclusion* employée par M. Cousin pour arriver à la vérité, et ce ne serait pas sans regret ; d'abord parce qu'on n'est pas très avancé pour savoir qu'on n'a pas trouvé, et aussi parce que je m'étais attachée à ce lieu-ci par la reconnaissance, et que, lieux et personnes, on aimerait encore à choisir ceux qui sont destinés à nous faire du bien. Je suis au milieu du bruit et de la foule, et j'y vis en solitaire, arrivant au repos par la liberté et jusqu'ici sans lutte à soutenir ; les menaces viennent pourtant déjà, c'est un terrible impôt que l'ennui de buveurs oisifs ; et le comble de la bonne fortune serait d'arriver à s'en racheter au prix même de quelques concessions.

Après une longue reclusion citadine, retrouver un air pur, la campagne, l'espace, un horizon, a été pour moi un vrai délice. Il semble qu'on découvre ce dont on reprend possession, et les longues abstinences ont presque toujours des impressions nouvelles, par l'effet même des modifications qu'on a subies. J'aimerais à vous associer à mes promenades : les objets extérieurs nous parlent à tous deux la même langue, parce que nous vivons sous le même ciel, et que nous sommes assez de même avis, *comme dit le bon* M. Ballanche, *pour pouvoir même disputer*.

J'ai reçu aujourd'hui une lettre de M. Lacordaire

qui me charge de vous le rappeler ; il venait de s'installer et paraissait content ; il me nomme M. de Falloux et se loue beaucoup de lui. Le parti que vient de prendre M. Lacordaire est peut-être le nœud de tout son avenir. Tout tient à la manière dont il sera exécuté ; et les résolutions les plus sages et les plus méritoires ont encore bien des dangers aux yeux de ceux qui ne sont pas indifférents. Dans ce monde, que de glaives à deux tranchants !

Adieu ; j'adresse cette lettre chez madame votre sœur, sans être bien sûre que vous y soyez encore. Je remarque que j'arrive toujours trop tard avec vous, et pourtant rien *ne se lève si matin* qu'un intérêt tendre, profond et sincère comme le mien.

S. SWETCHINE.

25 juin 1836.

MADAME,

Mon frère, qui a passé par Paris quelques jours après moi, s'était chargé de savoir si vous étiez réellement partie. Malgré vos préparatifs de voyage, j'étais tellement habitué à vous voir prisonnière, que je n'osais croire tout à fait à votre fuite, et j'en attendais l'avis authentique pour vous écrire à Vichy ; mais mon chargé d'affaires met un peu de paresse dans sa correspondance, et je ne veux pas retarder plus longtemps le plaisir de causer avec vous, et puis j'aime tant à me persuader de votre arrivée aux eaux !

Jusqu'ici chaque départ de Paris était accompagné de tristesse et d'inquiétude ; je vous laissais en proie aux hésitations et même aux erreurs de la science, sans savoir ce qu'il fallait craindre le plus, du mal ou des remèdes : j'étais trop heureux de vous retrouver sans aggravation de souffrance, il semblait qu'il n'existait pour votre santé d'autres progrès possibles que de ne pas empirer. Maintenant, il est permis de s'abandonner à de meilleures espérances, il s'agit d'une épreuve déjà faite. L'action des eaux est connue et n'est pas capricieuse comme une ordonnance de médecin ; puissent-elles cette année être plus que jamais bienfaisantes, puisse chaque jour vous enlever une souffrance, chaque heure vous apporter une force nouvelle ! Alibert prétend, je crois, que la Providence a attaché à chaque source minérale un bon génie. Combien je prie l'ange de Vichy d'étendre sur vous ses ailes, d'éloigner la douleur, de vous entourer de calme et de repos ; qu'il vous inspire surtout la sage résolution de ne travailler qu'à votre santé, de ne vivre que pour vous guérir. A Paris, votre régime se trouvait mal de l'empressement de vos amis, et vous étiez toujours disposée à vous sacrifier aux autres ; ici tous les intérêts sont d'accord, et je ne crains pas de vous dire avec l'autorité que me donnent tant de témoignages de votre affection : ayez bien soin de vous par amitié pour moi.

En bon prédicateur, à mes préceptes je joins l'exemple, je fais tous les jours de nouveaux progrès dans l'art de se reposer ; ma sœur, que je vois si heureuse au milieu de sa nouvelle famille, m'occupe de son bonheur, et ne me laisse pas une minute pour un travail plus sérieux... Sans la brochure de M. d'Eckstein, je n'aurais pas, je crois, ouvert un livre ; mais celui-ci méritait bien une exception, et je ne saurais trop vous remercier d'avoir obtenu pour moi cette belle ode, en faveur de la foi, empruntée à toutes les poésies de la terre et du ciel. Qu'il est beau d'entendre dans tous les siècles et chez tous les peuples le cri de la foi qui demande la parole d'un Dieu, pour expliquer, à l'intelligence, le secret de la création ! En lisant toutes ces aspirations vers la vérité, toutes ces extases de l'âme mise par la foi en possession de Dieu, j'étais plus que jamais frappé d'une de ces analogies que vous aimez tant et qui nous occupaient encore lors de ma dernière visite; en résumant la pensée de tant de saints et de grands philosophes, je voyais l'univers comme une langue vivante que Dieu ne cesse de parler à l'homme. Tous les êtres matériels et visibles ne sont que des mots qui enveloppent la pensée divine, comme, dans le langage humain, le son devient réellement le corps de l'idée. La science humaine, toute basée sur l'expérience des sens, tout attachée à la matière, étudie avec soin ces mots, les classe, distingue leurs formes et l'ordre de leurs combinaisons; naturalistes, physiciens, chimistes ne sont que les grammairiens de cette langue magnifique ; ils en connaissent, pour ainsi dire, toutes les lettres, en possèdent admirablement l'orthographe, mais ne se doutent nullement du sens. Les plus ingénieux des philologues usent leur intelligence devant les hiéroglyphes dont la tradition ne leur a pas porté la signification. Ils en dessinent fidèlement les figures, en tracent les caractères, mais ne reviennent de leurs recherches qu'avec des conjectures. L'enfant, au contraire, s'adresse à sa mère pour comprendre la langue qu'elle lui parle;

il reçoit d'elle sans discuter et les mots et leur explication ; sa foi dans la parole maternelle lui révèle la science du langage, il le comprend et peut bientôt le parler à son tour. Il n'en est pas autrement de la foi religieuse : seule elle comprend la voix de Dieu, parce que seule elle demande au Père de tous les hommes la révélation du sens qu'il a attaché à chacune de ses créations.

Et voilà pourquoi, lorsque l'humanité s'égarait dans les ténèbres d'une tradition altérée, elle eut besoin d'un Dieu pour lui expliquer l'univers qu'elle ne comprenait plus. Il fallut que le Christ vînt traduire en langue humaine cette langue sacrée devenue étrangère à l'homme; en un mot, que Dieu se fît homme : dès lors ceux qui crurent à sa parole le comprirent, dès lors furent rétablis les rapports trop longtemps interrompus entre le ciel et la terre. Ainsi sous ce point de vue comme sous tous les autres, le raisonnement nous ramène à la nécessité de l'incarnation, et la foi se montre comme condition indispensable de toute science des choses.

Je reçois à l'instant une lettre de mon frère qui me dit qu'il était arrivé juste à temps pour vous voir presque monter en voiture; que vous aviez eu la bonté d'aller chercher mon adresse ; il vous aura certainement parlé de mon projet d'aller juger par moi-même si vous êtes bien sage à Vichy ; j'attends maintenant sa dernière décision pour son propre voyage; et si, comme il semble l'annoncer, il se prononce pour Aix, je ne manquerai pas de l'abandonner quelques jours pour venir vous dire un mot. J'ai besoin de cette espérance pour me résigner à quitter si vite la plume, car je ne finirais jamais avec vous, et cependant le courrier m'attend.

Recevez donc mes adieux, Madame, presque comme le présage de ma visite ; mais, s'il vous est possible, ne l'attendez pas pour me donner avis de votre arrivée. Ce premier voyage, après un si long repos, avait ses fatigues et ses dangers, et je l'ai trop bien accompagné de mes vœux pour ne pas avoir quelque droit à le savoir heureusement terminé.

A. DE MELUN.

Bouillancourt, 4 juillet 1836.

MADAME,

Au moment même où je vous demandais de vos nouvelles, vous aviez la bonté de vous occuper de moi ; votre amitié prévenait mon impatience, et déjà vous répondiez à une lettre que vous n'aviez pas encore reçue, nouvelle et bien douce preuve de cette bonne intelligence qui, comme vous le dites si bien, doit toujours, entre nous, tout deviner et tout prévoir.

Je ne le vois que trop, Vichy n'a pas tenu toutes ses promesses, votre premier essai a démenti mes magnifiques espérances, il faut revenir au régime de l'incertain, à l'ennui des expériences. Que je regrette cette illusion perdue ! Seulement je vous supplie de ne pas vous décourager ; le doute qui succède à la foi conduit trop souvent à l'indifférence, cette grande ennemie du corps et de l'âme ; ne vous lassez pas de poursuivre par tous pays votre guérison : il faut, à vous, prêcher la santé, comme aux autres la vertu, c'est la seule manière de vous la rendre désirable : dans sa sphère inférieure, la santé ne représente-t-elle pas le bien ? n'est-elle pas, comme la vérité, une grâce donnée gratuitement aux uns, et qui n'arrive aux autres qu'à force de recherches ? Je suis bien tenté de croire que chaque maladie a sur cette terre la plante ou la source qui doit la guérir. Ce qui expliquerait dans un sens tout à fait bienfaisant les immenses richesses du monde végétal et minéral ; peut-être la voix du Maître s'adressait-elle à nos deux natures lorsqu'il a dit : Cherchez et vous trouverez.

Pour moi, je ne renonce pas à vous découvrir cet été, malgré l'incertitude de votre marche ; la route que je dois prendre dans quelque temps, traversera bien des eaux, il s'agit d'un peu de Savoie, de Suisse et des bords du Rhin, et je ne boirai pas un verre sans vous demander à toutes les sources.

Depuis deux jours, ma mère nous a rejoints avec une grande partie de ma famille, et je n'ose plus penser à l'instant de mon départ : il est si doux de s'abandonner à cette bonne influence, à des séductions qui tournent toutes au profit du bien ! C'est là que je sens ce qu'il y a de sacré dans les relations de fils et de frère, et combien la famille, cette union des âmes par le sang, est vraiment une œuvre divine. Il y a, dans l'entretien, dans la société de parents aussi bons que les miens, un redoublement de vie morale, qui vous éloigne de plus en plus des intérêts et des passions de la terre ; c'est la continuation de la grande mission qu'ils exercent dans nos premières années : pendant que la nature s'apprête en quelque sorte à s'emparer de l'enfant qui va naître, la famille l'attend pour le soumettre à l'action des forces morales; sur la terre, c'est un corps animé qui va subir les influences physiques, obéir aux lois de l'instinct ; dans la famille, c'est un fils, et ce nom seul exprime des rapports qui n'appartiennent plus à la matière. Ne dirait-on pas que la Providence a voulu, pour faire aller le monde, se servir d'une seule et même loi, attraction pour les corps, charité pour les âmes, qu'à l'aide de ces deux expressions dont l'une est, comme toujours, la métaphore de l'autre, on peut expliquer tous les êtres. En effet, le monde physique vit de l'attraction : depuis la puissance mystérieuse qui préside au mouvement des molécules, les pousse les unes avec les autres et les enchaîne ensemble pour former les corps, jusqu'à ces instincts qui approchent l'animal de son semblable et des autres êtres pour la conservation de l'espèce et de l'individu.

Eh bien! le monde moral ne repose aussi que sur la charité, ce lien des âmes, principe de tout devoir, source de toute vertu; la famille, la patrie, la religion ne sont que les conséquences de cette loi suprême, véritables créations de Dieu qui résistent à l'action dissolvante de l'homme. Le raisonnement peut les décomposer, mais elles renaissent sous la hache de la logique, comme les forêts sous la cognée du bûcheron.

Parmi toutes les belles formes de la charité qui s'appuient sur le dévouement, je ne me pardonnerais pas d'oublier l'amitié, si pure et si sainte que, seule peut-être des créations morales, elle est dégagée de de tout alliage matériel : qui plus que moi en sait toutes les heureuses influences et ce qu'elle ajoute de salutaire aux destinées humaines? L'amitié, à la fin des temps, n'aura rien à perdre : elle pourra nous accompagner jusqu'au ciel, car elle ne prend ses inspirations que dans l'ordre moral ; elle ne s'adresse qu'à ce qu'il y a de bon et de grand dans l'âme ; elle ne voit dans l'homme que l'image de Dieu, et fait entrer comme élément de progrès et de durée tout ce qui épure et perfectionne : la souffrance et la vertu.

Je ne sais si l'histoire de notre univers ainsi présentée ne vengerait pas un peu la Providence de cette calomnie qui de nos jours présente l'égoïsme comme base de la morale, et fait de l'intérêt le principe du bien. Je voudrais qu'une plume un peu forte fît justice de cette confusion d'idées, et rendît à chacun son œuvre. Le partage serait facile entre les deux intelligences qui se disputent le monde, et il serait curieux de montrer les deux créateurs en travail de l'univers moral : Dieu avec la charité qui exige le sacrifice, l'homme avec l'intérêt ; d'un côté, la famille, la société, l'humanité, qui ne vivent que du dévouement de chacun à tous ; de l'autre, les sociétés en commandite et les associations industrielles, qui, la plupart du temps, ne durent que par la ruine des autres. Dans l'œuvre divine, tout est devoir ; dans la création humaine, tout est droit ; dans la première on donne tout, dans l'autre on prend, et, chose étrange, il arrive qu'à la fin l'égoïsme souffre plus que le dévouement, et qu'il se trouve plus de joie au fond d'un sacrifice qu'au milieu de tous les triomphes et de tous les succès de la personnalité.

Je ne veux pas finir sans vous dire combien j'ai été heureux du souvenir de M. Lacordaire. A Rome, il va croître en science et en autorité ; une résolution si belle, si modeste et si courageuse, ne peut rester sans effet, et je l'attends, dans un an ou deux, avec une force nouvelle et de nouveaux succès. Heureux ceux qui, comme lui, peuvent encourager leur travail silencieux par cette consolante idée qu'à l'avenir, en sortant de leur désert et de leur silence, pas une de leurs paroles ne sera perdue pour le bien de leurs semblables !

Adieu, Madame ; j'ai été bien bavard aujourd'hui, n'est-ce pas ? mais je ne songe pas le moins du monde à vous en demander pardon, il y aurait trop d'hypocrisie de ma part, attendu que ce n'est pas la vingtième partie de ce que je voudrais pouvoir vous dire tous les jours.

Ma mère, mes sœurs me parlent de vous les jours où elles veulent me gâter, par conséquent très souvent, et me chargent de vous dire les vœux qu'elles forment pour votre santé, et le prix qu'elles attachent à votre souvenir.

A. DE MELUN.

Lettre de Mme Swetchine.

23 juillet 1836. Vichy.

J'ai toujours espéré vous voir arriver, et tant que j'ai eu par devers moi quelques jours d'un avenir certain, je me suis laissé la chance des bons moments que vous me promettiez. A présent, d'après toutes les suppositions que je puis faire, mon séjour ici n'ira pas au delà de la fin de la semaine qui commence demain, et il est bien possible que j'avance encore de plusieurs jours mon départ. Je dépends de nouvelles attendues avec anxiété et qui me laissent sous le poids de préoccupations douloureuses. Aussi, au lieu de répondre à votre excellente lettre, je me suis donné la consolation de la relire et de laisser du moins passer devant moi les idées si justes et si belles dont elle est remplie, les seules qui fassent vibrer des cordes bien détendues pour tout le reste.

Les deux systèmes que vous mettez en présence sont à eux seuls toute l'histoire de l'intelligence humaine, dans sa grande *dualité*. Le nombre, infini en apparence, de vérités et d'erreurs qui circulent dans le monde sous toutes les formes n'en sont que des conséquences plus ou moins éloignées : chacune de ces fractions, sous quelque déguisement qu'elle apparaisse, n'en porte pas moins le signe de l'un ou de l'autre symbole ; seulement c'est quelque chose du rayon qui éclairait le front majestueux de Moïse et qui le signalait comme type de délivrance et de liberté, ou bien le honteux stigmate, signe des plus honteuses servitudes. Plus j'étudie la vérité dans les idées qui lui sont opposées, et plus je suis frappée de tout ce que l'erreur a de complet, d'enchaîné, de régulier, dirais-je presque de conséquent. C'est un cercle aussi, un tout homogène, un véritable monde, et l'on conçoit que ceux qui ont eu le malheur d'y entrer et le malheur plus grand de s'y sentir à l'aise, d'y trouver de quoi vivre à leur suffisance, aient achevé bientôt de corrompre assez leur intelligence pour que le repos du néant leur ait paru seul désirable. Une morale tout entière ressortait de leur système, morale pour laquelle ils en sont restés à *la pratique* sans oser la formuler, et s'en consolant par la très juste pensée que les conséquences de leurs principes ébranlaient assez les hautes vérités contraires pour n'avoir même pas besoin d'y substituer les dogmes de l'intérêt personnel et des passions. Comme manteau d'une espèce d'ordre dans la société, la *force* devenait leur unique auxiliaire, et ceux qui ne voient qu'elle dans le monde, et qui nient dans son gouvernement tout droit et toute justice, disent par cela même à quelle face de la colonne qui guidait les Israélites ils appartenaient. L'Ecriture ne signale-t-elle pas aussi ces deux race, si différentes entre elles, par l'appellation distincte des *Enfants de Dieu* et des *Enfants des hommes*, qui représentent peut-être aussi deux systèmes d'idées. L'erreur cesse un peu à mes yeux de n'être qu'une ombre, une négation ; elle me paraît un *mal substantiel* et qui a *pris corps* dans une partie de la création qu'il corrompt à son profit, laissant de côté toute sa partie spirituelle et sublime. J'espère bien n'être pas hérétique pour dire cela; heureusement l'hétérodoxie ne se passe pas du consentement de la volonté, et la mienne est innocente. Si déjà toucher à des questions si au-dessus de moi était répréhensible, prenez une part dans ma coulpe, car vous m'avez mise sur la voie. C'était me prendre par mon faible, que de me montrer ces deux édifices en regard, seule manière, selon moi, utile de les présenter. Votre lettre serait l'ébauche d'un bien bon livre, et la *Cité de Dieu*, pour ne pas ôter à sa partie adverse tout rationalisme, n'en serait pas moins sûre de triompher par la joie des siens et la conquête de ce qui est conquérable à la vérité.

Je vous dirai de moi que je suis mieux et qu'à tout prendre, je crois que cette cure m'aura été bonne; j'ai eu beaucoup de peine à le démêler, et en doutant un peu, avec Hippocrate, des médecins, j'en viens à croire avec lui que la médecine est toujours quelque part et en particulier pour moi à Vichy.

Adieu, offrez mes bien tendres et bien sincères compliments à madame votre mère; ne m'oubliez pas auprès de mesdames vos sœurs et de votre bon frère, et pour vous-même recevez l'expression d'une amitié qui se fait chaque jour plus confiante et plus vive.

S. SWETCHINE.

Schaffhouse, ce 31 août 1836.

MADAME,

Après avoir été retenu par mille petites circonstances qui se mettent toujours entre les projets et leur exécution, je me suis enfin décidé, vers le commencement de ce mois, à rejoindre mon frère à Genève; je venais de recevoir votre lettre, et j'espérais, en passant une semaine à Paris, saisir le moment de votre retour; avec quel empressement j'allais tous les jours vous demander à votre porte, et quel a été mon chagrin, lorsqu'il a fallu renoncer à vous attendre, surtout en apprenant le douloureux motif de votre retard! D'après les renseignements assez incertains que j'ai pu recueillir, vous devez être bien près de rentrer à Paris. Je profite donc de ma première halte pour vous dire un mot, et puisque j'ai été privé si longtemps de vous voir, je veux au moins que quelques lignes de souvenir vous saluent à votre arrivée.

Voilà trois semaines que je fais à mon frère les honneurs de la Suisse, lui présentant tout ce qu'elle a de merveilleux, depuis les glaciers de l'Oberland bernois, jusqu'à la chute du Rhin qui tombe à une lieue d'ici. Dans cette course rapide, tantôt à pied, tantôt en voiture, j'ai retrouvé toutes mes forces, les joies et les impressions de mon premier voyage, doublées pour moi par l'association de mon frère. J'ai éprouvé en ceci comme dans tout le reste l'excellence de vos conseils, et le voyage a tenu tout ce que vous me promettiez; mes forces grandissent avec l'exercice, et je vais vous revenir à la fin du mois prochain avec un luxe de santé que je ne retrouve jamais sans regretter amèrement qu'un tel bien ne puisse pas se partager. Ne croyez pas toutefois que je ne marche qu'au profit de la matière, et que je ne cherche dans mes excursions que la faim et le sommeil; je trouve ici bien d'autres pensées. Une promenade à travers la Suisse est une véritable étude biblique, et j'achève en courant la lecture de la Genèse; c'est un autre texte, un alphabet différent, mais le sens est le même: là, se manifeste, comme dans les premiers chapitres de Moïse, la double expression de la puissance divine quand elle crée et quand elle détruit. Dans ses magnificences, la nature semble encore au lendemain des six premiers jours, et dans ses horreurs on la dirait à peine échappée au déluge : croiriez-vous que de si imposantes scènes, qui font de l'homme si peu de chose, m'inspirent à moi des idées d'orgueil? Pendant que tous les voyageurs du monde s'anéantissent devant tant de grandeur, j'éprouve un sentiment tout contraire, un profond respect pour l'âme humaine. Je sens que toutes ces merveilles seraient perdues sans notre intelligence, qu'elles lui doivent leur beauté majestueuse et jusqu'à leur moralité, puisque l'esprit humain fait de tout ce spectacle un hymne à la gloire de Dieu, un marchepied pour monter jusqu'à lui. Sans l'homme, les monts n'auraient point de grandeur ni la mer d'immensité, car les animaux ne cherchent ici-bas que des proies et une tanière, et, aux yeux de ces puissances supérieures qui comptent les myriades de mondes semés dans l'espace, qu'est-ce que l'océan et le Chimboraçao ? la légère exagération d'une goutte d'eau et d'un grain de sable. L'homme seul s'approprie les Alpes par l'admiration comme les plaines par le travail ; il donne à toutes ces masses une noble et haute destinée, en extrait non pas du fer ou de l'or, mais de grandes et sublimes pensées, et, par cette industrie morale, achève la création.

Après la Suisse, viennent les bords du Rhin ; nous allons traverser cette terre si couverte des souvenirs du moyen âge ; là, nous trouverons toujours la protection de l'Église à côté des menaces du château fort, l'esprit en présence de la matière, le droit à côté de la force, enfin cette lutte du bien et du mal, si active dans la jeunesse, et dont le moyen âge a été le théâtre le plus franc et le plus animé. Puis, nous comptons finir par la Hollande et la Belgique, parcourant ainsi toute l'échelle de la civilisation, voyant des manufactures succéder aux tours, les ouvriers aux soldats, les banquiers à la chevalerie : le calcul prend ici la place du premier mouvement, toute l'intelligence se met au service de la fortune. Ainsi nous aurons parcouru en quelques lieues bien des siècles, depuis la terre primitive de la Suisse telle qu'elle est sortie du chaos jusqu'à ce sol de fabrique humaine où pas un atome n'a conservé sa physionomie première et sa destination originelle ; en six semaines nous aurons, pour ainsi dire, vécu l'âge du monde.

Mais vous allez rire de toute cette singulière ambition, et notre rivalité avec le Juif-Errant mériterait de votre part une bonne leçon d'humilité : aussi m'empresserai-je d'aller la recevoir dans une trentaine de jours, et, après avoir été contemporain d'Adam et d'Ève, chevalier de la Table ronde, pèlerin du Rhin et puissant armateur d'Amsterdam, je me trouverai bien heureux de déposer toutes mes fortunes diverses pour reprendre ma place dans votre amitié.

Adieu, Madame ; mille et mille assurances de respect et de dévouement. Mon compagnon de voyage me charge de vous rappeler qu'il est en partage dans tous les profits du voyage et qu'il réclame en conséquence sa moitié de bon souvenir.

A. DE MELUN.

Château de Brumetz par Gandelu (Aisne),

7 octobre 1836.

Madame,

Un appel à jour fixe pour une réunion de toute la famille jusqu'ici un peu dispersée nous a fait arriver directement chez ma mère, sans pouvoir donner à Paris un seul instant. Je me suis empressé d'obéir; mais je n'ai pu m'empêcher de gémir tout bas sur la série d'incidents qui, depuis quatre mois, déjouent mes projets les plus chers. Ma vive ambition en vous quittant était de vous revoir souvent cette année ; tout alors encourageait cette espérance, tout depuis s'est arrangé pour la tromper. Comme les ambitieux, j'ai éprouvé les mensonges de la fortune, et, comme eux, je n'ai guère profité de la leçon, car, malgré tant de désappointements, je me flatte encore d'une petite apparition à Paris, au commencement du mois prochain ; mais, au moins, n'y croyez pas. Traitez-moi en homme menacé de rester encore longtemps loin de vous, et qui, par conséquent, a grand besoin de vos nouvelles pour le consoler.

Mon voyage est fini, et j'aimerais bien à vous émouvoir du pompeux récit de mes aventures ; malheureusement le pays et l'époque y prêtent peu. L'odyssée n'est guère plus possible que les travaux d'Hercule. Un bateau à vapeur conduirait aujourd'hui en trois ou quatre jours Ulysse à son Ithaque, et, au premier exploit, le demi-dieu paraîtrait en cour d'assises. La police est la plus grande ennemie de la poésie homérique : elle ne laisse pas le temps aux méfaits de devenir de grandes actions, et aux aventuriers d'arriver à l'héroïsme. Le juge d'instruction a remplacé le poète, il verbalise au lieu de chanter, et promet à tous les personnages épiques quelques années de prison à la place de l'immortalité. Aussi nous avons eu beau parcourir à pied la Forêt Noire : elle a trahi elle-même sa vieille réputation, elle est devenue d'une sécurité désespérante ; les rues de Paris sont en ce moment dix fois plus aventureuses ; il a fallu se contenter du magnifique spectacle de ses arbres séculaires et de ses riantes vallées. En la quittant nous avons mis le pied sur le plus beau pays du monde, mais nous y avons rencontré un assez méchant compagnon de voyage, le mauvais temps. Le mois de septembre n'a pas été plus sec en Allemagne qu'en France : c'était tous les jours une lutte entre le pittoresque et l'humidité ; la pluie se mêlait un peu trop de nos plaisirs, il en résultait quelquefois de beaux effets fantastiques, des aperçus à la manière d'Ossian ; mais elle poussait trop loin la manie philosophique du peuple que nous visitions ; dans sa haine de la réalité, elle idéalisait trop souvent la matière, et plus d'une fois, sur la pointe d'un clocher, nous avons maudit sa puissance d'abstraction qui changeait le paysage en brouillards et les montagnes en nuages. Cependant, nous avons pu admirer, aux rayons d'un soleil encore pur, la longue procession des châteaux qui se pressent autour du Rhin et défilent devant vous comme les ombres des siècles passés. Ces débris m'ont autrement intéressé que les palais bien peints et bien alignés de Manheim ou de Carlsruhe, car il est bien rare que le plus magnifique monument soit aussi beau que sa ruine : dans les ruines, en effet, le temps, cet ouvrier infatigable qui ne cesse de travailler pour Dieu, substitue son architecture à celle des hommes ; il tire du désordre et de la confusion plus de beauté que ceux-ci n'en obtiennent de la régularité et de l'harmonie. Ses déluges, pour ainsi dire, valent mieux que leurs créations. Aussi, lorsque, pour les briser, il met la main sur nos édifices, il les pare de leur *dégradation*, et rend leur décadence plus brillante que leur première splendeur.

La Hollande a parfaitement répondu à notre attente ; c'est bien le chef-d'œuvre de l'industrie humaine ; on y fabrique de la terre ferme, et, dans les rues, l'océan sert de ruisseau. J'aurais bien à me plaindre à vous des mauvais procédés de cette illustre mer : elle vient nous chercher jusque dans Rotterdam, nous offre ses flots pour nous porter vite et mollement aux rivages de France, et à peine maîtresse de nos personnes, elle gronde, écume, et ne veut plus nous laisser quitter son empire. Encore s'il s'était agi d'une de ces fureurs qui en un instant transportent le passager de l'enfer au ciel, la tempête a bien ses avantages ; mais ici rien qu'un peu de mauvaise humeur, et ce fut assez pour nous ballotter trois jours au lieu de quelques heures. Cette épreuve, qui était la première pour moi, a beaucoup diminué la grande opinion que j'avais de notre puissance sur mer ; notre apparente domination n'est qu'une soumission aveugle aux caprices et aux passions de l'eau : nous n'arrivons jamais que lorsqu'il plaît aux vents ou aux courants de prendre notre chemin, et ici, comme partout ailleurs, nous ne faisons notre volonté qu'à force d'obéir.

Revenu de cette excursion, il faudrait maintenant retourner au travail, et arriver aux idées d'où sont sorties toutes les impressions de ma route. La vérité n'est jamais un instant sans agir sur nous, elle ne cesse de nous envoyer des impressions qui nous avertissent de sa présence et nous invitent à l'étudier, le mouvement n'est utile que parce qu'en changeant les situations, il donne à la vérité l'occasion de varier ses effets et de multiplier ses avertissements : c'est donc un devoir de mettre à profit le voyage le plus insignifiant, puisque nous lui devons toujours quelques impressions de plus. Ou plutôt qu'importent le mouvement ou le repos ? et qu'est-il besoin de courir après la vérité ? Un seul de nos sentiments impartialement observé nous conduira plus vite vers elle que tous les vaisseaux du monde, car elle n'est pas comme les diverses formes de la matière, appartenant à tel ou tel pays, fruit de telle ou telle latitude ; mais elle est en chacun de nous, se révélant sans cesse à nous par nos sentiments, nos idées, nos vertus, et je dirais même nos excès et nos erreurs.

Je me hâte de vous dire adieu, crainte d'entamer une dissertation d'où vous ne sortiriez pas sans avoir lu le plan d'un chapitre de ma philosophie intitulé : *La morale prouvée par les crimes des hommes, et la vérité par leurs mensonges.* Comme vous savez tout cela bien mieux que moi, je dois vous épargner la peine de retrouver vos idées défigurées par mes expressions.

En vous parlant toujours de moi, je ne vous ai pas dit un seul mot de votre santé, du bénéfice des eaux ; y verrez-vous de l'indifférence ? Oh ! non : vous savez bien que les diplomates, quand ils veulent savoir quelque chose, se gardent bien d'en dire une syllabe : j'ai fait de la diplomatie avec vous ; la chose dont j'ai parlé le moins était celle qui m'intéressait le plus.

A. DE MELUN.

Octobre 1836.

MADAME,

Votre lettre si chère m'a fait grand bien, elle m'a tiré d'un état d'inquiétude et de tristesse que je n'avais pu surmonter : jeudi, en me disant adieu, vous étiez si souffrante ! Cette idée ne me quittait pas.

Je vous voyais toujours malade, accablée, sans une heure de calme et de sommeil, je me reprochais mon départ, j'aurais voulu être près de vous pour avoir à chaque instant de vos nouvelles, tous les raisonnements échouaient contre cette préoccupation.

Vous m'avez rendu, en m'écrivant, toute ma présence d'esprit ; vos courses me rassurent un peu, vos lectures me donnent confiance, et puis je suis ravi de la conquête d'Auteuil. Comme la fourmi, vous allez y faire vos provisions d'hiver, y prendre de l'air, de la lumière et de la force pour la saison des ténèbres et de la fatigue. Si d'autres s'en étonnent, moi je vous en remercie ; qu'auriez-vous fait à Paris des derniers beaux jours d'automne ? les feuilles n'y jaunissent ni n'y tombent pas. C'eût été marcher plus vite que le temps, entrer dans la nuit avant le coucher du soleil. Restez, restez à la campagne pour admirer avec moi le soir de l'année ; vous savez ma faiblesse pour cette saison, elle n'a pour moi que des idées qui attachent et consolent. La nature semble se rapprocher encore plus de notre destinée, elle prend quelque chose de la décadence, et aussi de la majesté et de la douceur de notre vieillesse ; et, comme toujours, cette métaphore dit la vérité sur ce qu'elle représente, et l'image qu'elle nous donne pour exprimer notre disparition de la terre, apporte avec elle un présage de résurrection. Car la matière elle-même est hostile au néant; rien n'est moins mortel que la nature ; en effet, Dieu n'a mis la mort dans nulle de ses œuvres, elle est née de l'intelligence humaine, comme le mensonge. Victimes de notre propre création, nous la voyons partout, comme ces spectres que la peur évoque sous les pas du voyageur : nous croyons la reconnaître dans la nuit, dans l'hiver, dans tout changement que toujours nous prenons pour une fin ; nous portons contre tout ce qui est une sentence de mort, mais le soleil lui échappe par le crépuscule, l'année par le printemps, la fleur en renaissant comme le phénix de ses cendres, et l'âme, comme vous le dites si bien, en déployant ses ailes pour s'envoler aux cieux. Rien de ce qui est ne peut se soustraire à l'immortalité que par un miracle, et les athées ont plus besoin d'un Dieu pour expliquer leurs espérances du néant que nous pour notre éternité.

J'ai retrouvé ici mon bon frère, et je continue avec lui nos conversations de Versailles. Je lui répète vos bons conseils, et nous profitons ainsi tous les deux de votre parole : c'est un beau spectacle que d'assister à la transfiguration de cette âme par la vérité. Partie des dernières limites de l'erreur, protégée contre la lumière, par l'éducation du collège et sa science, elle a parcouru toute cette longue route d'abord à regret et à tâtons, chancelant à chaque pas, reculant à chaque difficulté ; puis son pied s'est affermi, la nuée qui l'arrêtait est devenue lumineuse et a marché devant elle ; le désert a eu ses aridités, ses soifs brûlantes et non satisfaites, ses heures de murmure et de désespoir, ses Philistins et ses Amalécites ; mais aussi l'Évangile était sa manne, saint Augustin sa source d'eau vive, et maintenant elle chante le cantique de la délivrance ; il m'est donné de voir se réaliser dans un autre moi-même toutes les promesses du christianisme, son action si prompte, si merveilleuse, et ce passage si frappant du trouble infini à la paix, du malaise et de la souffrance au souverain bien, du doute qui désespère à la foi. De pareils effets valent des miracles, et je comprends pourquoi Dieu ne guérit plus et ne ressuscite plus pour prouver sa religion ; les hommes trouveraient sans doute quelques théories fort ingénieuses pour expliquer naturellement une résurrection : ils ont bien découvert un moyen de créer le monde sans miracle ; mais je les défie de me montrer par quel artifice toute force, de passion qu'elle était, devient vertu, pourquoi la logique, qui tout à l'heure dissolvait, édifie, et quelle science changeant tout à coup la valeur de cette vie qu'on abandonnait au vent de la dissipation, donne à chaque minute l'importance de l'éternité.

Toutes ces considérations que nous avons si souvent répétées ensemble acquièrent aujourd'hui à mes yeux un caractère d'évidence plus éclatant encore, s'il était possible, par l'exemple de mon frère, et je ne me lasse pas de vous en parler, parce que je n'ai jamais rencontré une plus belle expérience de la régénération humaine par la foi à Jésus-Christ.

En admirant ainsi ses progrès, je n'ai pas oublié ceux que votre amitié m'impose ; mon plan de travail est tracé, j'ai choisi mes heures, et cette paresse que vous savez si bien découvrir au milieu de mille bonnes raisons pour ne rien faire, trouvant tous les moments pris par l'étude, sera bien obligée de déménager. La parole ne cesse de me révéler de nouvelles merveilles et des analogies fécondes. Vous savez que depuis longtemps, en étudiant sa généalogie, elle m'a conduit jusqu'à cette première parole qui a créé le monde, jusqu'au Verbe ; hier en examinant ses propriétés et son rôle sur la terre, j'ai été singulièrement attaché par l'étonnante conformité de sa destinée au milieu des hommes, avec celle du Verbe fait chair ; l'incarnation de l'idée dans le mot m'avait toujours représenté la mystérieuse incarnation de l'Homme-Dieu ; mais la parole ne s'arrête pas là : l'expression qui la renferme, en la livrant aux hommes, l'expose à leur action souvent malfaisante, elle subit leurs calomnies, leurs outrages, leurs proscriptions, et la vérité tombée sous le domaine de l'humanité a eu bien des jours de tortures ; elle souffrait ainsi, était déchirée, frappée à mort, et cependant, comme idée, elle était impassible et inaltérable, elle échappait à toute action humaine, rien ne pouvait l'atteindre.

Je ne sais si je m'abuse ; mais n'y aurait-il pas là quelque image de notre rédemption ? L'idée n'en représente-t-elle pas le Dieu qui ne saurait souffrir, et la parole, cette association de Dieu et de l'homme, qui dans son expression humaine, sous sa forme terrestre, subit toutes les misères, toutes les souffrances ?

Je vous soumets cette imparfaite pensée, à laquelle je craindrais de me livrer avec trop de complaisance, car elle a quelque chose de téméraire, et presque une apparence de profanation; mais, grâce au ciel, je me rassure un peu contre les dangers de ce symbolisme, par cette résolution, bien arrêtée chez moi, de n'appeler jamais au secours de la vérité que les preuves qu'elle avoue. Il ne me coûterait pas de sacrifier le plus gros de mes volumes, si jamais un volume peut sortir de ma plume, à la crainte d'éveiller un scrupule ou de provoquer un soupçon : je ne veux pas être de ceux qui mettent le luxe à la place du nécessaire, et cachent l'autel sous les ornements. Si donc je tire trop de choses de la parole, vous m'avertirez, et votre signe aura tout effacé.

Vous êtes bien terrible pour notre malheureuse espèce, vous grondez fort M. Guiraud de lui prédire la fin de la guerre. J'ai bien peur que vous n'ayez raison : la guerre n'est qu'une de ces applications de cette loi inviolable qui fait de toute existence un combat; c'est une des formes de cette grande lutte qu'il nous faut soutenir contre nous, contre la matière, contre les autres; et, comme toute expiation, elle a ses mérites et ses éléments de grandeur. Mais j'avoue que je crois un peu à la diminution des guerres, non comme progrès moral, mais tout simplement comme amélioration matérielle. Ce ne sera pas la charité qui arrachera les armes, mais l'amour du bien-être, et dans cette paix il entrera plus d'égoïsme que d'humanité. Ce sera toujours cette conséquence du progrès humanitaire qui rend la terre plus commode à ses habitants, mais, malheureusement, presque toujours lui enlève une vertu, en lui épargnant une peine. La nature est déjà plus obéissante, les peuples moins hostiles et la politique plus pacifique ; mais la guerre, exilée du monde extérieur, se réfugierait plus terrible dans notre âme ; la démoralisation est la suite d'un lâche repos. L'histoire ne prouve-t-elle pas que le sang humain est comme l'eau ? Quand il ne coule pas, il se corrompt. Il est triste de finir par une maxime si impitoyable ; mais aussi pourquoi nous parle-t-on sans cesse de cette pitié qui, pour sauver un corps, perd sans nul scrupule les âmes ?

Adieu, Madame. Pourquoi ne suis-je plus à Versailles ? Je ne serais pas obligé de finir si tôt.

A. DE MELUN.

Lettre de Mme Swetchine.

5 mai 1837. Paris.

De tous vos amis de Paris, j'arrive la dernière comme témoignage de souvenir et d'affection, et vous n'y serez pas plus trompé que les autres qui auraient su que je ne vous avais point encore écrit. Ici, comme ailleurs, les *derniers auront* encore *été les premiers*, et vous aurez su distinguer très bien ce qui rend l'amitié *aimable* de ce qui la rend profonde et solide.

Je ne veux faire reconnaître à la mienne que ces deux derniers titres, j'en ai toutes les conditions, et il résulte de là, que la chose que je fais ou même ne fais pas pour vous, porte toujours le caractère du *privilège*. C'en est un de rassurer par la confiance que l'on éprouve, de donner toute liberté à la manifestation des sentiments auxquels on *croit*, de laisser goûter dans une profonde paix toute la douceur de l'affection que l'on inspire. Mon cher et jeune ami, si ce n'est pas là tout le luxe du privilège constaté par une plume qui a fait passer tant de choses avant vous, si ce n'est pas là une vraie préférence, je n'y entends plus rien.

Vous me dites que vous allez mieux, vous le dites aux autres, on me le redit de toutes parts : est-ce bien vrai? Ce sommeil, cette nourriture plus abondante paraissent-ils sur votre visage? Avez-vous repris? Vos forces reviennent-elles, et les mettez-vous à une épreuve suffisante et pourtant mesurée par l'exercice qui vous est nécessaire? Je voudrais tous ces détails et bien d'autres, la *lettre* même de vos habitudes et de leurs effets. Vous rétablir, revenir au point où vous étiez avant ces deux grandes secousses n'est pas seulement le but auquel vous devez tendre par affection pour nous, mais aussi par un sentiment de devoir; la jeunesse les mène tous de front, et pendant longtemps il y a dans la volonté de véritables gages de succès pour ce qui paraît même en rester indépendant; il faut seulement qu'elle ne se réveille pas trop tard. Je crois bien qu'une intelligence de la nature de la vôtre servirait mal même la santé, en prolongeant trop ses vacances et ses *interim*, et pourtant je ne suis pas sans un peu d'inquiétude sur le travail que vous reprenez, sur l'insistance que j'y ai mise; je crains que son intérêt même ne vous entraîne au delà de l'effort raisonnable. Il faudrait, quand on conseille, être assez heureux pour veiller soi-même à l'exécution et ne faire peser ainsi sur chaque instant qu'une légère fraction de responsabilité. Dans ce qui vous ferait mal, ce n'est pourtant pas elle qui m'occuperait, ma conscience ici serait bien vite absorbée par mon cœur. Je conçois la peine que vous avez à reprendre au travail de la pensée après une longue inaction; rêver, causer, suivre l'idée qui se présente est un mouvement de l'intelligence qui ne fatigue pas plus qu'une promenade; mais lorsqu'il s'agit d'embrasser, d'ordonner, de mettre en harmonie et à leurs places respectives ces mêmes idées, c'est remuer des blocs et les mettre en œuvre. La vérité, quand on la possède, ôte pourtant même à cette fatigue, parce qu'elle centuple les forces en leur donnant toujours un point d'appui, et qu'elle leur offre sans cesse comme *vérificateurs* des bases immuables; avec leur secours on est sûr de ne pas dévier et de rencontrer sans cesse l'*évidence* sur la route.

J'ai été bien frappée de la clarté, de la vigoureuse logique de vos déductions; ainsi l'action de Dieu développée quand on la laisse libre, avec tous ses bienfaits, et puis la douloureuse *antigamme* avec tous ses maux et ses remèdes presque aussi tristes que ses maux ; Dieu auteur de tout bien, et puis redresseur, réparateur de tout mal, et le christianisme par son dogme fondamental découvrant, guérissant le mal à son principe et partant de là pour tout envelopper, comme d'un réseau de bienfaits : le point de vue est admirable. Vous le détachez d'un plus grand ensemble, mais je pense qu'en donnant à votre développement l'étendue convenable, en l'étudiant sous toutes ses faces, ce fragment pourrait bien devenir un édifice complet. Je crois que pour le moment il faudrait vous y borner, sauf à continuer les études qui doivent servir un jour à votre système général. Le conseil de M. d'Eckstein me fait un peu redouter l'éparpillement, l'évaporation des facultés, dont la concentration pourrait se rendre si utile ; nous n'embrassons guère que sommairement les objets si distants entre eux, et cependant nous ne nous rendons guère attrayants et même compréhensibles que dans les sujets étudiés de près et pénétrés dans ce qu'ils ont de plus intérieur et de plus intime : les vues de l'ensemble sont nécessaires pour la rectitude et la proportion des parties ; mais nous ne suffirions pas à ce qui les rendrait vraiment accessibles aux autres et dans leur intérêt : aussi il faut vous *circonscrire*.

Je vous assure que dans votre lettre il y a tout le sujet et même toute la marche et les parties d'un livre ; nous en recauserons, j'espère, souvent ; mais pensez-y, et dites-vous que vous y consacrez votre intelligence pendant un temps donné. Mon avis qu'il ne faut écrire, et surtout publier trop tôt, commence à se modifier un peu ; il se pourrait bien que la paresse des plus actifs esprits entrât en part de cette théorie et, qui pis est, s'en augmentât. Je commence à croire qu'il est utile de ne *penser* que comme si l'on devait *écrire*, et de bonne heure *écrire* comme si on devait publier ; cela tient en respect et en garde, le public, même celui que l'on imagine, n'étant pas l'approbateur, souvent trop facile, *du dedans*. On reste bien toujours soi, mais averti, attentif, recueilli comme devant ses juges, au lieu de s'abandonner comme devant des amis.

Vous croirez peut-être que l'amitié m'aveugle pour vous : cela se pourrait bien, avec l'orgueil d'avoir été une des personnes les premières à découvrir ces trésors d'intelligence qui vous avaient été confiés, et, sauf contestation, la première à en jouir avec un bonheur toujours croissant. Dans vos succès, je vois le bien que vous pourriez faire. Qui donc ne donnerait dans un tel piège ?

J'aurais tant de choses à vous dire une fois commencées, que ma lettre ne partirait pas, et cependant il faut qu'elle parte, non pour me justifier, mais pour me soulager moi-même de cette sorte d'oppression où vous laissait mon silence. Oppression, point celle du remords, mais de tout ce qui m'aurait fait vous parler chaque jour ; c'est un peu comme si on multipliait la colonne d'air qui pèse sur nos têtes ; ce qui nous eût fait vivre nous écrase. Ah ! si vous saviez combien je le suis par une foule d'inquiétudes et de peines ! Les consolations ne me manquent pas ni les forces encore ; mais la souffrance, enfoncée au fond de l'âme, n'en est pas moins active, et il y a place en elle pour toutes ces simultanéités.

Ma pauvre sœur est encore à Munich ; sa santé est surtout son courage, et je redoute les effets de ce cœur toujours plus brisé. Je ne sais pas encore si nous pourrons nous voir avant cette séparation indéfinie ; tout devient bien difficile, au milieu d'éléments qui résument presque tous les obstacles humains.

J'ai été inquiète de Mme de Rauzan, et je le suis encore. Des intervalles de crises sont à peine une amélioration. Je l'ai vue il y a deux jours ; sa maigreur, sa pâleur, la transparence de son visage m'ont fait vraiment mal. Je sais très bien que cela s'explique par ses atroces douleurs et sa longue abstinence ; mais il y a sûrement de la destruction et beaucoup à réparer. Je crains qu'elle ne soit inquiète elle-même ; cependant, ce jour-là, elle disait les mêmes choses tristes, mais comme quelqu'un qui y croit beaucoup moins.

Adieu ; je compte toujours partir pour Vichy vers la fin du mois; mais ce ne sera pas sans vous l'avoir dit moi-même. Offrez mes compliments à monsieur votre frère, et veuillez ne pas m'oublier auprès de madame votre mère. Vous allez m'écrire, n'est-ce pas ? Pourquoi donc ne l'avez-vous pas fait? Se taire, n'est-ce pas compter ?

S. SWETCHINE.

Ce vendredi.

Madame,

Quoique l'absence, comme je vous le disais il y a quelque temps, ne puisse pas réellement exister entre ceux qui vivent d'un même cœur et d'une même pensée, je ne veux pas pourtant m'en tenir toujours à ces communications toutes spirituelles. Il prend de temps en temps à mon amitié des excès de matérialisme; il me faut, pour les satisfaire, donner aujourd'hui un corps à ma conversation avec vous.

Vous savez combien j'étais avide de recueillir les précieux enseignements de la terre, lorsqu'elle se renouvelle, et la riche moisson des vérités que j'attendais du retour du printemps. Arrivé ici, j'étais tout au travail de la végétation naissante ; mon imagination n'allait pas, comme celle des poètes, se perdre au-dessus des nuages, mais plongeait au sein de la terre, et ne voulait rien perdre de tout le mouvement intérieur qui précède la grande résurrection : le spectacle en vaut bien la peine.

Des millions d'atomes, ruines des plantes passées, poussière d'une végétation qui n'est plus, se raniment à l'appel du soleil d'avril, une force divine les arrache à leur inertie et les pousse dans un nouveau monde végétal. Ce n'est plus cette agitation désordonnée des atomes d'Épicure, sous le souffle capricieux du hasard, mais une marche régulière et précise et dont mon oreille attentive entendait le bruit harmonieux : ils se rapprochent et s'unissent aussi agiles et aussi pressés que les flots.

Déjà je voyais la sève s'échapper de cette mer souterraine, glisser mystérieusement à travers les pores de l'arbre qui lui servent de canaux et d'abri, percer à peine l'écorce et briller en jeunes boutons comme une goutte de rosée, puis lançant dans l'espace ces eaux que l'air cristallise, jaillir en longs rameaux de verdure dont chaque vague est une fleur.

Malheureusement toutes les puissances de l'air conspirent depuis un mois contre cette poésie, le froid a tout reculé, la neige a fait fuir jusqu'à l'apparence des feuilles, et le printemps a été jusqu'ici si avare de soleil et si prodigue de rosée, qu'aujourd'hui nos prairies sont des lacs. Notre pauvre petit castel ne ressemble pas mal à l'arche de Noé ; on ne peut faire un pas sans courir danger de naufrage, et ce matin le journal seul est venu à la nage ; il nous est arrivé comme une feuille détachée de ce maudit arbre de la science que les déluges ne déracinent jamais. Qu'est-il advenu de cette méchanceté de la saison ? Sa mauvaise humeur a provoqué la mienne ; puisque la terre se montrait si peu aimable, j'ai appris à me passer de ses bonnes grâces, et, comme il arrive d'ordinaire, j'ai fini par trouver mille bonnes raisons pour la dédaigner : si bien qu'elle peut agir maintenant comme il lui plaira ; j'en fais fi comme le renard des raisins. Et, en effet, n'est-ce pas un tort de donner tant de place dans nos recherches et notre admiration aux merveilles du monde terrestre et n'en attendons-nous pas trop en faveur de la vérité ?

L'antiquité, si passionnée pour la beauté des formes, s'est laissé prendre à ce magnifique spectacle ; dans son enthousiasme, elle a cru faire assez pour ses dieux en leur attribuant tout le mérite que suppose la création physique et en les enfermant ainsi dans les limites de leur œuvre. Aussi Jupiter était-il plein de force et d'industrie; mais juste, assez peu, et moral pas du tout. Car l'univers parle beaucoup de la puissance et de l'habileté de son Créateur, mais ne dit rien de sa justice et de sa perfection. Cet effet qui passe raconte imparfaitement sa cause éternelle, et l'infini est à peine exprimé par l'immensité des cieux : pour compléter l'idée de Dieu, il faut aller chercher en nous-mêmes et dans des révélations plus directes, une voix qui supplée aux réticences de la matière, et le progrès est de savoir se passer de ses avertissements, car si elle nous annonce l'existence divine, elle en masque la majesté et en affaiblit les rayons.

A mesure que l'âme s'élève sur la montagne sainte, l'action de la terre s'affaiblit, l'expression de sa physionomie s'efface, sa parole n'atteint plus notre oreille ; et lorsque, enfin, nous touchons au sommet, lorsque Dieu se communique tout entier, et qu'il veut se donner en réalité à nous-mêmes, on ne s'aperçoit plus des illusions de la forme, et la vérité apparaît en dépit du mensonge de la matière et des affirmations des sens.

Pour me réconcilier avec la nature, j'aurais eu grand besoin de quelques-unes de ces belles idées que je vous ai entendue développer sur le panthéisme chrétien; mais je suis tombé sur l'exposition du système du monde de M. Laplace ; il y explique, avec la clarté et la simplicité du génie, les lois des révolutions célestes; mais on dirait, à l'entendre, que ces lois se sont écrites d'elles-mêmes; il en fait des personnes, leur accorde tous les attributs de la puissance divine, les montre souveraines, immuables, éternelles ; les forces, les vitesses, les attractions sont les divinités de ce paganisme scientifique qui prend la mécanique pour sa mythologie.

J'aime mieux encore les narrations naïves et animées du bon *Froissard*, qui fait maintenant les délices de mes soirées. Les héros n'en sont pas trop doux, mais vrais. Ils tuent, pillent, brûlent ; mais ils ont bien soin d'avertir d'avance leurs adversaires, et tout cela se fait à peu près par consentement mutuel ; et puis le récit de toutes ces merveilles de la chevalerie, de ces découpures et de ces mises en pièces console un peu des misères de notre siècle ; on prend son parti d'appartenir à une si méchante époque que la nôtre, quand on voit ce que coûtaient à l'humanité les grandes actions de nos pères.

La lecture de Froissard a singulièrement augmenté mon faible pour les batailles à coups de canon ; au moins là, les soldats tirent de loin, sans viser personne, s'adressant bien plus aux choses qu'aux individus, aux affûts qu'à ceux qui les gardent, aux murs qu'à leurs défenseurs ; ils ne passent plus des heures à arracher la vie à un de leurs semblables, et, en lançant leur boulet, dont les coups sont si incertains, ils laissent les meurtres bien plus sur le compte de la fortune que sur celui de leur animosité. Ainsi ce terrible moyen de destruction tourne au profit de l'humanité ; la poudre, inventée pour mieux nous détruire, nous épargne, et, en dépit de nos mauvais vouloirs, la Providence change nos éléments d'attaque en protection, et puis, par contrecoup, les événements se plaisent à démentir nos plus sages précautions. Au temps de Froissard, la loi salique, trouvée dans un vieux code franc pour écarter de France l'anarchie et le désordre, verse sur le royaume un siècle d'épouvantables malheurs, et voilà qu'aujourd'hui elle vaut à l'Espagne une guerre civile.

Vous avez sans doute appris que M. de Caffarelli m'avait écrit au sujet de M. Franck; je lui ai envoyé en toute hâte quelques lignes les plus favorables possibles; je souhaite grandement que ce témoignage lui puisse arriver à temps et répondre à ses espérances; chaque jour, en lisant quelques versets de la Bible, j'éprouve toute l'excellence de ses leçons, et je lui dois assurément une des parties les plus intéressantes de mes études. J'espère qu'à force d'étudier comme philologue toutes ces pages inspirées, il se pénétrera de plus en plus de l'esprit dont il connaît si bien la lettre, et que sa science ne sera pas perdue pour sa sagesse.

Je ne vous dis rien aujourd'hui de mes travaux; je griffonne chaque jour quelques phrases, et habille tant bien que mal deux ou trois idées. Mais, je l'avoue, trop souvent je m'abandonne au plaisir de suivre la vérité et de la laisser parler sans le secours de ma plume. Elle m'entraîne alors si vite et si loin, me raconte de si belles et de si grandes choses, que je n'ai plus le courage de la faire descendre aux mesquines proportions de mon style, et de l'emprisonner dans une image; il me semble alors que mon expression l'affaiblirait, et, tout entier aux charmes de cette parole qui s'adresse d'en haut à l'intelligence, je n'ose plus l'associer aux formes d'une langue imparfaite ; cependant je n'ai pas oublié ma promesse, et j'écris par obéissance.

Adieu, Madame ; voilà un bien long discours, et j'ai pris une terrible part dans notre conversation. Mais, encore une fois, ne vous fatiguez nullement à me répondre ; vous voyez que je n'attends pas vos lettres pour vous envoyer les miennes, et j'en ferai toujours ainsi, sachant bien que votre silence n'est qu'une fiction, et que votre amitié, comme vous me l'avez dit si souvent et avec tant de bonté, me réserve, au milieu de vos occupations, des pensées qui me valent mieux que de longues pages. Seulement faites-moi savoir quand vous partirez pour Vichy, ce sera pour moi un temps de joie ; l'idée que chaque jour vous apportera des forces nouvelles, et un progrès dans votre santé, viendra réjouir toutes mes heures, et j'aimerai cette saison par-dessus toutes les autres, puisqu'elle vous promet de vous soulager.

Mon frère me charge de vous présenter ses respects et de le recommander à votre souvenir. Il a déjà commencé son voyage d'Italie au moins en imagination et nous rapporte de ses excursions de belles phrases de Manzoni et d'Alfiéri. Je me défie cependant un peu de sa science, et s'il demande à dîner en style d'Agamemnon, on pourra bien le renvoyer au banquet des sept sages : ce qui s'accorderait mal avec un appétit qui n'est nullement platonique. Heureusement au mois de septembre, s'il se met en route, il aura fait des progrès dans l'art de se faire comprendre.

Ma mère ne veut pas être oubliée auprès de vous, pas plus que mes sœurs. Quant aux jeunes gens qui ont fait dernièrement leur entrée dans ce monde, je ne puis vous en parler que par tradition : l'un est encore à Paris ; l'autre, tout près d'ici, est séparé de nous par le déluge et des chemins impraticables pour le moment. Je compte pourtant aller lui rendre incessamment mes devoirs, car je me promets de tirer de sa conversation encore inarticulée d'immenses lumières sur la création de la parole et la formation des langues.

Notre petite Blanche est depuis un mois dans un couvent à Meaux pour se préparer à sa première communion. Nous irons tous, le lundi de la Pentecôte, assister à ce touchant et mémorable événement. Je ne veux pas que vous ignoriez rien de ce qui nous occupe et nous intéresse, et je vois que sans me faire violence, je ne finirais pas de causer avec vous ; je m'impose donc silence, et n'ajoute pas un mot de mes sentiments d'affection ; j'en aurais trop à dire pour vous en parler.

A. DE MELUN.

7 mai 1837. Samedi matin.

On m'apporte votre lettre au moment où celle-ci s'en allait ; je la laisse partir sans y rien changer, voulant me réserver le plaisir de vous répondre en détail d'ici à très peu de jours... Seulement je répare mon silence sur ma santé en vous assurant que mon visage commence à prendre une nuance fort satisfaisante.

14 mai 1837.

Madame,

J'ai aujourd'hui quelque chose de mieux à faire qu'à vous débiter les idées qui sans raison me passent par la tête ; j'ai à répondre à votre lettre et ne veux rien laisser passer de tout ce que vous me dites ; mais avant tout, laissez-moi, comme toujours, vous remercier. Je n'avais assurément nul besoin de cette nouvelle preuve d'affection ; mais elle est arrivée avec tout le charme du luxe, toute la grâce du superflu, et puis elle me parle si bien de votre confiance, de votre sollicitude, j'en aime tant les conseils, les réflexions, que je ne me lasse pas de la relire. Oui, vous avez raison, votre amitié n'a rien de celles du monde, celles-ci amusent et distraient ; il ne faut leur demander que du plaisir ; lettres et paroles, tout ce qui vient de vous me fait du bien.

Vous voulez des détails de ma santé : elle est en progrès, reprenant chaque jour des forces avec le sommeil ; cependant ces derniers temps de froid et d'humidité lui font rude guerre ; je me défends de mon mieux. Ma double maladie a porté ses fruits de sagesse, elle donne une nouvelle autorité au grand précepte de la modération en toutes choses ; maintenant je ne laisse jamais l'exercice arriver jusqu'à la fatigue et le travail jusqu'à l'excès. Ne regrettez donc pas l'insistance de vos conseils ; à votre défaut, votre souvenir est toujours près de moi pour veiller à leur exécution ; il se confond avec ma conscience et ma raison, et malgré vos belles recommandations c'est là le seul public que j'accepte et consulte.

Quant à cette foule qu'il faudrait évoquer pour bien écrire, il m'est impossible de m'en préoccuper, elle n'intervient jamais que pour exiger des concessions et rappeler les droits du respect humain. Celui qui court avec sa plume après la gloire et la fortune fait très bien de se mettre en présence du peuple des lecteurs, pour tenir compte, dans ses ouvrages, des caprices de ce souverain juge; mais il n'a rien à voir auprès de quiconque ne s'occupe qu'à exprimer la vérité. Pour moi, la pensée de l'opinion publique et de ses jugements ne se présente jamais, je la repousserais bien loin comme une atteinte à ma liberté.

Il est vrai que cette indifférence tient de ma part à une répugnance pour la publicité qui va toujours s'augmentant ; et je suis vraiment mal placé dans un siècle si fou de la presse, avec ma haine de l'impression : les idées qui vivent en moi, qui chaque jour se développent, grandissent et se complètent, me sembleraient mortes le jour où je les verrais étendues sur une page et scellées dans un livre. Détachée de l'esprit qui la protège et l'explique, l'écriture, exposée à toutes les mauvaises interprétations de la foule, ne peut refuser aucun des sens qu'il plaît à chacun de lui imposer ; il lui faut se plier à toutes les fausses conséquences, accepter tous les commentaires.

Le plus beau, le plus éloquent des livres me représente toujours ces magnifiques cathédrales vides d'un peuple fidèle, où les enfants de la république faisaient camper leurs chevaux, et dont ils emportaient les pierres pour bâtir l'un son étable, l'autre sa maison d'iniquités. Quelques grands esprits ont parlé dans leurs écrits si haut et si bien que force a été à la multitude de les écouter et de leur obéir ; mais le plus souvent leurs raisonnements ont agi tout autrement que leurs pensées. Descartes espère, par son doute méthodique, travailler au profit de la certitude et de la vérité ; un autre philosophe s'empare de sa doctrine et ouvre la porte à tant de négations qu'il ne reste plus dans l'esprit que le néant.

Richelieu savait bien les dangers de l'écriture lorsqu'il ne demandait qu'une ligne de son ennemi pour en faire un criminel d'État ; il n'en faut pas si long pour fournir un argument contre la cause même que défend votre plume. Dieu lui-même a partagé cette défiance de la parole écrite ; s'il nous a donné la Bible, il a placé près d'elle la voix de son Église, non pour en lire seulement la lettre, mais pour la parler, l'expliquer et la dérober ainsi aux profanations de chaque intelligence. Séparée de cette parole vivante, qu'est devenue l'Écriture sainte ? Les sectes se sont partagé les lambeaux de son texte pour soutenir leurs mensonges et leurs crimes. Il n'est pas d'hérésie qui n'y ait trouvé sa justification, pas d'homicide son arme, pas de révolutionnaire son principe d'anarchie.

Alors même qu'un livre échapperait par sa clarté à tous ces dangers, la vérité n'aurait pas grand'chose à attendre de son action. Pour convaincre et ramener les esprits, il faudrait presque un livre pour chaque lecteur ; la parole, cette action directe, choisit la langue qui convient à chacun, se plie à tous les besoins, s'adressant au cœur de l'un, à l'intelligence de l'autre, et préparant ainsi le pain suivant la nature et le tempérament. C'est ainsi que l'unité de doctrine arrivant à tous par des chemins divers concilie l'uniformité de la foi avec les droits de l'individualité. Le livre ne peut tenir compte de toutes ces nuances, et, parlant à tous le même langage, il n'est souvent compris de personne. Au reste, en vous donnant ici tous ces motifs de prévention contre la voie de l'imprimerie, je cède encore bien moins à une conviction bien arrêtée, qu'au sentiment sincère et légitime de mon insuffisance; et peut-être ai-je tort de généraliser ainsi la conscience de mon incapacité en ce genre.

Me voilà posé en bien grand ennemi des lumières ; mais je vous charge de mettre à cette opinion si absolue toutes les restrictions convenables en faveur de cette multitude de sujets qui laissent à ceux qui les traitent la liberté de se tromper ou de n'être pas compris. Il restera encore à la presse assez de moyens pour amuser et même éclairer son public ; nous ne lui interdirons que les articles de foi, auxquels de simples fidèles comme moi doivent beaucoup plutôt prêter l'appui de leur obéissance que de leurs discussions. Dans tous les cas, vous tirerez de tout ceci une incontestable conclusion, c'est que pour le rôle d'écrivain j'ai véritablement tout l'opposé d'une vocation.

Irai-je pour cela renoncer au travail, et ne plus formuler mes pensées ? Loin de là, et je prétends bien continuer toutes mes études, et suivre l'idée que je vous ai développée. Je sais qu'en dehors des applications générales et de l'action sur le genre humain, nous devons toujours avancer dans la possession de la vérité. On ne saurait trop augmenter sa fortune intellectuelle, non pour enrichir l'humanité, mais pour faire l'aumône à notre prochain. L'éclaircissement d'un doute, la réfutation d'une objection est à la portée de notre science et rend souvent plus de service que l'éloquence reliée en gros volumes, et ne faut-il pas aussi travailler sans cesse à ce livre intérieur écrit dans notre âme, et qui parle à tous par la moralité de notre vie et l'exemple de nos actions? Et puis enfin, souvent nous devons écrire pour donner une nouvelle forme à notre prière, et appeler toutes les puissances de notre esprit à la louange de Dieu.

Ces idées saintes qui croissent à l'ombre du silence et de la solitude s'adressent alors à cette intelligence qui récompense bien plus l'effort que le succès, et ne voit que la marche, sans s'inquiéter si on arrive au but; heureux l'écrivain si ses pages que personne ne lira prennent un peu de ce parfum céleste que les fleurs exhalent au désert!

Quand vous m'écrirez, parlez-moi plus de vous; vous ne m'avez rien dit de votre santé, jugez de l'intérêt que j'y prends par celui que vous portez à la mienne. Je veux ma part de vos chagrins, de vos inquiétudes. Si je ne vous ai pas priée jusqu'ici de parler de moi à madame votre sœur, c'est que j'ai craint de mêler un souvenir étranger à ses intimes et profondes douleurs. Je serais bien heureux de vous savoir un instant près d'elle; quelle autre consolation pourrait égaler celle-là! Ce temps si froid et si pluvieux ne va-t-il pas retarder votre départ pour les eaux? Nous ne sommes réellement au mois de mai que dans l'almanach; ici c'est une association de mars et de novembre.

On m'écrit que Mme de Rauzan se décide à partir. Je voudrais lui dire combien je m'afflige de ses souffrances ; mais j'ai peur que cette manifestation de mon inquiétude n'augmente la sienne. On s'effraie plus souvent de l'opinion des autres que de son propre sentiment, quand on est gravement malade ; je suis chagrin de ne pas oser lui demander de ses nouvelles.

Adieu, Madame ; voilà déjà plus d'un mois que je vous ai quittée, et depuis ce moment pas un jour ne s'est passé sans que ma pensée ait été vous visiter ; la vôtre aussi, n'est-ce pas ? vient me voir quelquefois et sait découvrir le chemin de ma retraite : c'est donc à elle que je remets le soin de vous dire comment je réponds à votre amitié, qui dans ce monde est ma plus douce joie.

A. DE MELUN.

10 juin 1837.

MADAME,

Je suis heureux de penser que cette lettre va vous trouver dans votre pays de prédilection, un peu fatiguée sans doute; mais la liberté et la solitude reposent vite. Au milieu de vos sources, de vos promenades favorites, tout entière au souvenir des personnes et des idées que vous aimez, vous passerez à Vichy quelques-uns de ces bons jours qui réparent toute une année. A Paris, votre temps, pris par tout le monde, n'est jamais qu'une grande dépense de forces au profit des autres ; ici au moins, il vous appartiendra et s'emploiera, j'espère, pour vous. Jouissez donc bien de ce régime dont le succès certainement ne vous fera jamais autant de plaisir qu'à moi.

A propos de régime, savez-vous ce que je viens de faire ? J'arrive à l'instant du jardin, et là, à la face du soleil, sans figure ni métaphore, j'ai labouré de toute la force de mes bras une énorme plate-bande : pas une ortie, pas un vermisseau n'a échappé à ma bêche impitoyable. J'étais presque tenté de comparer mes travaux à ceux d'Hercule. Depuis quelques jours ma santé veut du mouvement ; une promenade paisible ne lui suffit plus. L'idée qui m'occupe le jour vient le soir bourdonner à mes oreilles, l'effort pour la chasser la rappelle, et il me faut, dans l'intérêt de mon sommeil, un exercice violent et matériel.

Me voilà donc décidé à cultiver les champs plus que mon esprit. Ne faut-il pas prendre sa petite part de la pénitence générale ? Et puisque la Providence a bien voulu me dispenser d'arracher mon pain des mains d'une terre avare, il est bien juste que je gagne au moins mon repos à la sueur de mon front. Au reste, cette excursion dans l'agriculture laisse bien encore quelques instants, et, entre deux labours, il n'est pas absolument impossible d'écrire une ligne ou de lire une page, et je viens précisément de m'initier à la science nouvelle de *Vico*.

J'avais grande curiosité d'étudier dans ses œuvres ce père des humanitaires, ce grand inventeur du progrès. Il mérite d'être lu avec soin ; on rencontre des rapprochements heureux, des idées fort ingénieuses, mais il faut se défier d'une doctrine qu'il cherche à concilier avec le catholicisme et dont ses admirateurs ont tiré des conséquences si hostiles à la révélation. A force de personnifier les peuples, de leur accorder toutes les facultés d'un être pensant, il méconnaît les droits de l'individualité humaine. Il est fort beau d'enlever l'histoire des nations à la fatalité et au hasard; mais, en soumettant à des lois éternelles la marche des sociétés, en donnant ainsi à chaque peuple une âme, des devoirs, une responsabilité morale, il ne faudrait pas oublier l'âme humaine, son action libre et puissante, et faire de l'individu une sorte d'atome perdu dans la masse du corps social.

Les partisans du progrès portent si loin la haine des privilèges, que, sans respect des droits acquis, ils confisquent toutes les gloires particulières au profit de la communauté. Ces révolutionnaires de nouvelle espèce font de toute œuvre du génie un bien national, et proclament la souveraineté du peuple dans le royaume de l'intelligence. Voyez aussi comme ils traitent le vieil Homère : qui eut jamais des droits plus légitimes et moins contestés ? Il avait pour lui la possession, la notoriété publique, la sanction des temps et de l'opinion; n'importe. On le dépouille de sa poésie, on lui arrache *Iliade*, *Odyssée*, et ce n'est pas assez de partager ses œuvres entre deux ou trois siècles, d'en faire honneur à cinq ou six générations, on va jusqu'à lui disputer son nom, sa personne; on lui refuse même l'existence. Vico prononce contre lui une sentence de mort, et ses disciples l'exécutent. La république française ne traitait pas autrement ses grands hommes.

Et encore si toutes ces réformes historiques et littéraires devaient convaincre l'humanité d'un véritable progrès ! Mais tout ce mouvement que Vico nous raconte ne s'exerce que sur des formes. Le changement de situation ne diminue en rien les difficultés de la vie ; ce sont d'autres dangers, la tentation prend d'autres voies, mais les métamorphoses de la société nous laissent toujours à même distance du bien et du mal ; toutes les améliorations politiques et sociales que je ne veux ni ne peux contester, manquent essentiellement du caractère divin, puisqu'elles n'aident pas à nous rendre meilleurs. Comme les découvertes scientifiques et toutes les inventions industrielles, elles ne s'occupent que du bien-être, ne touchant qu'aux intérêts de la terre, qui varient avec les circonstances. Quand Dieu agit, il se propose un but plus élevé, s'inquiète peu de nos jouissances matérielles ; et ses institutions, immuables comme lui, ne tendent qu'à notre moralité.

Ainsi la terre, prise dans le cercle de la vie humaine dépouillée d'avenir, est livrée à l'industrie, et porte partout l'empreinte du progrès, elle devient plus féconde et plus riche, ses fruits sont plus doux, ses plaines plus fertiles, elle répond mieux à nos besoins, et la vie devient, sous ce point de vue, plus facile ; mais comme notre pèlerinage, comme séjour d'épreuves et d'expiations, comme occasion de mérite et moyen de vertu, la terre ne change pas, elle est toujours ce même chemin difficile qui doit nous conduire au ciel. Je ne sais si, après cette distinction, le progrès ainsi limité doit ajouter beaucoup à nos privilèges, et nous donne le droit de marcher l'égal de Dieu. Il y a quelque chose de misérable dans cette espèce de perfectibilité, car elle n'acquiert jamais de valeur qu'aux dépens des intérêts célestes et moraux ; plus nous attachons d'importance à ce progrès, plus nous rapetissons notre destinée. Son plus grand succès ne serait-il pas de changer cette terre de passage en une douce patrie et par conséquent de permettre aux hommes de se passer du ciel ?

Adieu, Madame. Quand vous en aurez le loisir, dites-moi comment vous avez supporté la route et les premiers bains. Je voudrais aussi savoir si, au retour, vous adoptez toujours Versailles pour votre maison de campagne. Les solennités seront alors calmées et la curiosité satisfaite. Il sera permis sans doute à ceux qui ne sont pas invités d'aller prendre la place des grands seigneurs de votre cour bourgeoise.

A la fin du mois prochain, je compte quitter ma retraite pour quelques excursions, et vous savez que je ne veux pas traverser Paris sans vous dire un mot. En attendant, parlez-moi de Vichy. Je dois bien aimer ce pays, car je ne le connais que par le bien qu'il vous fait et l'affection qu'il vous inspire ; n'ayant pour moi qu'une existence idéale qu'il doit à votre seule présence, je puis l'arranger à mon gré, je le dispose de manière que rien ne vous manque, j'y mets à profusion tout ce qui peut vous plaire et vous faire du bien. Dans ce Vichy de ma façon, le soleil est plus riant, l'ombre plus fraîche, le temps est plus beau qu'ailleurs, et le souvenir d'une réalité que j'ignore ne vient jamais combattre ces douces illusions.

Toute ma famille me charge de vous parler d'elle. Nous allons d'ici à quelques jours nous trouver réunis ; chacune de nos sœurs nous apporte son fils, et déjà nous sommes en possession de l'aîné. Il est encore immobile et muet, et cependant il y a dans son sourire, dans ses efforts de pieds et de langue, l'intelligence de ses facultés futures. On dirait que son âme essaie son corps, et qu'elle est occupée en ce moment à faire l'éducation de ses membres, les exerçant avant d'agir, comme on accorde un instrument avant de jouer.

Ce petit enfant, qui ne peut et ne donne rien, dispose ici de tout le monde ; chacun s'occupe à lui sourire, à le distraire, à lui parler ; sa faiblesse a plus de courtisans que la force, son ignorance encore silencieuse a plus de charmes que l'esprit. Il ne cesse de recevoir des services désintéressés, une affection qui n'attend pas de retour. Ainsi l'enfance, comme un souvenir encore pur des premières joies du monde, semble rappeler les hommes à leurs penchants naturels, à cet instinct de dévouement et de charité que la lutte des intérêts a trop fait oublier. S'il y a quelque chose d'humiliant pour notre nature dans ce passage à travers les misères du premier âge, cette infirmité par l'appui que partout elle rencontre, par l'autorité qu'elle prend sur tous, venge l'humanité de ce reproche d'égoïsme et de cupidité dont l'accuse trop souvent le succès de la force et de la fortune, et ici le genre humain tire sa gloire de ses humiliations.

A. DE MELUN.

Lettre de Mme Swetchine.

Vichy, 13 juin 1837.

Vous m'écriviez, mon cher jeune ami, précisément le jour où j'arrivais ici, ce vendredi 9, exténuée de fatigue et me disant comme vous que la liberté et la solitude m'auraient bientôt reposée. C'est ce qui n'a pas manqué d'arriver. Dès le lendemain j'ai abordé avec une sorte de témérité mon régime de bains et d'eaux, et déjà j'en recueille encore bien mieux qu'un bill d'indemnité. On est presque étonnée de quelque chose de ce monde, qui fasse du bien et toujours ; cela n'est simple que dans la volonté de *quelqu'un*, et seulement possible peut-être que par celle de la Providence. Mais libre, tranquille et bien portante, croyez-vous que j'aie ce qu'il me faut, quand, à travers vos doux et aimables détours, j'aperçois trop clairement que vous n'êtes pas bien, que vos nuits ne sont pas meilleures, que vous êtes obligé enfin de subordonner vos goûts et votre attrait à ce besoin d'exercice violent qui ne me paraît pas comme autrefois un bon symptôme ? Quant à l'étude comme étude, vous pensez que j'en fais peu de cas ; son moment viendra toujours, pourvu que votre santé vous reste. Mais je crains qu'au fond de cette agitation inquiète il n'y ait un manque d'équilibre toujours menaçant. Avez-vous assez bien consulté ? La veille de mon départ, j'entendais dire à un très bon médecin de Paris, que *M. Fouquier ne s'était jamais trompé ;* si vous saviez comme j'ai recueilli cette parole-là ! et puis vous venez me la gâter en dormant mal, peut-être en ne mangeant pas! Cher ami, je vous en prie, soyez plus positif et plus précis dans les détails sur votre santé ; sur ce sujet je ne vous veux pas *littéraire* mais *littéral*, et c'est en style très prosaïque que je veux savoir comment se trouve après ses exploits l'Hercule du potager.

J'ai apporté ici comme ailleurs bien des inquiétudes et bien des peines ; l'isolement de mon mari pendant mon absence est une idée fixe, et pourtant il est bien vrai que soit l'amélioration presque toujours immédiate de ma santé, soit ce loisir toujours chéri et si rare dans ma vie habituelle, je respire ici et reprends à une douceur d'impression, à un bien-être presque inconnu, à force d'être oublié dans un long hiver de Paris. C'est d'abord la *paix* et souvent tout ce qu'elle porte de joies. Le lieu y est pour peu de chose et peut-être pour rien, si j'en excepte la bienveillance des bonnes gens qui l'habitent toute l'année, car il faut que vous sachiez que ce pauvre Vichy est un lieu fort peu favorisé, où il y a beaucoup plus d'orages que de soleil, et de pluies que d'ombrages. Son mérite est tout entier dans ses eaux et l'indépendance qu'y trouve une humeur sauvage. Si l'on ne retrouvait que soi dans la solitude, ce serait bien peu de chose ; la philosophie ne m'a jamais rien fait entendre à la jouissance d'une orgueilleuse possession de soi-même ; mais ce qu'on y reprend c'est une sorte de tête à tête avec Dieu, et le libre accès de toutes les idées et des sentiments qui ont fait vivre ; le monde nouveau s'ouvre devant nous et l'on y entre avec transport. C'est du moins pour ma part ce que j'ai toujours éprouvé, et une sorte de guérison de l'âme toute spontanée est l'effet de ce qui la rend ainsi à elle-même dans le monde qui lui appartient.

Vous me dites d'admirables choses sur *Vico*, pleines de justesse et de sagacité, à la fois si ingénieuses et si vraies. Ah, c'est bien vrai, le *progrès* c'est le *retour*, non pas le retour à telle ou telle époque donnée, et dans laquelle dominaient soit une forme ou une distinction humaines, mais le retour à la vérité telle qu'elle a été contenue dans les révélations successives, soit en puissance, soit explicitement. Un homme d'un esprit supérieur et que son orgueil faisait panthéiste, me disait un jour : *l'humanité appartient à la terre, et l'homme à l'éternité*. Vico et les autres humanitaires en sont également là; il est bien difficile qu'ils n'aperçoivent pas que cette *humanité* dont ils s'occupent presque exclusivement est bornée pour ainsi dire à un avenir terrestre, et que l'individualité qu'ils retranchent est toute notre véritable destinée. Qu'est-ce que le *progrès* qui ne déplacera jamais les deux pôles de l'existence humaine, la douleur et la mort, qui ne la soustraira jamais à la loi inévitable d'un continuel combat, au danger de périr, de nuire, de *pécher* enfin ! On a dit que rien *de ce qui pouvait se démontrer ne méritait de l'être ;* ne pourrait-on pas dire aussi, que tout ce qui peut se conquérir comme simple amélioration de la destinée humaine, mérite à peine d'être tenté? Je sais que vous ne prendrez pas ces paroles dans un sens rigoureux qui les rendrait absurdes et odieuses ; mais il ne m'en paraît pas moins qu'en mettant toute la fidélité à l'accomplissement du plus petit bien à faire, on ne saurait confondre l'importance de la sollicitude pour les choses qui passent avec le zèle pour les biens qui, atteints une fois, sont assurés à jamais. La moralité dans l'homme, la rectitude de ses notions religieuses, voilà au fond tout ce qui lui importe. On veut tout aujourd'hui résumer en *science*, même la foi en la rendant comme sensible à la raison ; on se promet par ce moyen d'élever l'homme à une région supérieure, et on ne voit pas qu'on le déshérite d'une vertu, que Dieu même *respecte*, au profit d'une *science* dont sans doute Dieu se rit. On ne saurait trop le répéter : tout ce que l'on ôte à l'*individualité* pour le reporter sur l'humanité est donné au matérialisme ; les hommes ne sont plus alors que des forces de la nature, forces presque mécaniques qui tendent à retrancher de la société, d'abord ses vertus et puis toutes ses gloires.

Le premier essai de ce système mis en pratique doit bien peu tenter dans cette Amérique qui nous menace d'expériences nouvelles et bien tristement instructives. Comme vous le dites si bien, *il y a quelque chose de misérable dans cette perfectibilité qui n'acquiert jamais de valeur qu'aux dépens des intérêts célestes et moraux, qui ne nous aide jamais à devenir meilleurs et nous laisse toujours à même distance du bien et du mal*, et le catholicisme ou le christianisme intégral, comme on l'a si bien nommé, n'est certes pas ennemi du progrès : il en est la raison suprême, le moteur par excellence ; mais il est fait pour les hommes et veut les laisser hommes, en les conjurant seulement de devenir des saints, seule *promotion* qu'il leur promette.

Avez-vous vu dans le journal de ce matin l'affreux désastre de Hull? J'en ai été consternée; quand le siècle *progresse*, voilà ce qu'il ajoute à ses dangers, non pas pourtant que j'en veuille accuser la vapeur et la science qui l'applique; je veux rappeler seulement que là aussi le mal est à côté du bien, et que la déchéance de l'homme est au fond d'une soupape comme au fond du Vésuve.

Vous savez que je vous engageais à vous remettre à l'étude; à présent je viens vous conjurer de l'écarter absolument, de vous la faire désirer longtemps et de ne pas vous rendre à ses premières avances; c'est une sirène comme tant d'autres. Ne débouchez pas vos oreilles, pas même pour ces lignes, pour ces pages qui vous ont occupé de Vico. A propos de lui, savez-vous que M. d'Eckstein, qui me promettait de ne me jamais faire de peine, m'en a fait beaucoup dans son article sur saint Paul? Je voudrais vous le faire lire, et bien autres choses. Pourquoi sommes-nous si loin? Rien ne tarirait entre nous, je le sens à la confiance qui me fai vous envoyer ce vrai griffonnage, mais je suis très pressée et j'ai voulu vous répondre courrier par courrier.

Adieu; parlez de moi à tout ce qui vous entoure dans la mesure de la bonté dont ils m'honorent; n'oubliez pas même votre petit neveu, cette âme qui essaie un corps. Erreur! Le père saint Ambroise ne veut pas qu'on y sépare rien.

S. Swetchine.

27 juin 1837.

Madame,

Vous avez bien raison de vous plaindre des métaphores et du style figuré. Aujourd'hui je serai laconique, vous aurez un bulletin tout à fait médical, sans appareil mythologique, et je vous dirai tout prosaïquement : les insomnies ont cédé à l'exercice et surtout au beau temps ; je dors, je ne manque ni de force ni d'appétit, je reçois quelques compliments sur ma bonne mine, et je commence à prendre confiance au retour de ma santé, parce que cette fois les progrès ont été lents, sans aucune de ces transitions brusques qui l'année dernière m'ont transporté en peu de jours d'un excès à l'autre. Je crois qu'il en est de la santé comme des poèmes, le temps n'adopte pas ce qui se fait sans lui. Moins la marche est précipitée, plus le but est sûrement atteint.

Vous voyez qu'aujourd'hui il n'y a plus de place à l'inquiétude, et que je vous paie des heureuses nouvelles que vous me donnez de votre bien-être à Vichy. Je ne puis trop vous répéter d'avoir toute foi en ma sagesse ; votre souvenir est ici comme dans tout le reste une protection pour moi ; la pensée du chagrin que vous causerait une rechute me défend bien mieux d'une imprudence que la peur de souffrir.

Tous ces soins, ces sacrifices qu'exige la santé, cette occupation des intérêts du corps qui répugnerait en s'imposant au nom de l'égoïsme, perdent leur caractère misérable en se présentant au nom de l'amitié, et la Providence, qui ne laisse jamais à l'homme l'action la plus matérielle sans l'agrandir et la purifier, tire des inquiétudes et des peines que nos maladies apportent à ceux que nous aimons, une raison morale d'avoir soin de nous. Aussi il faut voir avec quelle obéissance je suis le régime que vous m'ordonnez, comme je résiste à toutes les séductions de l'étude.

Depuis quinze jours, je ne sais si j'ai ouvert un livre, et voici le premier mot que j'écris. Une mauvaise langue ferait peut-être honneur de cette admirable inaction autant à ma paresse qu'à ma docilité ; mais vous ne prendrez pas si mal les choses, vous savez mieux que tout autre si le travail vaut la peine d'être regretté, lorsque Dieu a bien voulu donner à ceux qui la demandent, sa vérité, sans efforts, sans attendre la recherche.

Dans votre dernière lettre, il y a une pensée écrite pour m'ôter tout remords de mon oisiveté et qui se rencontre si bien avec mon sentiment sur l'étude, que je l'ai reconnue comme une heureuse répétition de ce que je m'étais dit souvent à moi-même : cette tendance à mettre la *science* à la place de la *vertu*, fait sentir l'opportunité de quelque temps de repos, alors que l'âme peut s'abandonner à l'influence de la lumière pure, sans l'intermédiaire des raisonnements, sans l'attirail de ces preuves humaines qui affaiblissent souvent ce qu'elles veulent fortifier. Je me réjouis d'échapper ainsi pour un moment à cette disposition des esprits de nos jours cherchant à concilier les apparentes disparates, à démontrer, à découvrir des explications. Sans le vouloir on arrive ainsi à donner à son intelligence le rôle de l'Esprit-Saint, à ajouter à la révélation, à dire plus que Dieu, et j'ai bien peur que ces efforts de zèle et d'étude ne cachent au fond du cœur la singulière prétention de prêter à la divine intelligence le secours de la nôtre pour se manifester au reste des hommes.

Aujourd'hui l'intelligence semble avoir succédé à la force dans l'obéissance et l'admiration de l'humanité; on ne reconnaît plus que la royauté du génie, et la souveraineté de la raison, et la tendance qui poussait les hommes du moyen âge à entourer la religion de la majesté impériale, engage dans une autre voie. Toujours défiants des moyens dont Dieu seul a le secret, nous voulons apporter au secours de la vérité, des ressources tout humaines ; il nous faut lui prêter l'appui de nos théories comme jadis de nos bras.

Dans un siècle de discussions et de disputes, nous voulons la rendre aussi grande logicienne, aussi brillante philosophe qu'autrefois elle était riche en armées, en terres et en palais : il s'agit d'ôter aux mystères leur obscurité, aux miracles leur invraisemblance, et de défendre ainsi la pensée divine par la sagacité de nos explications. Et tout cela ne sert trop souvent qu'à livrer aux insultes et aux arguments de ses adversaires une doctrine que nos systèmes dénaturent. Ou plutôt, à force de raisonnements et de preuves, on voile le divin caractère de la vérité qui s'adresse bien plus à l'âme qu'à la logique : et on ne s'aperçoit pas ainsi que la lumière disparaît sous cette enveloppe de dissertations humaines comme trop souvent, au moyen âge, le donjon cachait l'église.

Nos successeurs peut-être auront à détruire tous ces échafaudages pour arriver à l'édifice sacré, et alors on finira par reconnaître que Dieu ne songe pas plus à lutter, sur la terre, d'esprit avec les savants et les philosophes, que de puissance avec les empereurs.

Adieu, Madame; il faut que je vous quitte pour prendre le chemin d'Acy, où m'attend toute la famille. Nous allons, pendant une route de trois lieues, abréger les heures du voyage en parlant, mon frère et moi, de toutes ces grandes idées dont l'âme est si heureuse de pouvoir toujours se nourrir. C'est maintenant une de mes principales occupations, et chaque jour je remercie le ciel des pas immenses que ce cher et excellent frère fait dans la voie de la lumière. Chaque fois que je puis dissiper un doute, écarter une objection, je suis plus heureux, comme vous le pensez bien, que si je venais d'enfanter le plus éloquent ouvrage, et votre souvenir n'est jamais dans ces bons moments loin de nous, car ce sont toujours les idées que je tiens de vous qui lui paraissent les meilleurs arguments.

A. DE MELUN.

22 juillet 1837.

MADAME,

Je pars demain pour ce petit voyage dont vous avez entendu quelquefois parler cet hiver. Je ferai une courte visite à Blois, puis près de Tours, puis chez Mme de la Bouillerie; je vais ensuite avec son fils Charles tenter une excursion en Bretagne, et la promenade finira par vos amis les bénédictins de

Solesmes. Cette petite course vient fort à propos après une bonne saison de calme et de repos ; elle promet quelques observations intéressantes.

En Bretagne, dit-on, le temps a marché un peu moins vite qu'ailleurs, il a emporté moins de traces du passé, et malgré mon respect pour les merveilles du présent, j'aimerais assez à interroger quelques ombres, à faire un pas en arrière ; j'ai toujours eu une prédilection particulière pour les descentes aux enfers. Pour peu que Duguesclin veuille lui-même me faire les honneurs de ses champs de bataille, je rapporterai un magnifique cours de stratégie et je ne serai pas fâché de demander au bon connétable et à ses compatriotes un peu de cette fermeté de principes, de cette constance dans les idées, que notre époque si mobile, parce qu'elle est sceptique, dédaigne sous le nom injuste d'obstination ; car, soit dit en passant, nous avons adopté, pour juger ceux qui ne nous ressemblent pas, une méthode fort ingénieuse. Nous injurions ce que nous ne pouvons pas atteindre, et flatteurs de nos imperfections, nous les élevons à la dignité de vertus, comme s'il suffisait de changer les mots pour changer les choses, d'embellir son indifférence du beau nom de la tolérance, et de flétrir la foi du reproche de fanatisme !

Dans ce pays où les idées anciennes ont conservé leur puissance, je pourrai compléter mes études sur les nuances du langage, et le sens ne sera plus le même que dans nos provinces soi-disant progressives ; là on respecte encore ce qu'on outrage ici, et la langue se prêtant aux idées qu'elle exprime, cache sous une apparente ressemblance de profondes divisions. Suivant chaque pays, et souvent chaque salon, les mots ne représentent pas les mêmes choses; on prononce le même son, on entend un sens opposé, de là les longues discussions, et cette impossibilité d'arriver au même point, alors même qu'on use des mêmes phrases et qu'on raisonne avec la même justesse.

La tour de Babel est encore debout ; elle a grandi avec l'humanité, chaque siècle y ajoute un étage et presque chaque homme une pierre; c'est l'emblème de la civilisation, de cette cité élevée sur la terre pour conduire les hommes jusqu'au ciel. La confusion n'est plus dans les sons, on articule les mêmes paroles; mais elle est dans le sens, et de là ce manque d'harmonie, ce désaccord de toutes les parties dans cet immense et imparfait travail. Mais me voilà bien loin des Bretons, et presque perdu moi-même dans les vastes flancs de cette haute tour ; pour lui échapper, je me sauve à Solesmes.

Solesmes m'attire comme une résurrection. L'industrie bâtit des fabriques avec des châteaux forts, la politique des chartes avec des vieilles institutions ; l'homme ne peut rien faire qu'avec des ruines, il lui faut briser pour élever, il ne crée que par la mort, il a besoin d'une révolution pour renouveler le corps social, et toujours condamné aux innovations, il ne peut marcher que par le changement. Chez lui, ce qui a été détruit ne renaît plus, et la forme brisée n'a plus moyen de reparaître. Dieu seul réserve à ses institutions l'éternité; il conserve ou il rétablit, sans avoir besoin d'innover au milieu de cette terre où tout change et se renouvelle ; les églises restent debout et inaltérables, et les couvents sortent intacts du tombeau.

Solesmes me sera doublement cher parce que j'y reconnaîtrai la trace de votre main ; il m'apparaîtra comme l'expression d'une de vos plus chères idées ; la connaissance de tous vos efforts pour sa renaissance attache votre souvenir à tout ce qui se fait de bien dans ce monastère, et je croirai entrevoir votre pensée dans tous les pieux travaux, comme entendre votre voix dans toutes les prières.

Mais on me promet quelque chose de mieux encore ; on prétend qu'à l'époque de notre visite, le prieur aura rapporté de Rome ses bulles d'institution, que Vichy n'aura plus d'eaux à donner à ses malades et que vous songerez alors à réaliser un projet longtemps différé. Ce ne serait plus seulement votre souvenir que je rencontrerais, mais vous-même.

Dois-je m'abandonner à cette douce espérance ? je n'ose, tant elle me séduit. Je désire trop ce voyage pour ne pas voir se dresser toutes les objections, pour ne pas prévoir des difficultés. Il me paraîtrait bien plus probable s'il m'intéressait moins ; et cependant, de votre part, il y aurait réellement place pour une bonne action, en venant ainsi m'apporter si vite la récompense de mon pèlerinage; en m'apparaissant au milieu de ces monuments de la science chrétienne, vous encourageriez mes dispositions à l'étude de la vérité et à sa recherche. J'aurais encore un bien plus grand empressement à prendre le chemin de la sainte abbaye, si j'avais la certitude de vous y rencontrer.

Comme mes lettres ont dû vous le faire pressentir,

vous n'aurez pas d'éloges à donner à mes travaux, et vous serez en droit de me trouver infidèle à mes promesses. Ces quatre mois n'ont pas beaucoup avancé mes études, et des idées nombreuses attendent encore le moment de se compléter. Mais je ne veux rien regretter de ces jours perdus pour l'étude : dans cette absence de tout événement, dans cette apparente oisiveté de l'intelligence, il se fait souvent d'utiles expériences. Jusqu'ici j'avais étudié l'homme dans ses actions, dans ses efforts, j'avais reconnu le succès de celui qui marche avec Dieu, et les vaines fatigues de qui prétend avancer en se passant de lui ; cette fois, j'ai pu comparer celui qui se repose sous l'aile de la foi et l'imprudent qui, pour dormir, va chercher d'autres ombrages ; sur l'un descendait la paix, l'autre ne trouvait que l'ennui, ce vide immense que Dieu laisse dans l'âme en s'enfuyant. A cette heure de sommeil, les mensonges, les fictions humaines, tout ce que le monde jette en nous pour remplacer l'esprit divin se réduisent à leur juste valeur. Dans le mouvement des affaires et des passions, cette vile poussière, en s'agitant, semblait remplir l'espace ; mais elle s'abaisse dans le repos, rentre en son néant et ne laisse au vide que son affreuse nudité.

J'ai voulu finir cette partie de ma campagne par une lecture un peu sérieuse, et j'ai lu quelques volumes de l'histoire ecclésiastique, en appliquant à tous les faits cette distinction qui me sert aujourd'hui de règle universelle. J'aurais voulu appeler à mon secours ces longues pages que vous a inspirées cette lecture ; j'y ai trouvé matière à de graves et souvent tristes réflexions que je compte bien vous soumettre un jour ; mais je suis resté surtout sous une impression d'effroi de la terrible vengeance que Dieu exerce sur ceux qu'il investit de ses pouvoirs et qui abusent de leur sublime ministère.

Aujourd'hui, après bien des siècles, chaque faute de ces oints du Seigneur s'attache à l'histoire de la vérité comme une objection ; elle vient encore, après mille ans, tenter les générations nouvelles, et préparer des chutes aux âmes à venir ! Ainsi ces ministres prévaricateurs sont, après leur mort, condamnés au triste rôle de démons sur la terre. Eux aussi, anges de Dieu par le sacerdoce, ils partagent par leur crime le sort et la hideuse mission des esprits révoltés.

Qu'on est heureux, à travers ces abus et ces altérations, de voir sans cesse luire la vérité inaltérable et pure ! Les siècles disgraciés n'ont pu rien en retrancher ; ceux qui ont le plus réformé n'ont pas pu y ajouter une ligne. Elle reste la même au sein des abus, comme au milieu des réformes ; tout, autour d'elle, s'altère et se purifie, se déprave et s'améliore ; elle seule est inaccessible au progrès comme à la corruption, parce que, seule dans ce monde, elle ne peut accepter une amélioration sans se perdre et sans renoncer à son caractère. Pour être progressive, la vérité devrait avoir commencé par être un mensonge.

Pardon de cette lettre si mal écrite, j'ai peur qu'elle ne soit pas lisible ; mais vous mettrez ces hiéroglyphes indéchiffrables sur le compte des adieux et des occupations qui précèdent toujours un départ. Pour moi, l'important est que vous sachiez que rien ne peut me détourner de penser à vous et de vous le dire ; tout ce griffonnage n'a pas d'autre but. Quant à mes idées, il sera assez temps de les développer lorsque le temps et l'espace ne nous manqueront plus, et ce sera, j'espère, bientôt ; à Solesmes, à Paris ou à Versailles, n'importe, je chercherai si bien que je finirai par vous découvrir, et je suis décidé à ne pas revenir ici avant de vous avoir vue.

A. DE MELUN.

Jeudi, 3 août 1837.

MADAME,

Depuis mon départ de Paris, je n'ai parcouru qu'une bien petite partie du monde, et pourtant le temps passe si vite en voyage que voici à peu près mon premier moment d'arrêt ; le voyage, une fois qu'il vous tient, vous traite en maître jaloux. Vous devenez bon gré mal gré son très humble et très obéissant serviteur. On a beau sur la route lui demander une minute d'attente et de repos, il va toujours, vous emportant de ville en ville, interrompant votre première phrase par une visite, mettant une course là où vous espériez une heure de loisir, et vous n'avez ni le droit ni même la volonté de vous plaindre, car il vous paie bien de tout ce mouvement en bon sommeil, et par conséquent en forces et en santé.

Heureusement cette toute-puissance, comme toute tyrannie, ne va pas au delà des formes et des faits ; elle peut bien m'empêcher de vous écrire aussitôt que je le voudrais, mais la réalité de la correspondance lui échappe, et en dépit de toutes les distances, depuis Paris, je ne vous ai guère quittée, la voiture qui m'emportait loin de vous ne nous a pas séparés : nos conversations durent, nos idées s'échangent encore ; jusqu'ici mon âme a vécu de vos sentiments, mon intelligence de vos pensées, et à travers cette variété d'impressions et de spectacles, je n'ai pas rencontré un seul point de vue sans vous le montrer, une seule réflexion sans vous la dire.

J'ai déjà renouvelé avec vous une de nos grandes discussions, écouté vos arguments ; en arrivant à Paris, certaines objections que vous connaissez, mêlées à un bon fonds de paresse que vous avez su découvrir, m'irritaient contre le travail, et chaque jour me poussait vers la résolution de ne jamais écrire. Votre influence s'exerce maintenant dans un tout autre sens, ma répugnance cède à vos bonnes raisons, et je n'attends plus que mon retour à la campagne, et l'augmentation de forces que me promet mon voyage, pour remettre la main à l'œuvre.

Après une mûre délibération, je veux mettre le peu que j'ai reçu de la Providence au service de la vérité. Déjà, dans mon esprit, la forme de mon travail se présente ; un des obstacles les plus difficiles à vaincre se trouvait dans le sujet même, si vaste, si compliqué ; il se refusait aux étroites proportions d'un livre didactique, qui enferme la pensée, et ne lui permet que des développements imparfaits : l'écriture me semblait exclure l'âme du raisonnement et exiger presque toujours le sacrifice du cœur à l'intelligence.

Aujourd'hui une méthode m'apparaît comme conciliant les intérêts de toutes les puissances intellectuelles et morales; permettant à la vérité de s'étendre, se pliant à toutes les idées, acceptant tous les styles, et représentant, par sa forme et la variété dont elle s'arrange, l'esprit humain accessible à tant d'impressions diverses et qui veut être attaqué par tant de voies.

Je voudrais exprimer la pensée qui me préoccupe sous la forme de lettres; et ce qui me séduit le plus dans ce genre d'écrire, c'est l'inspiration qui poussera ma plume : la lettre n'est-elle pas la simple confidence que l'amitié fait de ses intimes réflexions ?... En terminant, je m'adresserai à vous, c'est à vous que je parlerai, que j'exposerai mes convictions, mes preuves. Et bien mieux que l'évocation du public, votre souvenir me donnera la force de travailler, et je veux lui devoir tout ce que la vérité me dictera de bien.

En attendant, je cours la Touraine et les bords riants de la Loire; je suis encore loin du majestueux Océan, et la nature se présente ici sous des formes connues : les châteaux, les bois, les vignes, cette association des créations divines et humaines n'ajoutent rien à des souvenirs de voyage plus pittoresque, et j'attends la Bretagne pour rencontrer du nouveau; mais en Touraine comme en tout pays, le voyage me charme parce qu'il me met en possession d'une partie de mon héritage; c'est en quelque sorte pour moi l'exercice de mon droit de propriété, non que j'aille demander aux forêts leurs chênes, à la vigne sa grappe, aux vers à soie leur fil : je ne me soucie nullement de tous ces biens qu'on ne s'approprie qu'en les dérobant au fonds commun de l'humanité;

mais j'aime à recueillir sur mon passage tout ce que Dieu a mis dans les plus petites choses, pour l'enseignement et la fortune de l'homme moral et intelligent.

Je viens faire ces moissons que le moissonneur n'épuise jamais, et qui ne s'enlèvent pas aux dépens d'autrui. Quand on ne demande à la terre que des idées et des impressions, quand on veut nourrir seulement la plus noble partie de nous-même, la matière, tout imparfaite qu'elle est, reprend les privilèges du paradis terrestre; elle a conservé pour l'âme cette précieuse faculté de produire sans culture et de donner sans rien perdre. Dans toutes nos possessions humaines, on n'acquiert jamais qu'en dépouillant un autre, et le pain ne se mange qu'aux dépens d'un frère qui a faim; en s'éloignant de l'unité, en marchant à la division, la société a enrichi ses privilégiés; en ruinant l'humanité, elle a mis la terre en pièces, partageant ses lambeaux entre quelques-uns, et ne laissant rien à tous.

Ainsi la famille humaine s'est divisée en tribus, en peuples, en castes, jetant les masses hors de la fraternité universelle, comme la vérité s'est partagée entre les mains humaines en religions nationales, en culte domestique, science corrompue d'un petit nombre, mystère impénétrable au plus grand. Dans ce mouvement de dissolutions qui aboutit à la division extrême des propriétés, c'est-à-dire à la loi agraire sur la terre, à l'héroïsme de l'humanité et aux opinions individuelles en religion, il y a, je crois, une haute et intéressante manifestation de nos égarements et de notre besoin de retour à l'unité.

Mais ces aperçus demandent de longues méditations, et j'espère ne pas les perdre pour mon grand travail. Pour le moment, je m'amuse à prendre en courant ma part de tous les biens qui peuvent arriver à chacun sans nuire aux autres, et je puise dans cette manière de m'enrichir une nouvelle preuve en faveur de la vérité catholique, dont le principal caractère est précisément d'appeler tous les hommes à l'unité et à l'universalité de ses bienfaits. Avec elle seule, nous avons des richesses qui n'appauvrissent personne, une famille qui ne suppose pas d'étrangers, et une science qui, pour briller, n'a pas besoin, comme nos misérables lumières, d'être environnée de ténèbres.

Je voudrais bien recevoir un mot de vous avant de m'en aller au fond de la Bretagne ; je veux des nouvelles de M. Swetchine, quoique je l'aie vu dans un état qui ne laissait plus d'inquiétudes. J'ai trouvé ici mon compagnon de voyage Charles de la Bouillerie, et nous nous promettons surtout de partager notre temps entre l'Océan et les pierres druidiques ; je m'arrangerais assez de découvrir sur quelque côte escarpée un petit abri pour passer une semaine en conversation avec la mer, écoutant tout ce mystérieux langage qu'elle est chargée de nous tenir de la part de son créateur. Je voudrais l'étudier comme un être animé, chercher à comprendre ses passions, ses jours de joie et d'orage, la mobilité de sa physionomie, et cette immensité qui est à elle seule une parole, puisqu'elle nous donne en même temps tout ce qu'il faut pour exprimer l'infini : l'idée et l'image.

Après un petit mois de courses, j'irai retrouver à

Blois toute ma famille, et j'espère un peu que mon frère viendra me rejoindre. A Blois, en passant, j'ai découvert dans la bibliothèque des livres que je veux étudier et qui me donneront des détails précieux sur l'origine du monde, et je vous reviendrai peut-être sans une idée nouvelle, mais certainement avec plus de zèle pour l'étude que lorsque je vous ai quittée.

Adieu, mille et mille amitiés.

A. DE MELUN.

Lettre de Mme Swetchine.

Versailles, 30 août 1837.

Je suis bien peinée, je vous assure, d'avoir tardé à vous écrire ; voilà plus de quinze jours que je ne sais absolument rien de vous, et ici, la coulpe me trouve beaucoup moins sensible que le châtiment, ce qui est beaucoup plus naturel qu'élevé. Le jour même où je sus par monsieur votre frère que ma lettre ne vous joindrait plus, j'allais vous écrire chez Mme de la Bouillerie; on me renvoie au 1er septembre; j'arriverai à Blois en même temps que vous, et j'espère que vous ne voudrez pas seulement me pardonner, mais encore me tenir compte de ce que j'ai perdu. Ne savez-vous donc pas qu'au milieu de toutes les inégalités de *mises*, j'ai en moi pour vous ce qui maintient à tout jamais l'équilibre et même le romprait à mon avantage, cet *élément unique* enfin qui est le représentant de toutes les valeurs morales, comme l'or l'est de toutes les richesses ?

Mon amitié pour vous peut être plus ou moins attentive ou aimable, mais rien n'empêchera jamais qu'elle ne soit, à tous les instants de ma vie, une tendresse vraie et profonde et la préférence la plus marquée. Vous êtes le *fils* que j'aurais choisi, le *frère* que j'aurais voulu donner à mes neveux, et pour passer des hypothèses à la réalité, *heureusement* sans trop perdre, l'intelligent et bienveillant ami que je regarde comme un vrai présent de la Providence. A qui peut s'exprimer ainsi avec une vérité parfaite, on peut, je crois, pardonner beaucoup.

Mais venons-en à votre lettre ; en combattant vos objections, je puisais dans leur nature même toute confiance que vous n'y persisteriez pas ; un esprit comme le vôtre ne sacrifie pas longtemps le besoin de s'assurer ce qu'il possède, de lui faire prendre corps et réalité, au charme rêveur des idées vagues, d'autant plus colorées qu'elle sont chatoyantes, par l'effet même de leur mobilité. Sous ces conditions, je conviens encore que non seulement elles semblent jeter plus d'éclat, mais encore qu'elles paraissent se multiplier à l'infini et ne jamais rencontrer d'obstacles, aucun point n'étant fixe, la *veille* n'existant plus, pour ainsi dire, pour se coordonner au *lendemain*, où serait effectivement la contradiction possible ? C'est assurément une chose bien commode que de l'éviter ; mais toute contradiction rendue impossible, comment arriverait-on à l'expérience ? à cette vraie pierre de touche des idées, qui est leur enchaînement et leur accord ? Ce qu'on a écrit est comme une première pierre posée, et sur cette base consentie s'élève le reste de l'édifice.

L'exemple des hommes qui ont commencé par la *vérité* et qui en ont dévié plus tard, explique selon moi très bien la nécessité de fixer ses pensées en s'en rendant compte par écrit ; M. d'Eckstein se sent moins libre dans la voie hardie, téméraire si ce n'est erronée, par l'idée que ses premiers écrits peuvent être opposés à lui-même, tandis que s'il avait continué à marcher droit, sa force actuelle se serait appuyée, consolidée sur ses premiers fondements. Toujours est-il vrai que sa marche dans l'erreur est ralentie par ses antécédents, que par cela même que sa pensée a été formulée, fixée quelque part, il peut calculer le chemin qu'elle a fait ; et s'il craint, lui, comme tous ceux qui impriment, que le public ne lui reproche ses contradictions, il suffit bien à une conscience délicate d'être passible de son propre et unique jugement.

Tant que la vérité ou l'erreur dans une intelligence restent à l'état d'*idée*, qu'elles ne sont point incorporées dans la parole, et la parole écrite, il n'y a pas de vraie prise de possession, point de titre, point de véritable point de départ. Je sais bien qu'il y a des idées écrites et même *gravées* de toute éternité dans certaines intelligences, en caractères ineffaçables ; mais celles-ci sont en petit nombre et n'ont rien à faire avec le mouvement individuel des esprits productifs.

Il faut donc écrire, mon cher et jeune ami, et procéder avec lenteur, non pas à la mise en exécution, mais à l'examen du sujet que l'on traite et de ses développements logiques ; la forme de lettres que vous projetez me paraît très heureuse, elle comporte tous les tons, toutes les questions, et si vous voulez suivre cette idée avec une véritable persévérance, en donnant à chaque sujet suffisamment d'étendue, ce qui demande toujours beaucoup d'étude et de travail, le plus noble et le plus aimable succès vous est garanti.

Tout vous sera utile pour le but que vous vous proposez : le contact des hommes, votre sentiment si profond et si juste des beautés de la nature et de leur sens mystérieux. Je conçois parfaitement que vous ayez été presque étudier la nature humaine, dans les passions de joie et de colère du sublime et insondable Océan; la mer, c'est tout l'homme. En général, j'ai toujours pensé que de la même manière que l'homme avait été fait à l'image de Dieu, la nature, de son côté, avait été créée à l'image de l'homme. Comme vous le dites très bien, le point de vue de l'antiquité sous le rapport divin n'était pas plus religieux que la nature elle-même, *qui parle de la puissance et de l'habileté de son créateur, mais ne dit rien de sa justice et de ses perfections.* Ainsi la nature ou la matière, ce qui est tout un, n'est pas une *révélation*, du moins pas une révélation complète, puisqu'il est une foule de choses très réelles qu'elle ne révèle pas; elle est même quelquefois un voile et presque un obstacle. Mais dès que *l'initiation est consommée*, on est étonné à quel point ce *masque* destiné à cacher d'abord, comme tous les masques du monde, se rapporte admirablement *aux traits du visage*, avec quelle intelligence le *dessus* traduit le *dessous*, et les montre l'œuvre simultanée d'une seule et même pensée.

Pour se rendre bien compréhensible, il faut seulement que la nature *n'ait pas parlé la première*;

alors elle parle admirablement, comme beaucoup de gens d'ailleurs, sur un sujet donné, éclairci et comme à l'avance. Toute chose rend témoignage à la vérité dans ce monde, toute chose qui reste à sa place. Les preuves, les témoins de la vérité sont partout, mais *hiérarchiquement* disposés, si bien que les formes de la matière se rapportent aux formes du cœur et de l'esprit, base de toute poésie, que tout ce qui s'exécute en grand se répète en petit, que partout la même lumière nous apparaît depuis son principe jusqu'à sa dégradation infinie, tout comme la vision presque béatifique des saints qui sont encore sur la terre est la plus haute puissance ici-bas, de cette même grâce dans les basses régions de la simple attrition. La nature dans tous ses ordres, dans toutes ses notions, conduit à Dieu, en ce qu'elle s'y rapporte comme démonstration de sa sagesse et de sa puissance; l'âme humaine a une autre série de preuves plus élevées; il en résulte que de chaque point de cet univers on peut s'élever aux plus sublimes hauteurs de la *vérité*. Tous ceux que la Révélation a mis dans son sein, peuvent en descendre par abstraction et y remonter; pour cela toutes les routes sont tracées, elles ne diffèrent entre elles que par la *distance*. Chacun de nous se plaçant à un de ces points physiques et moraux, peut avec sécurité s'élever au centre divin, et c'est peut-être ainsi que chaque objet, chaque notion qui frappe et féconde l'intelligence, est *Dieu*, en ce *qu'il y conduit*. Ce qu'il y a de certain, c'est que tout n'est fait que pour lui, nous et lui-même.

Vraiment, je ne suis pas assez sûre que nous *soyons bien ensemble* pour oser vous envoyer un tel fatras, mais je ne puis pas trop vous parler comme à un autre ; avec vous je reste moi-même, et vous avez sans choix et sans critique la première chose qui se présente ; je vous condamne tout simplement à *la fortune du pot*, ce qui fait dîner très mal, même les intelligences.

J'ai la vraie joie de pouvoir vous donner de très bonnes nouvelles de Mme de Rauzan ; elle me disait du 12 août, que les eaux, après l'avoir un peu éprouvée, avaient un excellent effet ; qu'elle les supportait très bien et que ses progrès étaient rapides et presque *miraculeux* ; je suis sûre de ce seul mot, mais il en vaut bien d'autres. Ma sœur, dont j'ai sans cesse des nouvelles, va s'éloigner à mon grand et profond chagrin. Dans plusieurs de ses lettres elle me parle de vous, avec l'appréciation la plus vive et j'ajoute la plus juste et les termes les plus sincèrement affectueux.

Adieu ; c'est bien de cœur et d'âme que je vous suis attachée. Mes amitiés à votre frère, et ne m'oubliez pas auprès de madame votre mère.

S. SWETCHINE.

Septembre 1837.

MADAME,

Me voici à la dernière étape de mon petit voyage ; je suis depuis hier soir dans un bon gîte, à l'abri de la pluie, des lits d'auberge et des mille dangers inséparables de la vie nomade, entouré de bons amis qui me parlent de vous, ravi de mes aventures et des vicissitudes de mon vagabondage, et fort empressé de vous conter en courant tout cela.

J'avais espéré mon frère pour compagnon, il m'avait annoncé son arrivée, et je l'ai attendu quelques jours; mais un malentendu dans l'heure de notre rendez-vous, peut-être aussi les délices de Blois où il vit entouré de parties de plaisir et même de bals, l'ont empêché de me rejoindre. Il s'est contenté de m'écrire qu'il vous avait vue, que vous l'aviez chargé pour moi d'un petit livre sur la création, et celui-là sera bien lu, bien médité; et me souhaitant bon voyage et prompt retour, il m'a abandonné à tous les hasards d'une expédition de quinze jours. Mais il va être terriblement puni de sa peur des grandes routes en apprenant tout ce qu'il a perdu, et je lui destine le récit de mes merveilleuses aventures pour lui servir d'éternels remords.

Notre premier jour de courses ne nous a portés d'abord que vers des contrées trop connues pour mériter une description. Embarqué avec Charles de la Bouillerie sur le bateau à vapeur qui conduit d'Angers à Nantes, nous avons rencontré, comme c'est l'usage, des multitudes de points de vue pittoresques; les villes, les villages, les plaines, les prés, etc., n'ont cessé pendant huit ou dix heures de défiler sous nos yeux. La réputation des bords de la Loire est européenne, et sur la foi du consentement universel, mon admiration était toute prête; mais il faut l'avouer, les souvenirs des magnifiques rives du Rhin ont un peu gâté la Loire, comme Raphaël enlaidit tous les tableaux d'une exposition moderne. Ici les effets ont bien moins de grandiose et d'inattendu ; les bords sont trop unis ; il manque trop souvent une colline, une pente pour conduire l'œil de la terre au ciel. Les ruines nées d'hier portent des traces trop jeunes de la guerre, bien moins habile artiste que le temps, et d'ailleurs on ne peut séparer le tableau des peines qu'il a coûté, et les ruines de ce pays n'ont que des souvenirs de meurtres et d'incendies. On se reprocherait d'admirer ce qui a fait tant pleurer !

Cependant lorsque, du bateau qui roule sur le fleuve, au souffle puissant de la vapeur, on rencontre quelques-uns de ces sites admirables que Dieu sait si bien dessiner avec de l'eau, des bois, quelques rochers, et qu'il encadre ordinairement dans un horizon de montagne, il y a dans cet aperçu rapide comme un magnifique résumé de toutes les impressions humaines, une image de nos destinées, quelque chose qui en dit plus sur le monde que toutes nos bibliothèques : cette ligne, en suivant les gracieuses ondulations d'une terre accidentée, parcourt des lacs d'ombre, des îles de lumière et toutes les teintes qui séparent le vert de l'azur, traverse un pré, une ville, une moisson, une vigne, serpente le long d'un coteau, grimpe une montagne aride, et finit par gagner insensiblement le ciel. N'est-ce donc pas là l'expression de notre vie, la révélation de nos destinées ?

D'abord, une prairie à peine conquise sur les eaux, offre son sol incertain ; sa verdure en quelque sorte fluide, ses fleurs humides, son gazon mobile comme des vagues semblant conserver encore les habitudes du fleuve qui les a si longtemps cachés. Au-dessus s'étend la plaine toute sillonnée par la main de l'homme : là, toute création est artificielle, il y a dans chaque loi divine une application humaine, dans chaque végétation une industrie; là, toute graine devient du pain, tout fruit, liqueur, toute pierre, maison. Au delà vient la montagne inaccessible à la charrue, où s'est réfugiée la nature dans ses formes intactes, et sa physionomie primitive, dégagée des altérations de l'agriculture, et puis, un peu plus haut, domine l'immensité des cieux.

Le fleuve où nulle forme ne se maintient, où nulle impression ne dure, n'est-il pas pour nous la parabole du chaos? Dans la prairie si jeune, au terrain si peu stable, se révèle l'enfance du monde qui a pour fleurs tant d'illusions. La civilisation est tout entière dans la plaine, avec ses travaux, ses sueurs, ses espérances, qu'une grêle détruit ou qu'un jour de sommeil emporte. Et pour arriver à Celui qui est aux cieux, ne faut-il pas, quittant les vallées où les hommes s'épuisent à chercher le bien-être, gravir une sainte montagne, dépouiller tout ce que l'humanité a ajouté de mensonges à la vérité céleste; n'est-ce pas l'image du christianisme qui fait succéder ses tendances, ses aspirations vers Dieu, aux préoccupations matérielles du pays et ouvre un refuge sur ces cimes inaccessibles où Dieu se montre et vous tend la main pour élever l'âme jusqu'à lui?

Combien de fois m'est-il arrivé, dans ma rapide promenade, de remercier la Providence de toutes ces brillantes manifestations? Comme elle est ingénieuse à nous parler de nos grands intérêts par surprise, alors même que nous prêtons l'oreille à toute autre voix! Nous demandons un tableau pour flatter nos yeux, elle nous récite une parabole qui élève notre intelligence, et sans nous en douter, elle sait transformer une impression d'artiste en un sentiment chrétien.

Il y a dans la ville de Nantes une assez chétive maison qui m'a plus intéressé que ses beaux quais et ses riches quartiers. J'ai voulu voir cette misérable petite chambre où la duchesse de Berry a été prise, et je suis entré dans l'étroite cachette, derrière la plaque de cheminée où elle a résisté si longtemps aux attaques d'un feu qui ne lui laissait d'autres alternatives que l'asphyxie ou la brûlure. De bien tristes pensées vous attendent dans ce petit grenier; il y a là une grande et terrible leçon. Quand on a parcouru la Bretagne et la Vendée, on retrouve encore les traces de l'enthousiasme qu'a provoqué son passage, la puissance de son souvenir ressemble à de la gloire. Pourquoi une misérable faiblesse a-t-elle effacé pour toujours de notre histoire cette page chevaleresque? Il ne doit rester de cette expédition qu'un triste mais éclatant témoignage de l'autorité de la morale ; jamais peut-être elle ne s'est montrée plus sévère dans la vengeance de ses droits un instant méconnus; il a suffi d'une faute pour métamorphoser le sublime en ridicule.

Après Nantes, la Loire prend un caractère plus majestueux; elle conserve encore du fleuve le courant et déjà elle a de la mer l'eau salée, le flux et les oiseaux aux ailes blanches et noires dont les cris aigus semblent si bien faits pour prédire les tempêtes. A Paimbœuf, nous avons mis pied à terre, et laborieux pèlerins nous avons cotoyé la rive, passant deux jours dans la société de la mer, étudiant tous ses caprices, le jeu de sa physionomie mobile ; jamais rassasiés de sa vue, découvrant à chaque instant quelque mérite nouveau. En deux jours nous avons pu comparer les deux aspects si variés de la plage : tantôt unie et docile, subissant patiemment l'envahissement des flots, elle reçoit sans résistance une large broderie de coquilles et de cailloux que la vague dessine en se retirant ; tantôt opposant à l'océan une invincible barrière de rochers, elle lutte contre le flux qui monte : la terre ainsi essaie avec la mer de ces deux manières, elle est alternativement obéissante et révoltée; ici, elle se livre sans défense ; là, elle s'entoure de forteresses, et charge le granit d'arrêter les conquêtes de l'eau ; et plus d'une fois, couché sur la rive, je me suis pris d'intérêt pour ces luttes.

Il y a dans le mouvement de la mer quelque chose de capricieux ; on s'intéresse à une vague, on se passionne pour une lame plus rapide, plus brillante que les autres. Dans cette immensité, chaque goutte d'eau semble avoir reçu sa fonction, comme dans l'autre camp chaque caillou, chaque grain de sable a son rôle actif dans l'action. Il faut voir les ruses de guerre de tous ces combattants, du flot qui comme un serpent se glisse par la moindre ouverture, revient mille fois à la charge, et finit à force de persévérance par renverser la fortification passagère, pendant que, de son côté, une pierre vingt fois battue ne cesse de résister, divise la lame, retarde sa marche, s'appuie partout où elle rencontre un rempart, sans cesse emportée par l'ennemi, et sans cesse échappant au vainqueur, jusqu'au moment où une voix qui s'élève au-dessus de la terre, crie à l'océan de fuir, ramène en arrière ces masses d'eau et force à la retraite celui qui ne demandait plus qu'un moment pour triompher.

Je vous ai conté, je crois, cette singulière idée sur la création qui jadis avait traversé ma jeune tête : il s'agissait d'animer toutes les molécules de l'univers, de décrire leurs courses aventureuses à travers les différentes formes qui composent les corps ; et de narrer leurs mœurs, leurs associations, leurs combats. Le bord de la mer a remué toutes ces idées enfouies sous bien d'autres préoccupations ; j'ai trouvé sur ma route un des plus brillants épisodes de cette bizarre iliade, et je m'aperçois que, sans y songer, je commençais à vous débiter un ou deux chants d'un poème épique dont les gouttes d'eau et les atomes de poussière sont les Achille et les Hector.

Il faut cependant revenir à la réalité, de l'océan passer à la terre ferme ; celle-là a eu aussi ses incidents, et mérite bien quelques lignes, car elle s'est présentée à nous sous le fameux nom de Vendée. Je ne vous dirai rien de ces bocages, de ces marais qui appartiennent à l'histoire, par le secours qu'ils ont prêté à la résistance des habitants. Tout, dans ce pays si célèbre, a conservé une physionomie particulière, la terre elle-même a son originalité ; mais ce qui frappe surtout c'est le caractère religieux qui semble s'être réfugié là. Toujours les églises sont trop petites. Sur les chemins, les femmes prient encore agenouillées au pied d'une croix, qu'un homme ne rencontre jamais sans saluer. La politique aussi a conservé plus qu'ailleurs sa part d'influence, elle se mêle à toutes les passions, à tous les jeux : aujourd'hui, lorsque partout ailleurs elle n'inspire plus aux royalistes que des regrets, ici, elle a encore ses espérances, son culte. Cependant la guerre civile, qui a fait de la Vendée sa patrie, a, comme tout ce qui est de ce monde, subi l'action destructive du temps. Jeune, bouillante et sublime en 93, elle avait déjà en 1815 perdu beaucoup de sa verve et de son unanimité ; et dans ces derniers temps, elle est venue expirer sur les routes stratégiques entre une escouade d'agents de police et une brigade de gendarmerie. Jadis elle avait fait de toute haie un rempart, de toute maison une forteresse, de tout Vendéen un soldat ; aujourd'hui elle a perdu ses formes sanglantes, il n'y a plus que des cachettes, des réfractaires ; on ne combat plus, on se cache ; la visite domiciliaire a remplacé la fusillade ou l'échafaud ; on vexe, on tracasse plutôt qu'on n'opprime, et dans sa politique soupçonneuse mais adroite, le gouvernement a pris le parti de dégoûter par ses taquineries plutôt que de désespérer par ses vengeances : le système aura bien plus de succès.

Au reste, nous paisibles pèlerins nous avons eu notre part d'oppression, nous avons goûté du régime paternel, et notre excursion n'a certes pas manqué de couleur locale. A peine arrivés aux limites du département, un gendarme vient nous demander nos passeports ; le mien était en règle, Charles de la Bouillerie avait oublié chez lui le sien ; jusque-là cet oubli ne l'avait nullement inquiété ; mais ici, malgré nos explications, le maire du village commence par le livrer tout simplement à la gendarmerie pour le faire conduire de brigade en brigade, jusqu'au chef-lieu, à Bourbon, devant le préfet, et pour ne pas lui laisser la possibilité d'évasion, le brigadier vous l'enferme dans une sorte de chenil ayant pour toute fenêtre une étroite lucarne qui ne permet au jour d'entrer que par un rayon de soleil, et pour meubles une botte de paille. Il fallut parlementer avec toute la brigade pour obtenir sa sortie, à condition de garder à ses frais deux gendarmes nuit et jour à ses côtés, jusqu'à l'arrivée au chef-lieu. Ainsi, pendant trois jours, la gendarmerie ne nous a pas quittés : à table, derrière nos chaises, la nuit, couchée dans notre chambre, sur la route, nous entourant, la carabine au poing. Enfin elle était devenue notre ombre, et la liberté ne revint qu'avec la présence du préfet.

C'est ainsi que nous avons traversé la Vendée ; et après tout, je conseille à tout voyageur d'en faire autant, je ne connais pas de meilleure manière d'étudier le pays ; la forme est un peu disgracieuse, mais on gagne beaucoup à la société des gendarmes. D'abord impassibles et sévères, ils semblaient de féroces geôliers ; mais bientôt plus ample connaissance a déridé leur front soucieux, ils se sont faits nos guides, nos cicerones, que dirai-je ? nos amis, car à mesure que nous changions de gardiens, nous rencontrions plus d'égards et de sympathie : les derniers avaient plus peur que nous du préfet et ne souhaitaient rien tant que d'avoir la joie de nous rendre à la liberté. Personne plus qu'eux ne possède des renseignements précis sur un pays qu'ils ne cessent de parcourir, de fouiller en tous sens, et je leur dois cette justice qu'ils ont conservé assez d'impartialité pour donner des notions justes.

Enfin, comme toujours, l'humanité, vue de plus près, s'est embellie à nos yeux, même sous la forme d'un gendarme, puis, notre escorte, qui en tout autre pays aurait pu nous attirer quelques tristes soupçons, nous favorisait en Vendée. Si la compagnie forcée des gendarmes n'est pas un brevet de moralité, c'est au moins un grand titre de noblesse et un moyen sûr de popularité; et pareille société nous attirait des bons habitants un salut plus profond, et un fraternel sourire de compassion. Tout cela a fini par une réception fort gracieuse du préfet, qui s'est confondu en excuses, et a prodigieusement dépensé d'amabilité pour nous faire oublier le régime sévère de son département. Jamais préfet n'a déployé plus de grâces, n'a fait plus de frais, et c'eût été, j'en suis sûr, un moment délicieux pour obtenir une place; encore une fois, voyez donc le profit d'être arrêté.

Ce petit accident nous a valu plus de lumière, plus de sympathies, plus de politesses qu'une belle action, et par-dessus le marché, nous emportons un petit air de victime qui fait toujours honneur. En vérité, tout ravis d'être libres, nous avons depuis, quelquefois, regretté notre prison, car nous n'avions plus avec nous nos professeurs d'histoire pour nous nommer tel village, nous raconter les épisodes de la guerre de 1832, et l'envie nous a pris, de temps en temps, d'aller réclamer comme une faveur une nouvelle arrestation.

Après cet épisode, le reste n'a plus de piquant; redevenus hommes libres et citoyens, nous rentrons dans la foule, et n'avons plus qu'à nous taire. J'aurais voulu pourtant vous dire un mot du dernier acte de notre voyage, la visite aux Trappistes de la Meilleraye, notre conversation avec l'abbé, le fameux P. Antoine, dont la parole mordante, spirituelle, résonne au milieu du silence universel, comme une flèche aiguë lancée contre les puissants du jour. J'aurais à vous décrire mes impressions sur ce couvent où les pauvres religieux n'ont accepté du travail que l'expiation et jamais les améliorations matérielles. Mais, n'ai-je déjà pas trop abusé de mes privilèges de voyageur?...

Je vais dans deux jours à Solesmes, et s'il vous reste encore assez de patience pour me lire après ce monstrueux volume, j'associerai dans ma prochaine lettre ma double visite à la Trappe et aux Bénédictins; il y a dans ces deux institutions de grandes différences, mais aussi elles se tiennent et sont sœurs par le caractère chrétien de sanctification. A la Trappe comme à Solesmes, la religion enlève au travail ce qui en fait un danger pour les autres hommes. Ici, c'est l'industrie sans le bien-être qu'elle apporte et qui corrompt trop souvent l'ouvrier; là, c'est la science sans le succès qui enorgueillit l'écrivain.

J'aurais encore mille choses à vous dire, entre autres mon jugement sur *Lea Cornelia* que j'ai trouvé ici et que j'ai commencé; il faut ajourner tout cela. Dans quelques jours je serai à Blois, réuni à toute ma famille, et je saurai bien encore trouver quelque plume pour vous parler.

Voici Alfred de Falloux qui m'apporte une feuille où il a bien voulu vous instruire de ma santé, mais il ne vous aura certainement pas dit combien j'ai été heureux de pouvoir consacrer à sa famille quelques instants.

Dans tout mon voyage j'ai reçu si bon accueil et j'ai rencontré des hôtes si bons, que j'ai perdu à jamais le droit de médire de l'humanité. Adieu; écrivez-moi, s'il vous plaît, ne fût-ce que pour me prouver que mon bavardage infini n'a pas usé vos bontés pour moi.

A. DE MELUN.

19 septembre 1837.

Madame,

En arrivant ces jours derniers à Blois, j'ai trouvé votre bonne lettre qui m'attendait. Vos paroles d'amitié mêlées ainsi à toutes celles qui saluaient mon retour m'ont reçu comme je voudrais l'être toujours ; elles étaient si bien placées entre les caresses de ma mère et le doux accueil de ma famille !

Vos lettres savent toujours deviner ce qu'il me faut ; à quelque moment qu'elles arrivent, elles m'apportent précisément le conseil dont j'ai besoin, la pensée dont j'ai le sentiment et dont je cherche l'expression. Si jamais la paresse me préparait encore quelques fortes objections contre la rédaction de mes idées, je n'aurais plus à l'avenir qu'à relire ce que vous m'écrivez ; toute difficulté est prévue, tout raisonnement réfuté, et ce qui me paraissait un travail intéressant, mais dépendant seulement de ma bonne volonté et de mon caprice, a pris sous votre inspiration le caractère de devoir ; l'espérance du succès que votre affection me promet n'entrera pour rien dans cette résolution.

Dans les œuvres où l'esprit ne s'adresse qu'au goût, la science, le mérite de l'écrivain peuvent lui garantir un succès ; une étude approfondie des choses, l'imitation des grands maîtres deviennent les conditions indispensables de son talent. Mais dans les choses célestes, dans l'exposition de la vérité, Dieu se mêle dans la destinée de l'ouvrage ; lui seul doit l'inspirer et le soutenir, il mesure son appui bien plus à la moralité de l'auteur qu'à son talent, la vertu est d'un plus grand secours que le travail. Dieu récompense une bonne action par une page éloquente, et ajoute à l'esprit tout ce que gagne la conscience. Le beau devient réellement la forme et l'expression du bien. J'écrirai donc parce que votre raison et la mienne m'ordonnent d'écrire ; mais le livre une fois fait, sera encore bien loin de la publicité. Je me trouverai peut-être assez d'intelligence pour rédiger ; mais pour qu'il profite à ceux qui le liraient, ne faudra-t-il pas que bien longtemps encore je travaille de toutes mes forces à me rendre meilleur ?

Depuis mon retour, j'ai bien de la peine à détourner ma pensée du beau spectacle que la mer m'a donné ; il me suit partout, et chacun de mes souvenirs confirme tout ce que vous me dites sur la fraternité de l'océan et de l'humanité ; il semble que Dieu ait voulu écrire notre histoire dans ce grand œuvre, c'est le livre du Destin chaque siècle y trouve son image, chaque homme l'expression de sa vie ; nos systèmes, nos rêves y sont représentés, comme dans le mécanisme du plus misérable insecte se retrouvent les machines les plus compliquées de notre industrie. Dieu a créé dans la nature tout ce que nous avons inventé dans l'art, comme il a dit dans les choses tout ce que nous avons exprimé dans les mots. A voir la goutte d'eau salée se hâter, s'avancer toujours, ne dirait-on pas qu'elle rêve comme nous un progrès indéfini, qu'elle espère, tant elle s'empresse, franchir toutes les limites, et poursuivre sa route dans l'infini ? Comme nous, ne veut-elle pas, à l'aide des tempêtes, atteindre le ciel sans quitter la terre, faisant de chaque haute vague une tour de Babel ? Le flot qui se calme et s'abaisse la rejette au fond de l'abîme, jusqu'au moment où un rayon de soleil, prenant pitié de ses vains efforts, l'enlève à la mer, et la porte, dégagée de ses formes visibles, jusqu'à la région des nuages, comme un ange emporte au ciel l'âme qui a dépouillé la matière.

Mais la Providence ne parle pas seulement dans la création, elle a aussi ses œuvres dans l'humanité ; elle a ses institutions, ses associations, ses ateliers, et pour ainsi parler son industrie et son agriculture.

Me voici sur le chapitre de la Trappe et de Solesmes. Et en effet, qu'ai-je vu à la Trappe ? D'habiles fermiers, des ouvriers adroits, des champs bien cultivés, de beaux troupeaux, d'abondantes moissons ; à Solesmes des livres, des littérateurs, une sorte d'académie au costume et au bruit près. J'ai rencontré partout des fermes, des ateliers, des classes de cette façon ; nulle part le grenier n'a plus de grains, l'étable plus de bœufs, le jardin plus de fleurs qu'à la Trappe. Et ce faste de misère, cette ostentation d'austérités n'existent que dans l'imagination des hommes du monde.

A la Meilleraye, les mortifications ont plus de modestie, le jeûne se cache sous l'abondance et l'austérité sous les fleurs. Il faut pénétrer plus avant pour découvrir l'esprit qui fertilise cette terre, qui règle ces travaux.

Ici commence la différence : l'amour de Dieu à la place de l'amour-propre purifie tout ce que l'égoïsme dépare. Ainsi l'association, qui trop souvent corrompt l'ouvrier, sanctifie le moine ; le succès qui apporte avec lui la fortune, au lieu d'appeler à sa suite l'oisiveté et les excès, devient seulement un moyen de faire plus de bien, et n'ajoutant jamais rien au bien-être, ajoute à la mortification et par conséquent au mérite ; chez le Trappiste, le catholicisme a élevé le travail matériel à sa plus haute dignité. Sous l'ancienne loi, c'était une punition, un moyen pénible d'expiation, une triste condition d'existence, les hommes en avaient fait une source de richesses, un moyen de bien-être et de voluptés ; la Trappe n'acceptant presque rien de la terre qu'elle rend féconde, ne la cultive que pour les autres, et travaille par charité; tout son gain tourne au profit de l'aumône, le Trappiste peut désirer le succès de tous ses efforts. Chez lui l'amour du gain est une pensée sainte, la cupidité est une vertu.

Vous nous disiez un jour que le christianisme vait, dans la solitude des Chartreux, purifié le suiide. En appliquant à toutes les institutions monastiques cet aperçu si juste, on verrait que les couvents dont les règles sévères excitent le plus le dédain et la pitié de notre époque, n'avaient pas d'autre but; ici le dégoût de la vie, là la cupidité, plus loin l'amour-propre, s'épuraient au feu de l'amour divin; au milieu de l'humanité, les monastères s'élevaient comme des types, des réalisations parfaites de ses devoirs, chaque homme y trouvait la leçon qui convenait à ses faiblesses, et l'usage qu'il devait faire de ses passions. Dans toutes ces règles si effrayantes pour notre délicatesse, chacun rencontrait l'article qui s'adressait à lui. Je voudrais quelque jour, dans une des lettres que j'ai l'intention de composer et de méditer à loisir, développer cette double idée qu'ici j'indique seulement. Je montrerais la vérité manifestée dans la matière exprimée par la création, et réalisée dans les institutions catholiques.

Ainsi Dieu nous donnerait à la fois tout ce qu'il faut pour parler et agir, les œuvres de la nature nous fourniraient les paroles, les institutions religieuses les actes, et nous n'aurions qu'à répéter les unes et les autres.

Je pense avec bien grande joie que je ne serai plus longtemps sans vous voir. Nous comptons revenir dans les premiers jours d'octobre. Mon frère nous prendra peut-être quelques jours, et j'irai le rejoindre chez ma sœur, mais non sans avoir fait une pointe à Versailles. Je me promets une longue discussion avec vous sur *Lea Cornelia*. J'ai grande défiance de mon jugement sur cet ouvrage, parce qu'il ne se concilie pas trop avec ce que je vous en ai entendu dire. J'ai peine à croire que je n'aime pas ce que vous approuvez, et je suis sûr que vous me prouverez que j'ai eu grand tort de juger si mal ce que de bien meilleurs juges trouvent si bien ; personne plus que moi ne désire d'être persuadé.

Adieu.

A. DE MELUN.

Je vous remercie de l'Œuvre des six jours ; cette lecture a pour moi tout le charme de l'à-propos, et répond parfaitement à toutes les pensées que j'ai rapportées de mon voyage. Il y a là le germe d'un admirable ouvrage sur la création.

Ce lundi 5 novembre 1837.

MADAME,

Ces jours derniers, je me suis cru tout près d'aller vous surprendre. Nous avons hésité un moment sur le chemin qu'il fallait prendre pour regagner Brumetz. Je votais fort pour la route de Paris, dans l'espérance de vous donner quelques heures ; mais la longueur d'une nuit d'hiver en diligence, la perspective d'une maison froide qui nous attendait au débarquement, le souvenir de mon expédition à pareille époque l'année dernière, nous ont effrayés. De l'autre côté, il ne s'agissait que d'une promenade de jour pendant sept ou huit heures. La prudence l'a emporté dans notre conseil ; j'ai fait encore ce sacrifice à ma santé, et au lieu de vous voir, je vous écris.

J'aurais pourtant bien aimé à me faire annoncer tout à coup dans votre petite retraite d'Auteuil, à entendre votre cri d'étonnement, j'allais dire de joie, tant est grande ma vanité. J'aurais aimé surtout à vous rappeler qu'à pareil jour, il y a un an, vous étiez auprès d'un pauvre malade, soutenant son courage, endormant ses douleurs; alors vous avez été ma mère, vous en avez pris tous les soins, toutes les sollicitudes, et vous en avez acquis pour toujours les droits et l'autorité.

A ce titre, je vous dois le compte de mon temps et veux le faire en honnête homme. Si vous étiez très sévère vous auriez bien à faire quelques petits reproches, sur certaines heures paresseuses qui se dépensent au coin du feu, en réflexions fort profondes sur le froid ou sur le plaisir du repos. Cependant je n'ai pas trop grand mal à dire de moi; j'ai pris vraiment au sérieux mes recherches sur la parole, et vos excellents conseils ont trouvé leur application; il ne s'agit plus de saisir au vol quelques idées bien scintillantes qui éblouissent et passent sans rien dire de leur origine et de leurs conséquences, fleurs aux couleurs brillantes qu'on s'empresse de cueillir sans racines et sans graines; j'entre de plus en plus dans votre manière de comprendre le travail. Il faut savoir épuiser un sujet, passer par tous les détails pour arriver à l'ensemble, et étudier les prémisses avant la conclusion; aussi ai-je résolu de poursuivre la parole dans chacun de ses éléments, le mot et l'idée, de surprendre, s'il est possible, le secret de leur association et de leurs différentes métamorphoses à travers les siècles et les peuples. Ce ne sera plus l'affaire d'un mois et de quelques pages; j'ai beaucoup à lire, beaucoup à apprendre; mais dans ce genre, à mesure que la carrière se prolonge, elle gagne de l'intérêt.

Je veux étudier les mots, par la comparaison des grammaires et des dictionnaires de deux langues appartenant à deux familles différentes, le latin par exemple, et l'hébreu; ce rapprochement me livrera les lois physiques de ces corps de la parole; puis en suivant la langue française, depuis sa formation, au commencement de la monarchie, jusqu'au siècle de Louis XIV qui l'a fixée, je pourrai peut-être noter les formes et les conditions du progrès des langues, le mystère de leur transformation, lorsqu'elles jaillissent d'un autre dialecte. Voilà pour la partie matérielle. Pour l'âme ou l'idée, il faudrait saisir les rapports qui lient l'image empruntée aux choses, avec l'idée toute spirituelle qui s'en sert pour se manifester aux intelligences, voir ainsi sous quelle métaphore se présentent, dans les langues, les différentes opérations de l'esprit, tout ce qui n'a pas d'éléments matériels.

Cette étude non plus seulement appliquée aux mots qui servent ainsi d'incarnation aux idées, mais encore portée sur les emprunts que l'intelligence fait souvent au langage matériel, en lui dérobant, pour rendre un fait, ou une proposition spirituelle, une phrase, et quelquefois une allégorie tout entière, révélerait et démontrerait le grand et fondamental système de la destinée humaine, l'union et les rapports de l'âme et du corps, de la pensée et de l'action.

J'ai déjà commencé à rassembler tous les mots que la philosophie a empruntés au langage usuel, et cherché à découvrir la cause et l'origine de ce choix. Vient à la suite la question de l'origine des langues dans la forme des sons et dans la disposition des lois grammaticales. Vous voyez que je me prépare cette fois quelque chose qui demande du temps, du travail et de la patience. Malheureusement, je sentirai un peu à la campagne le défaut de livres ; mais les premiers pas ne demandent guère que des ouvrages élémentaires, et quelques vieux dictionnaires de mon collège me serviront plus que les plus savants traités d'une science qui est encore à faire.

Je trouve dans ce partage de l'histoire de la parole ce qu'il faut pour répondre aux besoins de l'esprit, une partie théorique qui se prêtera à tous les développements abstraits et philosophiques, et une part toute mécanique et d'observation qui me rappellera sans cesse à la réalité et tempérera l'audace des expressions métaphysiques. J'ai eu jusqu'ici une trop grande tendance à ne m'occuper que des généralités, à n'envisager que les lois, sans souci de leur application, et les idées universelles me séduisaient toujours parce qu'elles me débarrassaient du soin des détails. Aujourd'hui je vais me traiter par un tout autre régime, et je ne vous ai donné ce long programme, que vous aurez peine à trouver très intelligible, que pour vous prouver que vos inspirations ne sont jamais perdues, et qu'enfin j'essaie d'envisager une question sous toutes ses faces.

Pour me distraire, au milieu de ces commencements d'exécution, je me suis mis à lire la *Révo-*

lution de M. Thiers. J'en ai déjà dévoré huit gros volumes, et j'aurai fini les deux autres jeudi, jour de mon départ; cela ne demande pas plus de temps parce que les faits sont connus et qu'il ne s'agit guère que de leur donner dans sa tête la classification historique. Pour le jugement à porter sur cette suite de révolutions, il n'y a rien à emprunter à l'auteur; son système de fatalité reçoit à chaque événement un démenti; c'est une excuse qu'il prépare laborieusement à ce qui est inexcusable, et qu'il abandonne lorsque les faits, réagissant contre la terreur, semblent se mettre à la fin du côté de la justice. Alors M. Thiers se sent tout à coup pris d'une singulière partialité contre les mœurs moins féroces de la révolution qui s'adoucit et rétrograde vers un meilleur régime; il accuse tous les excès, toutes les fautes de cette époque, il retrouve presque de l'indignation contre un tribunal qui juge avec trop de précipitation Carrier et les proconsuls; et après avoir mis leurs crimes sur le compte de la nécessité, il manque à sa théorie pour blâmer leur supplice. On dirait vraiment que tout est permis, excepté de punir les terroristes.

J'avoue que j'avais jusqu'ici peu de goût pour l'écrivain; sa vie et ses discours m'ont toujours inspiré grande répugnance; mais son livre m'effraie d'immoralité. Cette complète indifférence entre le bien et le mal, ce jugement qui n'est jamais gêné par la morale et influencé par la conscience, me révoltent. Si l'on ajoute à cette triste partie morale un esprit plein de sagacité et de finesse, qui comprend tout le parti qu'on peut tirer des faiblesses, des préjugés, des passions et même des vertus des autres, on s'expliquera facilement son succès et son importance actuelle, et en même temps on s'apprêtera à le voir, si les temps changent, changer avec eux, et s'adapter aussi bien au rôle d'un membre du Comité du salut public qu'à celui d'un conseil des ministres de la résistance. Me voilà bien sévère ; après cette lecture, je n'aurais pas donné ma voix à ce trop grand homme d'État. Mais il s'en passera et sera nommé sans moi.

A Montdidier, on a nommé hier soir le frère de M. d'Acy mon beau-frère. C'est un homme fort sage, fort éclairé, et qui certes nous préservera de la fatalité de 93 ; mais il prendra place parmi les appuis des ministres actuels; il est tout à fait rallié à ce gouvernement, et j'ai grand'peur que cet acte d'adhésion ne fasse grand'peine à son frère, beaucoup plus prononcé dans ses opinions légitimistes. En voyant toute la peine que lui a coûté sa nomination, et les conséquences tristes qui vont résulter, dans sa famille, de son apparition à la Chambre, combien l'ambition, cette vieille passion de mon enfance, m'a paru misérable ! Allez donc intriguer six mois pour entrer dans une Chambre où, par conscience, il vous faudra soutenir la moralité de M. Thiers et la dignité de Louis-Philippe ! En vérité, la Providence a voulu donner aujourd'hui un terrible démenti à toutes les doctrines politiques, et à cette morale de partis, qui appelle toujours les hommes dans l'arène du gouvernement, en mettant les véritables amis de l'ordre dans la nécessité de défendre ce qu'ils méprisent, s'ils veulent intervenir dans les débats.

Mais je crois que je deviens séditieux, et j'aurais grand tort, car en lisant mes huit volumes, je me reportais à chaque instant vers ce temps-ci, je comparais les époques, et je voyais qu'à chaque fait nous avions trouvé un bien, là où la première révolution donnait un mal, précisément parce qu'en toutes choses on avait fait le contraire de ce qui s'était passé alors. Contentons-nous donc d'admirer l'esprit et le bon sens de nos gouvernants, sans nous occuper de leurs vertus.

Adieu. Je ne vous ai pas seulement dit un mot de vous, de votre santé; c'est bien mal, et c'est un nouveau grief contre ce M. Thiers et les élections qui m'ont pris toute ma place. Et Malebranche, ne l'ai-je pas oublié aussi? et pourtant je l'ai commencé avec un plaisir infini et j'espère bien vous en parler longuement une autre fois. Je pars jeudi pour Brumetz, ce sera donc à Gandelu que devront me chercher vos lettres; mais, comme nous en sommes convenus, seulement lorsque vous n'aurez pour m'écrire rien à sacrifier de vos affaires.

Comment se portent vos deux *idées ?* L'air d'Auteuil doit leur être très favorable, et elles doivent grandir à vue d'œil, je m'intéresse singulièrement à celle que je connais, mais peut-être encore un peu plus à celle que je ne connais pas.

A. de Melun.

Lettre de Mme Swetchine.

19 novembre 1837. Auteuil.

Je viens à vous ce soir, quoique déjà fatiguée, pour vous dire qu'au lieu de ces charmantes excursions intellectuelles qu'il plaisait à votre imagination de joindre pour moi à mes promenades d'Auteuil, jusqu'aujourd'hui, jusqu'à ce soir depuis le 30 octobre que j'y suis, je n'ai fait autre chose que remuer tous les rochers de Sisyphe pour combler l'abîme de l'arriéré. Enfin je m'étais promis au commencement de la semaine d'avoir fini pour lundi 20, et si j'y réussissais de me donner pour récompense le plaisir de vous écrire, libre de soins et de poids très divers sur ma conscience. Il me semblait très doux de vous prendre comme *joint* entre un travail d'obligations et d'affaires et l'ère de liberté complète qui commence pour moi demain et qui durera quinze jours, avenir que n'ont point eu beaucoup d'autres libertés.

Ne riez pas trop de mon enfantillage ; j'ai vraiment travaillé depuis quinze jours comme un écolier, en me donnant le plaisir, la veille de mes vacances, de vous dire que, pendant les quinze jours qui vont suivre, je vais faire à peu près ce que vous faites et me donner du bon temps à votre manière, ce qui ne peut manquer d'être fort approuvé par mon cher Cynéas. N'allez pas croire au moins que dans tout cet intervalle écoulé vous ayez eu à vous plaindre de mon souvenir ; il vous a tenu, je vous assure, très fidèle compagnie. Quand j'ai vu dans votre seconde lettre que j'aurais pu vous revoir, mon cœur s'est un peu serré de ne voir que votre écriture au lieu de votre visage ; cependant, presque en même temps, mon désintéressement, qui est encore ma tendre affection, l'a emporté ; je vous ai loué, je vous ai remercié de ne m'avoir pas donné une joie qui aurait pu me coûter cher et que l'inquiétude même aurait gâtée déjà. Il y a des choses excellentes auxquelles on ne rend point assez : c'est la *sécurité* et *l'habitude ;* c'est comme ces couleurs qui lient toutes les autres, en font l'harmonie, et que trop de peintres oublient dans leurs travaux. A présent que j'ai pris possession de votre si chère amitié, je veux tout ce qui la conserve, et la paix, la douce paix sur elle, en commençant par votre santé et en finissant par elle ; c'est à vous de soigner le reste.

Je crois bien que toutes les fois que madame votre mère me permettra d'être sa doublure, je pourrai espérer de vous rappeler ses sentiments ; mais en revoyant beaucoup d'extraits, en touchant à beaucoup de livres, je me suis sentie pour vous autre chose encore que mère, une de ces *bonnes* qui donneraient à leurs enfants toutes les indigestions du monde si on les laissait faire ; depuis la haute philosophie allemande jusqu'aux *épîtres fleuries* de Charles Nodier, des extraits que je crois *inédits* de M. de Maistre, un manuscrit qui met le monde physique et le monde moral en regard, une autre thèse très remarquable d'un jeune médecin, tout cela rentrant dans vos idées, vous aurait été successivement administré, si votre étoile ne vous avait soustrait à tant de menaces. Je ne sais comment a fait votre intelligence, mais je lui rapporte naturellement tout ce que je rencontre d'idées ; elle est le champ, non pas pourtant de mes expériences, c'est à vous seul à les faire ; je me contente d'en être le pourvoyeur.

La grande route de Brumetz à Paris me manque fort; il me serait si commode de faire faire la navette à tant de matériaux qui nous intéressent également. J'ai trouvé votre analogie de l'idée dans le mot avec l'incarnation du Verbe parfaitement belle, juste et point trop hardie ; la parole et le pain souffrent presque toutes les identifications, tant ce qui constitue l'homme et son plus général et plus nécessaire aliment, sont les images dans lesquelles s'est reflétée la pensée éternelle. Ces premiers rapports sont faciles à saisir; ils sont nombreux déjà et peut-être inépuisables comme nombre. Mais vous avez mille fois raison, il ne s'agit pas seulement de se sentir dans la vérité, de rencontrer dans sa voie mille choses ingénieuses, d'illuminer des points isolés ; il faut tenir d'une main ferme le fil même de cette vérité à travers tous les détours du labyrinthe, en coordonner toutes les parties, en montrer l'ensemble ou la filiation, réunir en faisceau ce qui est épars, éviter toute solution de continuité, montrer que cette théorie est une démonstration, qu'avec elle tout s'explique et qu'il n'y a rien à lui opposer. De faire cela est encore tout autre chose que d'avoir beaucoup d'esprit et même d'avoir la vérité pour soi sur un sujet important ; je crois qu'on ne la servira vraiment qu'autant qu'on en aura fait une science, qui consiste à permettre qu'une même expérience se renouvelle à volonté et que l'on puisse suivre un premier principe jusque dans ses dernières conséquences.

Pour en arriver là, c'est la charpente qu'il faut méditer et soigner. La prophétie d'Ezéchiel indique peut-être la marche la plus exacte et la plus rigoureuse à suivre dans ce but-là ; avant tout la partie osseuse, afin que les détails sachent où aller se placer et n'entraînent pas l'esprit dans ces divagations qui font dire aux Allemands que les arbres empêchent de voir la forêt. Le style est, certes, d'une grande importance dans les sujets philosophiques qui ont bien une poésie qui leur appartient en propre; mais, comme vous l'avez senti, il se ressentirait nécessairement d'idées encore trop peu arrêtées, et ce n'est pas le sujet des méditations de toute votre vie qui pourrait se prêter aujourd'hui à l'essai que vous vous proposiez de faire du talent d'écrire. Votre lettre sur ce point a renouvelé une de ces coïncidences entre nos réflexions qui m'ont frappée plus d'une fois ; en pensant à ce que vous comptez faire, je m'étais dit aussi que le sujet en question était trop difficile, demandait trop de travail préalable pour vous servir d'expérience ou d'exercice. Pendant même que vous m'en parliez, j'entrevoyais confusément cela, et je ne l'ai *su* pourtant positivement que lorsque vous me l'avez *dit*.

Voilà donc un sujet dont l'exploitation vous oblige; ne pourriez-vous en traiter un autre, pour remplacer le travail que vous vouliez faire ? Je vous en prie, n'y renoncez pas, cela peut être mené de front, *votre grand ouvrage*, celui de toute *votre vie* et *sur lequel vous voudrez bien garder le silence*, et puis des sujets qui vous mettront en verve et que vous pourrez traiter successivement. Voilà mon ordonnance et le bon régime que j'accompagne de tous mes vœux.

Le point de vue qui vous indigne dans M. Thiers est la vraie tendance de notre siècle ; il est plein de charité pour les victimes, pourvu qu'elles soient coupables ; quant aux autres, elles n'ont, selon lui, probablement que ce qu'elles méritent. C'est plus logique qu'on ne le croirait. En admettant la fatalité qui est au fond de l'esprit des Thiers, Mignet et consorts, les coupables sont les vraies et intéressantes victimes d'un arrêt qu'aucune force et aucune liberté ne pouvaient combattre.

J'ai à vous annoncer que vous m'avez été demandé en mariage ; j'ai fait gros dos. De plus une conquête ; Mme de Liancourt me parlait de vous dans sa dernière lettre, et me disait qu'elle vous verrait avec grand plaisir ; j'ai fait vos honneurs, répondu de vos empressements, et vous ai représenté de mon mieux.

Adieu : je ne sais comment vous pourrez me lire, je vois à peine ce que j'écris. Mes amitiés à votre frère, si bien en tiers à présent de toutes vos pensées, vos entretiens, vos lectures ; tout cela doit vous être bien doux. Adieu, mon bien cher ami ; je ne cesserai pas davantage non plus de vous interroger que de vous répondre.

S. Swetchine.

*Lettre de M*ᵐᵉ *Swetchine.*

19 décembre 1837, Paris.

Quelle joie vous me donnez en m'anonçant votre retour définitif, prochain et fixé! Il faut qu'elle vaille beaucoup cette joie pour mieux valoir encore que celle de vos lettres, qu'au surplus nos causeries continueront. Cette première journée sans préjudice des autres m'appartient tout entière, il faut venir dîner avec nous ce *vendredi*, et votre frère aussi, ce cher frère que je sépare de vous, à présent moins que jamais. Si vous arriviez un peu tard, nous vous attendrions; venez ici avant d'entrer chez vous, vous trouverez bon feu en laissant le temps nécessaire pour réchauffer votre chambre. Je vous traite en *vieux*, et ce n'est pas seulement parce que je suis vieille, au besoin vous m'apprendriez, en me le laissant deviner, tout ce que, pour mon propre compte, je ne saurais pas.

Ceci me mène tout droit à Malebranche, que je n'avais jamais si bien compris que dans votre lettre ; vous vous entendez très bien à ordonner le chaos et n'êtes nullement de ceux qui pourraient, comme dit le duc de Broglie, être repris en bonne justice pour *tapage nocturne*. C'est par la nature même de votre esprit, que vous êtes particulièrement appelé à admirer d'abord, et puis aussi à ne rien laisser échapper des erreurs ou des lacunes d'un système; vos idées à vous-même se suivent et s'enchaînent tellement, que c'est à elles seules qu'il vous faudrait reprocher toute la clarté qu'elles n'auraient pas. Moins qu'un autre vous serez dupe de vous-même, de vos apparences, de vos déductions ; une fois dans la bonne voie, ce serait presque dommage, si en même temps la faculté qui juge en vous n'avait pas pour auxiliaire celle dont la puissance remplit les vides et redresse les déviations.

Je ne vous ai pas écrit pendant ces derniers temps, parce que j'ai été fort dérangée et infiniment plus souffrante ; le mois de miel d'Auteuil a passé comme tout ce qui est doux, rapidement, pour être suivi de potions amères. Le surlendemain de mon retour j'ai été prise d'un gros rhume qui s'est combiné avec mes maux habituels ; j'ai eu huit ou dix jours violents et je n'en suis pas remise encore.

Je suis bien aise de vous dire que la veille et surveille de son départ pour Rome, j'ai vu Mgr de Falloux et que je l'ai trouvé entièrement différent de ce que la prévention presque générale m'avait fait craindre ; au lieu d'un prélat de cour, j'ai trouvé un moine, plus moine que des Trappistes que j'ai vus. Son extérieur est fait tout entier, on le sent, par la componction du dedans ; c'est le visage du monde le plus ascétique, des manières simples et d'une douceur qui ne saurait venir que d'une grande charité ; il est plein d'ouverture, d'expansion. Sa piété a pris tout à fait le caractère de la piété italienne, plus sévère qu'on ne le croit dans l'absence complète de tout rigorisme. Si j'observe et je distingue ici, c'est sans rien préférer ; dans ce qui est laissé libre, je crois que tout ce qui est bon *est bon* ou meilleur, selon les lieux, les temps et les personnes. Il m'a paru touchant surtout dans ses sentiments pour sa famille, dont pourtant il se sépare ; il n'est plus le frère d'Alfred, mais son père le plus généreux et le plus tendre ; on sent qu'une tendresse puissante et toute nouvelle est venue se mettre à la place d'une intimité qui n'a jamais existé ; alors tous deux auraient doublement gagné au change.

La veille même du départ de son frère, Alfred est allé faire une visite, à Munich, à son ami Albert de Resseguier ; il est parti le vendredi 15, dimanche 17 il a entendu à Metz M. Lacordaire, et aujourd'hui 19 je reçois une lettre de lui qui commence par ces mots : *Messieurs, la science*, etc. C'est une analyse complète et fort animée de ce troisième discours de M. Lacordaire ; vraiment c'est le traiter aussi bien que le ferait un sténographe. A son retour de Munich, il doit s'arrêter encore à Metz, et cette fois nous rapporter encore mieux qu'un discours écrit.

Je viens de recevoir un billet de part qui m'apprend la mort de la belle-mère de M. de Sennevoy (1) ; si vous lui écrivez bientôt, dites-lui ma participation sincère à ce qui le touche.

Adieu, mon bien cher ami ; vous allez bien me manquer jusqu'à vendredi, par la raison qu'étant sûre de la consolation, j'oserai m'avouer combien vous me manquez toujours.

S. SWETCHINE.

(1) La marquise de Tanlay.

Ce vendredi 15 juin 1838.

Madame,

Le lendemain de mon arrivée ici, ne pouvant plus vous voir, j'aurais déjà voulu vous écrire, et pourtant voilà une semaine entière passée sans causer avec vous. La faute n'en est pas à l'admirable verdure, aux promenades, à tout ce que le printemps me réservait de fleurs et d'ombres, et encore moins à un défaut de bonne volonté. Les coupables sont les immenses in-folio que j'ai empruntés à la bibliothèque royale ; sans respect pour ma chère liberté et mes beaux rêves de paresse, ils ont mis la main sur moi, m'ont traîné bon gré mal gré à travers leurs longues pages, et maintenant j'appartiens au concile de Trente comme à Paris, à mes enfants, à ma loterie.

Je n'en suis encore qu'aux préliminaires, et tous les jours les affaires se compliquent et s'entassent. Aujourd'hui une ambassade, demain une diète, après-demain un consistoire. Lorsque le pape se tait, Luther parle ; si je quitte un instant l'empereur, voilà le sacré collège qui demande audience. Il faut vivre en huit jours tout le seizième siècle ; être à la fois diplomate, soldat, théologien à Rome, à Spire, à Augsbourg, et il me tarde grandement de voir enfin s'ouvrir le concile pour pouvoir prendre séance, et m'asseoir un moment. Au reste, après avoir suivi les négociations, interrogé l'esprit des princes et des peuples, à la veille d'entrer au concile, je tremblerais pour Rome et la chrétienté sans ma foi dans la parole divine; car la politique prépare déjà ses usurpations, la scolastique ses subtilités, et la voix publique ses plaintes contre les abus et les demandes légitimes de réforme; l'Allemagne menace de renouveler la vieille querelle du sacerdoce et de l'empire; la France, les prétentions de son Église et de ses parlements, et le concile lui-même la terrible question de suprématie, d'autant plus dangereuse que les parties intéressées en sont les seuls juges. Et puis, il ne s'agit plus, comme dans le passé, d'une seule difficulté à résoudre, d'un dogme à confirmer; il faut vérifier toute doctrine, fixer la tradition, donner une forme positive à tout ce qui était resté vague et encore indécis, compléter sans changement, réformer sans destruction, en un mot, tout discuter et tout résoudre parce que tout a été mis en question.

Aussi les protestants sont-ils pleins d'espérance; les indifférents, de curiosité; les papes, d'inquiétude! Rome multiplie les délais, fait tout pour reculer la convocation, et ne cède que lorsqu'il n'est plus moyen d'échapper à ce mal nécessaire; les plus croyants eux-mêmes semblent se défier de l'infaillibilité, éternellement promise à l'Église comme si, demander la paix et la vérité à tant d'éléments de discorde et d'erreurs, c'était tenter Dieu, et exiger de lui un trop grand miracle.

Mais un peu de patience, et le miracle va éclater; le concile trompera tout le monde, parce que tous, dans leurs prévisions, ont tenu trop de compte des chances humaines, et il aura bien le droit de proclamer, à la face du protestantisme, l'union de Dieu avec son Église, car il sera lui-même la preuve la plus manifeste des dogmes qu'il exprimera ; mais il est destiné à faire ressortir un autre grand mystère, première cause de la querelle dont il est le juge ; et en définissant avec précision la doctrine de la grâce et la double action de Dieu et de l'homme dans nos œuvres, ne pouvait-il pas servir lui-même d'exemple ?

En effet, en parcourant les détails de ces longues séances où le dogme fut si lumineusement discuté ; à la vue de ces savants évêques, de ces habiles théologiens qui compulsent les Écritures, pèsent les témoignages, interrogent si scrupuleusement les traditions, on est tenté de se demander d'abord pourquoi cet examen si consciencieux, lorsqu'on a pour inspiration l'esprit de Dieu ; pourquoi tant de travaux et de recherches, pourquoi ne pas prononcer sans réflexion et voter au hasard, lorsque la Vérité elle-même dicte les votes et rédige la sentence ? Mais, si je ne me trompe, ces recherches représentent la part que l'Église catholique reconnaît à l'homme dans tout le bien que la grâce lui fait faire ; Dieu ne veut pas plus donner la vérité que la vertu, sans la participation de ceux qui la reçoivent ; pour qu'elle descende sur la terre au milieu de ses enfants, il faut que leurs efforts s'associent à la révélation divine, et ici, comme partout ailleurs, pour que le but soit atteint, la grâce ne se passe pas de notre concours.

Oh ! pourquoi n'êtes-vous plus là pour m'accompagner dans ces belles excursions, pour encourager ou redresser mes idées ? Et qu'il m'est pénible, lorsqu'une page me frappe, de ne pouvoir aller vous chercher pour vous la lire ! Alors je pense, avec tristesse, que je vous ai laissée souffrante et tourmentée ; que, ces derniers mois, j'ai perdu bien des jours sans vous voir ; je regrette vos paroles de confiance, vos missions de charité, nos promenades autour de votre salon, nos discussions où j'avais toujours tort, et ces demi-heures d'entretiens intimes qui me récompensaient et me reposaient de mes longues courses.

Un peu d'inquiétude vient aussi faire ombre au tableau de la paix de notre intérieur. Ma sœur aînée, Mme d'Acy, qu'un rhume opiniâtre avait cet hiver condamnée à des précautions et à des tisanes, n'a pu s'en débarrasser tout à fait, la campagne et le lait d'ânesse ayant échoué, et son mari se décide à la mener aux Pyrénées. M. Fouquier répond de sa parfaite guérison, si elle entreprend ce voyage, et elle part dans quinze jours. Cette séparation, quoique peu longue, ce voyage de 250 lieues entrepris pour sa santé l'attristent, et ma mère a peur pour elle des ennuis et des fatigues de la route. Elle se plaint en même temps d'avoir deux enfants si loin d'elle ; il est vrai que les lettres d'Anatole (1) sont de nature à la tranquilliser, il continue le cours de ses admirations et de ses plaisirs. Gênes l'a enchanté, Pise l'a ravi ; il n'y avait déjà plus d'expression pour Florence ; que sera-ce donc que Rome, où il est depuis huit jours ? Mais il ne nous a encore rien écrit.

Cette promenade en Italie lui fera grand bien. La voie bonne et sainte dans laquelle il est entré lui paraîtra moins sévère et moins triste, sous le beau

---

(1) Le comte de Melun.

ciel du Midi ; ses idées perdront un peu de cet excès de gravité qui se puise dans les livres et dans la réflexion, mais qu'adoucissent les douces révélations de la nature et la poésie de l'art chrétien ; et la religion qui lui inspire des pensées austères et un peu jansénistes, dans nos cathédrales gothiques ou sous la plume de nos théologiens, lui sourira sous les belles voûtes que sculpta Michel-Ange et que peignit Raphaël.

Pour moi, du fond de notre petite solitude, je partage en imagination ses impressions et ses joies ; je voyage de temps en temps avec lui, et quand les intérêts du catholicisme ou les affaires du concile de Trente me conduisent dans la Ville éternelle, je suis agréablement surpris, moi homme du seizième siècle, d'apercevoir, au Forum ou à l'ombre du Colisée, un voyageur du dix-neuvième qui cherche les souvenirs de mon temps, et admire les ruines des édifices que je vis bâtir, et plus d'une fois, oubliant la différence des siècles et des positions, j'abandonne un instant le conclave ou la congrégation, je cours à lui, je l'embrasse et lui parle de la France, de la famille et de vous ; car il ne manque jamais dans ses lettres de me demander de vos nouvelles.

Je viens de recevoir la lettre de Mme de la Rochefoucault, m'annonçant quelques aumônes de la Miséricorde pour mes pauvres. Je vais l'en remercier ; l'écriture de l'adresse m'avait fait tressaillir.

Adieu, Madame ; je ne veux pas finir sans vous remercier des admirables méditations de Bossuet ; j'en lis quelques pages tous les matins, et je ne crois pas que jamais l'esprit humain puisse aller plus avant dans la profondeur, et plus haut dans la sublimité des mystères. Il se fait là un tel mélange du génie de l'homme et de l'esprit de Dieu qu'on a peine à distinguer l'écriture humaine de l'Écriture divine, et qu'on ne sait plus ce qui appartient au prophète, au psalmiste et au théologien, ou plutôt, selon son expression, la foi le fait entrer dans les puissances de Dieu. Malheur à qui oserait maudire l'intelligence en l'homme, parce que trop souvent elle l'égare, lorsqu'elle peut conduire à de si hautes lumières; et un écrivain comme Bossuet rachète l'humanité de bien des mensonges, comme saint Vincent de Paul de bien des crimes.

Adieu, encore une fois; toute ma famille me charge de la recommander à votre bon souvenir; moi, si j'osais, je vous recommanderais votre santé, mais vous ne m'écouteriez pas.

A. DE MELUN.

Lettre de Mme Swetchine.

26 juin 1838. Paris.

Mon cher ami, je voulais finir par vous; mais il m'arrive tant de besogne que ce serait trop ajourner le vrai besoin que j'ai de vous remercier de votre bonne lettre; vous renoncerez donc cette fois au privilège de passer le dernier, honneur qui, comme tant d'autres, n'est pas sans équivalent.

Je vous l'avais bien dit, que nous ne nous remettrions à causer vraiment, que vous parti. Je vous voyais trop peu et trop mal, vous étiez en l'air, distrait ou absorbé; moi-même souvent préoccupée, et dans ce morcellement d'impressions et d'idées qui ne laisse jour qu'à l'incident du moment, on ne se retrouve pas plus à deux qu'à soi seul. Brumetz et le concile me servent bien mieux, je vous trouve plus libre, plus affectueux, et je ne manque pas de me dire que c'est parce que vous êtes plus vous-même.

Vous voilà donc plus près de moi pour vous en être éloigné; et pourtant si nous ne nous quittions pas, il m'est évident que nous serions plus rapprochés encore; des points de départ très dissemblables auraient le même effet, et il n'y a ici que le *juste milieu*, avec son insipidité ou ses tracasseries, qui soit contre nous. En tout, cette fin de séjour m'a été peu favorable, et vous ne vous doutez peut-être pas des appréhensions que vous avez fait naître; il m'a semblé (pourquoi ne vous le dirais-je pas?) que votre amitié était altérée, votre confiance diminuée, et si votre cœur n'est pas de ceux qui changent précisément, j'ai craint qu'il ne fût pas assez soustrait aux tristes influences humaines pour conserver toujours la même indulgence et l'habitude d'un même abandon. Cela m'a paru fort triste. Vous dire comment cette impression m'est venue, me serait difficile; ce n'est aucune concurrence, je ne suis sur le chemin de personne, ce n'est pas moins d'assiduité, car j'ai le plus sincère et le plus profond dédain pour ce qu'on appelle les *soins*; ils me semblent toujours pris sur l'affection, comme ces changes de monnaie au fond desquels il y a toujours *déchet*; ce n'est donc rien de tout cela, mais une foule d'autres légers symptômes qui agissaient par accumulation, en ne paraissant au dehors que par la contrainte et le silence. Voilà donc ce qui était et ce que votre bonne lettre a bien dissipé ; si votre disposition pour moi était changée, votre consciencieuse sincérité vous aurait interdit ces expressions qui restent toujours libres et qui me font reprendre une confiance que j'aime bien mieux voir justifier par vous seul.

Ce petit bout d'explication servira au présent et à l'avenir ; ne croyez pas que je me taise avec vous sans motif, que je glisse sur ce qui me vient de vous sans l'approfondir, que je ne sois toujours prête à répondre à vos interpellations et que je ne désire même que vous m'interrogiez. Vous êtes, dans toute ma vie, la seule personne qui, malgré la différence d'âge, m'ait fait sentir l'amitié avec tout ce qu'elle comprend ; la bienveillance, la tendresse ont quelque chose de maternel, j'en suis fort prodigue. Selon le verset du psaume, Dieu m'a donné successivement beaucoup d'enfants ; mais pour vous c'est encore autre chose ; quand je n'aperçois pas en vous mon *supérieur*, j'y vois mon *égal*, nous sommes contemporains, car si d'une part je vous apporte mon expérience, de l'autre je trouve en vous tout ce qui peut ne point attendre *le nombre des années*.

De là cet échange possible des pensées et des sentiments, un abandon que n'arrête jamais une arrière-pensée ni un scrupule, cette parfaite sécurité qui vient de l'estime la plus haute et la plus profonde ; j'aime, par-dessus tout, votre intégrité, votre naturelle et inflexible rectitude. Ce qui est très droit est bien toujours un peu raide, mais je ne sais rien qui rende vos mouvements plus libres que ce qui vous appuie ;

et point d'illusion dans cette appréciation d'esprit et de cœur, car je crois pouvoir me rendre compte de l'espace qui vous reste à parcourir ; quelquefois je vous entrevois comme vous serez, et même il m'arrive de signaler les écueils qui pourront se trouver sur votre chemin et les dangers que vous portez en vous-même. Leur ordre si relevé ne me consolerait pas d'une chute ou même d'une déviation ; mais je les accepte comme l'élément du combat et avec la consolation d'une confiance infinie dans le secours que vous invoquerez toujours.

Une de mes dernières conversations avec M. Lacordaire se rapportant à vos combinaisons éternelles de la liberté et de la grâce que vous définissez d'une manière si vive et si sensible, je lui communiquai cette partie de votre lettre dont il fut enchanté. Dieu ne veut rien pour nous sans nous, comme il a tout voulu pour les hommes par les hommes ; dans ces deux termes, se trouvent renfermés la plus haute prérogative de l'homme, la liberté, et le plus haut témoignage de l'amour divin, la révélation. La vertu, la vérité, comme vous dites si bien, marchent de conserve ; sans cesser d'être un don, elles s'acquièrent pourtant et se conservent par les mêmes moyens, cette fidélité qui attire la grâce et qui la porte dans un cœur pur.

Nous en sommes encore à ce tableau de toutes les puissances de l'erreur conjurées contre la vérité, obscurcie par l'indifférence et les prévarications humaines ; la peur qui vous saisit a bien encore son moment au temps où nous vivons, mais la foi en triomphe, et s'il y a des gens qui s'y arrêtent, on sent bien qu'il y a encore pourtant une manière plus expressive et plus noble de manifester son amour. Contre l'ennemi, je ne sais que l'affirmation énoncée avec calme et dignité ; contre ceux qui peuvent être entraînés, je ne sais, pour les lier, que la confiance, avec ses réserves de mesure et de prudence. Naturellement, je crois qu'on aurait souvent sujet de craindre ceux que l'on repousse, et malheureusement cela n'empêche pas de repousser.

Votre concile me conduit bien moins à ces divagations que le nom de M. Lacordaire qui s'est trouvé là, et l'arrivée de M. Bautain, qui probablement ne recevra pas de beaucoup de gens, à Paris, l'accueil qu'il a trouvé à Rome. Je l'ai vu plusieurs fois, sa position lui semble meilleure que par le passé, quoiqu'il n'y ait pas d'apparence qu'il y soit changé quelque chose dans son diocèse ; ses épreuves n'ont pas été sans fruit : je lui ai trouvé, avec la même supériorité d'esprit profond et lucide, beaucoup plus de naturel, de modestie et de simplicité. Cet homme a beaucoup de cœur, j'espère qu'il l'inspirera mieux encore que ne pourraient le faire des considérations humaines ; M. Guizot lui disait hier : *Au temps où nous sommes, un homme comme vous ne se fait pas hérétique ;* voilà ce que ces gens-là voient, le rang, et toujours et seulement le rang. Si on traduisait ces paroles, quelle insolente négation de la vérité on y trouverait ! Malgré ses bonnes intentions, je ne sais si la philosophie de M. Bautain a précisément tout ce qu'il faut pour en faire justice. Il doit rester ici quinze jours ; je regrette que vous ne le voyiez pas ; mais nous vous réservons d'autres fêtes.

Si vous venez ici du 15 au 20 du mois prochain, vous assisterez probablement à une de ces réintégrations dans la famille céleste et paternelle, qui causent tant de joie au ciel et tant d'émotion sur la terre. Depuis votre départ un miracle s'est fait dans le cœur de ce jeune de Serre que vous avez vu avec intérêt, la grâce s'est emparée de lui sans lui laisser de relâche, tout y a concouru, et en dernier lieu, huit ou dix jours avant son départ, M. Lacordaire y a mis la dernière main. *Je suis plus catholique que vous*, disait ce bon jeune homme à sa tante qui l'est fort ; les objections qui lui restent, il les laisse venir encore pour avoir le plaisir d'en triompher ; sa piété, la joie, la paix qui l'inondent sont bien aussi des arguments. Et c'est une Sœur de la Charité qui a commencé tout cela, qui a mis en mouvement toute cette puissance de l'esprit que très probablement eussent laissée inerte de savants docteurs.

Je vous confie tout cela en vous priant de n'en point encore parler : ce jeune homme est plein d'élévation et de générosité ; il ne voudrait point du secret ; mais, avant qu'une chose soit accomplie, il est inutile de l'ébruiter ; je suis fort d'avis même, en lui donnant la publicité convenable, d'éviter tout ce qui pourrait ressembler à un triomphe ; *le bruit ne fait pas de bien*, disait le philosophe saint Martin, *et le bien ne fait pas de bruit.*

Vous avez sûrement rencontré chez moi un de mes plus anciens amis, le comte de Divonne, dont la santé depuis plusieurs années était déplorable ;

nous venons de le perdre, et ce chagrin en est un pour moi bien grand ; cette amitié comptait près de trente années, elle ne s'est jamais démentie, et ma pensée ne se reportait jamais vers lui sans éprouver une sorte de repos que porte en elle-même la vraie bienveillance. C'est par sa belle-fille que j'ai su tous les détails, qui sont consolants ; ses souffrances ont été abrégées et tous les secours sont venus à temps. Je ne sais si vous avez su que le voyage n'avait point été favorable à Mme de Rauzan ; elle a été obligée de s'arrêter à Lunéville, puis à Nurenberg, mais nous avons d'hier la nouvelle de son arrivée à Carlsbad : elle était encore bien souffrante, et c'est bien du temps de perdu pour sa cure dont on a tant besoin d'espérer.

L'état de madame votre sœur m'afflige, et je vous demande de me bien tenir au courant de ses nouvelles ; il me semble très bien fait de n'avoir pas remis les Pyrénées à l'année prochaine, et en tout de traiter sérieusement une disposition sur laquelle il importe seulement de veiller ; le chagrin de cette séparation doit être très vif et sans compensation pour madame votre sœur, tandis que vous en avez une bien puissante dans les promesses et le bon jugement de M. Fouquier. Parlez de moi à madame votre mère, et dites-lui toute ma participation et mes vœux.

J'ai été bien souffrante depuis quinze jours, et de cette haute lutte qui réveille en moi un instinct fort matériel d'opposition ; quand je suis malade, je commence par établir que Dieu veut que je guérisse, et j'y fais de mon mieux. J'ai vu mon médecin, qui m'a conseillé un traitement dont je pense que je me trouverai bien, ce qui achèvera de me convaincre que je pourrai très bien me dispenser de Vichy.

Parmi vos in-folio, avez-vous les Mémoires du cardinal Pol ? C'est M. d'Eckstein qui vous adresse cette question à la suite de votre panégyrique fait *con amore* et qui vous place, quant aux exigences qui rendent le baron si difficile, dans la position du monde la plus exceptionnelle.

Adieu, mille amitiés à votre frère ; quant à vous, je ne compte plus.

S. SWETCHINE.

26 juin 1838.

Madame,

Dans ma dernière lettre, ce me semble, je n'ai eu de paroles que pour le concile de Trente, et pourtant il me restait bien autre chose à vous dire, et je n'avais pas emporté seulement avec moi Paolo et Pallavicini; la vérité qui s'adresse à l'esprit serait bien peu de chose si elle n'était accompagnée de ses conséquences pratiques et des pensées qui sont du domaine de l'âme, et si en cherchant les lumières on oubliait la charité. Aussi avais-je eu soin de m'assurer d'un compagnon que j'aime plus à mesure que je le connais mieux, et qui dans les heures que me laissent mes études historiques, me parle de ce qu'il faut faire et travaille à ma conversion.

La bonne sœur Rosalie m'a prêté la Vie de saint Vincent de Paul, et je ne la lis pas seulement pour admirer; c'est une leçon, un exemple que Dieu m'a envoyé par les mains d'une des filles de saint Vincent qui a le plus hérité de son esprit. J'ai reçu cet ouvrage comme une grâce qui doit me soutenir dans cette voie que votre amitié m'a ouverte cet hiver, dans laquelle je marche encore comme mon petit neveu sur le sable du parc, en chancelant et à tâtons, mais que je veux apprendre du saint homme à parcourir d'un pas ferme et régulier. Que Dieu est bon pour le moindre de ses enfants, et quelles actions de grâces ne dois-je pas dans mon néant à cette providence qui s'inquiète de tous, et prépare à tous des secours et des joies ! Ce n'était pas assez de m'avoir conduit jusqu'à la vérité à travers les ténèbres et l'orgueil d'un esprit trop épris d'indépendance ; lorsque la possession de cette lumière qui remplit si bien tous les vides de l'intelligence pouvait encore laisser quelque chose à désirer à l'âme et qu'un besoin d'activité pouvait me détourner de cette contemplation du vrai, Dieu m'envoie vos conseils, la sœur Rosalie et saint Vincent de Paul pour donner un aliment à ce désir d'action, et appliquer dans le mouvement de la vie réelle, et au profit des autres, ces sentiments que réveillent en nous l'étude du catholicisme et la méditation de l'Évangile.

Jusqu'ici, à travers toute mon admiration et mon dévouement à la vérité, il me restait comme un reproche secret d'inaction, comme la crainte de vivre trop dans la théorie, et d'avoir une charité sans expression, une morale qui se borne à la pensée, comme les religions sans culte et sans pratique.

Aujourd'hui je sens que la charité doit avoir son

culte comme la foi ; celle-ci n'est rien sans les pratiques qu'elle inspire et qui lui servent de signe ; l'autre aussi ne saurait se passer de faits et d'actions sur ceux qui souffrent, et qui ont besoin de nous. Aussi ai-je bien résolu à l'avenir de ne jamais séparer l'idée de son expression, et de consacrer toute ma vie à faire à mes frères tout le bien qui sera en mon pouvoir, mettant à leur disposition tout ce que j'ai de forces et de temps.

Mais la vie de saint Vincent de Paul arrive merveilleusement pour me guider ; car, lui sait enseigner à aimer les hommes de l'amour qui plaît à Dieu, il en donne les conditions, et par ses exemples, il n'en inspire pas seulement l'idée, mais la science.

D'après ce grand maître, il faut avant tout l'humilité qui se croit indigne de faire le bien, la confiance qui en demande à Dieu les moyens, l'obéissance qui l'accepte, la persévérance qui l'accomplit, et cette sagesse tout évangélique qui ne procède qu'avec réflexion, et n'écoute pour se décider que la voix d'en haut. Saint Vincent de Paul sait se défendre même de cette impatience de bonnes œuvres qui veut prévenir la volonté de Dieu, et aller plus vite que la Providence. Il ne provoque jamais, attend que l'occasion vienne le chercher, et applique toujours à la charité cette pensée de Massillon que vous avez écrite pour moi sur les *Élévations* de Bossuet : « Vouloir ce que Dieu veut, c'est toute la perfection de la foi, et toute la sûreté du fidèle. »

Voyez aussi comme ses efforts sont récompensés, et quel succès est attaché à toutes ses œuvres : son humilité devient une puissance irrésistible, son obéissance agrandit son autorité. Dieu, à chaque pas, lui offre une institution sainte à fonder, un abus à réformer, une affreuse misère à secourir. On dirait à la fin qu'il ne permet plus une belle action, qu'il n'inspire plus à personne une bonne pensée sans y mettre son serviteur, sans lui réserver une part dans l'exécution. Trop heureux ceux qui de loin peuvent suivre les pas de cet homme divin, dans cette carrière qui commence par quelques bonnes actions et finit par une sainte vie.

Pour moi, si peu digne d'être le dernier de ses disciples, je n'oserais pas reconnaître dans le désir que j'ai de marcher sur les traces de sa charité, une inspiration de la Providence, si je ne savais que personne sur cette terre n'échappe à cette mère vigilante, et qu'elle prend autant de soin des moindres que du meilleur de ses enfants. Je veux donc espérer que mes premiers essais de cet hiver sont dus à cette grâce qui ne manque à personne, et dont j'ai si souvent reconnu les effets, dans les événements de ma vie, et surtout dans votre bonne amitié. Souvent vos conseils, vos objections m'ont éclairé, et je vous devrai plus qu'à toute autre personne au monde, si j'arrive, comme je l'espère, à organiser ma vie de manière que rien n'en soit perdu pour les autres.

Ce sera vous, après Dieu, que devront remercier les malades que je visiterai, les enfants que j'élèverai ; car malgré ma prétention à ne subir l'influence de qui que ce soit, heureusement pour moi, vous aurez fait exception, et vous savez que je vous ai toujours soupçonnée d'être d'intelligence avec mon ange gardien. Aussi vous voyez que j'agis avec vous comme avec lui, je ne lui dirais pas autre chose qu'à vous, et je prévois qu'il ne vous faudra pas encore bien du temps pour me faire aimer les sermons de tous les prédicateurs, les offices de ma paroisse, et ce qui est encore plus important, l'obéissance et la soumission que j'ai trop de penchant à prendre pour de la servitude et qui ne sont, après tout, que les seules ressources contre elle, car nos prétendues indépendances ne sont guère que la triste facilité de changer à chaque instant de maître et par conséquent d'obéir à tout le monde et aux caprices de tout le monde.

Adieu; cette fois-ci, je me hasarde à demander bien humblement une petite ligne de vous, quand toutes les grandes lettres auront été écrites.

Mme de la Rochefoucauld vient de m'apprendre qu'elle n'a pu découvrir un de mes pauvres, malgré l'adresse que je lui ai envoyée. Demandez-lui pardon de ma part de la double peine que lui imposent ma négligence d'abord et puis mon ignorance : j'ai donné l'adresse que je croyais bonne, j'ai la vraie dans mon secrétaire de Paris, et ne pourrai la trouver qu'à mon passage vers le milieu de juillet; je suis désolé de ce délai, et honteux de ma mauvaise mémoire.

Je ne veux pas aujourd'hui vous dire un seul mot de mon concile, parce qu'il a pris trop de place la dernière fois. Cependant, il marche toujours; les sessions sont commencées, et vous pouvez croire que j'y suis exact.

Parlez-moi un peu, si vous en avez le temps, de vos lectures, de vos travaux; la fuite de tout ce qui va à la campagne ou en voyage doit vous laisser quelques heures de liberté; dites-moi quelque chose de M. Lacordaire, et de madame votre sœur, et du mariage de votre neveu, enfin de toute pensée qui vous occupe, de toute personne qui vous intéresse. Je veux profiter des unes et aimer les autres.

A. de Melun.

Ce mercredi 4 juillet 1838.

Madame,

Vous ne croirez plus, n'est-ce pas, au changement, à la moindre altération de mon amitié, ce soupçon me ferait trop de peine; combien je me suis reproché d'avoir pu le provoquer par des apparences si loin de la vérité, et que je vous demande pardon de vos craintes ! A l'avenir, je vous en supplie, quels que soient ma mauvaise humeur, mon silence, mes distractions, expliquez-les par tout ce que vous voudrez, je me soumets d'avance aux conjectures les plus défavorables ; mais n'y voyez jamais une atteinte à mon affection pour vous, n'y soupçonnez pas même le plus léger nuage ; vous seriez sûre de vous tromper.

J'ai su hier par Mme de Chclaincourt que vous alliez mieux. Ne vous reposez pas sur ce premier pas ; continuez ce régime qui doit vous faire du bien.

Ma sœur Léonie a fait de bien grands progrès depuis notre dernière lettre, elle a déjà gagné un mois de régime et deux cents lieues de course. En passant dernièrement à Paris pour aller aux Pyrénées, elle a voulu consulter encore une fois, d'autant plus que sa décision n'était fondée que sur une correspondance. Après un long et consciencieux examen, on lui a assuré qu'il n'était pas besoin de courir si loin, une promenade de trois ou quatre semaines au Mont-Dore suffira pour la rendre à la santé et à sa famille. Vous pensez bien qu'une pareille ordonnance, qui abrège de moitié l'espace et le temps, a été reçue avec enthousiasme. Ma mère, qui s'était résignée à une séparation de près de trois mois, a accepté cette absence comme un bienfait, et n'a plus vu que ce qu'elle avait gagné sur l'autre voyage ; d'ailleurs, la visite au médecin a dissipé tout ce qui pouvait rester d'inquiétude, et la distraction entre beaucoup plus que les eaux dans le remède, ce qui ne suppose pas un bien grand mal. Ma sœur doit arriver aujourd'hui même au Mont-Dore, et j'avoue qu'en suivant sur la carte son itinéraire, et en la voyant passer si près de Vichy, je n'ai pu m'empêcher de donner un regret à votre détermination de lui faire défaut cette année. En sachant à si peu de distance l'une de l'autre deux personnes qui me sont si chères, je n'aurais pas manqué, cette fois, d'aller chercher l'Auvergne, et de rencontrer sur ma route des étapes qui m'auraient fait oublier le but de mon voyage.

Quoique j'aie trop peu vu M. de Serre, et que j'aie souvent regretté que d'autres occupations m'aient détourné de son chemin, il m'a toujours paru appelé à rencontrer un jour la vérité, et à l'embrasser avec zèle, dès qu'elle lui apparaîtrait dans son véritable jour. Heureuses les natures que tourmente le doute et qui ne s'arrangent pas de l'indifférence ! Dieu pour éclairer ne demande pas d'autres conditions. Toutes les sectes portent avec elles un principe de doute qui avertit de leurs erreurs. La foi dans la divinité du protestantisme ne dispense pas de cette incertitude attachée à tout ce qui dépend de notre propre jugement, et si dans cette opinion le scepticisme respecte l'authenticité de l'Écriture sainte, il se venge sur la manière de l'interpréter ; si le texte lui échappe, il reprend son pouvoir sur le sens, en sorte que l'intelligence ne gagne rien à croire, et se trouve exposée aux mêmes difficultés, aux mêmes recherches, que si elle était incrédule.

Combien ce contraste entre le bénéfice de la foi catholique et celle de Luther et des autres me frappe aujourd'hui que j'avance à grands pas dans les séances de mon concile ! Lorsque dans ces mémorables discussions sur les dogmes et les mystères, j'ai entendu les discours, pesé les opinions, avec quelle joie j'arrive à ce jugement infaillible qui seul m'arrache à mes perplexités ! Assurément la raison humaine ratifierait toutes ces sentences, et rien de ce qu'on oppose à la vérité ne peut soutenir une longue lutte avec elle ; mais cependant, combien d'autorités invoquées pour ou contre, que de textes qui semblent se contredire, que d'objections presque insolubles, et que peut faire un pauvre esprit, environné de si immenses difficultés, lorsque chaque système rencontre, au milieu même des conciles, d'éloquents apologistes ! Heureusement pour nous l'Église est là pour fermer la discussion ; elle fixe l'irrésolution, et on finit, après l'avoir suivie par obéissance, par reconnaître qu'elle seule avait raison aux yeux mêmes de la logique : on dirait qu'il y a dans la soumission quelque chose qui éclaire et instruit. Les preuves acquièrent une nouvelle force, un nouvel éclat de notre consentement, et la démonstration de la vérité est une récompense de notre foi.

Au reste, j'ai quitté avec joie la politique qui précédait et préparait le concile, pour la théologie qui l'occupe; je n'ai certes pas perdu au change. Me voilà tout à fait réconcilié avec cette scolastique si ingénieuse à exprimer les mystères et qui parvient à donner une idée de l'incompréhensible. Il y a dans le recueil de tous les discours prononcés dans les différentes congrégations des richesses d'éloquence, de science et de génie qui répondent à toutes les accusations d'ignorance dont les derniers temps ont été si prodigues. Nos métaphysiciens auraient beaucoup à apprendre de tous ces docteurs dont ils se moquent; et je les voudrais voir un instant en présence.

Bien avant Vico, Michelet et Ballanche, un évêque italien de l'école de saint Thomas, avait, pour faire comprendre notre part dans le péché originel, évoqué la grande image de l'humanité; il la fait apparaître comme un seul être, occupant dans le temps la place que prendrait dans l'espace un corps immense, et la montre coupable de la faute de son chef Adam, comme le corps est accusé et puni du crime qu'a médité et qu'a fait exécuter la tête.

Le lendemain, pour expliquer la marche si obscure de la justification, un archevêque, aux applaudissements de toute l'assemblée, emprunte à l'Évangile un de ses récits ; il montre les divers degrés de la grâce divine dans l'attrait qui porte *Zachée* au-devant du Sauveur, dans le regard céleste qui le touche, dans la voix qui l'appelle, lui demande l'hospitalité et l'instruit en sa maison. Puis les différents actes du libre arbitre de l'homme, dans l'empressement de Zachée, ses efforts pour s'élever de terre, sa promptitude à descendre et à recevoir le Christ, son attention à l'écouter, son zèle à lui obéir ; puis il reconnaît dans chaque détail une phase de l'opération sainte ; la charité dans les aumônes qu'il répand, la pénitence dans l'aveu et la réparation de ses torts. Le décret se dessine sur ce modèle évangélique, et la question si embarrassée, si difficile à saisir, s'éclaire de cette lumière si habilement présentée.

Je souhaite une pareille étude à ceux qui croient encore que les disputes théologiques ne sont que des discussions de mots, et qui reprochent à l'Église catholique sa sévérité pour les expressions, et l'importance qu'elle attache aux définitions. On apprend, en lisant tous ces discours, l'utilité de chaque parole dans les décisions de Foi, on voit que le mot le plus minime est nécessité par une difficulté, et se trouve là pour prévenir une objection. Quand on a assisté à la construction de l'édifice, on ne demande plus pourquoi il n'est pas permis de toucher à une seule pierre.

A côté des dogmes s'agite une question plus humaine, plus personnelle : la réformation des abus. Ici se dévoile l'humanité avec tous ses préjugés, ses faiblesses. Au milieu de ces évêques, de ces cardinaux, de ces moines frémissent les mêmes passions qui remuent encore aujourd'hui nos chambres et nos assemblées ; rien ne manque, ni les interruptions, ni les invectives, ni les rappels à l'ordre, ni les séances suspendues par le tumulte. Les partis échangent aussi les reproches de servitude et de révolte ; l'attaque contre les droits légitimes entraîne de l'autre côté la défense des abus; on répond aux prétentions exagérées d'autorité par un appel à un excès d'indépendance. L'Espagne demande le silence et l'inquisition ; l'Allemagne la discussion et la lumière ; les légats l'obéissance ; les évêques la liberté ; et le terrible soupçon d'hérésie plane sur l'opposition comme plus tard les mécontents seront appelés jacobins. Enfin il se rencontre quelquefois des séances aussi orageuses que nos plus agitées. Un cardinal, à la suite d'une dispute sur la juridiction, reproche au légat de n'être pas noble, et un évêque, commissaire du pape, arrache la barbe d'un prélat grec qui l'a accusé d'ignorance et d'obstination ; puis, pour mettre tout le monde d'accord, l'empereur fait dire qu'il s'arrange avec les luthériens, si on ne fait pas sa volonté.

Tous ces incidents, ce mélange du ciel et de la terre, ces inspirations saintes et ces émotions profanes, donnent à tout cela un mouvement qui n'a rien du passé ; ce n'est plus de l'histoire, c'est de la vie. Sous ces chapeaux et sous ces mitres parlent et agissent des hommes que nous avons vus, des orateurs que nous pourrions nommer; ce sont les mêmes sentiments sous d'autres expressions, les mêmes âmes sous des habits différents. Tous les partis de nos jours ont là leurs représentants et leurs adversaires ; et quant aux idées qui se traitent avec tant de chaleur, elles ne sont pas de celles qui meurent avec une époque et que le temps emporte en fuyant. Aujourd'hui elles se partagent encore et se disputent le monde; la politique les rencontre encore comme auxiliaires ou comme obstacles; la philosophie s'épuise comme au xvi° siècle à les exprimer, et l'humanité tout entière vit sous leurs impressions ; car, on peut le dire, l'esprit de l'homme est plus que jamais un concile où siègent et se combattent les idées qui occupaient alors. Que chacun de nous descende un instant dans les profondeurs de son intelligence, qu'il donne audience à la multitude de ses pensées, et il sentira au fond de lui-même s'agiter encore les mêmes questions qui se discutaient au concile de Trente.

Nous avons reçu de mon frère une lettre datée de Rome. Il y était arrivé à temps pour voir la procession de la Fête-Dieu et recevoir à Saint-Pierre la bénédiction du pape. La description qu'il nous fait de la ville et de la cérémonie annonce qu'il était digne de l'une et de l'autre. Il a été très content de Mgr de Falloux, dont la conversation l'a rendu ultramontain : aujourd'hui même, après trois semaines à Rome, il part pour Naples; le Vésuve aura grand'peine à lui faire oublier les églises et les ruines.

Mais moi, en causant avec vous, j'oublie l'extrême longueur de ma lettre, il me semble que je commence à peine. Adieu ; écrivez-moi si vous en avez le temps, sinon attendez-moi avant la fin du mois, et ne vous fatiguez pas à me répondre, je ne veux pas acheter le plaisir si vif de vous lire, par la crainte d'ajouter à vos occupations déjà beaucoup trop multipliées.

A. DE MELUN.

Lettre de Mme Swetchine.

15 juillet 1838. Paris.

Vos bonnes lettres, mon cher ami, me donnent tant d'envie de causer avec vous qu'il faut de vrais obstacles pour m'empêcher de vous écrire ; c'est ce qui s'est rencontré en dernier lieu, j'ai été surmontée par une souffrance continue, très pénible mais accidentelle, et c'est fini. J'ai tant d'envie de me bien porter quand me vient la santé et un si intime désir de la voir défaillir quand elle s'ébranle, qu'avant de vouloir je cherche à deviner de quel côté soufflera le vent de la Providence ; il n'y a vraiment plaisir à sauver de toute révolte que le premier mouvement, car se soumettre ressemble ensuite comme deux mouches à courber sa tête devant la nécessité.

Combien j'ai été heureuse de vos meilleures et presque bonnes nouvelles de votre sœur ! Le Mont-Dore qui lui est ordonné prouve bien que l'on ne craint rien pour sa poitrine, et c'était là la seule inquiétude grave : soyez mon interprète auprès de madame votre mère, votre repos à tous fait partie du mien.

Je vois vos études distribuées à merveille. Le tableau animé que vous me faites de votre concile m'y transporte : j'y vois d'abord cette enveloppe tout humaine avec ses mouvements heurtés, la fougue des passions qui s'agitent au dedans et qui produit une si étrange bigarrure au dehors ; Fra Paolo n'y avait vu que cela, lui et bien d'autres, comme dans tous les conflits où l'on n'aperçoit que la *matière première* de toute conquête spirituelle. Cet *homme* du combat qui doit durer autant que le monde et que l'on fait si *simple* en porte deux en soi ; l'*autre* n'en vit pas moins et d'une vie destinée à être la plus forte. C'est là comme la seconde couche, où s'exercent toutes les qualités de l'intelligence, toutes les puissances de l'âme qui, pour articuler la vérité, n'attendent que d'être fécondées par l'action divine. L'autorité en dernier ressort vient la consacrer ; mais, comme vous dites si bien, après cette obéissance au mérite de laquelle Dieu veut toujours donner lieu, on reconnaît qu'elle seule avait raison aux yeux mêmes de la logique.

J'ai été ravie de l'apologie commentée de Zachée ; bien des récits de l'Évangile et particulièrement la passion tout entière, peuvent servir de texte aux développements des sentiments les plus intérieurs. La vérité ne se perd jamais de vue elle-même ; quelque puissante qu'elle soit dans la région où elle apparaît, elle se ménage toujours dans les autres des analogies, des échos, des rapports qui lui servent d'appuis. Il est incroyable de combien de manières Dieu a voulu arriver à l'homme quand l'homme ne se détournait pas de lui ! Il le prend par tous les bouts, dans tout son ensemble, il s'assujettit son corps par les formes du culte, et guide jusqu'à ses plus fugitives et plus subtiles pensées. Ce qu'il donne, c'est l'universalité des soins apportés à notre salut ; ce qu'il exige aussi, je crois, c'est une même généralité nécessairement inférieure, une sorte de simultanéité dans nos efforts de culture par nous-mêmes.

Un des buts le moins souvent aperçus, ce me semble, dans le christianisme, c'est sa volonté de faire l'homme complet, de faire marcher de front toutes ses puissances. On parle beaucoup de *spécialité* dans notre siècle qui l'estime et la croit préférablement utile ; je doute que Dieu s'en contentât pour les siens et que la vertu formée par lui n'ait pour premier caractère de se composer de toutes. Ainsi dans cette histoire de saint Vincent de Paul qui vous frappe tant, le monde n'a vu que les actes extérieurs (au besoin il nierait le feu qui les alimentait); c'est même là ce qui lui a fait trouver grâce devant tant de gens qui ne reconnaissent dans la charité que la partie utilitaire. Certes elle doit être la plus naturelle et la plus indispensable manifestation de la foi et de l'amour, mais enfin l'effet n'est pas plus que la cause, et surtout ne saurait s'en passer.

J'entends à merveille, mon cher ami, que la lumière portée dans votre esprit, en croyances fixées, une de vos premières nécessités ait été de mettre en accord avec elles les actes de votre vie extérieure ; je le conçois parfaitement, une sorte de trouble a dû se faire sentir en vous, de voir isolés et stériles des principes dont vous reconnaissez toute la puissance. C'est excellent, c'est vrai, aux deux termes, qui attendent peut-être encore la compréhension vivante du troisième. Outre la foi religieuse où entre après la grâce un travail d'esprit, et la charité des bonnes œuvres qui sous l'impulsion de la foi révèle toute la bonté du cœur, entre les deux personnes d'une trinité sainte aussi, il y a un élément auquel il faut faire place, un élément qui n'est ni la foi raisonnée, ni la charité extérieure, mais un élément qui est le foyer des deux autres, leur source, à la fois leur mobile et leur récompense ; c'est la piété qui rend Dieu sensible au cœur et concentre en elle-même son immense amour. Il y a aussi du temps, des soins, de l'ardeur à donner au développement de cette faculté aimante qui a comme toutes les autres ses différents degrés de croissance, ses phases et son expression exclusive, la prière.

Croire par l'intelligence et se nourrir des motifs qu'on a de croire, c'est rendre un culte à Dieu ; soulager ses pauvres, c'est le servir lui-même ; l'aimer comme il veut l'être est encore autre chose, car c'est l'union avec lui par les moyens établis par sa miséricorde. Cet amour conçu ainsi est tellement puissant et la source de tout le reste, que si la foi venait à s'obscurcir, l'action à se ralentir, il suffirait de cette touche céleste au fond du cœur pour les faire revivre, comme, d'une autre part, le dogme seul suffirait pour faire retrouver la morale en l'admettant perdue. Plus, par l'élévation naturelle de l'intelligence, son essor est rapide, plus la pensée est forte, plus elle s'agrandit, et plus il faut que l'accroissement de la piété lui serve de lest et de contrepoids.

Pourquoi tant de sublimes esprits se sont-ils égarés ? c'est que avec de la droiture et moins d'orgueil qu'on ne le suppose nécessaire, ils *n'aimaient pas*, et l'amour seul les eût gardés. En quittant les régions intellectuelles, si nous en venons à l'action utile, charitable, sainte même dans son but, nous verrons que sans la *piété* qui marche de conserve, elle ne garderait pas longtemps la perfection désirée.

Le propre de l'action est de disperser, de diviser l'attention, de la matérialiser, pour ainsi dire ; pour lui rendre et renouveler sans cesse ses forces primitives, il faut la retremper au foyer où le feu n'est pas rouge mais blanc. En tout, comme c'est dans la piété qu'il faut reconnaître le moteur le plus agissant, la puissance qui crée à la fois, qui inspire et qui régularise, c'est son accroissement qu'il importe de poursuivre. A mesure que la vie avance, tout y devient plus difficile, les besoins sont plus grands, plus compliqués, les ressources moindres ; la patience, la persévérance, le courage, la confiance y sont mis à l'épreuve, sous des conditions tellement redoutables quelquefois que, plus tôt, on n'aurait pu même en soutenir la pensée. Comment affronterait-on de si grands dangers, qui menacent tout ce qui vit, et bien plus encore ceux qui marchent dans la voie étroite, s'ils ne sentent vivre au fond d'eux-mêmes celui qui nous encourage et nous défend ?

Lisez donc, mon cher ami, saint Vincent de Paul, qui me semble toujours avec ses miraculeuses conquêtes une sorte de Sésostris chrétien ; lisez-le pour vous approprier son action et vous conformer en tout à ses exemples ; mais lisez aussi quelques autres livres des grands maîtres de la vie spirituelle qui vous feront pénétrer dans les adorables mystères de la conduite de Dieu sur les âmes. Auprès des pauvres, des malades, cette instruction pratique vous sera très utile ; vous n'avez pas grand'chose à secouer du vieil homme, mais c'est le *nouveau* qu'il s'agit de faire naître et de mener à bien.

Je vous dis cela, parce que je crois que c'est peut-être la seule chose que la sœur Rosalie pourrait négliger de vous dire, non pas que pour elle-même elle n'y tienne certainement au plus haut degré ; mais il arrive souvent que les personnes les plus saintes se préoccupent beaucoup plus dans ceux qu'elles font agir, de ce qu'ils font que de ce qu'ils deviennent ; leur charité est en règle, quand du reste il n'y a pas cette affection de cœur qui donne toutes les sollicitudes, même celles de luxe, comme par surcroît. Il ne me suffit pas à moi que vous soyez un homme charitable et vertueux, je désire encore de toute mon âme que vous entriez dans ces profondeurs de la miséricorde où tout se montre comme transformé aux yeux de Dieu. Quant aux offices et même à l'édification paroissiale, je n'y tiens que pour les choses d'obligation ; ce n'est pas pour ces actes-là que je vous demande d'aborder la voie du conseil ; encore aujourd'hui vous pourriez bien ne pas me comprendre, mais comme ce ne serait jamais qu'une raison de plus de me pardonner, je passe outre en tout abandon.

C'est dimanche 22 que se fait dans ma chapelle la touchante cérémonie ; tâchez d'y être, je vous réponds que pour personne vous n'y serez de trop ; ce jeune homme montre un caractère admirable et une supériorité de raison que M. Lacordaire avoue n'avoir pas encore rencontrée à son âge. J'ai eu ce matin une lettre de M. de Falloux de Rome, qui me parle de votre frère et me dit qu'il était parti pour Naples, et qu'il reviendrait à Rome.

Adieu, mon cher ami; c'est un fouillis que cette lettre; j'aurais de bien bonnes raisons assurément pour ne pas vous l'envoyer, mais avec de la peine, vous y suivrez ma pensée, et c'est tout ce qu'il me faut. Adieu encore et surtout à revoir, mon cher et bien cher ami.

S. Swetchine.

Bouillancourt, par Montdidier (Somme), 9 août 1838.

Madame,

Comme, depuis que je vous ai quittée, le temps nous traite avec rigueur! Encore s'il ne m'enlevait que des promenades et du soleil, mais cette humidité, ce froid, cette température de décembre m'effraient pour vous; vous devez bien souffrir de ces épreuves, et j'ai toujours ma grande part dans tout ce qui peut vous faire mal. Et puis cette moisson déjà mûre qui promettait aux pauvres du pain si beau et à si bon marché, chaque jour de pluie la compromet; le vent du midi en amoncelant sur nous ses nuées, prive le riche d'une belle saison, diminue un peu ses revenus, perte facilement oubliée; mais sur le peuple, il souffle la faim et la misère.

Dans cette terre d'attente et de passage, quels que soient notre stoïcisme et notre indépendance des choses, nous ne pouvons échapper aux inquiétudes, aux chagrins. Seulement Dieu nous a permis de choisir entre les souffrances des autres ou les nôtres, entre la charité et l'égoïsme ; il faut que ceux-là même que touchent le moins les biens de la fortune et les soucis de la propriété soient accessibles aux intérêts d'autrui, et passent par toutes les inquiétudes que donnent une récolte à faire et des blés à rentrer, car ils pensent que du succès d'une moisson dépend le bien-être de tous : c'est une grande preuve que Dieu n'a rien répudié de nos penchants et de nos instincts.

Tous les mouvements, toutes les pensées, toutes les actions de notre âme sont susceptibles de mérite ou de culpabilité, suivant l'application que nous en faisons ; il y a des cupidités saintes et des ambitions vertueuses, le but seul donne de la valeur aux choses, et les fortes préoccupations des produits de la terre trouveraient, j'en suis sûr, une place dans un des mille ouvrages que vous voudriez faire, celui qui traite de ces deux hommes faisant et pensant même chose, arrivant l'un au ciel, l'autre à la perdition.

Au reste, je suis ici à bonne école pour apprendre à m'occuper des autres. Il y a parmi nous un tout petit enfant qui est le centre, le but, et comme la cause de tout ce qui se fait. Père, mère, tante ont mis leur âme, leur intelligence à ses ordres ; présent, on lui parle, absent on parle de lui, on ne se promène que pour lui apprendre à marcher, on ne mange que pour éveiller son appétit, on ne chante que pour l'endormir, on ne rit que pour l'amuser. Louis XIV était moins roi à Versailles que celui-là dans sa famille : c'est bien le despotisme dans ses plus capricieuses exigences, car lui, sans s'inquiéter de la peine qu'il donne, court au hasard, change vingt fois d'idées et de goût, et les parents, courtisans empressés de ses caprices et de ses fantaisies, s'épuisent à lui épargner l'apparence d'une contrariété.

Comme la Providence arrive à ses fins par d'autres moyens que les hommes ! Comment fait-elle pour obtenir cette obéissance, ce dévouement dont l'enfant qui naît a besoin de se voir entouré? Elle laisse la force, dédaigne le génie, et néglige toutes ces supériorités qui soumettent les hommes ; elle ne veut pas de ces moyens vulgaires qui sont à l'usage des princes, et qui n'obtiennent qu'une servilité passagère, et souvent menaçante ; elle donne à ceux qu'elle destine à la toute-puissance, beaucoup de faiblesses, de souffrances, une intelligence encore endormie, une dépendance de toutes choses, et cette infériorité leur assure le service de tous. C'est l'enfant au berceau qui sera le maître de son père et de sa mère, ses cris de détresse seront des ordres, et à l'inverse des affaires humaines, son autorité diminuera avec son impuissance, et à mesure qu'il grandira en lumières et en forces, il perdra de son crédit et de son influence.

Ce spectacle a parfaitement continué notre dernière conversation, et vous auriez bien pu trouver là quelques bons arguments en faveur de votre thèse sur les difficultés du mariage et du sacerdoce. Quoique je porte un excellent cœur d'oncle, j'avoue que je serais moins effrayé de prêcher la vérité aux hommes que la sagesse, la gaieté ou le sommeil aux enfants ; il est encore plus facile d'instruire ceux-là que d'amuser ceux-ci, et j'aime mieux enseigner le catéchisme que l'art de parler et de marcher droit. Il y a plus de troubles, d'inquiétudes autour du berceau d'un enfant qu'au milieu d'une assemblée de fidèles, et les pauvres parents passent en un jour par toutes les angoisses et les tortures, pour une dent qui perce ou une chute un peu trop forte sur un gazon. Il est vrai qu'au fond de tous ces tourments, Dieu a caché ces émotions si douces et si vives de l'amour maternel; mais aussi cette force même de l'amour ne concentre-t-elle pas sur une seule tête toutes nos affections, toutes nos pensées, aux dépens de l'humanité qui ne trouve plus de place dans notre âme? La mère se sacrifie tout entière à son fils, mais aussi ne lui sacrifierait-elle pas tous les autres hommes, ne donnerait-elle pas la vie de tout un peuple pour sauver sa tête?

Je ne veux pas me poser de pareilles questions; grâce au ciel, le monde ne présente pas de telles circonstances; il ne faut pas sonder ces mystères dont la solution ne nous appartient pas, et je me contente ici d'apporter ma part de jeux et de bonne humeur pour égayer mon neveu, et de jouir du bonheur de ma chère sœur délivrée maintenant de toute inquiétude sur la santé de son fils.

J'ai bien vite repris mon concile, et maintenant, à défaut d'allées sèches dans le parc, je me promène à la suite d'un nonce qui va porter en tous pays la bulle de convocation pour la reprise du concile trop longtemps suspendu. Dans ses courses en Allemagne, il ne trouve pas toujours un favorable accueil; les protestants lui font triste mine, et reçoivent fort mal ses représentations, lorsque, si près de leur début, il leur montre leur Église déjà brisée en mille pièces, et parmi eux autant de doctrines que de volontés, et autant d'évangiles que de docteurs.

Ces conférences sont curieuses à rapprocher de l'article de M. Guizot que vous avez sans doute lu, et dont j'ai attrapé quelques fragments dans le *Journal des Débats*. Depuis que je m'occupe de Trente et de ses assemblées, j'ai bien rencontré des allocutions aux catholiques et aux protestants, des exhortations à la concorde et à la tolérance ; mais j'avoue que je n'ai jamais rien vu de si singulier que cette homélie. Beaucoup de politiques ont assurément trouvé très commode de recommander la piété, l'obéissance, la vertu aux hommes, de se servir, au profit de leur société, des croyances qu'ils ne partageaient pas et de vertus qui n'étaient pas à leur usage; mais personne, que je sache, n'a jamais imaginé de se faire, dans le même discours, prêtre et ministre, sans être ni catholique ni protestant, de prêcher la foi et l'obéissance à deux doctrines contraires, la ferveur dans deux religions qui s'excluent. Je n'aurais jamais rêvé une telle ignorance du cœur humain et surtout de l'esprit catholique.

Comment n'a-t-il pas vu que chacune de ses phrases était réfutée par la suivante, que le conseil aux protestants détruisait l'avis aux catholiques, et que toutes ces belles paroles, qui annoncent un si complet mépris pour la vérité, puisqu'elles sont aussi pressantes en faveur de l'erreur, ne pouvaient aboutir qu'à l'indifférence ? Il faut admirer la prodigieuse vanité de cet homme qui, du haut de sa superbe indifférence, prétend assigner à chaque religion sa part dans les intelligences et planer lui-même au-dessus des devoirs et des vérités qu'il impose aux peuples.

Il y a dans cet écrit une naïveté que je ne puis comprendre. Jusqu'ici on feignait au moins de croire aux dogmes qu'on enseignait aux autres, et on se gardait bien de laisser deviner l'intention politique sous le manteau religieux; mais cette fois M. Guizot étale son but avec une audace qui fait plus d'honneur à sa franchise qu'à son habileté. L'orgueil avait déjà créé bien des positions extraordinaires, bien des prétentions excessives; il a persuadé à celui-ci qu'il était prophète, à cet autre réformateur, à d'autres même, qu'ils étaient dieux; la vanité de M. Guizot a inventé une situation encore plus étrange, elle s'est fait une place d'exception ; il est le premier qui, s'adressant à des hommes jouissant du sens commun, ait assez compté sur son génie pour se croire en position de leur persuader de suivre avec le même zèle et la même foi les religions les plus opposées, les doctrines qui ne peuvent subsister ensemble, en annonçant par ce seul fait que pour sa part il ne croit à la vérité d'aucune. Beaucoup ont pensé que les religions bonnes pour les autres ne convenaient pas à l'immensité de leur intelligence; aucun écrivain n'avait encore poussé le dédain de l'humanité jusqu'à lui ordonner d'être fidèle à une religion qu'il proclame fausse, et de conserver sa foi à ce qu'il déclare une erreur.

Mais il y aurait trop long à dire sur cet article si hors de toute raison, comme aussi sur Nicole, dont à votre recommandation j'ai commencé la lecture, et qui j'espère me rendra meilleur en dépit de son hérésie. Nous en reparlerons.

Un mot, s'il vous plaît, sur votre santé, et puis sur la retraite que vous aurez découverte pour le dernier trimestre de l'année. Si je savais où adresser ma lettre à Mme de Rauzan, je lui écrirais pour la mort de son père; quand vous lui écrirez, dites-le-lui.

Adieu ; il y a huit jours, j'aurais remis la conversation au lendemain, maintenant il faut attendre bien longtemps. Pourquoi donc faut-il toujours se quitter, se dire adieu, s'écrire? Je finirai par désirer un hiver éternel ; au moins les distances sont nulles, les séparations courtes. Pour vous revoir, je suis forcé de demander au mois d'août de marcher bien vite, et de me rendre au moins pour quelques jours mon bon temps de la semaine passée. Avez-vous des nouvelles de M. Lacordaire ?

A. DE MELUN.

Lettre de Mme Swetchine.

20 août 1838. Paris.

Mon cher ami, j'espère que nous sommes très près du moment de causer, et j'ai vécu sur cet espoir pour me dédommager des longues lettres que j'aurais voulu vous écrire. La journée, courte pour tout le monde, s'abrège pour moi d'une manière toute particulière, vous le savez du reste, c'est un vieux refrain de choses, si ce n'est de mots.

C'est le 26, je crois, que M. Gay se marie ; vous ne pouvez venir ici plus tard que la veille, ce qui nous mène à samedi. De toute façon il faut que vous vous pressiez, j'arrange tout pour que la fin du mois ne me trouve plus ici, et vous ne pouvez, avant une si longue reprise d'absence, me donner moins de quatre ou cinq jours. Jusqu'ici j'ignore complètement où nous irons ; mais le besoin de repos en moi est si croissant, si impérieux, si décisif, qu'il tranche la question comme je demande à Dieu de la trancher toujours : c'est la claire vue. Je suis à bout de mes forces ; s'il me fallait, sans rien qui ressemblât à la nécessité, affronter l'hiver sans retraite préalable, je suis convaincue que les plus graves inconvénients y seraient attachés. Quant au lieu, peu m'importe, je tirerais à la courte paille entre Chantilly et Fontainebleau.

J'ai lu à fond l'article qui a excité en vous une si sainte et belle colère ; il résulte de son ensemble que la philosophie dont il fait la troisième puissance est précisément le point de vue où il se place pour juger les deux autres. Du reste, cette adjonction même serait susceptible de beaucoup de critiques purement rationnelles, car il est impossible de rendre moins compte du rôle qu'il lui fait jouer. A part son orgueilleuse et dédaigneuse suffisance, comme logique, mutilation d'idées et manque d'enchaînement, cet article me semble fort au-dessous de la réputation de M. Guizot ; en général il est jugé très faible et il n'y a pour lui que les bonnes gens qui s'attendrissent au mot de *tolérance* sous quelque habit d'arlequin qu'il leur soit présenté.

Je viens de finir un autre volume de la même sorte, le troisième de Mme Necker sur l'éducation progressive ; le principe religieux y est traité avec bien autrement de respect, le volume fourmille d'observations justes et fines dans les détails, il révèle des sentiments à la fois élevés et profonds. Mais tous les résultats de la déviation fondamentale s'y retrouvent; c'est toujours Dieu et la religion considérés comme *moyen* au lieu de l'être comme *but;* on les met successivement au service de la société, de l'individu dans ses rapports humains, on les renferme dans ce monde pour l'ordonner, le régler et le contenir, sans l'envisager jamais comme Vérité absolue, principe et fin dernière. Aussi la vertu améliorante de cette morale religieuse ne dépasse presque jamais les hauteurs de l'honnête raison, elle n'arrive pas à cette régénération, à cette sanctification des âmes qui font reconnaître l'arbre à ses fruits. Il est inconcevable combien Mme Necker, arrivée aux années de la vieillesse, à si grands frais d'esprit, de volontés pieuses et d'efforts de tout genre, atteint et s'arrête à un niveau bas ! On voit qu'elle en est un peu embarrassée elle-même et qu'elle ne saurait trop que répondre à celui qui lui demanderait si, à tout prendre, Platon ne la mènerait pas jusque-là. Quel bonheur de trouver, à chaque pas que l'on fait, la vérité toujours plus vraie, son droit plus imprescriptible et ses signes plus certains !

Le tableau que vous me faites du despotisme du Bambin-Roi que vous avez sous les yeux renferme toute la sagesse du pouvoir que la Providence a joint à la faiblesse, et un peu aussi l'*excès* qui fait dégénérer toutes les prévoyances divines. On ne fait point un petit tyran (pris dans l'ancien et très bon sens) sans déposer dans son cœur quelques germes de tyrannie qui se reproduiront sous une multitude de formes, voire même les plus séduisantes ; il faudrait dès les premiers jours n'agir qu'en vertu de l'avenir ; mais le présent est si doux aux jeunes mères qu'il leur en coûte de s'en séparer même par la pensée. La question que vous posez pour la quitter immédiatement est de celles contre lesquelles dans la pratique le raisonnement n'eût jamais prévalu, et qui dans ses difficultés ont été mises hors de portée pour la volonté humaine. Si on pouvait faire vivre un enfant en sacrifiant un peuple ; si, pour ne pas mourir, pour ne pas vieillir, on pouvait acheter la vie, la jeunesse de quelqu'un, où en serait le monde ? Des limites infranchissables ont été imposées à toutes les sortes de convoitises, et Dieu ne s'en serait pas fié au plus pur et plus tendre sentiment; il fait plus, car il veut qu'on s'en défie, et même que l'on combatte comme idolâtrie de l'unité fausse, le penchant à trop de concentration, dans nos sentiments les mieux autorisés.

Il y a une phrase de M. de Sainte-Beuve que je n'ai jamais oubliée et qui me fait toujours réfléchir : « l'envieuse pauvreté d'un exclusif amour ». Bien de gros livres ne suscitent pas dans le cœur et la pensée autant de mouvement que ces paroles. C'est peut-être parce que je les sens profondément, que j'aime tant et je place si haut la vocation qui se fait donner *tout à tous*. Je sais bien que l'esprit de cette vocation peut en rester à la lettre morte ou à peu près ; mais lorsqu'il est vivant, lorsque dans la force de l'âge il a pu saisir l'homme tout entier, l'apostolat dans ses bienfaits extérieurs n'est rien encore auprès de ceux qu'il doit opérer au dedans, en élevant les volontés, les désirs, les pensées à des hauteurs vraiment incommensurables.

L'homme spirituel par excellence est le prêtre, non pas que son point de départ naturel soit plus élevé, sa spiritualité native plus forte, son âme plus droite; mais parce que les grâces puisées à leur source sont plus abondantes, parce que l'irrévocabilité est le sceau de tous ses sacrifices, parce que du moment où il y correspond, tout lui vient en aide et l'entretient dans les hautes et pures régions. Sans cesse on nous répète et avec raison que nos devoirs assument la nature de la sphère où nous sommes placés, que nous devons à ceux qui vivent avec nous le bonheur matériel et même uniquement celui-là s'ils n'en veulent point recevoir d'autre, supporter les défauts au lieu de chercher à les corriger, ménager les amours-propres au lieu de les guérir, enfin l'idéal de la perfection de la famille quand on n'en est pas le chef, l'idéal de la bonté pratique dictant presque un cours de dissimulation complet.

C'est à merveille pour l'individu tant qu'il souffre et se résigne; mais combien n'est pas plus libre, plus haute, plus nue, la position dont les devoirs ne consultent que l'intérêt spirituel, qui lui sacrifie tout, et qui par la vérité même, par ses engagements pris avec elle, est sommée en toute occasion de ne parler que d'elle. L'humilité du prêtre, jointe à l'autorité de la parole divine, me paraît tout ce qu'il y a de plus touchant et de plus auguste sur la terre; le désintéressement, le dépouillement complet de lui-même prépare les voies pour ainsi dire à l'élément divin, il se sent armé de l'ascendant qui commande et il a toute la confiance de celui qui obéit. Quand nous prêchons les autres, mon cher ami, il n'en est pas ainsi ; je sais bien que la vérité est à tout le monde, mais c'est pour la défendre qu'on craint d'être intruse.

Mme de Rauzan vient d'arriver ; elle devait me venir voir ce matin et je me promettais de ne pas fermer ma lettre sans vous donner de ses nouvelles ; mais elle est un peu souffrante et je remets à demain. Ce matin aussi j'ai eu une petite lettre de Mme de Chelaincourt (1), de Wiesbaden ; sa santé meilleure ne marche pas aussi grand train que ses bonnes dispositions ; elle venait de recevoir une visite de M. Dupanloup et en était encore toute ravie.

Écrivez-moi encore, je vous prie, quand ce ne serait que pour me dire le moment où vous viendrez, afin que je déblaie et vous fasse plus d'espace que vous n'en voudrez prendre ; je ne serais pas contente à moins.

Adieu. Vraiment, quand je vous écris, à force de n'y point penser, je ne sais plus ce que je vous dis. Indulgence donc et surtout amitié, afin de n'en manquer jamais.

S. Swetchine.

---

(1) La comtesse de Chelaincourt, née princesse Sherébatof, avait épousé en premières noces le comte Schouvalof, et fut mère du comte Grégoire Schouvalof, mort à Paris dans l'ordre des Barnabites, épuisé par les fatigues du plus ardent apostolat

Ce mercredi 22 août 1838.

Madame,

Je veux continuer aujourd'hui votre bonne conversation d'hier, et je ne l'aurais pas même attendue pour vous écrire, si depuis quelques jours je ne remettais ma lettre au lendemain, dans l'espérance de n'avoir pas à vous parler de mes inquiétudes. Le silence un peu long de mon frère me tourmente plus que de raison. Voilà plus de trois semaines que nous n'avons rien reçu de lui, et il ne nous avait pas accoutumés à une si longue attente. Sa dernière lettre datée de Palerme, et du 18 juillet, nous racontait les brillantes fêtes de sainte Rosalie, et nous annonçait son prochain retour à Naples et à Rome : elle nous prévenait, il est vrai, de l'inexactitude des postes de Sicile, et nous le savons en société d'un de ses meilleurs amis et de plusieurs Français qui l'accompagnaient dans son excursion ; mais ces garanties ne me suffisent pas encore. Depuis la semaine dernière je suis toujours sur la route d'Italie, je cherche des explications à ce retard inusité, et tandis que la cause la plus naturelle et la plus probable se rencontre dans les déviations d'un bateau à vapeur ou la lenteur de quelques postillons, la maladie, les accidents viennent m'effrayer de leur possibilité, et l'heure qui suit l'arrivée de la poste est un mauvais moment pour moi.

Hier au moins j'ai été consolé de mon nouveau désappointement en lisant tout ce que votre amitié vous a dicté. J'aurais voulu partir le soir même pour vous remercier de toutes ces bonnes choses, et ne rien perdre des heures qui vous restent à passer à Paris avant votre retraite ; mais ma mère et mes deux sœurs sont arrivées ce jour-là même à Bouillancourt, je ne puis leur refuser la fin de la semaine, et je ne vous verrai que dimanche ou lundi, et le temps de ma visite sera bien court si vous n'y êtes plus le 1ᵉʳ septembre. Mais je ne me plaindrai pas, je ferai, sans murmure, ce sacrifice à votre santé, à votre besoin de repos. Surtout si la courte paille se prononce pour Chantilly, j'ai quelque idée que mon bon ange ne me conduira pas très loin de là, et en dépit de vos projets d'isolement et de mon respect pour votre quiétude, je saurais bien me ménager la joie de vous entrevoir. En attendant, j'aurai, comme toujours, bien des choses à vous dire, en vous retrouvant.

Mon concile marche à pas de géant, et plus il avance, plus il m'apporte de séances vives, de questions graves, de décisions importantes. Nous sommes maintenant près de deux cents, patriarches, archevêques, évêques, abbés et chefs d'ordre, une centaine de théologiens, six cardinaux, des ambassadeurs de tout pays, et nous discutons nos affaires avec une vivacité, une liberté, et en même temps une sagesse admirable. Je suis surtout frappé plus que jamais du respect du concile pour l'intelligence humaine. Avec quelle réserve il se sert de son infaillibilité, comme dès, qu'il n'a pas à craindre d'égarer, il épargne à la foi tout ce qu'il peut abandonner à la liberté du raisonnement ! Et puis ses écarts même, ses impatiences, ses tumultes qui reviennent quelquefois, lorsque des articles de foi deviennent des questions de puissance entre les évêques et Rome, ses hésitations, ses diversités d'opinion dans les affaires de circonstance, semblent encore dictées par l'Esprit-Saint, car souvent, malgré eux, les pères, en ne pouvant arriver à une solution, rendent le témoignage le plus solennel à une des institutions les plus fondamentales et les plus attaquées de l'Église. Dernièrement, dans une question sur l'opportunité de la concession du calice à la Bohème et à l'Allemagne, question dépendante du temps et du lieu, après la délibération la plus attentive et savante, le scrutin donna tant d'opinions diverses qu'il fut impossible de découvrir une majorité, et quelques-uns s'étonnèrent de voir sortir de tant de séances et de si longues discussions un résultat stérile ; ils ne voyaient pas que de ce scrutin, en apparence nul, de ces discussions perdues sortait une loi bien plus importante que celle sur laquelle on avait délibéré ; sans s'en apercevoir, les pères venaient de voter de la manière la plus solennelle la nécessité du pape et la justification de sa suprématie.

Mais les affaires de Trente ne me font oublier ni vos réflexions, ni vos conseils. Le *Traité de la Prière*, de Nicole, est là, près de moi, et j'ai bien pensé à cette personne de notre trinité, dont vous m'avez écrit tant de bien ; je l'ai reconnue, trop souvent sacrifiée aux intuitions de l'intelligence et aux actes extérieurs de la volonté. Dans notre imperfection native, en sortant du domaine des impressions et des sens dans lequel l'enfance apprend à marcher, il nous faut presque toujours parcourir trois termes, et fournir en quelque sorte trois relais dans la vie : l'ordre de la marche varie avec les individus ; quelques-uns, plus heureux, sont arrivés avant de partir, mais malheur à ceux qui s'arrêtent ou reculent ! A notre début le monde nous offre le *moi*, cet être si haïssable, suivant Pascal ; c'est lui que nous rencontrons en ouvrant les yeux, à notre premier pas il s'attache à nous retenir ; mais il faut s'en séparer sous peine de mort. La Providence a mis au fond de nous des instincts qui nous détachent de cet égoïsme, et nous poussent hors de nous, notre fuite de nous-même nous conduit à nos frères, aboutit à *l'humanité*. Notre amour nous quitte pour se poser autour de nous, premier progrès, mais dangereux si notre affection se concentre, parce qu'il s'arrête, stérile si elle s'étend à tout, parce que sa diffusion n'en fait plus qu'une imperceptible vapeur. Il faut alors un nouvel effort pour passer les limites de l'humanité. Dans sa pitié pour notre faiblesse, Dieu a voulu combler l'intervalle qui sépare l'homme de lui, et rendre facile la route qui mène de la terre au ciel. Il s'est fait homme pour que notre amour du prochain, notre compassion, tout ce que nous avons en l'âme qui nous attache à nos frères nous attirent vers lui : l'amour de Jésus-Christ est le passage souvent si difficile des affections terrestres et sensibles à celle qui n'appartient plus qu'aux pures intelligences ; par le moyen de l'Incarnation, la *charité* devient *piété*.

Arrivée à ce dernier degré, la foi voit Dieu en toutes choses, et l'âme l'aime en toute créature ; c'est alors que toute idée n'est plus qu'un acte de foi ; tout désir, toute crainte, toute joie une prière. L'univers n'apparaît plus que comme une langue entre deux intelligences, et chacune de nos actions répond à Dieu qui nous parle par les impressions du dehors et les impulsions du dedans.

Tout le secret de la vie spirituelle doit être dans cette présence continuelle de Dieu, dans cet entretien permanent avec lui, et cette situation n'est que la conséquence la plus simple, la plus ordinaire de notre existence sur la terre, combinée avec la connaissance de la vérité. Ce ne sont ni les extases, ni les ravissements des âmes privilégiées qui conduisent là ; mais la logique l'exige en quelque sorte, on n'y échappe que par un sophisme ou en mettant l'imagination à la place du raisonnement. Oui, cette communication perpétuelle de l'âme humaine avec le Créateur, est surtout raisonnable ; l'illusion, les rêves sont de l'autre côté, car quelle plus singulière vision que celle qui transforme les effets en causes, prend pour l'idée le mot qui l'exprime, et trouve dans l'étendue une place où l'infini n'est pas ?

Mais il faut remettre tout cela à notre prochaine conversation, qui ne dépendra plus si servilement du temps et de l'espace.

Adieu donc, et merci encore une fois de tout ce que vous m'écrivez, et surtout de ces belles pensées sur le sacerdoce. Oh ! oui, c'est une belle et haute mission que d'être de cette manière tout à tous, lorsqu'une voix partie du ciel vous appelle et vous confie son ministère. Et j'entre bien maintenant dans votre pensée qui m'avait d'abord étonné sur l'indépendance et presque la légèreté des fonctions saintes, à côté du pesant fardeau du père de famille, et des devoirs si compliqués de tous ceux qui acceptent une responsabilité dans les affaires de ce monde. Mais pour arriver à ces sublimes privilèges, il faut être élu, et l'esprit souffle où il veut, et seulement quand il lui plaît.

A la semaine prochaine, et que les trois ou quatre derniers jours d'août me soient bien réservés. Ils passeront si vite avec vous ! Et puis, à l'avenir, n'allez plus me demander de l'indulgence et de l'amitié : à quoi servirait d'être indulgent avec vous, même lorsque vous prétendez ne plus savoir ce que vous dites ? Et en fait d'amitié, vous savez que depuis longtemps je n'ai plus rien à vous donner.

A. DE MELUN.

29 septembre 1838.

MADAME,

En arrivant à Paris, j'ai trouvé une lettre de Mme de Rauzan qui disait assez de bien des bains de mer, et n'annonçait son retour au Thil(1) que pour la fin du mois. En même temps ma mère m'appelait à Acy chez ma sœur pour une quinzaine, et mon frère, en route pour Venise et tout ébloui des fêtes milanaises, ne me donnait plus rendez-vous à Paris qu'aux derniers jours d'octobre. Toutes ces nouvelles ont décidé ma marche sans mon intervention, et arrangé les

(1) Propriété de Mme de Rauzan.

choses pour le mieux; je suis parti immédiatement pour Acy. Dans huit jours je reprendrai ma course pour la Normandie et aurai tout le temps d'y faire mes visites, et j'irai ensuite recevoir mon frère.

Dans tout ce mouvement et cet itinéraire, ce qui m'a souri le plus, c'est la chance de vous voir bientôt, et même deux fois, à de légers intervalles ; et la disposition générale de cette année aura été bien heureuse pour moi, puisqu'elle ne m'a pas tenu éloigné de vous trop longtemps.

Je pense avec joie qu'une personne qui vous est bien chère profite maintenant de vos bienfaits ; votre neveu est sans doute près de vous, et vous pouvez fixer un instant sur lui toute cette affection qu'il vous faut trop souvent disperser en tout pays sur votre famille éparse. Tâchez, s'il est possible, de l'arrêter près de vous, de l'acquérir pour quelques années à la France ; tout ce que j'ai entendu de lui promet une de ces âmes nobles et simples qui ne donnent prise qu'au bien. Avant de l'avoir vu, il m'intéresse déjà à bien des titres ; la bonne opinion que j'ai de lui, le souvenir de sa mère que j'ai trop peu vue, mais assez pour n'oublier jamais sa bonté, je ne parle pas de sa tante, qui a bien aussi sa petite part dans mes dispositions, tout m'attache à lui ; ce n'est déjà plus une connaissance nouvelle que je suis curieux de rencontrer, mais un ami absent que je suis empressé de revoir.

Mon frère ne me paraît pas avoir pris avec autant de stoïcisme que votre neveu les fêtes impériales et la société des Altesses. Milan et son couronnement, les bals, les revues, les spectacles ont trouvé encore de l'intérêt et presque de l'admiration après Rome et l'Etna, et il est allé courir après l'empereur à Venise pour un moment ressuscitée. J'ai peur que cette prétendue résurrection n'ôte à cette pauvre ville des doges la seule dignité qui lui reste, celle de la déchéance et des ruines, et sous cette apparence de vie, elle pourra bien ressembler à la grenouille de ses canaux qui touche la pile de Volta ; toute cette ostentation de prospérité, ce luxe de plaisirs et d'enthousiasme au milieu d'une ville morte et d'un peuple annulé, représentent merveilleusement la part de l'homme dans ce monde et ses singulières prétentions. Lorsqu'il remue, il croit animer ; parce qu'il amuse, il s'imagine consoler, et avec quelques plaisirs faire du bonheur. Il est vrai qu'il est payé de tous ces soins en même monnaie ; on applaudit tant que dure le spectacle, et le lendemain le peuple retourne en maudissant à ses impôts et à sa dépendance, la ville à ses ruines, l'Italie à son impatience du joug étranger, et le monarque, à ses prédilections pour l'Autriche. Il ne reste de tout cela qu'un seul acte qui survit aux fêtes, l'amnistie, qui seul rachète tant d'adulation et expie tant d'idolatrie, parce que seul il est l'application pure et simple d'une parole de l'Évangile : pardonnez à vos ennemis.

Depuis mon arrivée à Acy, j'ai fait diversion un instant à la théologie pour la philosophie ; j'en bégaie les premiers éléments dans le livre que m'a donné M. de Cardaillac. C'est l'alphabet de la métaphysique ; mais l'ouvrage a un grand mérite de simplicité et de clarté, et je m'amuse à voir tous ces efforts de l'esprit humain pour décomposer nos pensées, remonter à leurs principes, et nous faire voir les atomes de notre intelligence, comme le chimiste ceux de nos corps. Malheureusement, chimistes et philosophes oublient trop souvent que Dieu ne procède pas par l'analyse, et que les choses ne se passent pas dans la nature comme dans les creusets ou les abstractions ; ils confondent leur travail avec celui du Créateur, ils nous donnent une généalogie en règle de nos idées et de nos formes. Les uns veulent que nous ayons passé par une hiérarchie sinueuse qui commence au grain de poussière, traverse le règne animal et végétal, les vers, les poissons, et toute la filière des quadrupèdes pour arriver à l'homme ; les autres ont aussi leur échelle, pour l'intelligence, et nos croyances les plus complètes étaient, à leur berceau, impression puis perception, puis sensation, puis idée ; enfin c'est une immense métempsycose, que la science suit degrés par degrés, mais à laquelle échappe la réalité.

Adieu ; je serai à Paris vers le 8 ou le 9. Vous seriez bien bonne de me dire par un petit mot ce que vous devenez, si vous serez encore à Chantilly à cette époque.

A. DE MELUN.

Acy par Betz (Oise), Septembre 1838.

MADAME,

Vous voilà donc enfin en vacances, recevez-en mes sincères félicitations avec mille remerciements pour la part que votre amitié sait toujours me réserver dans vos travaux et vos loisirs. Cette trêve arrive à propos entre les deux années pour reposer de l'une et préparer à l'autre. Mais combien elle est courte après toutes les fatigues qu'elle doit réparer!

Au collège nous étions mieux traités, six semaines de vacances au moins, et pourtant il ne s'agissait que d'interrompre une apparence d'étude, une ombre d'application; mais les choses doivent ici-bas se passer ainsi. Le repos arrive en raison inverse de la peine. La guerre est la récompense de ceux qui ont bien combattu. C'est ainsi que la Providence entend la paix qu'elle donne et qui ne ressemble pas à celle que cherche le monde; en ce sens, vous n'avez guère le droit de vous reposer. Il faut donc me contenter de cette quinzaine si rapide, en ayant soin de dire à chacun de ses jours de s'en aller bien doucement. En revanche, une fois votre congé fini, je vais presser de toutes mes forces la marche du temps, car dans sa course il m'emportera vers vous.

J'avais trouvé ici un goût extraordinaire pour les effets de neige à la campagne, et de graves pensées de retard, mais le mois de novembre a porté conseil; ma sœur, qui promettait à son jeune fils les plaisirs des champs pendant une partie de l'hiver, s'est ravisée, son mari vient de louer un appartement dans notre quartier pour la fin de décembre, ma mère n'a pas voulu se laisser devancer, et je prévois que je ne manquerai pas au pieux rendez-vous de la nuit de Noël. On parle de partir du 20 au 24, et vous pensez bien que je vote avec les plus pressés. Il me tarde d'aller retrouver à Paris les bonnes heures de Versailles, vos terribles menaces me séduisent, et j'ai grande envie du régime que vous me destinez. Seulement la nourriture sera peut-être un peu trop substantielle. Je suis revenu au lait des petits enfants, mon instruction primaire recommence, j'épelle, je décline, je conjugue, la grammaire est l'objet de mes méditations et le dictionnaire m'absorbe. Vous voyez si je pratique à la lettre l'excellente méthode d'Ézéchiel, et si pour connaître à fond la parole, je sais commencer par ses os. Ne me plaignez pas trop de ce pas rétrograde. L'exercice qui désespérait ma paresseuse enfance me trouve mieux disposé et plus docile aujourd'hui; mes progrès feraient la gloire du maître d'école de ma commune, et ce travail si mécanique et si dédaigné, l'étude approfondie de la matière du langage, n'est pas sans intérêt et sans récompense. Les mots que nous n'estimons guère que dans la bouche d'un ami, d'un grand orateur, ou sous la plume d'un ingénieux écrivain, ont pourtant dans leur isolement un mérite indépendant de l'intelligence qui s'en sert, et même de l'idée qu'ils expriment, car ils viennent de loin, ont beaucoup éprouvé, et survivent à de nombreuses générations d'hommes et de choses.

Pendant que nous demandons en vain à des monuments et des tombes en poussière, quelque trace effacée de notre origine, nous avons au milieu de nous des témoins et des complices de toute notre histoire. Les mots qui vivent dans nos discours et nos livres ont précédé de beaucoup sur la terre la nation dont ils forment la langue, leur fortune était grande et belle, bien avant qu'il fût question de la

France ; entraînés dans la terrible lutte dont elle est sortie, ils ont depuis partagé toutes ses épreuves, et ressenti le contre-coup de tous ses mouvements. Nulle révolution ne nous a agités sans leur laisser une empreinte de son passage, l'écriture a fidèlement enregistré la longue série de ces vicissitudes, et le dictionnaire les raconte à qui veut l'interroger.

En effet, la langue française est presque entièrement formée de mots latins. Ceux-ci, longtemps associés à la grandeur de Rome, ont exprimé sa volonté à l'univers et pris avec elle possession de ses conquêtes.

Le latin est comme un reflet de l'histoire romaine. D'abord simple, pauvre, dédaigneux de l'harmonie, sans souci des convenances de l'oreille, il se dépouille peu à peu, comme ceux qui le parlaient, de la pauvreté et de la rudesse républicaine, la civilisation lui apporte des règles plus précises, des formes plus élégantes. Une législation uniforme s'empare des mots, détermine leurs éléments et leurs rapports, fixe leur place dans la phrase, et décide, comme dans tout État bien réglé, les questions de préséance, d'associations et de gouvernement. Là, comme ailleurs, elle est obligée de respecter les droits acquis, les anciens usages, et de tolérer, au milieu de l'obéissance générale, des privilèges et des exceptions.

Aux jours où l'abus des succès commença la décadence, le mot ne résiste pas plus que l'homme et se dégrade avec lui ; on le trouve enveloppé de formes étranges et bizarres, perdu dans des associations inusitées ; les subtilités des grammairiens suivent celles des jurisconsultes et des philosophes. La langue s'épuise en sa diffusion, et n'a plus son énergique clarté. Les phrases s'embarrassent et se compliquent ; on a peine à reconnaître la forme primitive sous le poids des syllabes parasites. Le luxe énerve à la fois peuple et parole, la chute s'annonce en même temps et par les mêmes symptômes, et à la fin de l'empire, il y a autant de mots étrangers dans le langage que de soldats barbares sous le drapeau des légions. Dans le tumulte de l'invasion, au milieu du monde romain pris d'assaut, il n'y avait plus de place que pour les cris de guerre et de douleur. Le latin cacha dans l'Église ses lois et ses traditions, l'autel était la sauvegarde de tous les opprimés. Au dehors, hommes et mots devinrent la proie du vainqueur. Ne pouvant rendre toutes choses au néant, les barbares refirent le chaos ; mais Dieu a attaché un principe de vie à ses créations.

Au sein de la plus dissolvante anarchie, il existe pour les sociétés une sorte de loi naturelle qui survit à toutes les violences, régénère les peuples par la guerre et fait de la destruction un moyen de renouvellement. Les langues ont aussi leur loi naturelle qui les fait vivre lorsque toute règle écrite leur échappe ; celle des vaincus restée dans la mêlée, exposée à l'ignorance et à la barbarie des Francs, fut mutilée, mais non anéantie ; elle perdit dans la lutte des constitutions son harmonie, la logique qui présidait à ses constructions, mais elle résista avec une opiniâtreté romaine et refoula en Allemagne l'idiome des conquérants. Lorsqu'à la paix on voit les premiers pas de cette langue décimée, on est tenté de sourire de pitié à la misère de ces premiers essais ; mais un autre sentiment arrête le mépris : tout est informe, irrégulier, nulle distinction de nombres, de personnes, de sexe, à peine quelques traces d'une civilisation abolie. Mais ces blessures sont les éléments d'une langue nouvelle, les prémices d'une grande destinée. Ce latin si imparfait s'est transfiguré par ses pertes, et le français va sortir de toutes ces ruines. D'immenses difficultés l'attendent, il doit grandir comme il est né, au milieu des combats.

Le vieux latin, celui qui était resté intact à l'ombre du cloître, désavoue ces nouveautés, et les accuse d'usurpation ; fier de sa supériorité grammaticale et de son ancienne domination, il refuse à ce nouveau venu les droits à une existence légale, et le relègue parmi les paysans et les esclaves. Nulle grande idée, ni science ne veut l'accepter comme expression. Exilée des vastes domaines de l'intelligence, la langue française, confinée aux détails de la vie commune, fut longtemps le langage du peuple dont elle partageait les humiliations ; déchirée par l'esprit d'indépendance, elle variait avec chaque province et presque chaque bourg, et subissait ainsi toutes les divisions de la féodalité. Mais, confiante en son bel avenir, elle marcha entre ces deux menaces, résista aux prétentions étrangères, aux discordes intestines, empruntant des lois au passé, faisant à chaque siècle de nouvelles recrues, et gagnant de temps en temps quelques puissantes intelligences pour la défendre et la discipliner.

Elle grandit ainsi avec le peuple, et s'était civilisée avec lui ; et au siècle de Louis XIV, elle recueillit le fruit de sa persévérance ; de hauts et puissants génies lui confièrent leurs pensées et la portèrent jusqu'aux extrémités du monde. La centralisation vint à son aide et effaça presque toutes les nuances qui la divisaient, et elle eut droit sur toutes les intelligences, comme sur toutes les idées. Ce fut alors qu'elle en finit avec l'ancien régime; cette vieille aristocratie latine, qui occupait toutes les hautes positions intellectuelles, fut forcée de céder à l'ascendant de cette fille qu'elle avait si longtemps dédaignée. Le français lui enleva successivement l'histoire, le droit, la philosophie, et la chassa de ces brillantes fonctions qu'elle exerçait sans descendre aux travaux et aux ennuis de l'existence plébéienne : il ne lui laissa que la religion, et cette réserve était sage. Les formes si mobiles d'une langue vivante ne conviennent qu'aux choses qui changent et passent ; il faut à ce qui est éternel une expression immuable, à l'abri de l'action des hommes et des temps. Le latin dut exprimer les choses divines; en lui enlevant toute participation à la parole humaine, on venait de sceller sur lui sa tombe, il prenait place parmi les langues mortes, il échappait au mouvement et aux vicissitudes du progrès, et par conséquent aux chances de décadence et de destruction; car les langues sont comme les hommes, elles n'arrivent que par la mort à l'immortalité.

Depuis, la langue française n'est pas restée insensible à nos agitations, et vous vous rappelez l'indignation de Laharpe contre les barbarismes de la Convention et des comités de salut public, qui ne traitaient pas mieux la grammaire que la morale.

Aujourd'hui le mot nous ressemble, il affecte l'indépendance, et se plaît aux inversions ; les protestations n'ont pas manqué contre la tyrannie de la grammaire et l'arbitraire de l'orthographe.

L'Académie, qui semble présider aux destinées de la langue, n'a plus guère d'autre chose à faire que d'exécuter la volonté de ses sujets ; comme tous les gouvernements, elle se plaint de l'esprit de révolte et d'amélioration qui gagne les phrases comme les électeurs. Mais, plus sage que d'autres pouvoirs, elle ne risque pas d'ordonnances, peut-être même ouvrira-t-elle bientôt ses portes au chef de l'opposition, et verrons-nous Victor Hugo, le grand agitateur, au nombre des académiciens. Ne serait-ce pas faire acte d'intelligence constitutionnelle? et si, comme on le prétend, son secrétaire Villemain a laissé glisser dans sa préface deux mots qu'exclut son dictionnaire, notre langue et les ministres sont à la hauteur du siècle : n'avons-nous pas entendu plus d'une motion révolutionnaire s'échapper de la bouche d'un ministre de Louis-Philippe qui montait à la tribune pour défendre sa monarchie ?

Cette histoire des mots, dont je ne vous donne ici qu'un aperçu bien imparfait, aurait besoin, pour signifier quelque chose, de toutes les pièces qui marquent ses différentes phases. Elles me manquent à la campagne, et je veux les demander aux bibliothèques de Paris. J'espère suivre ainsi plus d'une langue, et rencontrer sur leurs pas la solution de quelques difficultés historiques et philosophiques ; ces espérances donneront aux études préliminaires sur la parole, assez d'intérêt pour m'attacher à compléter toutes recherches sur les sons, avant d'arriver à la seconde partie du travail, à mon sujet de prédilection, à l'histoire du sens et des idées.

Mais en voilà mille fois trop long sur des travaux encore en germe, et pourtant ce n'est rien qu'un faible prélude, le reste vous attend dans trois semaines ; alors les heures passeront entre nous, toutes pleines de conversations sans limites. Cette idée me suffirait pour me consoler de tous les ennuis et de toutes les fatigues ; mais la Providence est si indulgente qu'elle me prépare toujours des consolations sans chagrin et des récompenses que je ne mérite pas. Je l'en remercie tous les jours et vous avec elle, car j'ai la douce conviction que Dieu ne sépare pas dans ses grâces les âmes qu'unit une amitié sainte ; il reconnaît entre elles une solidarité tout entière au profit de la plus faible.

Dans cette vie qui me sourit, au milieu de ces travaux qui m'amusent, à la délicieuse perspective de passer quelques mois avec vous, j'aime à penser que je vous dois toutes les faveurs du ciel ; vos prières parlent pour moi, et je reçois le prix de vos mérites. Vous me donnez déjà la bienveillance de tous ceux qui vous entendent parler de moi, ils me tiennent compte de votre affection, et je m'attendrais à recevoir de vous une femme, si saint Paul n'avait écrit un chapitre tout à fait de mon goût, qui permet et même conseille de ne pas se marier.

Adieu ; hâtez-vous d'arriver au 20 novembre, et moi je vais lire, depuis *l'alpha* jusqu'à *l'omega*, le dictionnaire allemand, les racines grecques et le vocabulaire hébreu, afin qu'ainsi dépensé le temps coure plus vite et me paraisse moins long.

Mon frère vous présente ses hommages et personne de ma famille ne veut être oublié auprès de vous.

A. DE MELUN.

Vous ne me dites pas un mot de M. Lacordaire; va-t-il donc rester en route avec le prieur des Bénédictins? Vous savez sans doute que Frédéric de Falloux a traversé Paris et a été vous voir, lorsque vous étiez déjà à Auteuil. Et la candidature de M. Bautain? Elle n'existait que dans l'imagination et les craintes de ses amis; je souhaite qu'il en soit ainsi de son hérésie et de ses dissidences.

Ce jeudi 1ᵉʳ octobre 1838.

MADAME,

Avant de pouvoir causer à loisir, je veux vous écrire encore une fois; il s'agit d'un oubli à réparer. Vous m'avez donné *la Recherche de la Vérité*; j'ai bien promis de vous en dire mon avis, et jusqu'ici de Malebranche pas un mot. Si cependant, dans ces derniers temps, j'ai sacrifié la philosophie à la grammaire, mes travaux assidus sur la parole ont pu m'empêcher de l'étudier comme il le mérite, mais non d'en lire chaque jour quelques pages. Il n'a cessé de me tenir fidèle compagnie; il venait me parler quelquefois d'idées lorsque tous mes autres livres ne me donnaient que des mots, et glissait un raisonnement métaphysique au milieu d'une analyse ou d'une étymologie · hier seulement je l'ai fini, en regrettant, chose bien rare, de le trouver si court ; c'est comme un ami que l'on quitte à regret et dont on a besoin de parler ; et à qui, je vous le demande, irais-je parler de Malebranche, si ce n'est à vous ? Dans dix jours, j'aurai bien autre chose à vous conter ; aujourd'hui je prétends philosopher tout à mon aise.

Le titre du livre de Malebranche devrait être : *de la Recherche de l'Erreur*. Il est infatigable à sa poursuite ; qu'elle s'appelle Aristote, Sénèque ou Montaigne, qu'elle parle grec, latin, hébreu, sanscrit même, qu'elle ait épée ou plume, sujets, disciples ou esclaves, peu lui importe. Il và la chercher jusque dans un rayon du soleil ou dans une ligne droite, la surprend sous la forme d'un mouvement ou d'une impression. Sourd à l'éloquence, insensible aux caresses du penchant, aux menaces de la passion ; antiquité, fortune, science, réputation, rien ne lui en impose ; il faut que toute erreur passe à son tribunal ; partout où elle est, il la suit, la dénonce, l'arrête, la convainc et la condamne ; nulle part ne se fit plus active et meilleure justice.

Jusqu'à lui l'univers était partagé entre les intelligences et les corps ; à la matière étaient attribuées les forces naturelles, le mouvement, les causes secondes ; à l'âme les idées, les sentiments, une raison sublime, une conscience lumineuse, et ces deux puissances, toujours aux prises, se disputaient dans les opinions humaines le gouvernement du monde et l'administration des choses de la vie. Tout était arrangé pour se passer à peu près de Dieu.

Malebranche a attaqué de front toutes ces prétentions ; il a refusé au corps le plus léger acte, et lui conteste jusqu'au pouvoir d'annoncer son existence ; l'âme a été dépouillée de toutes ses richesses intellectuelles et morales. Chassée de ce palais d'illusions que lui avait bâti la philosophie, elle est forcée de recevoir ce qu'elle croyait posséder, de ne vouloir que d'après des ordres supérieurs, et de s'éclairer à une lumière qui ne vient pas de l'homme. Dieu rentre ainsi en possession de son œuvre. Le système des idées en Dieu n'est que la paraphrase du premier évangile de saint Jean ; loin des formes et des êtres qui passent, le philosophe s'élance au sein du Verbe incréé, et y aperçoit toutes les idées d'où vivent les corps et les intelligences. Et là, imposant silence à toute créature, il prête l'oreille à cette parole qui a créé et règle le monde, vie de tout ce qui est, idée de tout ce qui pense, force de tout ce qui peut, mouvement de tout ce qui agit : il en apprend les propriétés de l'étendue, les lois de la géométrie, les principes immuables de la morale. Du haut de ces vérités nécessaires, il dédaigne les révélations trompeuses de l'expérience et des sens, et ne s'occupe des apparences éphémères que pour opposer l'évidence des notions divines à leurs mensonges. L'élévation du sujet n'ôte rien à la clarté de son style, il dit simplement les grandes idées, prête aux théories les plus abstraites une expression parfaitement saisissable. Sous sa plume, la métaphysique n'a plus de ténèbres. Et pourtant, il faut le dire, on ne le suit qu'avec inquiétude dans ces sublimes régions. En présence de ces principes éternels, de ces lois invariables, on s'effraie de ne pouvoir plus s'appuyer sur les choses.

On ressemble aux aéronautes : à mesure qu'ils montent, l'air devient plus pur, le soleil plus vif, et cependant ils ont froid, ils respirent à peine, et ne peuvent s'empêcher de regretter la terre ; ainsi, même sous l'influence de ces idées pures et vraies, l'esprit sent qu'il manque quelque chose à la vérité.

En effet, les idées éternelles, immuables, qui sont, pour ainsi parler, les éléments nécessaires de l'intelligence divine, ne peuvent se passer d'une application. Or chacun de ces principes renferme une multitude de conséquences possibles. Chaque cause porte avec elle l'avenir d'innombrables effets. Dieu donc ne peut pas violer ces lois; mais il les applique de mille manières, varie les résultats, choisit entre les formes, et l'univers est un sublime témoignage de sa liberté. Le plus léger changement dans la distance des corps célestes, aurait déroulé sur nos têtes d'autres cieux, tracé aux astres une autre courbe, changé l'ordre des ans, des saisons et des jours ; il y a, dans les lois de la géométrie, dans les propriétés de l'étendue, les formes et les éléments de mille mondes, et rien ne forçait la Providence à faire du nôtre une réalité. Si la morale a des principes qui résistent à toute altération, s'il n'est pas possible à Dieu d'être injuste, il était libre de modifier nos penchants, d'exiger d'autres œuvres, de nous exposer à d'autres tentations ; nous pouvions naître à une autre distance du bien et du mal.

La science de la loi n'est donc pas toute la vérité, quand on la sépare de l'étude des applications que Dieu a choisies, des effets qu'il a préférés. Ces applications, ces effets, il faut les demander à la création ;

l'univers sensible n'est donc pas seulement, comme semble le supposer quelquefois Malebranche, le grossier auxiliaire des besoins physiques; il a quelque chose de mieux à faire : les choses n'agissent pas seulement, elles parlent, le fait est en même temps expression, il manifeste l'action de la volonté de Dieu sur les lois de l'intelligence divine. Ainsi, en Dieu se voient les idées; en son œuvre l'application; au ciel les principes et les causes; sur la terre les conséquences et les effets. De ces deux voix parties des deux extrémités du monde, l'une proclame l'immuabilité de Dieu, l'autre sa liberté; et l'union de leurs témoignages donne des éléments indispensables de la vérité. Mais, il faut le reconnaître, si la parole qui vient d'en haut est toujours sonore et infaillible, celle qui s'élève de la terre est maintenant presque inintelligible, obscure, incertaine, pleine de mystères et de contradictions, plutôt un piège qu'une lumière; elle semble accuser la franchise de Dieu; mais cette altération n'est pas d'institution divine, elle n'appartient pas à la nature des choses; une altération étrangère est venue altérer le sens de la création et faire mentir l'univers.

À côté de cette liberté qui permet à Dieu d'appliquer comme il lui plait les lois nécessaires, vient se poser celle de l'homme. Celui-ci s'exerce sur l'œuvre divine; comme Dieu avait agi sur ses idées, il en obtient des applications nouvelles, des conséquences inconnues, des faits qui ne devaient pas exister. Il use incessamment de cette puissance, qui est son danger, dont le premier essai l'exila de l'Eden et fit dire à Jéhovah : Voici l'homme devenu semblable à l'un de nous. Entre ses mains, les idées qu'il découvre ne sont qu'un moyen d'agir avec plus de certitude et d'autorité sur les choses, et par conséquent de corrompre leur langage, et de rendre presque inaccessible la vérité.

Mais le Christ est venu à son secours, la vue de l'idée était stérile par l'impossibilité de découvrir son application divine au milieu de toutes les autres. Le Verbe est descendu du ciel ; la loi éternelle et souveraine s'est faite en quelque sorte application; le Dieu s'est fait homme, pour réunir en lui seul ces deux manifestations nécessaires à la perfection de la vérité. Il a rendu à la création son véritable sens, dégagé la parole naturelle des choses de ce langage artificiel que nous y avions mêlé, et n'est remonté vers son Père qu'après avoir assuré les destinées de la vérité, en la dérobant à l'action humaine, et en faisant participer l'acte, la conséquence, la pratique, la fixité de l'idée, du principe de la théorie : tel est le but de l'institution de l'Église.

Cette manière d'envisager l'histoire de la vérité me semble expliquer ce qui est arrivé à Malebranche; on comprend, par la distinction de l'idée et de son application, comment son système si vrai et si beau ne lui a pas épargné les erreurs les plus fortes, lorsqu'avec lui il a voulu juger les faits ; ses rêveries sur les esprits animaux, sur les tourbillons cartésiens n'accusent pas la justesse de sa théorie ; elle ne peut être responsable des fausses conclusions qu'il en tire, puisque la nécessité de l'idée ne s'étendant pas à ses conséquences, la logique ne peut rien nous apprendre sur celle que Dieu a préférée. Mais on est en droit de reprocher au philosophe d'avoir méconnu l'importance intellectuelle et morale de la création ; son mépris de l'expérience, son admiration pour les lois l'a rendu injuste pour les actes, et il a enlevé à l'œuvre de Dieu son plus bel attribut ; il ne fallait pas lui faire une part si misérable, et mettant toute vérité du côté de la théorie, ne laisser à l'exécution que le mensonge.

Parce que les choses nous trompent souvent, est-ce à dire qu'elles n'étaient pas destinées à nous éclairer ? N'est-ce pas l'histoire de la parole humaine, organe de faussetés et d'erreurs, par notre péché, mais qui n'a tant de puissance pour nous égarer que parce qu'elle avait reçu d'abord la noble mission de transmettre la vérité ? Malebranche a donc eu tort de condamner au mensonge tout ce qui n'est pas l'idée pure, et en même temps d'attendre de l'idée seule toute la vérité. Pendant qu'il reprochait aux hommes de trop se préoccuper de la forme, et d'oublier le Créateur, il manquait ainsi à la compréhension de l'ensemble, et les regards fixés sur Dieu, il oubliait son œuvre ; il choisissait, il est vrai, la portion la plus haute, la plus féconde, il s'attachait à la meilleure part, mais cette noble prédilection ne le mettait pas à l'abri de l'erreur; l'erreur n'est-elle pas souvent une partie de la vérité prise pour le tout ?

Heureusement, si Malebranche, abandonné à la seule force de son génie, n'a pas assez distingué la mission primitive de la création, et a refusé à tort de voir dans les choses l'expression des idées qu'il voyait en Dieu, il n'a pas méconnu la mission du Verbe, il a écouté sa parole, non pour lui demander seulement des idées, mais bien des applications, et il a reçu de lui le complément de son système. Sa foi l'a protégé contre les conséquences de sa première erreur ; elle lui a permis de se tromper impunément.

Tel est, comme nous l'avons déjà remarqué ensemble, le privilège de la religion catholique ; elle féconde toute découverte et l'agrandit, et si celui qui marche à sa lumière s'égare dans ses théories, et hasarde quelque hérésie philosophique, elle en arrête les conséquences funestes, la frappe de stérilité sous la plume même de celui qui l'a avancée, et épargne à l'écrivain le danger de ses imperfections. Plus que tout autre, Malebranche doit au catholicisme l'innocence de ses erreurs ; la foi qui l'inspirait les a fait tourner au profit de la sainte vérité qu'il voulait défendre, en montrant ce que la plus haute intelligence peut faire pour découvrir le vrai, lorsqu'elle n'écoute que ses propres forces.

Ce livre de Malebranche est une double leçon, et il instruit également quand il signale les erreurs des autres, et quand il y ajoute les siennes. Avec sa puissante imagination, la fécondité de son génie et son mépris pour toute forme, il se serait facilement perdu dans les profondeurs de cet idéalisme exagéré qui supprime les importances du corps, ôte aux actions toute leur influence, et finit au même point que le matérialisme ; par l'indifférence pour l'acte, suppression de toute morale sur la terre ; mais la religion a sauvé ce grand homme d'un pareil excès ; elle a tracé autour de son système un cercle qui le défend contre ses tendances, et sous son égide il peut errer sans danger, et se livrer en toute sécurité à sa haine pour tout ce qui a une forme, à son dédain de la réalité.

Voyez ce qui se passe pour l'âme des bêtes. Malebranche et M. Geoffroy Saint-Hilaire ont porté tous deux sur cette question un jugement contraire au sens commun, ou, pour parler plus poliment, opposé à l'opinion générale. Le catholique a vu en Dieu que l'animal était une machine ; l'autre, penché sur la matière, a découvert dans le singe un homme, tandis que Dieu avait tout simplement voulu faire une bête. Philosophe et naturaliste se sont trompés dans leur interprétation de la pensée divine ; mais quel abîme entre les deux erreurs !

Voilà, Madame, une immense page de métaphysique, et j'aurais eu besoin pour la faire comprendre d'emprunter la langue si claire, si lumineuse de celui que je juge ; mais il est plus facile de critiquer son système que de lui prendre son style. Il eût été sans doute bien plus sage de me tirer de mon compte rendu avec une ou deux phrases de louanges, ou une observation de détail qui vous auraient épargné toutes ces ébauches, tous ces germes de doctrines à peine entrevues, mais ma vieille passion l'a emporté.

Depuis mon départ, toutes mes heures ont été données au dictionnaire ; voilà les premières lignes tant soit peu métaphysiques qui s'échappent de ma plume, il faut me pardonner cet excès ; et vous le ferez d'autant plus facilement que vous n'êtes plus exposée de longtemps à de pareils accidents.

Vendredi 22, c'est-à-dire dans huit jours, j'irai frapper à votre porte, et si elle n'est pas fermée, le soir, je vous débarrasserai de la peine de me lire, en venant en personne vous entendre.

Adieu donc ; j'éprouve un plaisir infini à tracer ces derniers mots en pensant que si tôt j'irai moi-même en chercher la réponse, et si je vous donne mon adresse à Acy par Betz, département de l'Oise, où je vais passer en famille notre dernière semaine de campagne, c'est seulement dans l'espérance que votre pensée viendra au-devant de moi, et qu'elle veut savoir sur quelle route il faudra m'attendre.

A. DE MELUN.

Arpajon, ce jeudi 1838.

Madame,

A peine parti, je viens déjà démentir l'assurance positive de mon retour pour samedi. Voilà ce qui justifie ce rapide changement de résolution.

Hier, en partant, j'ai eu le plaisir de trouver à ma porte un billet qui m'appelait lundi sous les drapeaux de la garde nationale. Je n'ai eu que le temps de courir chez mon sergent-major et de lui déclarer que je partais à l'instant pour la campagne et que, par conséquent, il ne pouvait compter sur moi pour la défense du repos public. Il a entendu raison et m'a rayé.

Mais vous comprenez qu'après cette déclaration, je ne puis paraître à Paris ces jours-ci, il faut laisser passer deux ou trois jours avant de retourner, sous peine d'ameuter contre moi toute la 10ᵉ légion. Je n'aurai donc le plaisir de vous revoir que mardi ou mercredi, et encore je serai forcé de traverser bien rapidement Paris, crainte d'attraper une nouvelle citation, à laquelle il ne me serait pas aussi facile d'échapper. Vous voyez que je joue presque le rôle d'un proscrit, et que, dans ces temps de calme, j'ai ma part de fuite et de bannissement. Heureusement que la terreur de la garde nationale n'est pas aussi sévère que celle de 93, et dans peu de jours je n'aurai plus à redouter les caporaux et les sergents.

Adieu, Madame ; ne me croyez donc pas malade ou perdu, et préparez-vous à me recevoir sain et sauf, et à recevoir bientôt de nouveaux adieux qui seront moins tristes pour moi qu'à l'ordinaire, puisque j'emporterai l'espérance de vous retrouver d'ici à un mois, à Paris peut-être, ou mieux encore à Dieppe, où je saurais bien vous chercher. Mille et mille assurances de respectueuse amitié.

A. DE MELUN.

Soyez assez bonne pour témoigner à M. de Falloux, s'il part lundi comme il en avait le projet, mon regret de n'avoir pu lui faire mes adieux, et veuillez mettre l'adresse à ce petit billet que j'envoie à Hercule de Serres, pour que lundi il ne m'attende pas chez la sœur Rosalie.

Lettre de Mme Swetchine.

Chantilly, 3 octobre 1838.

Mon cher ami, votre lettre est bien aimable ; mais pourquoi donc toujours *Madame* en vedette ? Je pourrais vous dire comme Mignard, *voilà passablement de temps que je travaille à le perdre* ; ma prétention, j'espère, vous touchera plus que la postérité n'a été touchée de celle de Mignard, et vous me ferez monter, au moins par voie de retranchement.

Je trouve vos projets arrangés à merveille, comme tout ce qui s'arrange et qu'on n'arrange pas ; je vous verrai *deux fois* d'ici au 1er décembre, n'y changez rien, c'est enregistré comme la promesse qui ajoute à ma joie de voir votre bon frère.

Je vous écris de Chantilly et j'y suis tout au plus, car dans deux jours je n'y serai plus.

Je vais rejoindre à Paris mon bon Grégoire et vous y attendre. Quelle douceur j'aurai à vous présenter ce pauvre et cher enfant, et quelle confiance me donneraient non pas seulement vos bontés pour lui, mais votre contact ! Le bien que vous pourriez lui faire serait sans limites, d'abord vous le voudriez tant ! Ce que vous avez *en propre*, au delà du degré qu'atteignent les meilleurs, c'est la *sincérité* qui persuade, qui pénètre avant ; toutes vos paroles comptent, toutes du moins se gravent en moi, et comme elles me semblent sans alliage, il me serait impossible de leur faire subir le plus léger déchet. Mon cher ami, gardez bien cette autorité destinée à toujours croître et dont un des premiers avantages sera de ne vous faire ressembler à personne.

Il y a quinze jours que nous n'avons causé, et déjà j'ai plus à vous dire qu'on ne pourrait entasser de têtes de chapitres dans une lettre ; comme on se fait ingrat pour elles, quand on est sûr de pouvoir bientôt causer ! C'est donc du 8 au 9 que je compterai sur vous ; tâchez de me ménager quelques jours, faites-moi une bonne part en prenant sur Acy et sur le Thil, sur le commencement et la fin, dont les frontières peuvent être déplacées sans qu'on s'en aperçoive trop.

C'est vers le 20, ou même le 18, qu'expire le congé de mon neveu ; je prolongerai son séjour tant que cela sera conciliable avec la prudence, et lorsqu'il sera parti, j'espère que nous pourrons revenir ici pour un grand mois. Vraiment je n'oserais pas y insister autant, si je ne sentais pas que ces semaines de repos sont la condition de la force qui m'est nécessaire pour supporter, je ne dis pas l'hiver, mais son train, et que le système préventif vaut encore mieux ici que d'avoir à réprimer les effets d'une fatigue que je sens devenir de plus en plus intolérable.

Je reviendrai avec plaisir aussi à Chantilly, qui me plaît et m'est facile en tous points ; il est vrai qu'aux mêmes conditions je m'arrangerais d'autre chose, car j'aime tous les lieux où j'ai été seule, et il est incroyable le charme que répand pour moi la solitude sur les objets extérieurs. Cette impression-là, si je ne me trompe, est fort tendre pour Dieu et nullement maussade pour mes amis, et il ne m'en faudrait pas d'autre preuve que d'en convenir avec vous.

Il me revient tout à coup une querelle que j'avais à vous faire : pourquoi donc êtes-vous resté quinze jours sans me dire ce que vous deveniez ? Je commençais à être inquiète et mon mari aussi ne concevait rien à votre silence ; cette gronderie m'était sortie de mémoire, et je vous prie de la mettre dans la vôtre pour un avenir qui, vu les bonnes mesures prises, est heureusement éloigné.

Vous voyez que rien n'est commode dans ce monde, et que vos sévérités pour *l'envieuse pauvreté d'un exclusif amour* ne vous épargnent pas bien des charges d'exactitude et de soins ; c'est d'être aimé qui est assujettissant avant tout, et le joug léger et doux n'est que l'affection que l'on éprouve. Ajournez donc cette terne et laide métaphysique aux brumes de l'arrière-saison et tout au moins à la gelée blanche.

Qu'est-ce que M. Condillac a de commun avec vous par un si beau soleil ? Tous ces systèmes en apparence si divers ne nous font parcourir que la même route, ce ne sont que des méthodes dont chacune a son sentier et ses difficiles et ardus passages ; comme vous le dites si bien, l'intelligence, pour vivre de sa vie pleine et entière, s'est pourtant passée de cette science prétendue indispensable dont le point culminant n'est autre que de lui expliquer ses propres opérations.

Vous apprendrez avec chagrin que cette pauvre Mme de Chelaincourt a été confinée dans son lit pendant vingt-quatre jours, par une attaque de rhumatisme inflammatoire qui lui a fait souffrir toutes les tortures. M. de Chelaincourt me mandait qu'elle était un peu mieux, elle-même ajoutait quelques lignes ; mais je crains que le mal ne soit profond et difficile à déraciner. La consolation de ce pauvre ménage était de s'occuper de vos enfants ; ils avaient mis en circulation quatre-vingts billets, et ils espéraient qu'il ne leur en reviendrait pas (1).

---

(1) M. de Melun s'occupait activement à cette époque de l'œuvre des Amis de l'enfance.

Adieu, mon cher ami ; à revoir dans moins de huit jours, j'espère que vous devriez quelque chose de la consolation dont un est cet espoir-là.

S. SWETCHINE.

Le Thil, 16 octobre 1838.

Ma bonne et chère amie, car je me débarrasse de bien bon cœur de cette hypocrisie du Madame que vous avez raison de me reprocher, me voilà arrivé au Thil, sans autre événement qu'une nuit en voiture, et des chemins beaucoup meilleurs que leur réputation ; comme presque tous les gens dont on dit beaucoup de mal, ils gagnent à être connus, et avec toute la bonne volonté du monde, il m'eût été impossible de verser ou de rester en route.

J'ai trouvé un château qui fait bonne contenance entre une cour bien plantée et bien fleurie, et un parc dont le dessin et les grands arbres dissimulent assez bien la petitesse. Mais le véritable parc, la promenade par excellence, est la jolie forêt de Lions, à cinquante pas du château ; admirablement plantée, heureux mélange de vieux troncs et de jeunes taillis, et laissant arriver le jour à travers les arbres et la lumière à travers son feuillage ; en ce moment elle semble porter des feuilles de tous les âges et de toutes les saisons, depuis la verdure encore respectée du soleil jusqu'à cet or qui fait ressembler toutes les cimes à un champ bon à moissonner.

Si je commençais avec vous une nouvelle à la mode, je ne vous ferais pas grâce d'une seule chambre, d'un seul meuble, et vous verriez arriver ces détails qui donnent aux descriptions d'intérieur la physionomie d'un mémoire de tapissier. Mais j'aime mieux vous parler de la châtelaine ; elle est mieux qu'à Paris, quoique encore bien souffrante et très fatiguée ; il lui faudrait bien des jours tranquilles pour effacer les traces profondes de la maladie. Comme vous, elle a besoin de repos et de solitude ; d'ailleurs son âme y gagne tant, elle est libre ici de tout cet alliage qu'ajoute le monde aux meilleures natures ; elle ne conserve rien de ce qu'on peut lui reprocher dans un salon, et l'esprit de famille ne partage pas avec cet autre esprit qui altère les plus saines inspirations. Je me sens très disposé à juger Mme de Rauzan avec grande partialité, car elle me parle de vous avec tant d'affection, elle fait si bien la différence de cette amitié confiante qui l'unit à vous avec cette intimité qui rassemble sans attacher et n'a d'autres liens que l'habitude et la vanité.

Je me mets toujours du parti de ceux qui vous aiment, parce qu'ils donnent ainsi prise sur eux à vos bons conseils, et j'ai l'intime conviction que la Providence vous destine à sauver ceux qui s'appuient sur vous. Mme de Rauzan a trop d'amour du bien et de la vérité pour se nourrir d'illusions et de vanités ; dans ce moment, elle est, je crois, arrivée à ce point où il faut qu'on se décide, où la conciliation n'est plus possible entre des contrastes. Elle a eu assez de tristesses et de souffrances qui préparent le chemin et font marcher vite, et j'espère que vous la rencontrerez bientôt dans cette voie qui simplifie et complète tout.

Elle m'appelle pour aller à la messe qui seule est

assez puissante pour m'arracher au plaisir de vous écrire. Ce matin, la neige a uni le chemin, mais ne l'a pas rendu plus facile, car la chapelle n'est pas encore bénie et il faut aller chercher l'église assez loin ; mais, Dieu aidant, nous y arriverons sans danger, je n'ai jamais connu personne qui soit resté en route en allant à la messe. Je n'ai pas même le temps de vous dire toutes les tendresses dont je suis chargé pour vous, et d'y ajouter tout ce que je voulais vous écrire pour votre neveu.

22 octobre 1838.

Je reprends aujourd'hui ma lettre si brusquement interrompue par la messe, très bonne et très chère amie ; malheureusement depuis lors le temps a marché vite, et a changé nos situations.

Vous êtes sans doute sous l'impression de tristes adieux ; votre neveu est redevenu diplomate ; et vous, j'espère, ermite de Chantilly, et moi je ne suis plus au Thil.

Je n'ai pu le quitter sans grands regrets, et j'en emporte de bien bons souvenirs ; je me trouvais là à une excellente école de simplicité et de charité. Autour de moi on ne travaillait que pour les pauvres ou les autels : là on ne projette que bonnes œuvres, on ne rêve que Miséricorde ; dans la fortune on ne voit que l'aumône ; nous avons fait d'immenses conspirations contre les riches en faveur de mes enfants, ce qui me va toujours au cœur, et la consécration d'une fort jolie chapelle a dignement fini cette semaine trop courte,

C'est un bon régime que de vivre quelque temps dans un air si pur, et j'en suis revenu plein de reconnaissance pour notre divin Maître qui, à chaque pas, met sous mes yeux de si bons exemples, et me confirme dans ma bonne opinion de l'humanité.

Je regarde comme une grande grâce toutes ces expériences que, depuis quelque temps, j'ai l'occasion de faire, tandis que tant d'autres ont peur d'approfondir les apparences favorables, craignent, en pénétrant plus avant, de perdre leurs illusions, et prétendent que toute découverte est un désappointement. Dieu me fait marcher dans une tout autre voie ; la réalité se montre presque toujours meilleure que l'apparence, la connaissance préférable à la première impression, et la science qui déconcerte tant de systèmes, et ébranle tant de conversions, ajoute à ma foi dans la vérité et dans la vertu. Mais en même temps que mon séjour au Thil m'inspirait de si douces réflexions, il ne me réconciliait pas avec le monde, et j'en ai emporté un terrible grief contre cette vie extérieure, qui, sous le voile de la vanité, dissimule tant de mérite, et parvient à distraire de cette sainte voie.

Peut-être il n'eût fallu que deux ou trois personnes de plus avec les misérables historiettes du monde, les médisances ennuyeuses, et toutes ces importances de salon, pour refouler les bons sentiments et mettre à la place de la simplicité et de la vérité tout l'insipide manège de la vanité ; et voilà comme les âmes les plus belles compromettent les principes qu'elles suivent et la cause à laquelle elles se dévouent, faute d'accepter dans toute son application la loi qu'elles respectent. Elles prêtent des arguments aux esprits malveillants et des prétextes aux irrésolus ; une parole d'ironie ou de médisance détruit tout l'effet des bons exemples, et la passion du monde et du bruit efface toutes les impressions favorables et toute l'autorité que donnerait une vie consacrée à faire le bien. Qu'on a tort de tant critiquer la logique, et qu'elle arrive à propos, plus encore dans nos actes que dans nos raisonnements ! Si le manichéisme était une vérité, et qu'il fallût se prononcer entre le bien et le mal, la vie serait bien plus facile ; mais entre les deux se trouve une vaste région, espèce de terrain neutre où le monde honnête a posé ses tentes ; c'est là que se réfugie tout ce qui n'est pas absolument proscrit, les plaisirs tolérés, les distractions permises, en un mot, ce qu'on laisse faire, mais que la sagesse ne conseille pas. On rencontre là la politesse, qui empêche de dire la vérité, l'amitié qui indulgencie les faiblesses, l'amabilité qui flatte, en un mot, toutes ces vertus de contrebande que le monde met à la place de la morale sévère du christianisme ; et nous connaissons plus d'une personne digne de respect et d'amitié, qui se laisse prendre à tous ces guet-apens. Hors de là, c'est admirable, et celles-là seraient réellement saintes dans un désert.

Mais j'aurais tort de tant appuyer sur ces allusions sévères, sur ces restrictions à tout le bien que je pense de Mme de Rauzan et que je ne confie qu'à votre seule amitié. A défaut de moyens plus doux, Dieu se servira de la maladie pour la délivrer des séductions mondaines ; c'est un des modes les plus sûrs et les plus souvent employés : combien de fois le corps souffre-t-il pour le salut de l'âme, j'en ai fait moi-même l'épreuve, et tous les jours je remercie la Providence de ma maladie et de celle de personnes qui me sont chères. Je vois sortir des souffrances un miracle de perfectionnement, je dirais même de satisfaction, et cette loi si hostile à notre faiblesse, la nécessité de souffrir pour arriver au bien, n'a plus besoin de s'adresser à notre foi et de s'appuyer sur la révélation, elle s'applique sans cesse sous nos yeux, elle se proclame par ses effets, et les épicuriens matérialistes doivent être fort embarrassés de cette conséquence inattendue.

Depuis avant-hier, j'ai changé de pays, je suis dans une autre atmosphère, et je reçois aussi d'autres enseignements. Au milieu de toutes les joies de ce monde, avec des excès de fortune et les meilleures conditions d'avenir, je vois toute une famille occupée d'établissement, travaillant au mariage de la fille de la maison ; tout semble rendre la chose facile, et cependant ce ne sont que difficultés, mécomptes ; les volontés sont en opposition, ce qui séduit l'un déplaît à l'autre, les propositions se succèdent, sans rien amener ; la mère désespère de marier sa fille, la fille est malade de toutes ces incertitudes ; et je serais bien trompé si de tout cela ne résultait pas un mariage qui ne conviendra à personne.

Je plains du fond de l'âme ces heureux du siècle à qui leur fortune impose, à ce qu'il paraît, le triste devoir d'être très difficiles. Quand on voit de près tous les sacrifices, toutes les privations, tout l'esclavage qu'entraînent des millions, en vérité, la pitié cesse d'être exclusive, elle ne se concentre plus seulement sur ceux qui manquent de pain. On était pourtant convenu que l'argent, assez inutile pour tout le reste, était d'un grand secours seulement pour marier ses enfants. Je commence à croire que, même en cette circonstance, le trop est aussi dangereux que le trop peu.

Adieu, chère amie; je ne serai plus longtemps sans être à Paris, car mon frère est maintenant en route pour la France, et je veux le recevoir à sa descente de voiture. J'aurais bien voulu pouvoir vous l'amener à l'instant même, et réunir ainsi tout ce que j'aime le mieux au monde; mais je penserai qu'à Chantilly vous vous associez à ma joie, et l'idée du bien que vous fera cette retraite ne me laissera pas de place pour un regret.

J'arriverai probablement vendredi, et j'aimerais bien à recevoir, pendant mon court séjour à Paris, un petit mot de vous.

Si ma mère était moins impatiente d'embrasser le voyageur, je vous promettrais bien une visite; mais malgré toutes ses bonnes dispositions pour vous, elle nous pardonnerait difficilement de retarder le retour de notre cher Anatole.

M. Lacordaire est-il enfin arrivé? Demandez-lui donc s'il pourra prêcher pour mes enfants.

A. DE MELUN.

Gandelu, 8 novembre 1838.

Me voilà encore une fois rendu, bonne et chère amie, à ma famille, à mes études, à cette liberté de la campagne que je ne retrouve jamais sans plaisir, mais qui me paraît toujours achetée bien cher par votre absence.

Depuis mon retour, le temps a singulièrement favorisé vos instructions, il me sauve de toute tentation de promenade ou de paresse, car la terre humide refuse de me porter, et Pallavicini profite de toutes ces intempéries. Aussi, mon amour du travail se réhabiliterait à vos yeux, et vos soupçons ne tiendraient pas contre mon assiduité aux séances du concile ; mais, en revanche, je vous aurais hier passablement scandalisée. Vous m'auriez trouvé dans un accès d'indignation contre le général des Jésuites Lainez, et tout disposé à l'accuser charitablement de témérité, peut-être même d'hérésie, et cela parce que ce papa Nero, dans son Discours sur l'institution des évêques, n'a pas eu le moindre respect pour mes préjugés gallicans. Sous sa parole ultramontaine je m'agitais sur mon banc presque autant qu'un député de l'opposition condamné à écouter l'apologie du ministère par un fonctionnaire public, et j'ai mérité vingt fois d'être rappelé à l'ordre : heureusement la nuit porte conseil, et aujourd'hui la passion a cédé la place, j'espère, à la modération du juge et au calme de l'historien. Je ne reproche pas aux ultramontains même les plus exagérés de réclamer aujourd'hui pour le pape la dictature et le monopole de l'infaillibilité. Les difficultés des temps et les conditions d'existence actuelle de la société catholique peuvent rendre nécessaire ce privilège.

Deux éléments entrent dans l'existence de la vérité sur la terre : Dieu donne la pensée, l'âme ; l'humanité fournit l'instrument, l'organe, le corps, et de l'indissoluble union de ces deux natures résulte la perpétuité de l'Église; l'erreur des hérétiques sur cette question est de n'avoir pas vu que, par cette association, la partie humaine devait nécessairement échapper à toute altération et rester toujours la même. Ils ont cru que la vie pourrait s'arranger de tous les changements de forme, et ont fait, de l'éternité promise par le Christ, une espèce de métempsycose. Mais, à la première épreuve, l'âme étant séparée du corps, la vérité est morte; les deux éléments isolés l'un de l'autre n'ont plus eu les conditions d'existence terrestre, l'esprit s'est évanoui, et le corps dissous. Mais aussi, il faut le reconnaître sous peine d'être vaincu par les faits et aussi par la raison, l'Église, immuable dans son essence et sa constitution, varie dans ses actes et dans ses mouvements, comme dans l'homme, le même corps et la même âme expriment la même pensée de différentes manières, et se servent, suivant les circonstances, de la parole, de l'écriture ou du geste.

Dieu, qui se sert de la société chrétienne comme organe de sa parole, semble s'être réservé la liberté de proportionner à l'intelligence et aux besoins de ses serviteurs, son mode de manifestation; il a successivement parlé dans les traditions des fidèles, dans les écrits des Pères, dans les actes des conciles, dans les bulles des papes. La vérité a choisi ses voies, elle est entrée par toutes les portes dans l'Église, sans que, dans la longue histoire du christianisme, elle ait jamais manqué à l'enseignement. Il y a eu des traditions mensongères, et quelques passages des

Pères ont été suspects, comme pour prouver que l'infaillibilité n'appartient humainement à personne ; mais en même temps, jamais l'erreur, quel que soit son apôtre, n'a prévalu ; toujours la vérité est sortie victorieuse de la lutte. Les difficultés du combat faisaient trouver à l'Église les plus sûrs moyens de triomphe, et Dieu, qui ne l'abandonne jamais, lui a inspiré, suivant les circonstances, les formes les plus convenables de gouvernement et la meilleure expression de l'autorité.

C'est ainsi qu'en présence des attaques contre son unité et la révolte de l'esprit individuel, elle a trouvé dans le concile de Trente et dans la disposition de tous les catholiques, cette soumission au saint-siège, et dans le pape cette autorité qui ôte toute chance à la division et à l'erreur. Mais pourquoi engager l'avenir et faire de la règle du moment une loi absolue que donne le passé ; qui oserait déclarer que Dieu a renoncé pour toujours à parler par la voix des conciles ? Le jour où l'assemblée de tous les évêques serait nécessaire, il saurait bien abaisser les barrières, et faire arriver les moins libres au rendez-vous (1).

Voilà une théorie qui a peut-être, aux yeux d'excellents catholiques, un certain parfum d'hérésie, et j'ai peur que, faute de temps et d'espace pour l'expliquer, je me donne un air de rébellion qui va fort mal à mes sentiments. Mais je souscris d'avance à ma condamnation, si vous me trouvez en faute, et je promets même de ne pas en appeler au futur concile.

Vous pensez bien que mon frère nous fait chaque

---

(1) Le concile du Vatican en est la preuve.

soir voyager en Italie. Comme je l'avais prévu, ce voyage lui a fait toute espèce de bien ; il est revenu avec ses bonnes idées, mais fortifiées par son expérience : ne veut-il pas déjà penser à un nouvel essor dans un an, et ne parle-t-il pas de m'entraîner à Rome, au fond du Vatican, pour parcourir les procès-verbaux de mon concile ?

J'applaudis à toutes ces belles résolutions que l'hiver renversera sans doute, car il me paraît maintenant dans les plus heureuses conditions pour se fixer, et à travers tous ses projets de vagabondage, je vois déjà percer un besoin de repos et de famille. Notre grande affaire de la saison prochaine va être son mariage, et je me prêche tous les jours à me donner la vocation d'un chercheur de fiancée. J'ai dans la Providence une sorte de confiance qui nourrit mon indolence, et, il faut le dire, c'est un peu un esprit de famille ; nous avons tous une tendance singulière à nous reposer sur Dieu du soin des affaires de ce genre ; jusqu'ici nous ne nous en sommes pas plus mal trouvés. Cependant, je me rappelle vos magnifiques sermons à cet égard, et je suis bien résolu à me mettre en quête pour mon cher jumeau.

Adieu, chère amie ; un peu de vos nouvelles, s'il vous plaît.

A. DE MELUN.

Lettre de Mme Swetchine.

18 novembre 1838, dimanche.

Mon cher ami, voilà bien des jours que je me propose de vous écrire et qu'un singulier abattement m'en rend tout à fait incapable ; tout pour moi est en suspens, j'ai trente lettres qui demandent réponse ; parler me fatigue bien autrement encore qu'écrire, et je n'y cède qu'en vertu d'une actuelle et impérieuse nécessité. Ce grand malaise si ancien et si soutenu est sans doute un effet des nerfs, c'est ma douleur du cœur qui les détraque et qui me donne une de ces exagérations de susceptibilité par lesquelles on se sent *profondément ému* vingt ou trente fois par jour. C'est vraiment le triomphe de la sensation, et à bien dire ce n'est pas ce qui m'en déplaît le moins.

Sans me savoir souffrante, avez-vous bien pensé du moins que j'avais de bonnes raisons de me taire, et senti surtout que mon silence ne me séparait jamais de vous ? Je ne sais personne qui me fasse regretter plus que vous de telles interruptions ; vous me manquez sans que l'habitude s'en mêle, et il faut donc bien que ce soit par la confiance et l'affection.

Je suis charmée de vous voir rentré dans votre concile, et assez disposée, sans entrer dans toutes vos colères, à admettre avec vous que, selon les nécessités, l'infaillibilité peut changer d'organe. Si elle résidait uniquement dans le pape, pourquoi y aurait-il eu jamais des conciles, et s'il y en a eu qui obligent la foi des fidèles, pourquoi n'y en aurait-il plus ? C'est une des erreurs de l'Église grecque sur laquelle elle est condamnée et par laquelle elle se condamne elle-même, que de prétendre que depuis les séparations des Églises, il ne peut plus y avoir de concile œcuménique. On lui répond à cela que le droit d'assembler un concile universel est un des droits imprescriptibles de l'Église, qui atteste le plus sa puissance, et que les promesses de son divin fondateur ne permettent pas de supposer qu'elle ait jamais perdu quelque chose de l'autorité qui lui a été une fois départie. Ce qui est évident, c'est que le concile n'est concile qu'en ayant le pape à sa tête, et qu'un corps acéphale n'a jamais présenté rien de vivant dans ses membres les mieux constitués. Le reste m'a toujours paru une question d'opportunité, qui, sans perturbation aucune, pourrait faire revivre dans l'avenir ce qui s'est vu dans le passé, selon ces vicissitudes auxquelles Dieu soumet les moyens qu'il emploie et qui n'entreprennent jamais sur l'inflexibilité des principes.

L'autre jour, je trouvai dans M. Joubert une pensée qui se rapporte assez à la vôtre, sauf l'emphase, et peut-être le peu de convenance de l'expression. *Il y a des temps où le pape doit être dictateur, il y en a d'autres où il doit n'être considéré que comme premier préposé aux choses de la religion, comme son premier magistrat, comme roi des sacrifices.* Ce *roi des sacrifices* est bien le bout d'oreille ; on voit clairement que M. Joubert n'ose faire passer quelque chose du dogme que recouvert sous un vieux lambeau de poésie.

Quand je vous disais que je n'épousais pas vos colères, ce n'est pas la colère en elle-même mais son objet ; la mienne, en lisant Ranke, se portait sur ces premières tentatives d'accommodement par lesquelles Contarini et le cardinal Pool me semblaient si notoirement trahir la vérité théologique et le bon sens, en penchant pour la justification luthérienne (1); cet excès-là ne tendait à rien moins qu'à faire disparaître la vérité de la terre, et tout ce qu'on pourra jamais surajouter à la prérogative du pape me paraît bien peu de chose auprès d'un tel mal.

Votre lettre qui m'était toujours présente, Ranke que je lis avec toute l'attention dont je suis capable, ont eu hier un bien singulier appendice, une de ces rencontres amenées par le hasard, où les idées se trouvent représentées par les personnes. Hier matin, pendant que je causais de choses tout autres avec M. Lacordaire, m'est arrivé M. de Genoude, et une demi-heure ne s'était point écoulée après les premières politesses faites que le fougueux ultramontain était aux prises avec le gallican le plus exagéré de France. Il serait bien difficile de pouvoir dire lequel des deux a attaqué le premier; à peine s'étaient-ils aperçus que l'un et l'autre n'ont plus songé qu'à se battre, et au moment où la bataille se trouvait le plus engagée, la porte s'ouvre et on annonce M. Deguerry (2). M. Lacordaire s'interrompt un moment pour s'écrier que c'est un concile; il reprend immédiatement ; M. de Genoude riposte ; M. Deguerry s'en mêle, tous les trois parlent, crient, tempêtent à la fois, enfin ce bel épisode de concile me tint jusqu'à six heures dans un état qui ne laissait pas d'être angoisseux et perplexe.

M. de Genoude, dans un sens opposé, allait bien

---

(1) *Histoire de la Papauté pendant les* xvie *et* xviie *siècles*, par Léopold Ranke, professeur à l'université de Berlin, publiée et précédée d'une introduction par M. de Saint-Chéron.

(2) Curé de la Madeleine.

aussi loin que M. Lacordaire ; mais sa situation faite, l'appui plus ou moins avoué que reçoit son opinion, son expression plus mesurée le plaçaient beaucoup mieux que mon pauvre ami, qui se montrait plus entraîné, plus imprudent, plus excessif que jamais. Je souffrais beaucoup, parce que je sentais que ces paroles proférées comme s'il les eût jetées au vent, tombaient dans la *mémoire* exacte et sèche de son antagoniste, qu'elles seraient répétées et composeraient la première page du factum que l'on dresse contre lui.

M. Deguerry qui, par la nature de ses opinions, aurait pu paraître là comme modérateur, s'arrêtant à la violence des paroles, ne répondait guère qu'à M. Lacordaire, qui s'en animait davantage ; enfin le premier il quitta le champ de bataille, et je n'eus pas peu de mal à pallier et à adoucir tout ce qui lui était échappé et ce qu'on répétait encore.

Cette crise a achevé de me donner la mesure de toutes les difficultés qui attendaient M. Lacordaire, de toutes celles qu'il attirerait sur lui-même et sur son œuvre ; je puis bien dire que de tous ses dangers, celui que ma tendresse si vive et si vraie redouterait davantage, c'est le succès de son entreprise. Je ne sais pas une plus admirable vertu que la sienne, une vertu plus faite pour s'élever à la sainteté, si cette vertu veut se courber et s'enfermer dans l'obéissance. Mais par cela même que son empire sur lui-même n'est que la puissance du dévouement et du sacrifice, qu'elle absorbe toutes les qualités secondaires de prudence, de modération et de sagesse humaine, comment dominera-t-il, comment conduira-t-il les autres (1) ? Je me le demande sans cesse, et dans l'intervalle, que de choses propres à employer ses forces n'aura-t-il pas rendues impossibles ? Chaque jour remet en question non pas seulement son bien-être et son repos, j'en ferais bon marché, mais le bien qu'il pourrait faire et que plus tard il pourra tant regretter. Que votre indignation contre Lainez me le pardonne : quel bon, quel pieux jésuite ferait M. Lacordaire ! Sans ce mélange de politique que je conçois qui lui répugne, il est bien vrai que je ne formerais pas pour lui d'autre vœu.

Mon cher ami, vous savez qu'en pensant devant vous tout haut, c'est dans votre for intérieur que je laisse tomber mes paroles en vous priant d'y mettre le scellé ; vous avez en moi plus d'un monopole et c'est au sens le plus littéral que vous pouvez prendre, mon exclusive confiance.

Dites-moi bien que vous comptez toujours revenir vers le 1ᵉʳ de décembre; j'espère bien que non seulement je vous tiendrai tout l'hiver, mais qu'aucune menace ne viendra gâter mon plaisir. Nous mettrons ordre aux projets de votre frère, et je vais travailler d'autant plus volontiers à sa chaîne que ce sera un moyen d'empêcher qu'il ne vous fasse prendre la clef des champs

Adieu, mon bien cher ami, ne me croyez pas très malade ; si je l'étais vous le sauriez positivement, parce que j'aurais besoin de vous, et que j'userais en plein de mon droit de vous le dire.

Que Dieu vous bénisse.   S. SWETCHINE.

(1) Bientôt la restauration de l'ordre de Saint-Dominique et la prospérité de Sorèze répondront à cette sollicitude maternelle de Mᵐᵉ Swetchine.

Gandelu, 22 novembre 1838.

Que votre lettre, bonne et chère amie, m'a donné de tristesse et en même temps de reconnaissance ! Vous souffrez, une parole, une ligne vous accable, et pourtant vous avez voulu m'écrire longuement ; vous vous êtes fatiguée pour moi ; je voudrais à la fois et vous gronder et vous remercier, ou plutôt, pourquoi ne suis-je pas encore près de vous pour vous soigner, pour vous empêcher de parler et d'écrire ? Les jours vont me paraître bien longs jusqu'au moment où je rentrerai dans mes fonctions, j'espère toujours pour les premiers jours de décembre ; mais d'ici là, soyez prudente, fermez souvent votre porte, ne donnez pas trop de temps aux autres ; et quand vous serez tentée d'excéder vos forces, songez aux inquiétudes et aux intérêts des absents.

J'aurais assez aimé votre petit concile de salon, et la discussion de vos trois Pères qui venaient si à propos éclairer la mienne, sans la part de responsabilité qui devait retomber si lourde sur l'un d'eux. Hélas ! on reproche sans cesse à l'Église l'intolérance de ses doctrines, et elle est bien plus tolérante que nous, elle permet d'être gallican ou ultramontain, et les hommes ne le permettent pas ; ils demandent des opinions un compte plus rigoureux que l'Inquisition elle-même, et réprouvent ce qu'elle n'incrimine pas.

J'ai bien compris votre tourment pendant que M. Lacordaire donnait ainsi des armes à ses ennemis, et je partage sur cet homme admirable toutes vos idées, jusqu'à vos regrets de ne pas le voir simple jésuite, plutôt que supérieur dominicain : vous voyez que je n'ai pas de rancune pour Lainez. Comme vous le dites, M. Lacordaire est une de ces âmes auxquelles l'obéissance va mieux que le commandement, précisément parce que leur nature, meilleure que les autres, ne sait pas se prêter à la politique du pouvoir. Sur cette terre d'imperfection, le commandement n'est qu'une perpétuelle concession aux difficultés des temps, aux faiblesses et aux lâchetés des hommes ; par cela seul que, comme le mariage, il touche aux intérêts d'autrui, il exige plus de dissimulation que toutes les autres servitudes. L'autorité la plus sainte et la plus grande de ce monde, celle du souverain pontife, est condamnée, parce qu'elle domine tout, à céder plus souvent que les autres, à vaincre ses répugnances, à accepter ce qu'elle voudrait exclure, et même, dans le domaine tout spirituel, elle ne s'exerce guère que pour dispenser de la loi, pour accorder ce que, si elle le pouvait, elle refuserait toujours.

Aujourd'hui, je crois, j'aurai fini Pallavicini, et j'en suis dans une grande joie, non que je regarde comme un grand succès cet extrait de plus de deux mille pages, qu'un écrivain public avec du temps et un dictionnaire aurait pu faire aussi bien que moi ; mais c'était une épreuve dont je me félicite d'être sorti avec les honneurs de la guerre. On ne peut se défendre d'une certaine inquiétude lorsque l'on commence avec la vérité un si long pèlerinage à travers les passions, les intérêts et les discussions humaines. La foi ne saurait trembler pour la vérité ; mais elle a droit d'avoir peur pour notre intelligence qui fait si souvent naufrage contre les mystères de l'histoire, et moi-même, plus d'une fois, au milieu des dissensions du concile, j'ai pu me comparer aux Israélites qui se croyaient perdus dans le désert. J'ai eu mes heures d'indignation et mes instants de murmure ; mais à la fin la terre promise est venue tout justifier, il ne me reste plus qu'admiration.

Toutes ces disputes si passionnées, si contradictoires, m'ont conduit à des votes pleins de sagesse et de modération ; ces discours si longs, si subtils et souvent si obscurs aboutissent à des décrets d'une excellente clarté, d'une précision qui n'oublie rien, où chaque parole affirme une vérité, prévient une objection, condamne une hérésie et consacre une liberté. A la fin, quand Dieu a laissé agir les hommes assez longtemps pour les convaincre d'impuissance, il se montre ; alors il se fait sur la scène du concile un singulier changement : tout ce qui menaçait favorise, tout ce qui arrêtait précipite, la concorde naît de la dissidence, et les mauvaises volontés secourent. On dirait qu'à ce moment où la vérité reçoit de la bouche de l'Église la plus complète et la plus solennelle confirmation, elle reprend, si on peut ainsi parler, ses premières habitudes, et fait, comme en ses premiers jours, concourir à sa manifestation et à son triomphe tout ce qui semblait apprêté pour la perdre. Aussi, si j'avais besoin d'une épigraphe pour l'histoire du concile du Trente, j'emprunterais pour lui les paroles mêmes que saint Paul applique à sa prédication : comme l'Évangile dont il est le plus beau commentaire, il peut être scandale aux Juifs qui ne savent pas reconnaître Dieu sous la faiblesse de l'homme, dérision aux gentils qui mesurent la Providence à leur sagesse et la vérité à leur raison ; mais à nous, enfants de l'Église, il sera un nouveau rayon de lumière, un nouveau témoignage en faveur de notre foi.

Maintenant que je possède tous les faits du concile, et que je sais, heure par heure, les détails de sa longue vie, je peux disposer mes matériaux, et voir la forme qui conviendra le mieux à la mise au jour de tous ces éléments. Mais j'aurai besoin sur ce chapitre de grandes consultations avec vous, et vous ne saviez pas tout ce que vous vous attiriez, lorsque vous prêchiez si éloquemment en faveur de mon travail ; vous porterez la peine d'un pareil conseil, et je compte bien mettre à contribution vos idées. Ce ne sera pas encore, comme un certain voyageur, pour corriger mes épreuves et redresser mes fautes d'orthographe ; mais le travail n'en sera pas moins minutieux et important, car vous aurez le terrible pouvoir et aussi la responsabilité d'un inquisiteur, avec tous ses droits inclusivement, même celui de jeter au feu, sinon l'auteur, au moins l'ouvrage. Mais pour le brûler, il faut qu'il existe, et avant de le condanner à mort, nous nous occuperons ensemble cet hiver à bien cultiver le terrain où il doit naître ; pour cela, il vous faut des forces et de la santé ; encore une fois, soignez-vous donc bien, chère amie, pour moi, et aussi pour le concile de Trente.

Mme de Mareuil ne nous fait pas encore dire qu'elle ait besoin de nous à Paris, mais nous nous apprêtons pour la fin du mois, et mon futur neveu ou ma nièce, aura en naissant déjà bien mérité de moi, puisqu'il me rappellera vers vous.

A. DE MELUN.

Gandelu, 28 novembre 1838.

Je ne veux pas, chère amie, que vous vous étonniez de ne pas entendre parler de moi le 1er décembre, et que vous me croyiez dans quelque ornière sur la grande route.

Malgré mon extrême impatience de vous revoir, mon retour se trouve retardé de quelques jours, ma sœur ne nous appelle pas encore, et le neveu se fait attendre; ma mère, qui n'est jamais pressée de quitter la campagne à cette époque, profite du délai pour quitter le plus tard possible son petit castel; et par-dessus tout, l'espérance d'une route qui doit changer la physionomie de notre pays, et le faire rentrer au nombre des contrées civilisées, retient mon père, dans l'attente des ingénieurs.

Entre nous, je laisserais très volontiers les beautés un peu sévères de nos bois dépouillés et les plans encore fantastiques du chemin vicinal pour prendre les devants et me trouver plus vite auprès de vous; mais cet empressement de fuite pourrait contrarier ici, et je me résigne à ne pas demander congé. Dans tous les cas, ma résignation ne passera pas le 10 décembre; il est bien convenu que, ce jour-là, Paris reverra certainement une partie de la famille.

Paris a pour moi cet hiver de grandes séductions : une liste énorme de livres à consulter que je ne puis trouver que dans les bibliothèques, les intérêts de mes petits enfants qui me réclament, les besoins de la rue Mouffetard qui m'appellent, mille autres affaires que la Providence envoie aux gens de bonne volonté, voilà de quoi dépenser bien son temps et remplir ses jours. Il me faudra avoir tous les jours recours à vos conseils et à votre autorité sur moi, pour apprendre à distribuer les heures et à trouver temps pour tout, et je vous devrai encore, j'espère, cette nouvelle science qui jusqu'ici n'est pas trop à mon usage, mais que vous possédez et pratiquez à merveille, dans votre sainte horreur pour l'exclusion.

Pendant que Dieu met entre vos mains les intérêts des Bénédictins, des Trappistes, des Dominicains, quelqu'un n'a-t-il pas songé dernièrement à me faire le conseiller et le frère quêteur d'un couvent de religieuses, et ne veut-on pas me charger de l'organisation d'une école de petites filles ? Assurément je suis disposé à faire les vœux les plus ardents pour toutes les œuvres qui viennent au secours de nos frères ou de nos sœurs ; mais je doute fort que ma mission sur cette terre s'étende si loin, ce sera déjà bien assez des gamins de Paris. Une seule chose pourrait me donner confiance : c'est l'assurance où vous êtes que, dans ce monde, Dieu ne proportionne nullement le succès à la perfection de l'ouvrier, qu'il suit plutôt la manière inverse. Cette méthode me laisse au moins de belles chances.

A propos de succès, n'avez-vous pas été frappée de celui de M. Lherminier au Collège de France ? Naguère je vous avouais mes indignations, il faut aujourd'hui que je confesse mes joies peu charitables ; mais je n'ai pu me défendre d'un grand plaisir en voyant la manière dont il a été accueilli. Sauf les gros sols qu'on aurait beaucoup mieux fait de jeter aux pauvres, les sifflets et les huées lui allaient fort bien, et ce soir-là, il s'est fait une expiation. C'était de cette même chaire que, les années dernières, M. Lherminier achetait les applaudissements d'une jeunesse ignorante, en insultant à Moïse et à Jésus-Christ, et voilà qu'aujourd'hui les mêmes mains qui peut-être applaudissaient au blasphème le punissent d'un nouveau scandale, et font justice de sa première lâcheté en frappant la seconde. Cet homme, au jour où il avait cru que la religion se mourait, était venu lui donner audacieusement un dernier coup, et la livrer en dérision à la foule égarée, et il a cru que cette infamie lui donnait le droit de ne reculer devant aucune autre et qu'il était après ce premier effort dispensé à jamais de rougir d'une bassesse. On lui a appris sévèrement la valeur des choses et des mots, que, dans sa justification, il cherchait à dénaturer, et quoi qu'en dise le *Journal des Débats*, j'applaudirai à cette leçon donnée par les élèves à leurs professeurs, parce que je n'ai jamais cru que se vendre fût une bonne manière de se convertir, et que le repentir fût la même chose que la trahison.

Adieu, chère amie ; je n'ose rien vous demander au milieu de vos occupations et de vos souffrances ; mais gardez-moi au moins de bonnes heures pour mon retour.

A. DE MELUN.

Lettre de Mme Swetchine.

Paris, 2 décembre 1838.

Mon cher ami, je vous remercie de me dire que vous ne revenez que dans huit ou dix jours, et d'empêcher que ma pensée ne se préoccupe *à vide*, c'est déjà bien assez d'un mécompte de temps.

Mon intérêt personnel mis à part, je comprends très bien que votre maman profite du sursis et que vous lui fassiez compagnie fidèle ; il faudra seulement me rendre en détail ce que je perds en masse et vous ingénier à me faire, sans aucune sorte de déchet, la meilleure part possible, au moyen d'une savante distribution de temps. Je suis convaincue qu'on peut toujours en sauver plus qu'on n'en sauve, comme on peut toujours donner plus qu'on ne donne. Argent et temps ont une singulière destinée, dans les desseins de la Providence, c'est de n'avoir rien de commun au premier abord, et qu'on puisse pourtant presque toujours appliquer à l'un ce qu'on dit de l'autre. Faites-moi donc une bonne part, la meilleure, et puis, cumulez le plus de garçons, le plus de petites filles, d'écoles et de religieuses que vous pourrez, sans oublier la rue Mouffetard. Ne repoussez jamais rien et vous suffirez à tout. Il n'est pas assez clairement démontré que nous fassions assez bien une œuvre unique pour ne pas nous mêler de toutes celles qui se présentent, qui viennent nous chercher. Je regarde la *spécialité* comme un grand honneur ; mais comme tous les honneurs du monde, il faut que Dieu nous les défère pour que nous y prenions juste et légitime confiance. Dans le monde de Dieu, notre volonté ne doit nous placer qu'avec son *frétin*, toute liberté laissée à lui de nous faire brochet ou même baleine.

Vous ne sauriez vous faire une idée de l'assombrissement et des tristes préoccupations de tout ce qu'on connaît à Paris; les morts s'y succèdent plus même qu'au temps du choléra, non pas comme nombre, mais comme personnes connues. Nous avons dans notre maison un jeune homme de 20 ans, qui y est presque né, et qu'une fluxion de poitrine met en grand danger; c'est le fils de notre cuisinière, un jeune homme qui a fait de bonnes études et qui est employé dans les bureaux du ministère de l'instruction publique. J'ai bien peur que sa frêle machine ne résiste pas plus au mal qu'aux remèdes. Hier, M. Fouquier a été appelé en consultation; je ne l'avais pas vu depuis vous, et quelque chose de cette cruelle inquiétude dont vous avez eu la bonne grâce d'appeler, m'a traversé le cœur. Mon cher ami, je vous en prie, ne vous contentez pas de vivre, portez-vous bien, afin que je puisse dormir sur les deux oreilles, dans la confiance de ces derniers soins que je veux surtout recevoir de vous.

Si, en me parlant de M. Lherminier, vous aviez écrit sous la dictée de mes impressions, je ne pourrais dire davantage, pour *copie conforme*. Ne trouvez-vous pas que Dieu ne cesse presque plus d'intervenir? Les enseignements se multiplient et presque s'entassent.

Adieu, mon cher ami ; je vais très bien depuis

quelques jours et j'espère que cette bonne santé fera partie de l'accueil que je vous réserve.

Parlez de moi à madame votre mère, et bien des compliments à votre frère.

S. SWETCHINE.

Paris, 7 juin 1839.

Le lendemain de votre départ, chère et bonne amie, j'aurais voulu déjà vous écrire, tant j'avais impatience d'avoir de vos nouvelles et tristesse de ne pas causer avec vous ; mais j'attendais quelques révélations sur l'affaire que vous avez laissée en suspens, et j'aurais voulu vous annoncer quelque chose de positif ; or le positif n'arrive pas.

Maintenant je reviens à vous. Comment s'est passé ce long voyage ? combien de verres d'eau avez-vous déjà bus ? combien de bains, où en est la santé, la fatigue, la promenade ? Je voudrais déjà tout savoir ; depuis lundi à trois heures, je suis devenu horriblement impressionnable aux variations du temps, à la pluie, au froid, et vous m'avez fait retrouver des nerfs, car j'étais avec vous sur la route de Vichy ; la pluie me faisait frissonner dans votre voiture, et à chaque ondée je ne me consolais que par l'espérance que vous étiez trop loin de nous pour être atteinte. A ce moment-là seul, j'aurais voulu vous croire au bout du monde. Vous voilà maintenant à l'abri, au milieu de vos vieux amis, arbres, maisons et chemins compris, et leur rapportant cette même pensée de Dieu qui ne vous quitte pas, et que votre âme s'est appropriée comme son principal élément.

Songerez-vous, là-bas, dans vos solitudes et votre liberté, à ma prière des derniers jours, aurez-vous pitié de ces pauvres âmes qui ont besoin de lumière et que vos idées éclairent, et garderez-vous toujours pour la conversation cette expression si vive et si frappante de la vérité catholique qui ouvre aux intelligences des horizons nouveaux et leur fait comprendre ce qui semblait inaccessible à leur conviction? Ne devez-vous pas un peu compte à vos frères de cette harmonie que Dieu a mise entre votre esprit et sa révélation? Il a fait à un si petit nombre la grâce de penser comme lui! Il faut à tant de bons chrétiens de si grands efforts pour soumettre leur intelligence à celle de leur Créateur, que ceux-là dont les idées se confondent avec les pensées divines doivent prendre la parole et répéter ce qui se dit au fond de leur cœur. Je sais mieux que vous tout le bien que peut faire un point de vue catholique à l'esprit tourmenté du doute ou de l'ignorance, c'est la porte qui l'introduit dans la vérité et qu'il n'eût jamais aperçue si la parole ne la lui avait ouverte.

Aujourd'hui, après avoir lu bien des livres et écouté bien des phrases, je ne crois plus à l'utilité de l'écriture et de la parole, que pour se rendre l'organe de Dieu; de là mes préventions contre tout ce qui s'écrit, sans même excepter les imaginations de M. Guiraud sur les premiers jours du monde, et ses broderies sur la Genèse, parce que M. Guiraud et les autres mettant leur voix à la place de celle de Dieu, parlent d'eux-mêmes au lieu de répéter et ont la prétention d'avoir plus d'esprit que Moïse et plus de sagacité que les prophètes. Tous ces orateurs inscrits pour ou contre les lois divines, apportent le secours de leur génie à la Providence et veulent éclairer le christianisme de leurs lumières, et l'Église n'a guère plus besoin du patronage des rois de l'intelligence que de la protection des rois de la terre. Mais lorsque la parole humaine n'est que l'écho du Verbe divin, lorsque la plume exprime, non ce que l'âme invente mais ce qu'elle voit, non ce qu'elle imagine mais ce qu'elle sent, alors le livre n'est plus qu'une traduction de la vérité mise à la portée de ceux qui ne comprennent pas sa langue, et nul travail n'est plus digne de l'homme.

J'allais, chère bonne amie, vous parler de mes projets et de ma disposition à entrer dans ces vues, et à mettre mon temps et mes études non au secours mais au service de la Providence, lorsque j'apprends que Dieu nous envoie une nouvelle épreuve, et nous condamne à de nouvelles inquiétudes. Ma pauvre mère m'apprend en pleurant, que l'aînée de mes sœurs, Mme d'Acy, que nous avons vue partir en bonne santé, venait d'éprouver une rechute. Priez pour nous, chère amie, pour que nos prières de reconnaissance ne se changent pas si vite en gémissements, et que les terribles leçons de la misère de la vie humaine nous soient épargnées.

C'est surtout dans ces moments que votre amitié me manque, car elle représente si bien pour moi la consolation qui vient du ciel, que toute douleur me reporte vers vous, comme vers un ange gardien qui protège et rassure. Si je n'avais que de l'affection pour vous, je me reprocherais de vous faire partager toutes les vicissitudes de nos inquiétudes, et j'aurais attendu de meilleures nouvelles pour vous apprendre à la fois la maladie et la guérison ; mais je ne puis me plier à ces attentions avec vous, et avoir peur de vous attrister, et mon silence me paraîtrait coupable.

Une souffrance que vous ne partageriez pas, un tourment que je vous cacherais pèserait sur ma conscience comme une injustice et une ingratitude envers vous. Puisque vous n'êtes plus ici pour recevoir la confidence de tout ce que j'éprouve, il me reste au moins la ressource de vous en envoyer un souvenir, et demain je vous donnerai le bulletin que j'attends avec impatience.

Je remets notre destinée entre les mains de Dieu ; la parole qui a guéri ma mère mourante peut effacer toute trace de souffrance et de maladie chez ma sœur. Je sais qu'à toute heure de la maladie, quel que soit son symptôme, Dieu le peut ; s'il ne le voulait pas, sa rigueur me coûterait bien des gémissements et bien des larmes ; mais je sais trop à quelles conditions nous avons été mis en ce monde pour jamais murmurer des épreuves qui nous atteignent et du bonheur qui s'éloigne de nous.

A. DE MELUN.

Paris, 12 juin 1839.

Depuis ma dernière lettre, chère amie, nous avons eu bien des heures d'angoisse. Cette lettre nous a décidés à rester ici, et pendant que nous étions en proie aux plus vives inquiétudes, l'affaire que ma dernière lettre vous annonçait encore en suspens, semblait marcher vers le dénouement. Ma mère, la veille de son départ, a vu le père ; il ne manque plus au succès que le consentement de la mère, et il faut aller chercher ce consentement, car on conçoit que, sans avoir vu, une mère ne se décide pas à choisir un gendre ; tout était donc convenu pour amener cette entrevue. La famille va partir pour Aix-la-Chapelle rejoindre la mère, qui va y prendre les eaux, et quelques jours après, mon frère et moi nous nous dirigerions vers les provinces Rhénanes. Arrivés à Aix-la-Chapelle, après les premiers jours de politesse, je laisserais les intéressés en présence, je remonterais le Rhin, et irais faire en Suisse mon pèlerinage à Einsiedeln. On attend ce soir même la lettre de Lille qui ratifiera ce beau projet, accepté vendredi avec empressement par notre famille.

Adieu, chère amie ; je suis court, parce que, entre les nouvelles qu'on vient ici demander, entre les affaires de mon frère et puis celles de nos petits enfants, il me reste à peine le moment d'écrire au loin ; mais toujours, lors même que je me tais, je suis avec vous, et dans ces derniers temps d'angoisses, je prenais involontairement le chemin de la rue Saint-Dominique pour aller chercher du courage et des paroles d'amitié auprès de vous, et lorsque la vérité me faisait renoncer à vous voir, alors je pensais qu'au moment où je souffrais, vos prières se joignaient aux miennes, vos inquiétudes se confondaient avec mes inquiétudes, et cette communauté d'idées et de vœux donnait à mes chagrins moins d'amertume, et à mes vœux plus d'espérance.

A. DE MELUN.

Mon frère me charge de vous présenter ses respects les plus dévoués, et de le recommander à votre si bon souvenir.

Lettre de Mme Swetchine.

12 juin 1839. Vichy.

Mon cher ami, j'ai eu ce matin votre lettre de lundi et j'éprouve une grande douceur à ces nouvelles meilleures sur tous les points ; j'avais attendu tout hier, cela me suffisait pour savoir que vous attendiez aussi et que votre silence n'était que les choses en suspens, ce qui est encore beaucoup quand l'inquiétude en fait le fonds. Celle de M. d'Acy se conçoit bien, et cependant, dès la première impression je l'ai jugée exagérée, parce que j'avais vu beaucoup d'accidents semblables, qui, graves en eux-mêmes, n'ont rien de commun avec les vomissements de sang qui sont à la dernière période des maladies de poitrine, entre autres ma plus ancienne amie, âgée de huit ans de plus que moi, très jeune encore, avait de ces crachements de sang ; elle le rendait par flots, et je l'ai vue à ce régime pendant une vingtaine d'années, qui ont été suivies de maux complètement différents, mais qui enfin ne l'empêchent pas de vivre encore.

Je n'ai pas osé vous dire tout cela avant d'être rassurée par les autorités compétentes, rien n'étant plus impatientant et maladroit que de rassurer mal à propos. M. Andral et le médecin *qui se croit maître de la maladie* sont sûrement très croyables, car le système d'aujourd'hui pour les médecins est loin d'être une officieuse dissimulation. Enfin madame votre sœur n'ayant pas contre elle la toute première jeunesse, a pour elle les forces de l'apogée de la vie, comme vous le dites si bien ; bien des ressources, des consolations, des grâces peuvent se placer dans ce temps que l'on gagne et qui est précieux toutes les fois qu'il est accordé.

Plus tranquille sur ce point qui nous absorbait tous, j'ai pu jouir de mon retour de confiance pour l'excellent homme, que je ne m'étais pas représenté de manière que la légèreté et la mobilité lui allassent très bien ; enfin il ne m'apparaît plus que sous les auspices des bons sentiments qu'il a gardés et dont seulement il a désespéré trop tôt. Ma première pensée avait été conforme à la vôtre, j'avais cru à la concurrence d'un nouveau candidat ; mais je crois bien à présent que tout se réduit à l'absence de la mère et à une neutralité qui ne durera pas pour la fille. Le voyage d'Aix-la-Chapelle, si toutes les voix sont à peu près fixées, me paraît très convenable ; les choses même approuvées par la mère, il me semble très juste qu'elle se réserve le droit d'une sorte de *veto*. Mais dans sa pensée, du moment où elle laisse venir votre frère, elle ne peut l'appliquer qu'à des éventualités si extraordinaires qu'il ne saurait presque y avoir de chances contraires. Cependant je vois tant de gens dans ce monde qui ne savent ce qu'ils veulent, que je ne suis pas tout à fait sans appréhension de quelque nouvel incident, et j'adjure toute votre prudence à y bien veiller. C'est à vous d'être la sentinelle, l'œil ouvert, et au besoin le bras qui arrêterait votre frère. Quand on a traversé les trois quarts de la vie, on a appris, par les succès comme par les revers, combien est peu de chose un dégoût; mais ils ne réagissent pas de la même manière sur les caractères, et souvent des contrariétés très peu redoutables en elles-mêmes le sont par leurs effets. Je comprends très bien que, l'affaire en bon train, vous lui retiriez votre présence, et j'ai hâte que vous soyez fidèle au rendez-vous que nous donne Dieu (1).

Quand tous vos jours seront pris et arrêtés, il faudra me les dire ; ce n'est pas vous suivre que je veux seulement dans votre pèlerinage, c'est m'y associer à vous, remercier et demander en même temps, comme il est digne d'un Maître dont les dons sont inépuisables. Ah ! si on me laissait faire, que je serais ambitieuse pour vous ! Vite je dresserais la perpendiculaire, en demandant seulement que vous restiez longtemps en *vue* de la terre.

Mme de Chelaincourt espérait un peu vous voir ; il faut absolument que vous lui donniez cette consolation-là, elle sera à deux fins, car je vous crois destiné à ne faire et à n'éprouver de vrais plaisirs qu'en faisant du bien.

Je ne vais pas mal, et je supporte sans trop d'irri-

(1) Le pèlerinage d'Einsiedeln.

tation la cure très consciencieuse que j'ai commencée il y a aujourd'hui huit jours ; je pense qu'elle me sera utile, seulement j'éprouve un mécompte que j'oublie tous les ans pour le recommencer, c'est le peu de loisir que laisse à l'intelligence cette vie toute vouée au radoubage de la machine. Le temps que les eaux ne nous ôtent pas, elles nous le gâtent. Vous avez tout le jour *les fumées du festin*. Je lutte cependant de mon mieux contre tous les genres d'envahissement, et comme d'habitude je remue plus de choses que je n'en exécute. Je suis pourtant presque à la fin du volume de M. Guiraud, que vous avez jugé, par parenthèse, comme si vous l'aviez lu, ce qui toutefois ne vous dispensera pas de le lire. Je suis très intéressée par M. de Beaumont ; il donne l'idée d'avoir tout dit sur le sujet qu'il traite, du moins du point de vue dont il l'a considéré. Le travail assidu et sincère y paraît bien davantage, selon moi, que le talent ; c'est un de ces hommes comme, à la rigueur, les peut faire même l'atmosphère des États-Unis, où, je pense, son livre aura plus de retentissement et surtout d'approbateurs qu'en Angleterre. J'ai même commencé à écrire ! Mais trente lettres me sont arrivées, et toutes plus ou moins pressées. Il me semble que je gâte, que je mutile tout ce que j'exprime, et cela me fait peine, non pour moi-même, mais pour ces idées spontanées qui me saisissent et dont la vérité se démontrerait à mon esprit par la manière même dont elles me viennent. Si vous vouliez les exprimer, elles m'appartiendraient bien davantage, car vous leur ôteriez le vêtement qui les dissimule quelquefois à mes propres yeux.

Je vous en prie, rendez-moi un service, faites choix chez Gaume de quatre petits volumes, pour le bon jeune homme, *caporal au 51ᵉ*, dont je vous ai parlé. Son chef d'escadron m'écrit qu'il est à Paris, et repart pour la garnison où se trouve Auguste Vavasseur (1). Je voudrais bien profiter d'une si bonne occasion pour lui envoyer quelques livres ; je ne saurais vous les indiquer, vous avez toutes les premières données: *un bon jeune homme, dont ses chefs sont très contents, qui aime M. Lacordaire, et qui fait le chemin de la Croix* ; et là-dessus, je vous en prie, quatre ou six volumes, et aussi le plus vite possible, le chef d'escadron, M. de Guise, va partir, il faut que tout cela soit remis chez lui avant le 18. Je lui écris aujourd'hui. Quand vous aurez ces livres, faites-les porter à Cloppet, qui les paiera, et insistez pour qu'ils soient remis immédiatement à *M. de Guise, rue des Petits-Augustins*, 32.

S. SWETCHINE.

15 juin 1839.

Nous voilà tout à fait rassurés, chère amie, au moins pour le moment, car depuis ma dernière lettre, nous n'avons tous les jours que de bonnes nouvelles, notre malade a repris son état naturel. Ce retour de sécurité nous a rendus à nos affaires et à nos intérêts habituels, et lorsque j'ai reçu votre petit mot qui disait si bien

---

(1) Le vicomte Vavasseur, fils du général de ce nom, substitut du roi à Paris sous la Restauration, et mêlé à toutes les fondations pieuses de cette époque.

votre effroi, moi déjà rassuré je m'attristais de n'y pas voir une ligne de votre santé, de vos eaux, de votre voyage ; aussi ne veux-je compter cette lettre que comme un cri de compassion qui répondait à mon cri d'angoisse, et il me faut maintenant quelque chose qui me parle beaucoup de vous, et me rende compte de vos journées sur lesquelles je prétends avoir quelque droit d'inquisition.

L'avenir de mon été s'embrouille terriblement à travers les chances d'établissement par mon frère ; j'entrevois confusément un voyage aux bords du Rhin, un pèlerinage à Einsiedeln, une excursion à Hofwil, et puis le caprice d'une famille encore étrangère peut effacer tout cela, ou l'ajourner. Mon indépendance ne peut échapper à ce régime de bon plaisir, car mon frère m'entraîne avec lui, non comme Mentor, mais comme associé dans les grandes affaires, où je pourrai jouer le rôle de confident, de chœur, et même à la rigueur de public. Tout cela m'arrangerait fort bien, si le concile de Trente y trouvait son compte ; mais comment lui trouver place dans des entrevues et sur des bateaux à vapeur ? En attendant, cependant, je l'emporte avec moi à Bouillancourt, où je vais me tenir prêt pour le départ d'outre-Rhin ; là, entre fra Paolo et monsieur Bazin, je me hâterai de consigner quelques idées et d'ajouter aux extraits des autres ce que, par hasard, j'aurai pensé moi-même. Je vais faire pour le XVIe siècle ce que Alfred (1) tenta dans sa solitude pour la fin du XVIIIe, et essayer d'appliquer à moi-même les conseils si

---

(1) M. de Falloux.

faciles à donner aux autres. J'espère aussi mettre la main à l'œuvre de notre colonie d'orphelins, et commencer enfin ce qui a été projeté si longtemps ; il me faut au moins ce succès pour me justifier de tant de pas perdus pour l'étude, de tant de jours passés loin de la réflexion et du travail. Si quelque pauvre enfant délaissé vient à profiter de cette vie inactive et de ces passe-temps si peu méditatifs, je m'accorderai peut-être une amnistie, mais sans cela je ne me pardonnerai décidément pas mon hiver courant après des pièces de cent sols et des billets de loterie. Pour vous, chère amie, vous n'aurez jamais ce reproche à vous faire, et vous ne succombez pas à cette tentation ; mais j'ai bien aussi ma petite critique à hasarder avec vous, et jusqu'à ce que j'aie lu ce que vous dites et déchiffré ce que vous pensez, je me donnerai aussi les airs de déclamer contre la paresse et j'aurai mes arguments en faveur de l'écriture contre la tradition.

Hier soir, vous en auriez trouvé de bien puissants pour le gouvernement représentatif, si vous aviez assisté à la séance du Conseil des Amis de l'enfance ; il s'agissait d'un fameux règlement de plus de soixante articles, dont j'avais l'honneur d'être plus ou moins l'auteur. Notre discussion, dont la lucidité et plus encore la vivacité aurait fait honneur à tous les parlements des deux mondes, n'a pas duré moins de quatre heures, et à près de minuit il a fallu se séparer à moitié route, au milieu d'un article dont la première phrase n'a jamais pu compléter ses derniers mots. En vérité, dans un cercle si modeste et dans des questions si minimes, se reproduisaient merveilleusement toutes les formes et tous les accidents des plus grandes et plus importantes assemblées, et la tactique parlementaire pour enlever à M. Dupin son fauteuil ou à Louis-Philippe son gouvernement, aurait pris des leçons de notre habileté, quand il s'est agi de dépouiller M. Boblet, notre directeur, de toute son influence en respectant sa prérogative. L'extrême gauche voulait l'annuler, le tiers parti l'éconduisait en le comblant d'éloges et de politesses ; les ministériels, s'appuyant sur ses droits de fondateur et sur leur indispensabilité, — pardonnez-moi ce mot du centre, — voulait concentrer sur lui toutes les fonctions, et qu'il pût présider, parler, être à la fois orateur, ministre, roi. Pour lui, comme un prince légitime, il se retranchait dans les droits divins, et l'orage allait s'élevant si haut, les interruptions s'échangèrent avec une telle impétuosité, que si la garde municipale eût passé sous nos fenêtres, nous eussions figuré dans le rapport de la Chambre des pairs, comme émeutiers internes et tapageurs *intra muros*. La lutte a fini, comme toutes les luttes de ce monde, par un compromis entre les deux doctrines, et un amendement conciliateur, émané de mon génie législatif, a concilié tous les suffrages ; chacun s'est consolé de ce qu'il n'obtenait pas, par l'idée de ce qu'il enlevait à son adversaire, et dans cette séance lilliputienne, j'ai compris tous les secrets de la politique et le mécanisme du système représentatif.

Voilà qui ne serait guère digne de vous être raconté, si sous cet exemple ne se cachait une immense vérité : l'égalité humaine qui ne semble contredite que dans les applications, mais se maintient si bien dans les forces. Hier soir, il s'est dépensé autant de paroles, j'allais presque dire de passion, dans notre pauvre petit salon qu'à la Chambre des députés; c'était le même homme, la même vivacité, le même esprit d'opposition, le même instinct conservateur; seulement ici il s'agissait d'une affaire d'une cinquantaine d'enfants; là-bas, il est question de quelques millions d'hommes. Mais aux yeux de Dieu, au point de vue de la vérité, la différence n'existe pas; on retrouve au fond de tous les faits humains le verre d'eau de l'Évangile, qui représente dans sa petitesse les richesses du monde entier. On reproche au monde de déplacer les importances, et de déclasser la hiérarchie des faits, en attachant une valeur immense à ce qui ne doit rien peser. Loin de le blâmer, je l'approuverais fort de cette opposition à la sagesse humaine et à la logique de cette terre, si son point de vue était purement moral; car dans sa sphère, il n'agit pas autrement que la vérité elle-même, qui ne souscrit jamais à toutes ces inégalités que les jugements de la raison humaine introduisent dans les faits et les positions; seulement la loi d'égalité n'est pas puisée aux mêmes sources : pour le monde, c'est la mode qui efface les distances et nivelle les importances; pour la cité de Dieu, c'est l'intention morale qui attache à la plus petite des actions toute la grandeur et le poids du plus sublime acte de vertu. Mais au fond de cette manière si ridicule qu'adopte le monde, il y a comme un instinct de justice, un besoin de réparation, qui ne sachant comment s'exercer, faute d'appui et de lumières, se détourne dans la niaiserie et se perd dans le néant.

En fait de tristes applications de grandes forces, on commence à se préoccuper ici du procès de la Chambre des pairs, et de toutes ces associations qui demandaient à 93 leurs règlements et leur but. Le rapport les dénonce avec assez de justice comme une troupe d'assassins méditant pillage et meurtre, et je n'ai nulle envie de les défendre ; mais, en vérité, pour les hommes qui ne parlent jamais sur cette terre que de leurs droits, et oublient dans leur législation la source de toute autorité, je ne sais trop comment la logique peut répondre aux récriminations de tous ces coupables. L'inégalité des conditions, du travail, des souffrances, en dehors de la religion, ne peut guère se défendre que par la force, car quel argument autre me ferait accepter de souffrir dans l'intérêt des jouissances de mon voisin, de travailler au profit de son repos, de mourir de faim pour qu'il dîne bien, et de pleurer pour qu'il s'amuse? Depuis bien des siècles, on traite ces plaintes de déclamations, et j'avoue que dans ce grand procès entre les riches et les pauvres, la déclamation me semblerait beaucoup plus du côté de ceux qui invoquent en faveur de leur bien-être, l'intérêt de ceux qui souffrent ; entre nous (car tout cela sent presque le jacobinisme), si jamais il prenait fantaisie à un gouvernement de condamner pendant un mois seulement les heureux du siècle à l'exercice de la pauvreté et de la misère, qui est le pain quotidien de la multitude, je crois que les feuilles du moniteur républicain ne fourniraient pas assez de colère et de révolte contre un pouvoir si tyrannique. On n'ose pas répéter ces choses-là, crainte de paraître factieux ou absurde, et pourtant, retranchez, comme on fait ici dans nos lois, Dieu de ce monde et de la pensée d'un peuple, et la révolte a toujours raison, la société est une espèce de crime, un attentat à toutes les notions de justice et de charité. Pourquoi M. de Lamennais n'a-t-il vu que la moitié du problème, et frappé du mal, a-t-il été chercher la réparation dans ce qui était la triste conséquence du mal lui-même? Pauvre médecin, qui, constatant la maladie qui pousse à la mort, conseille au malade de se tuer pour se guérir. L'Évangile avait pourtant tout prévu et tout préparé; aujourd'hui, les princes en ont peur, et trop souvent les puissants l'oublient comme les peuples; et pourtant il n'y a que l'Évangile qui fournisse encore quelque argument en leur faveur. Tous aiment mieux parler de leurs droits sur les hommes que de leurs devoirs envers Dieu; j'ai peur qu'ils n'apprennent un peu tard pour eux et peut-être pour nous qu'il n'est pas d'autres titres réels et respectés que ceux qui s'achètent par de pénibles et sérieux devoirs.

Mais vous n'avez pas besoin de tous ces tristes retours sur l'humanité. A Vichy, dans une ville où l'on n'entend guère murmurer que les eaux, et où la santé occupe trop pour laisser place à la politique, j'aime à vous suivre dans vos promenades, à écouter vos lectures, et surprendre quelques réflexions qui s'échappent de votre esprit. Avez-vous commencé mon ami Mahler, ou *la Création* de M. Guiraud, ou quelques-uns des volumes qui vous parlent mille langues et mille sujets? Mandez-moi tout cela à Bouillancourt chez M. de Mareuil, par Montdidier (Somme); j'y serai demain et aurai soin de vous tenir au courant de mes faits et gestes.

Mon frère est parti hier pour Acy embrasser de notre part la malade ; Éleuthère de Girardin, que je vois de plus en plus sur la route des bonnes choses, me charge de le recommander à votre souvenir, et moi je ne pourrais que vous répéter tout ce que vous savez, si j'entreprenais de vous dire combien j'ai besoin de vous savoir en voie de guérison, pour me résigner à votre absence.

A. DE MELUN.

20 juin 1839. Bouillancourt, par Montdidier (Somme).

Enfin, chère amie, j'ai commencé hier à sortir de cette incertitude qui pesait sur notre famille et nous a fait vivre tout ce mois-ci de probabilités et de peut-être. Ma mère et ma sœur n'attendaient plus heureusement la santé, car elle leur était revenue au point de faire douter qu'elles aient été malades, mais bien une lettre d'Andral qui devait les envoyer aux eaux ou les retenir au repos de la campagne. Anatole attendait quelque signe d'Aix-la-Chapelle, et moi j'attendais M. Bazin, que les intérêts du sucre dont il est un des représentants, attiraient à Paris. De toutes ces attentes, résultaient de ma part la suspension de tout projet et toujours la remise au lendemain de ma correspondance, dans l'espérance d'avoir à écrire quelque solution. Andral n'a pas encore répondu, mais la prospérité des consultantes fait prendre patience.

Aix-la-Chapelle a enfin parlé, en termes assez vagues, sans rien avancer ni promettre; on y reconnaît l'influence d'une prudence maternelle qui veut réserver toute sa liberté et ne pas perdre le droit de refus. Pour mon frère, il ne s'est nullement inquiété du vague et des réserves; il était à Brumetz, fort impatient à ce qu'il paraît, car la lettre arriva avant-hier à dix heures du matin; à deux heures il était parti, et j'ai appris qu'il était en route, donnant congé à mon rôle de Mentor et de sentinelle, et me rendant ma liberté. Entre nous, la marche me paraît un peu vive et précipitée; je me serais donné à sa place un jour de réflexion, et surtout pour l'entrée en campagne, j'aurais aimé mieux être deux qu'un; mais ce sont allures de vainqueur et de conquérant, et l'empressement est quelque chose auprès de ceux qu'on va chercher. Je l'aurais retardé sans doute, puis notre réunion rendait plus difficile le logement dans une ville déjà pleine de baigneurs, et d'ailleurs j'ai fort peu, vous le savez, le génie matrimonial, et j'aurais probablement fort mal joué mon rôle; il devient beaucoup plus facile à distance, et je m'en arrange très bien, puisque la négociation peut se passer de moi. Plus tard, les entrevues faites, et la réponse positive donnée, le succès pourra m'appeler, et je réaliserais alors mes courses rhénanes et mon pèlerinage. Mais tout cela ne peut plus arriver que vers le milieu de juillet. En attendant, ma part dans toute cette affaire se simplifie singulièrement; je vais m'en tenir aux vœux et aux prières, qui seront bien vives et bien pressantes, car la précipitation de mon frère me prouve, encore plus que toutes les autres apparences, combien ce mariage lui conviendrait, et quelle importance il attache au succès. Sans m'exagérer ses chances, et toujours prêt aux revers, j'ai pourtant quelque espérance. Si ma partialité fraternelle ne m'aveugle pas trop, il me semble de ceux qui gagnent à être connus; il y a beaucoup de bon à découvrir en lui; ses sentiments sont si nobles et si purs, son âme si profondément religieuse et charitable, depuis quelques années il a amassé de si riches trésors de piété et de bonnes œuvres !

Vous verrez qu'il aura trouvé sa dot dans la rue Mouffetard, et que la Providence ne lui refusera pas le moyen de faire encore plus de bien, en rencontrant plus de ressources et des inspirations aussi charitables que les siennes. Si toutefois la Providence n'est pas de cet avis, restera cette rue Mouffetard et les voisines, qui lui apporteront leurs consolations et leur intérêt, et il ne sera pas encore trop à plaindre.

Au reste, chère amie, il faut toute notre science de la bonté divine pour oser lui demander quelque chose après la manière dont elle nous a traités. Lorsque l'humanité tout entière est condamnée sur cette terre aux épreuves les plus rudes, et qu'il lui faut boire le calice d'amertume jusqu'à la lie, comme Dieu nous a ménagés ! quelle distribution paternelle des afflictions et des tristesses ! Si, dans ces derniers temps, il nous fait passer par une double inquiétude, s'il nous frappe dans nos plus chères affections, sa main miséricordieuse ne laisse aller notre épreuve que jusqu'aux limites de l'espérance; elle l'arrête là où commencerait le malheur, et ne demande nos prières et nos gémissements que pour rendre plus douces et plus consolantes nos actions de grâces. A l'inverse de ce qui se passe, au lieu des espérances trompées, des promesses qui manquent, des joies qui s'obscurcissent et prennent le deuil, il ne nous a menacés que pour nous bénir ; et il nous prépare encore de grandes joies dans les petits enfants pour qui cet hiver nous avons travaillé.

J'arrive de chez M. Bazin enfin revenu, et je suis enchanté de tout ce que j'ai vu. Pendant que le sort de ces pauvres malheureux parlait à nos cœurs, et nous inspirait l'idée de demander à la terre du travail pour eux et aussi des leçons, M. Bazin, préoccupé depuis de longues années de la même pensée, nous préparait le terrain, et au milieu de l'administration d'une grande culture et de toutes les expériences agricoles d'un esprit actif et intelligent, ne perdait pas de vue l'espérance de fonder un jour chez lui une maison d'orphelins, une colonie de pauvres petits enfants, en sorte que cette idée se retrouvait au fond de tous ses actes. S'il ajoutait une petite ferme à ses domaines déjà vastes, il la choisissait de manière à pouvoir l'isoler du reste de sa culture, et la mettre un jour entre les mains de jeunes ouvriers sortis de son école ; s'il accumulait autour de lui des ateliers, il y prévoyait la place de jeunes apprentis ; s'il agrandissait sa maison d'un pavillon, c'était dans l'avenir l'appartement du directeur de la colonie. Telle chambre était faite avec la chance de devenir un jour un dortoir, telle autre un réfectoire, telle autre un pénitencier. Tout se bâtissait, s'organisait en apparence pour le service de l'exploitation, dans les intérêts de la culture, et au fond, ces améliorations de propriétaire cachaient une destinée toute de charité ; et lorsque M. Bazin semblait travailler pour sa fortune, il travaillait dans l'espérance de partager avec les enfants : aussi nul homme sur la terre ne pouvait mieux répondre à nos vues et réaliser nos idées. J'ai trouvé tout prêt pour commencer nos essais, à peine quelques travaux à achever, et notre établissement marchera.

Décidément, nous confions la direction entière à un ecclésiastique que nous donne l'évêque de Beauvais et dont il répond. Nous livrons à nos enfants une petite ferme, pourvue de tout ce qu'il faut pour la culture, loin du contact des autres ouvriers, et seulement en rapport avec cinq frères qui se sont formés en communauté pour se dévouer à l'enfance, et qui dirigeront les travaux des champs et l'étude. Notre colonie sera fermière de M. Bazin, sous son inspection et ses conseils. Elle aura sa moisson, ses labours, ses semailles à faire; vendra ses produits, achètera ses matières premières, enfin gérera elle-même ses affaires, et à la fin de l'année rendra ses comptes, et partagera avec l'établissement ses bénéfices. Dans quinze jours j'expédie six nouveaux enfants, ce qui nous en donne à peu près une quinzaine, et au mois d'octobre, nous nous sommes donné rendez-vous pour examiner les travaux et inspecter ces débuts. Éleuthère de Girardin, dont le zèle pour le bien va toujours croissant, doit s'y trouver avec M. de la Feronnays, avec qui j'ai fait connaissance chez la sœur Rosalie la veille de mon départ de Paris, et que j'ai trouvé plein de bonne volonté pour tous les moyens de faire le bien. Le peu de temps que je l'ai vu m'a suffi pour applaudir cette nouvelle connaissance que vous avez faite, car certainement il viendra chez vous, et malgré les excessives préventions que vous prêtait la bienveillance du monde, vous vous entendrez à merveille.

A propos d'enfants, la duchesse de Liancourt nous en envoie un qu'elle arrache au protestantisme ; toute disposée à se charger de son éducation, elle m'écrit à ce sujet une lettre pleine de l'esprit que vous lui savez et des bons sentiments que vous lui inspirez. Je vois que les sujets ne nous manqueront pas pour remplir notre maison et cultiver notre ferme. Chaque courrier m'en propose au moins un, il m'en pleut de toutes parts, et je jouerai bientôt cette scène de Molière où le pauvre Pourceaugnac est envahi par les milliers d'enfants qui se prétendent de sa famille; seulement je ne me sauverai pas si vite que lui, et n'ai nulle envie de les désavouer.

Mais en voilà bien long sur moi et mes affaires, et pas un pauvre petit mot sur les vôtres ; quel égoïsme, n'est-ce pas? et comme on voit que je m'intéresse peu à tout ce qui vous regarde! Que me fait l'effet des eaux et la marche de votre santé ? Je m'inquiète bien de vos journées à Vichy, et je ne veux pas seulement savoir quand et comment vous reviendrez. Tout cela ne vaut pas de ma part une seconde d'attention. Cependant, chère bonne amie, ne le croyez pas trop, et traitez-moi tout comme s'il n'en était rien. Je me prends encore beaucoup trop souvent à me demander ce que vous faites, comment vous allez, quand je vous reverrai pour vous dire telle et telle chose : et puis, maintenant que je médite l'introduction de mon concile, je voudrais tant vous avoir bien près de moi, pour vous raconter ma pensée, mon jugement sur telle hérésie ou telle proposition ; j'aurais si grand besoin de vos conseils, de vos idées ! Quand donc me serez-vous rendue, ne fût-ce qu'un moment, le temps seulement d'écouter mes superbes phrases, et surtout de me lire les vôtres, car vous les écrivez, et toute cette défiance de la forme qui cache, dites-vous, le fond, me trouve très incrédule, sans m'étonner. Vos idées sont de celles qui doivent se trouver toujours à l'étroit dans l'expression ; il faut bien s'y soumettre, et leur faire subir toutes les faiblesses et les misères de l'incarnation.

Mais je vous dis bien vite adieu pour que ma lettre parte aujourd'hui ; répondez-moi à Bouillancourt, et attendez bientôt une nouvelle lettre qui sera toute théologique. Dans celle-là il ne sera pas question de nous, mais de luttes. Le diable n'y perdra rien.

Vous savez sans doute que votre lettre est arrivée à temps pour les petits livres de votre ami le caporal, deux heures avant mon départ de Paris. J'ai couru chez Gaume et ai cherché avec son aide tout ce que j'ai pu trouver de plus honnête et de plus belliqueux ; je lui ai envoyé une petite Histoire des Croisades, puis la Conquête du Mexique, puis des naufrages, tout cela dans les meilleurs sentiments du monde.

A. DE MELUN.

Lettre de Mme Swetchine.

5 juillet 1839. Vichy.

Je crois vraiment, mon cher ami, que si j'ai tant tardé à vous écrire, c'est une invention ingénieuse pour y penser davantage. D'abord, je me préoccupais de ce que vous n'écriviez pas, je jugeais par cela que vous attendiez vous-même, que madame votre sœur continuait à aller bien, et je m'impatientais de ne pas savoir tout cela par vous-même sans m'en inquiéter. Enfin est arrivée cette seconde lettre, *sans date* comme la première (je vous en fais la guerre), en même temps que tant d'autres *frappées*, comme on dit, sur les adresses, que, selon ma louable coutume, j'ai fait passer tout le monde avant vous pour vous garder plus longtemps.

Le départ de votre frère m'a un peu *saisie*, mais sans m'étonner précisément ; il me paraissait déjà dans la disposition qui jette brusquement dans l'action, ou y fait renoncer complètement ; et à tout prendre, quoique j'aie un peu peur, j'aime mieux qu'il ait suivi la voie dont il porte la raison en lui-même. Les conseils les meilleurs sont quelquefois des complications, et pour exécuter même, on s'en tire souvent mieux sans secours, parce qu'on fait appel à toutes ses volontés et qu'on leur imprime un mouvement unique. Je pense comme vous que cette détermination si prompte donne la mesure du prix qu'il mettrait au succès, et c'est de quoi le faire désirer vivement. Quoi qu'il arrive, c'est dans son intérêt que la *solution* aura été donnée, la rue Moufetard une fois pour toutes aura fait tourner toute chose à son avantage ; tout prie, tout intercède pour lui, jusqu'aux regrets inconsolables de la sœur Rosalie qui m'envoie à Vichy un directeur du séminaire du Saint-Esprit, pour me dire encore son bonheur de vous connaître tous deux, son chagrin de ne plus vous avoir et surtout pour me demander de vos nouvelles.

Je vais être bien impatiente des détails de son arrivée à Aix-la-Chapelle ; il est difficile qu'il ne sache pas bientôt à quoi s'en tenir, lors même qu'on tarderait à s'engager définitivement. Je vous en prie, ne perdez pas un moment à me dire ce qui en sera. Votre frère ne sait pas tout ce que l'estime que je lui porte a d'affectueux. C'est singulier, mais tout en ne faisant qu'un avec lui, vous nuisez à nos rapports, et par cela seul qu'il serait impossible que l'intimité fût égale, elle est moindre. Cela n'empêche pas que son mérite si vrai et si solide ne soit bien senti par moi, et que je ne sois assurément plus occupée de son bonheur de ce monde, que du vôtre à vous-même ; quand j'écris *bonheur*, je veux dire prospérité, car je ne ferais pas bon marché du vrai bonheur tel qu'on peut le goûter ici-bas. Je suis convaincue qu'il ressemble prodigieusement à celui du ciel, comme une grossière ébauche peut ressembler au tableau le plus fini.

Il y a huit jours, je vous aurais mandé que j'allais retourner à Paris après mes trente jours d'eaux et de bains, aujourd'hui je vous annonce huit ou dix jours de plus passés à Vichy ; il nous est survenu un temps très froid qui a beaucoup retardé les cures, et à cela s'est joint pour moi un mouvement de sang et d'humeurs qu'il ne faut pas interrompre trop brusquement. J'ai donc repris mon premier projet, si rien ne le dérange du dehors, de rester ici jusqu'au 10 ou 12 et peut-être quelques jours au delà, si dans l'intervalle je n'y vois pas trop d'obstacles ; ce complément de cure fera très bien.

A travers tout le malaise et l'ennui de soins nombreux et si absorbants, jamais je n'ai cru pouvoir mieux juger que cette année de la manière admirable dont me vont ces eaux-ci. J'ai retrouvé tout ce que nous donne la force, une vie aisée, la liberté des mouvements et rien de ce poids qui accable. Je passe trois heures dans l'eau, chaque jour, et au lieu de l'irritation ou de la débilité que ce régime pourrait faire craindre, je n'y prends que du ressort. Sans mettre un grand prix à rien ni même à me bien porter, je jouis de cette amélioration d'abord parce que Dieu l'a voulu, que j'entre avec confiance dans toutes les voies qu'il m'ouvre, et aussi parce que l'action d'un principe de renouvellement m'est toujours chère, en vue de l'autre. J'aime tous les miracles du bon Dieu. J'aime aussi le concours de la volonté humaine aux desseins supérieurs qu'elle aperçoit, et quand la grâce nous pousse, j'aime à lui venir en aide, comme disent les médecins *aider la nature*, ce qui se traduit, la laisser faire ; et puis, mon cher ami, je n'oublie pas d'aimer le plaisir que font ma vie et ma santé à la bonté de ces amis dont j'ai bien autrement besoin que d'elles.

Voilà donc les dispositions dans lesquelles vous me trouverez, car j'établis en fait qu'elles survivront à l'atmosphère et aux fontaines de Vichy et que vous me ferez une petite visite dans le courant de juillet.

Je vous en prie, ne remettez pas en question votre voyage ; il faut absolument que vous le fassiez, commençant par Aix-la-Chapelle, le duché de Nassau et finissant par Einsiedeln. Il faut y tout subordonner, ajourner le concile de Trente, s'oublier, s'il le faut, car je ne vois pas qu'elles se rendent mutuellement bien utiles les idées que l'on fait marcher de front. Le concile que je semble sacrifier, c'est dans son intérêt que je l'isole, c'est afin qu'en vous y remettant il ne soit plus question que de lui. Le voyage peut faire surgir beaucoup d'aperçus, mais n'est compatible avec aucun travail, et les matériaux assemblés, il faudrait s'enfermer comme dans une prison et produire d'un seul jet. Cette introduction qui vous préoccupe doit être le résumé philosophique de tout l'ouvrage, en renfermer toute la substance. Robertson a acquis toute sa renommée d'historien par son introduction à l'histoire de Charles-Quint, seule célèbre au milieu de ses autres ouvrages historiques d'ailleurs très estimables. Le penseur, l'écrivain paraîtront tout autres dans cette introduction, et l'effet qu'elle produira décidera en grande partie de l'autorité que vous exercerez sur vos lecteurs dans le cours de l'ouvrage. Il faut, mon cher ami, faire bien, très bien ; Dieu vous comptera jusqu'au désir que vous en aurez, car il en aura été le principe et la fin.

Votre tableau de la séance de M. Boblet est un portrait comme un chef-d'œuvre *en raccourci*. Comment tout ne se ressemblerait-il pas, les mêmes passions en jeu ? de la part de l'homme les mêmes misères, de la part de Dieu un même but ! Qu'importe la médiocrité des moyens, s'ils sont susceptibles de produire les mêmes effets, et ces effets de réagir sur les intelligences d'une manière analogue ? Comme vous le dites si bien : *l'égalité humaine, qui ne semble contredite que dans les applications, se maintient bien dans les forces.* C'est dans des proportions différentes toujours le même patron.

Si vous aviez une idée de la vie que je mène ici, vous ne me sommeriez pas de commencer à tenir ma parole d'écrire ; on n'y a pas un instant de repos, et c'est tout au plus s'il est loisible d'y lire. Je me suis donné pourtant ce plaisir-là, et, ce qui était sorti de mes habitudes en dernier lieu, j'ai fini tous les livres commencés à Paris. Je suis un peu pour les livres comme cette femme à qui un autre plaisait toutes les fois qu'elle aimait quelqu'un ; mais cette légèreté de mœurs me quitte quand je suis plus à moi-même, et je me hâte de l'expier par une fidélité plus grande à la chose commencée.

J'ai reçu une très bonne lettre de François de la Bouillerie parfaitement touchante ; il est rentré dans son élément, et on sent également sa vocation par l'accord qui se retrouve en lui-même, comme on la sentait par la discordance de ses habitudes et de ses sentiments.

Adieu, mon bien cher ami ; j'ai mille choses à vous dire, mais j'ai beaucoup écrit et je suis fatiguée.

Hier, comme je me mettais à vous écrire, j'ai reçu une lettre de Mme de Chelaincourt qui me donne les meilleures nouvelles de sa santé ; elle a l'espoir d'un rétablissement parfait. Dans ma joie je vous ai laissé là, pour la lui exprimer bien vite. Elle me dit qu'elle ne sait rien de vous. Écrivez-lui donc.

S. SWETCHINE.

Ce jeudi 5 juillet 1839.

Ma mère et ma sœur restant à la campagne, et mon frère ne nous ayant encore rien fait dire d'Aix-la-Chapelle, je saisis le moment que me laissent les affaires pour faire visite à Brumetz et à Acy avec toute la famille de Mareuil. Nous partons tous de Bouillancourt mercredi prochain, et nous irons attendre ensemble la grande décision fraternelle, qui doit appeler, si elle est favorable, une partie de nous en Flandre et au delà. Mais ce petit voyage de Picardie avec ma mère ne se fera pas en commun ; je laisserai filer directement ma sœur, son mari et ses enfants, et moi je prendrai le chemin des écoliers et je serai jeudi à Paris. Mes enfants et un comité de la Miséricorde m'y appellent ; mais il y a encore autre chose que la charité. Si j'ai bien compté, les quarante jours de vos eaux s'avancent, et déjà vous devez avoir des pensées de retour ; j'ai donc quelque espérance de vous voir en passant, et peut-être de vous recevoir à la descente de voiture, comme je vous ai donné la main pour y monter. Quel bonheur de vous saisir ainsi au passage !

Depuis votre départ, un mois s'est à peine écoulé, et j'ai passé par bien des émotions, des inquiétudes, des espérances, et en ce moment même, la destinée de mon frère se décide peut-être, et puis vous me devez vos réflexions des eaux, le fruit de votre solitude, et nous aurons plus d'une grande question à agiter ensemble ; car dans ces études sérieuses de théologie qu'exigent de moi les préliminaires du concile de

Trente, je rencontre à chaque pas un de ces mystères agités éternellement entre les religions et les philosophies et chaque démonstration de la vérité n'arrive pas sans de longues disputes avec ma propre intelligence. Au reste, ne vous inquiétez pas de cette lutte, elle profite toujours à l'Église, et les difficultés qui s'élèvent n'écrasent jamais que les adversaires.

Je voulais aujourd'hui, par anticipation sur notre première entrevue, vous donner des nouvelles de Luther, ce réformateur de la morale chrétienne qui refuse le mérite aux bonnes œuvres, cet émancipateur du genre humain qui nie la liberté ; mais depuis deux jours je suis tellement enfoncé dans le problème de la liberté et de la grâce que je ne saurais parler d'autre chose : il m'a appris à connaître à fond les jansénistes, et a dissipé bien des préventions contre certain ordre que vous défendez quelquefois contre mes injustices. J'avoue que je ne connaissais la doctrine des jansénistes que dans les attaques de leurs adversaires, et tout en condamnant le principe, je m'étais mis, comme tant d'autres, à blâmer ce que j'appelais les tracasseries de Rome et les rigueurs subtiles de la bulle *Unigenitus*, et j'avais même un assez grand fonds de pitié pour toutes ces intelligences qui s'usaient en subtilités théologiques. Comme il arrive toujours, à mesure que j'ai étudié la question, j'en ai saisi toute l'importance, j'ai compris les gémissements, les plaintes et les sévérités de l'Église, et l'hostilité des Jésuites contre cette hérésie s'est complètement justifiée.

J'ai été chercher cette fois le jansénisme chez lui, dans les écrivains dogmatiques, chez Nicolle, non pas lorsqu'il dispute, mauvaise expression de la pensée d'une secte ou d'un parti, mais lorsqu'il enseigne, et le fatalisme de cette doctrine m'a effrayé. J'ai retrouvé la même thèse, les mêmes emprunts à saint Paul et à saint Augustin, les mêmes propositions que Luther, les mêmes appels à la pureté de l'Église primitive, et plus tard, lorsque l'Église condamne, la même haine de Rome et la même hostilité aux pontifes romains ; seulement l'erreur est moins hardie, elle prétend rester dans l'Église, conserve ses sacrements et son culte, et veut tenir à l'unité. Mais c'est tout simplement ajouter l'inconséquence à l'erreur. Car Luther au moins, dans la fatalité de sa prédestination, n'a pas besoin d'Église pour conserver une vérité que l'intelligence ne peut plus recevoir, pour offrir des secours inutiles et des grâces qu'on ne mérite pas. Puisque le salut se passe de l'action de l'homme, que le bienfait de la Rédemption s'applique en dehors de l'intervention de la volonté humaine, Dieu, qui sauve et qui perd à son gré, s'épargne une Église qui n'a rien à faire ; le janséniste la conserve, mais elle devient entre ses mains une sorte de jeu pour interroger la Providence sur nos destinées futures, et deviner, par l'effet que produisent sur nous ses sacrements et ses grâces, si par hasard Dieu ne nous aurait pas mis dans le petit nombre de ses élus.

Dans cet immense procès, comme tous les reproches finissent par justifier l'Église et la glorifier ! Le combat s'engage entre le protestantisme et elle, contre ses abus, sa tyrannie, son intolérance, et à peine le débat commencé, c'est elle qui défend la liberté, qui se fait l'avocat de la dignité humaine. Pendant que Luther étouffe l'intelligence, la raison et la liberté dans les étreintes de la foi, et condamne impitoyablement ceux que Dieu n'a pas réservés au salut ; pendant que le janséniste tremble d'impuissance dans l'attente d'une grâce irrésistible ou d'une damnation inévitable, et déclare presque toute l'humanité incapable du bienfait de la Rédemption, l'Église défend les droits de ceux-là mêmes qui ne la connaissent pas et ne marchent pas à sa lumière, les arrache à la fatalité de leur damnation et proclame tous les hommes libres et capables de devenir enfants de Dieu ; elle ne sacrifie pas, comme l'esprit humain, une vérité à une autre, la liberté à la prescience, et la justice à la toute-puissance divine ; mais maintenant d'une voix ferme et précise les deux dogmes en apparence contradictoires, elle laisse à Dieu le soin de concilier les principes.

Il ne faut pas craindre de le déclarer hautement : dans cette querelle, Luther avait pour lui la lettre morte de textes détachés de la Bible et de saint Paul, les souvenirs de toute l'antiquité si fataliste, l'instinct du genre humain qui sent son impuissance et sa vanité ; il avait pour lui le dogme de la prescience, mille faits qui témoignent de l'action de Dieu sur la vie humaine. L'Église avait contre elle un de ses articles de foi, la logique, la menace d'une évidente contradiction ; mais sous l'inspiration divine, elle n'a pas hésité, elle a aimé mieux être inconséquente que fataliste, et sacrifier la logique à la liberté, et c'est là surtout que je reconnais le signe de la vérité ; car des rapports entre Dieu et l'homme qui s'accommoderaient de la logique humaine exciteraient mes soupçons, et la contradiction me semble naturelle lorsqu'elle ressort de l'action de l'infini sur le fini, de l'éternel sur ce qui commence, de la toute-puissance sur ce qui est sorti du néant : l'existence de l'un n'exclut-elle pas aux yeux du raisonnement celle de l'autre ? Puisque Dieu a pu donner place à notre temps dans son éternité, à nos espaces dans son infini, il a pu aussi dans sa prescience concevoir notre liberté.

M'avez-vous suivi, chère amie, dans tous ces points de la question, et ma dissertation n'aura-t-elle pas encore ajouté des ténèbres aux obscurités du sujet ? Je m'en inquiète peu avec vous dont l'intelligence amie corrigerait les excès et suppléerait aux défauts ; vous agirez avec moi comme avec les prédicateurs : quels que soient leur mérite et l'imperfection de leurs sermons, vous entendez toujours d'eux d'excellents discours ; ma théologie en passant par vos yeux se purifiera, et je l'abandonne sans crainte à votre jugement ; d'ailleurs, si je me trompe, n'êtes-vous pas la voix qui doit me rappeler, le bras qui m'indiquera le vrai chemin ?

J'ai reçu ces derniers jours deux lettres de Wiesbaden, une de Mme de Chelaincourt qui me demande de vos nouvelles, s'applaudit de son régime, et malgré les mécomptes de ma loterie, dont les lots ne lui sont pas arrivés, s'occupe déjà de mettre en circulation des billets pour l'année prochaine ; l'autre de Mme de Rauzan, qui s'ennuie beaucoup de ses eaux et aspire à grands cris au repos du Thil. Elle sera en France au commencement d'août ; mais vous, chère amie, vous serez à Paris plus tôt, n'est-ce pas ? et je vous reverrai dans quinze jours : comme ces mots me sont doux à tracer, et que je me promets de bonnes heures avec vous ! Nous sommes encore bien loin du moment où toutes vos journées nous seront rendues, où vous nous appartiendrez pour des mois tout entiers ; mais ces petits moments entre les séparations font prendre patience, et renouvellent toutes ces provisions du témoignage d'amitié, de saintes idées et de bons conseils que toujours j'emporte en vous quittant, pour me consoler de votre absence.

A. DE MELUN.

Mercredi 7 juillet 1839.

Mon frère vous a conté, chère amie, toutes ses affaires et les nôtres, et vous savez déjà que nous n'attendons plus qu'une lettre de Lille pour arriver à Paris, acheter des multitudes de diamants et de bijoux, et prendre la route de Flandre, chargés de toutes ces dépouilles opimes. Si le mariage se fait à la fin d'août, ma mère partira de Brumetz au commencement de la semaine prochaine, et comme je l'avais bien pensé, malgré vos doutes injurieux, elle ne voudra pas se priver de mes excellents conseils pour l'achat d'un châle ou d'un tulle ; je mettrai à sa disposition mon bon goût, et je déploierai toute ma science sur la théorie d'un chapeau et l'élégance d'une robe. Je ne dis pas pourtant qu'entre les divers exercices de mon esthétique en matière de toilette, je ne trouverai pas une minute, une seconde pour vous dire bonjour ; peut-être même à ma première visite, oublierai-je dans ma discussion sur le libre arbitre, ou les iconoclastes qui m'occupent fort en ce moment, l'importance du bijoutier ou de la marchande de modes? Je ne réponds de rien, seulement, je suis toujours sûr de vous voir, et pour moi c'est un des profits les meilleurs et les mieux appréciés.

Vous aurez été bien contente, j'en suis sûr, de causer avec cet excellent frère, de sa joie et de ses espérances ; tout ce qu'il nous a dit ici fortifie notre reconnaissance envers Dieu et notre impatience de ce mariage. Toutefois, malgré ces promesses de tout hâter, j'ai peur que les choses n'aillent pas si vite que nos désirs, et je vous avoue que je recevrais fort mal la nouvelle d'un retard, qui m'enchaînerait au commencement de septembre, car vous savez que le 8 septembre, je ne dois être ni à Paris, ni à Lille, ni à frère, ni à personne, qu'à Notre-Dame d'Einsiedeln. Aussi je demanderais, si l'affaire ne marche pas ce mois-ci, de l'ajourner à la fin du mois prochain, car je suis disposé à sacrifier à mon frère tout, excepté mon pèlerinage, et dans ce cas, je viendrais seul à Paris lundi ou mardi, prendrais mes passeports et commencerais mon voyage pour le finir vers le Rhin et la Belgique. Vous voyez que je ne puis donc pas vous manquer ; que la semaine prochaine, vous me verrez en route, comme frère ou comme pèlerin.

Plus j'approche de ce voyage et plus il grandit à mes yeux. Avec l'instinct de défensive que vous me connaissez et cette peur de me laisser surprendre par les choses et les hommes, j'étais naturellement peu disposé à exagérer l'importance d'un *pèlerinage*, et à croire trop facilement aux privilèges d'une statue et à l'influence supérieure d'une image ; mais comme il arrive toujours, à mesure que j'ai regardé de plus près, j'ai reconnu des trésors de mérites et ce caractère si remarquable du catholicisme qui ne proscrit, n'exclut rien de l'humanité, mais accepte tout pour le purifier. Trouvant dans l'homme ce besoin de changement, cette curiosité active qui promène à travers toute la terre les âmes que le repos fatigue et auxquelles l'uniformité de la patrie ne suffit pas, il donne un but pieux à cette inquiétude, sanctifie le mouvement par l'idée qu'il y attache, et le voyage, ordinaire passe-temps de l'oisiveté ou recherche du plaisir, devient, sous ces inspirations, un acte de foi. Que sera-ce si un vœu d'amour filial ou fraternel pousse les pas du pèlerin vers quelque vieille et sainte abbaye comme aujourd'hui son pays n'en connaît plus, s'il arrive le jour même de ces grandes solennités où se rassemblent de toutes parts et de tout âge les enfants de la grande famille aux pieds de celle qui peut tant consoler parce qu'elle a tant souffert? Il ne rencontrera pas, il est vrai, de protection plus puissante que celle que chaque jour il invoque en sa prière, et la voix du prêtre ne fera pas descendre un autre Dieu que celui de nos sanctuaires; mais la bénédiction et la miséricorde seront plus abondantes là où la foi est plus vive et la prière plus fervente ; ce cri de douleur et d'espérance sera mieux entendu de Celui qui sait distinguer dans cette voix commune le pieux sentiment de chaque suppliant. Les souffrances, les mérites, les larmes viennent en aide à chacun, et le pauvre étranger, qui dans son isolement gémissait de son indignité, et se défiait de son impuissante prière, sent revenir la confiance et renaître la consolation en pensant que cette multitude inconnue demande et remercie pour ceux qu'il aime.

Vous savez si j'ai besoin de cette espérance, et combien j'emporterai avec moi de sollicitudes; mère, sœur, frère, amis, petits enfants, que d'intérêts à défendre, que de vœux à présenter! et quelle faible voix que la mienne pour tant de causes! Mais dans mon pèlerinage, tous les fils parleront pour ma mère, tous les frères pour le mien, et mes pauvres orphelins auront leur part des gémissements et des supplications de toutes les mères. Puissé-je rapporter à tous ce que je vais demander pour eux : aux uns la santé, à d'autres l'intelligence et les vertus d'une nouvelle destinée, à ceux-là la paix du cœur, à ceux-ci le pain quotidien; et à vous, chère amie, que vous rapporterai-je? Vous dédaignez la santé et vous avez la paix; vous me donnerez bientôt vos instructions, et je les prévois : vous demanderez tout ce dont les autres ont besoin.

Je viens d'interrompre ma lettre pour lire une réponse de mon ami le bénédictin d'Einsiedeln, auquel j'avais annoncé mes projets. Il m'appelle à grands cris, et a déjà célébré une messe pour la prospérité de mon voyage; il me promet de le recommander chaque jour à la sainte Vierge, et me facilitera tous les moyens de trouver place au milieu de la foule. Il me dit que la fête se célèbre le 14 septembre, ce qui me donne quelques jours de plus, et par conséquent me ferait partir un peu plus tard de Brumetz si le mariage d'Anatole est reculé après ma course en Suisse. Si donc vous ne me voyez pas la semaine prochaine, je vous écrirai le motif de ce délai, dès que j'aurai reçu des nouvelles de Lille.

J'avais bien partagé votre tristesse sur la maladie de M. l'archevêque, et aussi vos inquiétudes pour l'avenir, et la justice que vous rendez à ce mérite qui, comme tant d'autres, a besoin de la mort pour être apprécié. A toute heure les journaux nous donnent des nouvelles plus rassurantes, et si Dieu le rend à l'Église, les réflexions qu'inspirent aux hommes religieux la crainte de le perdre profiteront à son autorité et à l'affection qu'il mérite.

Adieu, chère amie; depuis ma dernière lettre, j'ai fait une rude excursion à travers sept ou huit siècles de l'histoire ecclésiastique, et j'en ai rapporté des réflexions bien sévères sur la partie humaine de l'Église. Quels abus, quel désordre, au point de faire de l'histoire une tentation! Mais je ne veux pas entamer ces questions aujourd'hui, je les réserve pour le temps où nous pourrons, sans crainte d'interruption, soulever les objections et discuter les difficultés, avec toute latitude pour les résoudre, et profiter de ce qui, à la première vue et en courant, pourrait paraître une pierre d'achoppement et une occasion de scandale.

A. DE MELUN.

Ce dimanche 11 juillet 1839.

J'espère, chère amie, que la fin de ma lettre vous aura empêchée de m'attendre la semaine dernière et que vous aurez expliqué mon silence par un autre ; en effet, celui de mon frère est tel, que je ne sais plus que faire, et que je n'ose pas seulement hasarder un projet. Le lendemain de son arrivée à Lille, il nous annonce pour deux jours après une décision, puis ensuite demande quelque temps pour l'obtenir ; enfin il avait promis hier soir une réponse nécessaire, si le mariage devait avoir lieu avant la fête d'Einsiedeln, pour avoir le temps des publications ; aujourd'hui néant. Là-dessus mon parti était pris de tracer ma route, et d'agir comme si le mariage était remis en octobre. Mais à cette époque déjà avancée de l'année, ma mère ne pourrait se mettre en voyage. Anatole la sait-il, peut-être en ce moment une lettre est-elle en route pour nous annoncer que cette date si controversée est fixée au milieu de septembre, et que Lille m'appelle à l'instant même où je me voyais aux pieds de Notre-Dame des Ermites ? Ce serait de tous les arrangements celui qui m'irait le moins. Mais vous voyez par quelle suspension nous passons, et comme les affaires fraternelles nous font lourdement sentir notre dépendance : heureusement tout cela se rachète par le but ; si le chemin s'allonge un peu, nous savons au moins qu'à la fin nous serons payés de toutes nos incertitudes par l'assurance du bonheur de mon cher frère.

J'espère que Mme de Nesselrode ne se décide pas plus vite que la future belle-mère d'Anatole, et que ces deux irrésolutions nous laisseront nous voir à la fin du mois ; car il me paraît impossible que je sois encore ici dans dix jours, à moins de renoncer tout à fait à la Suisse, sacrifice qui m'aurait toujours beaucoup coûté, mais que je ne puis faire aujourd'hui, ma mère attachant à ce voyage l'espérance du retour complet de sa santé. Pourrais-je manquer à cette foi ?

Je suis toujours dans mon histoire ecclésiastique ; j'en avais étudié de très grandes parties, mais c'est la première fois que j'en saisis l'ensemble, et que j'aurai parcouru d'une seule haleine tous les siècles. Je l'avoue très sincèrement, la première impression m'en a été pénible, et l'Église n'avait pas à se louer de mon premier mouvement ; comme la vérité qu'elle exprime sur cette terre, elle a des difficultés qui révoltent le premier coup d'œil, et parce qu'on la juge en dehors de l'humanité qu'elle habite et dont elle se sert, on lui demande des perfections et des clartés qui sont destinées au ciel. Nous oublions toujours qu'elle se compose ici-bas de deux éléments, l'inspiration divine et la liberté humaine. Au reste, cette exigence de perfection qui nous rend injustes est une des grandes erreurs qui ont entraîné les ministres de l'Église ; tous les reproches qui s'adressent à eux, dans l'histoire, viennent précisément de leurs efforts pour amener sur la terre le règne du Christ tel qu'il doit être après le temps et dans l'éternité ; de là ces condamnations des hérétiques, qui les faisaient passer par un enfer temporel.

Il y a là une tendance évidente à faire descendre sur la terre le jugement dernier, et à réaliser, dans le temps, les menaces et les promesses de l'avenir : tentatives qui ont inspiré tant d'erreurs et de crimes chez ceux qui n'étaient pas soutenus, comme l'Église, par la vérité; car les révolutionnaires eux-mêmes n'ont-ils pas voulu aussi réaliser l'égalité de l'Évangile, et les premiers égarements de M. de Lamennais ne datent-ils pas de là? Lorsque l'Église a pris en main le gouvernement temporel de la terre, elle y était appelée par les circonstances, et intervenait pour le bien des peuples.

En étudiant le temps et les hommes, au moment où elle est devenue reine de ce monde et juge temporel des rois et des nations, on la justifie de cette nouvelle mission qu'elle s'impose, car il s'agissait alors d'enlever l'humanité au caprice et à la violence des forts et des heureux de la terre; elle n'usurpait pas sur la liberté, elle ne mettait pas son autorité à la place de l'ordre, et ses décrets au lieu des lois, tout était abandonné à l'anarchie et à la passion, et pour elle-même, il n'y avait pas de place pour sa liberté et sa mission céleste.

Dans ce temps où l'humanité, ignorante et esclave, appartenait à qui voulait s'emparer d'elle et la guider, l'Église n'avait à choisir qu'entre la domination ou l'esclavage, elle devait commander ou se taire, et il lui fallait être maîtresse pour rendre à chacun la liberté de faire le bien. Le temps des persécutions n'était plus possible, parce que le monde demandait alors à entrer dans le sein du catholicisme. Jusque-là, le chrétien et le prêtre surtout n'avait qu'à mourir; il protestait ainsi contre le mensonge. Mais l'empire se faisant chrétien, l'Église semblait répondre, aux yeux des nations, du mal qu'elle laissait faire aux puissances devenues chrétiennes.

Tout ce qui depuis a tant scandalisé, parce que les circonstances étaient changées, se faisait au profit du peuple ; ainsi ces fortunes même si reprochées aux couvents et au clergé étaient arrachées par la donation et l'immunité aux premiers des seigneurs pour se répandre sur le pauvre et sur le plébéien. Cette influence du ministre de Dieu, ces grandeurs étaient retirées à la naissance et à la force, pour être réparties, par l'élection, au talent, à la vertu et à l'étude. C'était la part faite au peuple sur les immenses privilèges des nobles. Sans le clergé, le serf et le bourgeois n'auraient eu place que dans l'abaissement et l'obéissance servile ; on leur réservait un trône dans l'église et ils retrouvaient l'égalité dans le sanctuaire.

Aujourd'hui, chacun trouve sa garantie dans la loi, et le prince dépend plus de ceux qu'il gouverne que ceux-ci de lui. Mais alors toutes ces grandeurs de la terre ne relevaient, disait-on, que de Dieu, et ne devaient compte de leur conduite qu'à Dieu ; or ce Dieu était la force ; les prérogatives des papes se justifiaient par les prétentions des rois, et puisqu'il n'y avait alors que le dogme politique de l'absolutisme, celui de l'un tempérait au moins celui des autres, et ces indépendances se faisaient contrepoids. Les choses sont bien changées, personne n'est indépendant aujourd'hui, et il n'est plus dans le domaine de la politique de volonté qui s'exécute sans contrôle et sans restriction.

Pour moi, dans la conscience de ma faiblesse, je me sens heureux d'appartenir à cette dernière période ; je ne sais si j'aurais été assez fort contre le martyre ; l'exercice de la puissance, les tentations de l'influence, les abus qui naissent d'une situation qui, pour être nécessaire et commandée par l'époque, ne semblait pas moins une concession faite aux siècles, et non une émanation directe de l'Évangile, eussent peut-être ébranlé ma foi et révolté mon obéissance.

Mais tout en me félicitant de vivre sous le règne de la liberté, je ne me permettrai plus de condamner le passé, car je reconnais maintenant que c'est à l'action de l'Église, au moyen âge, que nous devons précisément cette liberté dont nous sommes si fiers.

Je voudrais bien remettre notre conversation à un jour fixe ; mais après mes retards, je n'ose plus rien vous dire sur mon arrivée, il faut la demander à Lille, et on ne se presse pas de répondre.

Quelle est donc cette magnifique idée sur mon voyage d'Italie ? Si elle pouvait s'arranger avec les enfants, M. Bazin et puis beaucoup d'autres choses, et surtout si elle pouvait enlever ma mère et ma sœur aux froids de notre hiver, vous ne trouveriez plus de résistance que dans ma répugnance à vous perdre si longtemps ; mais nous causerons de tout cela à loisir.

Ma sœur ne va pas mal. Ma mère ne reprend qu'à pas très lents ; elle ne serait pas trop opposée à l'Italie, si l'avenir de ma sœur Mathilde ne lui paraissait exiger encore sa présence à Paris cette année. Pour moi, en voyant mon frère fixant enfin sa destinée, il me vient quelquefois quelques incertitudes sur la mienne ; je me demande si dans cette vie partagée d'une manière encore incertaine, entre Paris et la campagne, entre le travail des livres et quelques efforts de charité, je réponds bien à ce que la Providence attend de chacun de nous. Mais cette grande question qui s'agite dans ma tête, demande un examen et une discussion plus longue qu'une lettre, et doit être remise à notre prochaine entrevue.

J'avais retardé ma lettre jusqu'à ce matin lundi, et lundi n'a pas été plus éloquent que dimanche.

Adieu, chère amie ; si Mme de Rauzan est arrivée, et qu'elle parte avant moi, dites-lui tout mon regret de ne l'avoir pas vue ; mais je ne puis faire un pas sans congé. Écrivez-moi un mot, j'aurai bien le temps de le recevoir ; parlez-moi de vos projets, et aussi du *Louis XVI* d'Alfred. Je partage bien vos regrets du départ du prince Gagarin ; c'est une perte réelle pour tous ceux qui l'ont connu ici, et la Russie qui vient, dit-on, à l'opinion de la France, n'aurait jamais dû le rappeler.

A. DE MELUN.

Acy, 21 juillet 1839.

Chère amie, nous venons de recevoir une nouvelle lettre de mon frère qui confirme toutes nos conjectures ; toute la famille, la jeune personne comprise, l'accepte et l'agrée d'une manière positive, il ne reste plus qu'à fixer l'époque. Ils partent tous demain d'Aix-la-Chapelle pour Lille, et là se décidera le solennel moment. Anatole ne le croit pas encore très proche, pour cinq ou six raisons qu'il ne dit pas, et qu'il veut, dit-il, combattre, car lui me semble très pressé.

J'ai eu besoin de cette heureuse nouvelle pour combattre un peu la triste impression que j'ai trouvée ici ; ma pauvre sœur est toujours souffrante ; il est vrai que malades ou non, nous n'avons à attendre de l'avenir que dangers, et à bien prendre les choses, la santé ne nous expose pas beaucoup moins que la maladie ; seulement, ceux qui souffrent pensent plus que les autres à la mesure de notre destinée. Cette tyrannie du corps qui s'exprime par de si pénibles exigences, prend, dans ce cas, la forme la plus hostile. Trop souvent elle enchaîne l'âme à ses intérêts, la force à lui céder ses pensées, ses projets, lui impose un but matériel, et pour un moment limite toutes ses espérances à la guérison. Ma mère elle-même n'est pas trop bien remise, et les émotions ne profitent guère aux convalescentes. Nous en sommes réduits à ne pas trop désirer le mariage d'Anatole, car ma mère ne serait pas encore de force à voyager jusqu'à Lille. Vous voyez, chère amie, que nous avons bien des choses à demander à Dieu.

A peine arrivé, et si tristement occupé, je n'ai rien à vous dire de mes travaux ; cependant je suis entré dans l'histoire de l'Église, et j'ai trouvé ici de quoi étudier le schisme d'Occident. Ce xv° siècle qui a vu Jean Hus et les antipapes préparait encore bien plus Luther et le protestantisme que les querelles des Augustins et des Dominicains. Dans cette incertitude sur la légitimité des souverains pontifes, dans ce scandaleux échange d'excommunications, dans ces évêques nommés au même siège par trois autorités différentes, les peuples apprennent à se passer du pape et à douter de l'unité de l'Église; l'épreuve est bien plus dangereuse au premier abord que toutes les hérésies, car ici le royaume de Dieu est divisé, et l'autorité, cette sauvegarde des fidèles, cette arche sainte qui ouvre un refuge au milieu des flots de la discussion, manque au catholique. Il ne sait plus à qui appartient son obéissance. Mais la Providence n'abandonnait pas son Église; entre tous ces compétiteurs, il y avait dispute de pouvoir, mais non question de foi.

L'histoire du schisme d'Occident est une grande révélation sur la véritable constitution de l'Église; c'est, si l'on peut ainsi parler, la forme la plus périlleuse que pouvait prendre l'unité; elle en est sortie victorieuse et intacte, plus forte que les passions de ceux qui en étaient les dépositaires. Ici, comme toujours, l'homme et Dieu se partagent l'action : les cardinaux font trois papes, les princes les reconnaissent et les soutiennent, suivant qu'ils obtiennent d'eux l'investiture d'un royaume usurpé ou une excommunication contre un ennemi. La liberté humaine s'exerce de toutes les manières par la simonie, par le sacrilège, par tout ce qui dissout et décompose. Dieu ne se charge que de la vérité, et il la conduit à travers ce chaos, aussi pure, aussi intacte qu'à travers les règnes des plus saints et religieux pontifes; les disputes du concile de Trente ne sont rien à côté de cet immense désordre.

Mais si Dieu sauve ainsi la vérité de l'action humaine, il ne prétend pas enlever à ces causes de scandale leurs dangereux effets sur l'humanité; l'Église du XVIe siècle ne perdra rien de ses dogmes et de la révélation, mais les peuples subiront les tristes conséquences des passions et des fautes de l'âge précédent.

Adieu, chère amie; je me presse un peu, parce que je veux que ma lettre parte aujourd'hui. Mettez-moi au courant de vos projets encore indécis à mon départ. Avez-vous reçu quelques nouvelles de Mme de Nesselrode; et Alfred, son *Louis XVI* est-il bien accueilli par les juges? Prêchez-lui toujours l'impartialité, bien plus encore dans l'intérêt de sa cause que par générosité pour ses adversaires. Qu'il ne craigne pas d'excuser, quand il le peut, ceux qui lui ont fait du mal. Je suis persuadé qu'il en est de l'histoire comme de l'individu : on finit par être toujours récompensé du bien que l'on fait à ses ennemis; c'est un précepte de l'Évangile que les opinions ne devraient pas plus oublier que les consciences.

Dans deux jours je serai à Brumetz; vous en savez l'adresse : par Gandelu (Aisne); je vous la recommande.

A. DE MELUN.

Lettre de Mme Swetchine.

Paris, 28 juillet 1839.

Mon cher ami, je serais presque tentée d'accuser de perfidie le besoin de tout dire, tant il me joue de mauvais tours. Depuis votre bonne lettre du 21, si attendue, si bien venue, je n'ai pas cessé de penser à vous écrire, et c'est faute d'avoir eu le courage de me borner à quelques lignes, que vous ne savez encore rien de ma vraie joie et de toutes mes autres sollicitudes. J'aurais voulu pouvoir bavarder et m'étendre ; au lieu de cela, le morcellement de ces derniers jours est monté à son comble et je n'ai vécu que d'aspirations à un lendemain qui se trouvait toujours valoir moins que la veille. Pendant ce temps, la foule grossissait avec mon impatience, et aujourd'hui, malgré les étroites limites du dimanche, je me suis dit que je passerais outre, quand ce ne serait que pour que vous ne me punissiez pas par votre inquiétude ou votre silence.

Votre arrivée à Acy est bien toute la vie, veinée de noir, quelle que soit d'ailleurs sa couleur ; mais heureusement vos espérances ont plus de consistance que vos craintes ; le bonheur de votre bon frère semble assuré et les deux santés qui vous sont si chères ne demandent, j'espère, que de grands ménagements.

J'ai regretté un peu les eaux, et ce qui me paraîtrait encore plus efficace, c'est un de vos hivers évité par la mère et la fille dont les souffrances semblent comporter précisément un seul et même régime. Pourquoi n'y penserait-on pas, le mariage fait ? Sur cette sorte de maux, les conditions extérieures agissent puissamment, et tout ce qui vient de débilité, d'organisation délicate et irritable, vit dans une grande dépendance de l'atmosphère. Il en coûte presque toujours aux malades de se décider à un déplacement ; mais c'est une prévoyance qui, venue à temps dans ceux qui les entourent, prévient bien des dangers.

Je suis bien dans la disposition de sentir leur rude atteinte ; voilà plusieurs jours d'inquiétude toujours croissante pour notre bon archevêque. Il y a bien longtemps que je suis alarmée de son état, et à présent je n'en espère plus rien ; toute la Faculté y a passé ; ces crises d'étouffements ont été successivement attribuées à des maladies diverses, et de tout cela il n'y a de certain que les profondes ténèbres de la médecine et les consolantes dispositions du pieux malade. C'est un véritable chagrin pour moi que cette perte et, quoi que l'on dise, une perte pour l'Église, qui n'en saura toute l'étendue que par de nouveaux périls qui nous menacent. Les hommes placés d'une certaine manière sont moins importants souvent par ce qu'ils font que par ce qu'ils empêchent et par ce qu'on sait qu'ils ne feront jamais ; on ne tient pas compte de ces avantages négatifs, et lorsqu'ils sont remplacés par les inconvénients auxquels on ne s'attendait pas, on revient à une justice tardive qui ne profite plus à personne. Tout cela est bien triste ; mais comme cela ne sera jamais mieux, j'ai peine à comprendre qu'on ait encore une part de sensibilité à livrer en pâture aux jugements humains.

Je suis toujours, mon cher ami, dans la même incertitude sur mes projets ; seulement il paraît décidé que Mme de Nesselrode ne vient pas à Paris, et si je dois la voir, ce sera toujours probablement sur le bord de la mer ; l'arrivée de mon autre amie n'a point de date plus certaine, elle dépend des couches de ma nièce qui me tiennent *à l'intérieur*, toujours un peu en échec. C'est une bien jeune mère et bien délicate! mais elle avait bien supporté sa grossesse, et *Dieu est toujours là.*

Vous ne me dites pas sur vous plus que je n'en sais sur moi-même, et j'en conclus que votre passage à Paris m'y trouvera encore tout établie. Ce départ de huit ou neuf cent mille hommes devient toujours plus sensible dans les salons, les départs se succèdent, et il y en a un qui me fait une vraie peine, celui du prince Jean qui nous laissera un long vide, son départ de Paris ne donnant aucun espoir de prompt retour. M. de Jouenne est parti pour Naples ; M. de Cazalès, dont je suis toujours plus contente, ne fait ici que de courtes apparitions. Je n'ai donc en quelque possession que le bon Alfred et son aimable assiduité, que n'interrompent guère que ses courses au Marais.

Il est en relation tout établie avec M. Monnier, avec qui j'ai causé longuement de son ouvrage qu'il n'avait pas encore vu ; le manuscrit vient de lui être donné, et je partage sûrement quelque chose de l'émotion de l'auteur, à ce jugement dont dépendra jusqu'à un certain point sa confiance en lui-même. Je lui ai lu l'article de votre lettre où vous parlez de lui ; il m'a assuré qu'il avait retravaillé plusieurs parties de son livre, en cherchant à entrer dans l'esprit des observations que vous lui aviez faites ; reste à savoir s'il y aura réussi. Avec la meilleure volonté de suivre les avis qu'on reconnaît bons, les habitudes de l'individualité l'emportent, et je serais bien disposée à croire que l'intelligence ne cultive bien que les plantes qu'elle a portées dans leur état sauvage ; hors de là, il n'y a point pour elle de greffe.

Le schisme d'Occident a encore été pour vous le concile de Trente, non pas seulement en vous y ramenant, mais en faisant naître des idées qui s'y rapportent, et c'est ce qui arrive partout où les deux principes sont en présence. En lisant l'histoire ecclésiastique, j'ai été frappée des mêmes observations; jusque dans les plus violentes tempêtes et dans les jours les plus désastreux, toujours l'alternation des grands maux et jamais leur réunion qui humainement eût tout perdu; ainsi *les disputes de pouvoir* ne se mêlaient en rien aux *questions de foi*, ainsi toujours de grands saints sur les sièges épiscopaux et dans le sein de l'Église, en regard des mauvais papes, et Dieu, dans ses secours miséricordieusement mesurés, a toujours dit à l'humanité comme à l'homme : *Nul ne sera tenté au-dessus de ses forces*, et il suit de là que toutes les fautes de colère et de révolte s'expliquent et qu'aucune ne se justifie. Mais aussi il suit de l'observation que vous faites sur les tristes effets de la culpabilité de ceux qui ont perdu le troupeau qu'ils devaient défendre, que les bergers sont plus répréhensibles que les brebis et qu'il y en a eu certainement de bien sévèrement punis parmi ceux qui ostensiblement avaient gardé la vraie foi, moins les vertus qu'elle impose.

Adieu, mon bien cher ami; c'est une amitié bien tendre qui en veut à la vôtre.

S. SWETCHINE.

Lettre de Mme Swetchine.

Paris, 7 août 1839.

Mon cher ami, vous n'écrivez pas, et je m'en plains comme les gens qui ne sortent d'un même tort que pour le reprocher impitoyablement.

Vous alliez bien, quoique pas assez content à mon gré, m'a dit votre frère que j'ai revu avec un si grand et si vrai plaisir, sous l'impression de l'heureux avenir qui l'attend. Il m'a paru parfaitement satisfait, et les choses même secondaires s'arrangeant bien, à l'exception de ce retard qui pourrait bien mettre en question votre plus long voyage. Pour ma part d'intérêt personnel, je ne regrette pas que vous tardiez à vous mettre plus tard en campagne, vous en aurez plus de temps à me donner et il est probable que les incertitudes de Mme de Nesselrode m'en laisseront encore, au moins jusqu'à la fin du mois.

Hier j'ai reçu une lettre de Mme de Chelaincourt dont je vous envoie la dernière feuille comme vous étant particulièrement dédiée ; elle sera ici avant la fin du mois, et il est très important qu'elle ne voyage pas dans la mauvaise saison, quelque parti qu'elle prenne pour l'hiver.

Mme de Rauzan sera ici le 16 ou le 17 ; elle devait quitter la duchesse de Nassau le 11.

Nous sommes au moment de perdre pour bien longtemps l'excellent prince Jean, qui retourne en

Russie et quitte définitivement l'ambassade de Paris. Ce jeune homme est si digne d'estime et d'affection qu'il attire à lui les suffrages de tout ce qui est distingué par l'âme, et pour ma part, il emporte de bien sincères regrets. Un des siens est de ne vous avoir pas revu avant son départ; il me l'a répété bien des fois en me chargeant de vous le dire.

Votre frère m'a dit avoir vainement cherché de vous tenter par un voyage en Italie. Êtes-vous bien décidé à cet égard ? Il m'est venu une idée qu'il nous faudra débattre et que vos objections contre un voyage pour cet hiver ont pourtant déjà fort ébranlée.

Parlez-moi bien de vos deux chères malades qui, j'espère, ne le sont plus.

S. SWETCHINE.

Lettre de Mme Swetchine.

Paris, 21 août 1839.

J'ai eu hier, mon cher ami, votre lettre du dimanche, fermée lundi, et je retombe dans une grande incertitude après vous avoir attendu chaque jour. Les retards que l'on fait subir à votre frère me contrarieraient en tout état de choses, et son silence de ces derniers jours me trouble un peu. Il est bien évident qu'il attend le résultat définitif de ses efforts et qu'il croit vous en éviter les hauts et les bas; mais c'est une mauvaise manière ; on croit épargner l'agitation et le travail de la pensée, et au lieu de cela on la condamne à se mouvoir dans le vide et à se refouler sur elle-même. Pour la fin d'août il ne saurait plus en être question ; la fin de septembre ou le mois suivant auraient bien des inconvénients pour la santé de madame votre mère. Mais au milieu de tant de complications, il me semble qu'il faut laisser dominer l'intérêt principal, ce qui regarde personnellement votre frère, sauf à lui faire quelque sacrifice. Il y a eu dans cette affaire des fluctuations, des points d'arrêt dans l'incertitude, qui m'ont laissé pour impression que pour tant de volontés qui sans être divisées peuvent n'être pas au même degré d'intensité, il faut saisir le moment propice d'y tout subordonner.

Vous savez bien ma théorie de *n'avoir jamais qu'une idée à la fois* et la crainte que j'ai toujours qu'on ne s'y tienne pas assez ; je vais bien loin dans cette préoccupation, puisqu'elle me disposerait à vous engager de ne point demander d'ajournement à votre frère dans l'intérêt de votre pèlerinage, lors même qu'il vous faudrait manquer cette date du 8 septembre, à laquelle je tenais au moins autant que vous ! Mais voyez, mon cher ami, s'il survenait dans l'intervalle quelque chose de cet imprévu qui toujours menace, que de regrets de plus ! Les volontés humaines sont vacillantes, et Notre-Dame des Ermites est bâtie sur le roc, vous la retrouverez toujours ; et quand on a pu mettre Dieu si avant dans le secret de la préférence qu'on lui avait donnée sur toutes choses, il n'y a plus de compliment à faire avec lui.

Dans un sens, je suis aussi précisément au même régime que vous ; je suis liée et tenue en échec par une promesse dont je n'évaluais pas toute la teneur.

Mme de Nesselrode achève sa cure à Baden, des accidents nouveaux s'y succèdent de manière à la laisser incertaine de ce qu'elle pourra faire ; son intention est pourtant de venir, à savoir seulement si ce sera au Havre ou à Paris. D'après toute probabilité, elle se donnera le temps de la réflexion jusqu'à la fin du mois, et vous me trouverez encore ici si vous ne tardez pas au delà. Je le désire bien, mon cher ami ; j'ai soif de ces bonnes causeries qui me reportent aux sujets qui me plaisent et me laissent sans inquiétude sur leurs résultats. Vous devenez de plus en plus robuste, vous pouvez maintenant porter la vérité tout entière avec le poids de l'alliage qu'extérieurement y met l'action humaine.

Je ne puis vous dire à quel point la marche de vos impressions se rapporte à tout ce que j'ai éprouvé moi-même dans l'étude de l'histoire ecclésiastique ; elle m'avait semblé d'abord fournir une foule d'arguments contre l'Église romaine, et en avançant, en me préoccupant moins des détails pour arriver à saisir l'ensemble, le dessein général m'apparaissait dans toute sa puissance et sa clarté. L'Église en est précisément là où en est le christianisme, susceptible d'être attaquée dans les difficultés de détail et écrasant par la majesté de son ensemble. Il y a, soit dans l'histoire, soit dans le dogme, une force dans l'ensemble des faits, qu'aucun de ces faits n'a en lui-même ; c'est comme quelque chose du système que M. de Lamennais a poussé beaucoup trop loin. Le travail de la vérité se fait par tout autre chose souvent qu'elle-même ; elle se rend sensible ; elle se formule, elle prend droit de cité dans les intelligences, on la voit *arrivée* sans qu'on l'ait vue presque marcher. Une vérité qui me semble s'élever jusqu'à la hauteur d'un axiome, c'est *que Dieu paraît d'autant plus Dieu dans l'Eglise que les hommes y sont plus hommes.* Vos péripéties ne m'étonnent donc pas, et ce que j'ai gagné à cette même marche expérimentale, c'est de ne pas prendre tous les relais pour le but du voyage.

Cette trempe de votre esprit qui tient compte de tout, qui ne met point une fausse conscience à glisser ou fermer les yeux sur les difficultés, et qui pourtant résume et sait conclure, me paraît la plus haute, la plus philosophique, la plus digne de la vérité. J'ai horreur, dans ceux qui l'aiment profondément, des politesses qu'on croit lui devoir faire en niant l'obscurité ou le mal que les hommes y joignent, comme les stoïciens niaient la douleur.

Dieu bénit les résultats que vous obtenez de manière à bien faire sentir à quel point votre intention est droite, et sans affirmer que le premier mouvement de résistance en vous, soit absolument *sans malice*, il est bien évident par ce qui le suit que Dieu lui fait grâce. M. de Maistre disait que la première fois que es lèvres d'un homme s'ouvraient, c'était pour dire *non* ; il y a bien de cela en vous, vous n'êtes pas *prime sautier* en fait de vérité ; mais au lieu d'en rester saisi, vous la cherchez et courez après elle, et elle ne vous est pas plus cruelle que Daphné à Apollon. Quant à votre imagination, je ne sais combien je vous loue de n'en avoir qu'à votre corps défendant ; ce que vous mêlez de poésie dans vos idées ressort de leur philosophie même, et je ne puis vous dire l'immense plaisir que m'ont fait vos petites pages *sur le pèlerinage* (1) ; vous avez dû être bien content vous-même quand vous avez vu se résoudre en idées belles et bonnes un sentiment tendre et confus qui s'était rendu maître de votre cœur. Ah, mon cher ami, laissez-le parler pourtant, au moins quelquefois, et alors bien haut ! Ce conseil serait bien perfide, s'il ne se sentait en lui-même bien respectueux.

J'aime beaucoup les trois phases de la *persécution*, de la *souveraineté* et de la *liberté*, non assurément que nous y soyons de fait, mais le tout est d'y être de droit par l'appréciation ; comme aussi de cet autre point de vue riche et vrai de l'Église considérée dans les deux éléments qui la composent, l'*inspiration divine* et la *liberté humaine*. La plupart des erreurs viennent de ce que sans cesse on sépare ce que Dieu a joint irrévocablement dans le monde, le Divin et l'Humain, l'esprit et la matière.

Si je ne vous vois pas, je vous raconterai toutes les vicissitudes de *Louis XVI*, mais j'espère que nous en causerons, ce qui vaut bien mieux.

M. l'archevêque est mieux, comme danger imminent ; mais je crains que cet état ne devienne chronique et que bien des inquiétudes, si ce n'est des regrets, nous soient réservés encore.

Adieu, mon cher ami ; d'après ce que m'avait dit votre frère, j'avais renoncé à l'Italie pour vous, et vous n'étiez pas assez avancé dans votre travail, trop de choses se pressent pour l'hiver pour que j'en aie regret. Quelle est donc l'autre idée qui vous préoc-

(1) Pèlerinage d'Einsiedeln.

cupe ? Elle est *nécessairement* bonne, car pour vous il n'y aura jamais, je l'espère de toute mon âme d'alternative que dans les plus hauts degrés du bien.

Mᵐᵉ de Rauzan est arrivée ; elle est bien presque aussi occupée de vos enfants qu'elle vous est attachée à vous-même. Je lui ai transmis vos paroles. On attend Mᵐᵉ de Chelaincourt. Dès que vous saurez quelque chose de votre frère, mandez-le-moi en deux lignes.

S. Swetchine.

Ce jeudi 22 août 1839.

Chère amie, je réponds un seul mot à votre bonne lettre, mais cette ligne en vaut bien d'autres : mon frère vient de nous écrire que son mariage est définitivement fixé au 23 septembre. Les affaires de la famille de Lille se sont parfaitement entendues avec les miennes pour choisir cette époque ; ma mère partagera en deux son voyage, allant se reposer à Bouillancourt, et évitera ainsi froid et fatigue ; mon père, intéressé ici à de graves constructions de chemin, n'aura plus rien qui le retiendra. Vous voyez que nos fluctuations s'arrêtent au moment le plus favorable ; Dieu fait donc toujours bien ce qu'il fait.

Il ne me reste donc plus qu'à prendre le bourdon, et j'arriverai à Lille juste à temps pour répandre sur ces jeunes têtes les bénédictions que j'aurai été demander pour elles.

Aussi lundi serai-je à Paris, et sans plus de façon, j'irai frapper à votre porte à l'heure du dîner. Si par hasard une affaire ou toute autre chose vous empêchaient de me recevoir, je reviendrais le lendemain, car je vous arrive comme je vous quitte, avec le plus complet esprit de famille. Il sera temps, je crois, de partir pour la Suisse le 1ᵉʳ septembre, et voilà une excellente semaine pour moi; aussi n'aurez-vous pas aujourd'hui un mot de plus, ce serait voler la semaine prochaine.

A lundi donc, vous comprendrez ma joie de tous ces arrangements par celle que vous éprouverez vous-même.

A. DE MELUN.

25 septembre 1839.

J'aurais voulu, chère amie, vous dire à l'instant même ma joie de voir votre écriture en arrivant à Paris, et puis mon regret de savoir votre retour si près du mien et pourtant ne me donnant pas moyen de vous voir; mais je ne savais encore rien de ma destinée. Aujourd'hui je prends une seule minute d'un jour bien précieux pour vous dire qu'associant mon voyage à celui de mon frère et de toute la famille, j'irai à Brumetz en passant par Bouillancourt, et n'aurai par conséquent de chances d'aller à Paris qu'en octobre pour mon excursion au Mesnil et chez Mᵐᵉ de Rauzan. Ainsi il faut encore vous écrire.

J'aurai de bien bonnes choses à vous dire sur ce que je vois ici, car chaque jour ajoute à notre reconnaissance envers la Providence. Mon frère est le plus heureux des hommes, et je n'éprouve pas la moindre émotion en pensant que je vais vous quitter pour aller assister à leur engagement définitif. Et puis il y a tant et de si bonnes prières aujourd'hui pour eux, tout ce qui à Lille s'occupe à faire du bien, tout ce qui est sœurs de charité, religieuses, s'associent à nos prières, et dans toutes celles-là, j'entends les vôtres qui, parties du plus profond du cœur, doivent aller encore plus loin que tous les autres.

Adieu, chère amie ; aujourd'hui je ne puis être qu'à mon frère ; et pourtant Einsiedeln aurait bien droit à une nouvelle mention, car, depuis ma dernière lettre j'ai vu sa fête magnifique, mais je l'ajourne à Brumetz. Au reste, j'aurai besoin de repos au retour ; j'ai été un peu mouillé, un rhume et quelque chose qui ressemble à un rhumatisme m'a assez fatigué en voiture, et ces jours derniers, à Paris surtout, j'étais extrêmement peu vaillant. La bonne sœur Rosalie m'a donné si immense provision de gomme, lichen, etc., que le rhume a cédé, et la douleur s'en va. Je compte ne rien rapporter de tout cela à la maison paternelle ; mais je prendrai une bonne provision de repos, car il nous faut cet hiver des forces et la liberté.

Pardon de ce griffonnage que la date de ma lettre excusera. Je 'a finis avec l'heureuse conviction qu'au mome où je l'écris vous êtes bien occupée de nous.

A. DE MELUN.

Lundi 7 octobre 1839.

Me voici enfin, chère amie, rendu à mes champs, au repos, à la liberté ; hier seulement, après des visites à mes deux sœurs en compagnie du jeune ménage, j'ai revu le toit paternel, et aujourd'hui je puis causer avec vous, sans distraction, sans que le bruit de la voiture voisine interrompe la phrase commencée.

Jamais je n'ai mieux senti le bonheur de se retrouver chez soi, avec une perspective de tranquillité, de jours sans courses et sans cérémonies, rendu à l'étude, au travail, à mes idées habituelles; et pourtant aucun voyage n'avait plus de douces émotions et d'intérêt. Einsiedeln, Lille, la bonne hospitalité de mes sœurs, et avec tout cela, la société de cette nouvelle sœur qui réalise toutes nos espérances et tient toutes les promesses faites en son nom : où trouver plus d'agréables impressions, plus de plaisirs réunis, plus de motifs d'actions de grâces au ciel et de réjouissances sur la terre ?

Mais la vie n'est pas faite pour ces jours d'exceptions ; il faut les traverser aussi vite que je l'ai fait pour revenir au sérieux, au calme, à la réflexion. Ce sont de ces promenades hors de soi que l'homme doit se permettre pour se distraire, mais qui ne doivent jamais l'entraîner assez loin pour qu'il ne retrouve plus son chemin quand il veut rentrer en lui-même, et sans bien m'en rendre compte, j'ai senti tout cela, lorsque hier j'ai vu apparaître notre petit castel, et que j'ai retrouvé mes livres, mes papiers et ma favorite indépendance; et puis il faut le dire, depuis le jour où j'ai quitté Notre-Dame des Ermites, à travers les courses, les festins, les visites, je n'avais pu me débarrasser d'un rhume opiniâtre et de certaines douleurs rhumatismales qui n'ont d'autres dangers que de vous piquer au vif et vous éprouver par une souffrance passagère mais aiguë. De plus douces et meilleures émotions dominaient le mal, mais ne l'emportaient pas, et chaque nouvelle course de Lille à Bouillancourt, de là à Acy, puis à Brumetz, interrompaient la guérison. Il a fallu l'air natal et le sommeil d'une nuit sur la terre de la patrie pour effacer tous ces vestiges d'une longue fatigue. Je puis maintenant mouvoir tous mes membres en toute liberté ; je n'ai pas toussé depuis deux jours ; je ne m'expose pas à la moindre humidité, et en passant près de chez M. Bazin, j'ai arrangé les choses de manière à me donner ici deux mois de vacances et de repos ; voilà de quoi réparer des forces plus ébranlées que les miennes et restaurer une santé plus faible. Aussi n'allez pas vous inquiéter ; je suis franc avec vous, je vous dis mes adversités en toute conscience. Croyez-moi donc aussi lorsque je vous assure que ce matin et dès hier j'ai reçu les félicitations de toute la famille sur la reprise de ma bonne mine et le silence de ma toux. Soyez aussi bien persuadée que les soins ne me manqueront pas, ni la prudence ; j'aime beaucoup ma santé, soyez-en sûre, et n'ai pas la moindre envie de la compromettre.

Pour passer à des sujets plus riants, je ne me lasserai pas de vous dire combien cette petite quinzaine de début de ménage m'a donné de joie et de consolation ; ma belle-sœur a beaucoup d'instruction, de simplicité, une piété très solide et éclairée, elle a été élevée à se passer des autres, à se contenter et s'accommoder de tout, et à ne faire dépendre son bonheur que de ce qui est immuable et important dans la vie. Comme on voit bien en elle l'influence qu'exerce sur l'intelligence et la conscience l'idée que le catholicisme nous donne de Dieu et de sa providence ! Dans une autre sphère, elle me rappellerait mes bons Suisses des petits cantons, seulement elle a de plus qu'eux l'idée de ce qu'ils ne possèdent que comme sentiment.

J'ai retrouvé ma mère, qui avait eu la prudence d'attendre la noce ici, beaucoup mieux qu'à mon départ, et Mme d'Acy paraît tout à fait bien. Je me dis que mon pèlerinage à Einsiedeln n'a pas été tout à fait inutile à toutes ces améliorations, et je sens le besoin de mériter tous ces bienfaits, en travaillant avec plus de suite et de zèle à faire le mieux possible.

Je vais commencer, après quelques jours de repos, la rédaction de l'introduction du Concile, d'après les idées que je vous ai exposées et que votre approbation me fait trouver encore plus vraies. Dernièrement le *Journal des Débats* contenait un article sur un ouvrage du directeur du séminaire de Saint-Sulpice, qui touche précisément aux questions pontificales et impériales. Je serais fort curieux de lire ce livre auquel le rédacteur accorde une grande science, une parfaite bonne foi, tout en blâmant quelque tendance suivant lui trop ultramontaine. Pour moi, je tâcherai d'oublier et le gallicanisme et les doctrines d'au delà des monts pour rendre à chacun selon ses œuvres.

Mais j'espère bientôt causer avec vous plus sérieusement de tout cela. Pour l'instant il me faut, avant tout, de vos nouvelles, de Versailles, de Paris, n'importe ; mais il me semble que depuis un siècle je me demande où vous êtes, je vous cherche, et mon âme, habituée à vivre avec vous, lors même que le corps n'y est plus, ne sait plus où vous trouver et gémit de ne pouvoir vous visiter tous les jours.

A. DE MELUN.

Lettre de Mme Swetchine.

Paris, 8 octobre 1839.

Mon bien cher ami, il est impossible de se sentir plus près de vous et de vous le dire moins ; mais j'attendais que vous fussiez posé et aussi le supplément des chères lignes que vous m'écriviez sous l'impression d'un bonheur presque certain. Vous ne me disiez pas le temps que vous deviez rester à Bouillancourt, et à tout hasard je vous adresse ce petit mot à Brumetz où vous devez revenir, pourvu que votre silence ne vienne pas de quelque indisposition ! D'abord ce rhume, cette fatigue dont vous conveniez m'ont fait l'effet d'une chose passée, et voilà que depuis quelques jours un peu d'inquiétude traverse mon esprit et se mêle à mon attente, impatiente tout autrement dans les premiers jours. Si j'apprends que vous n'avez pas cessé de vous bien porter, et que je reprenne par cela même le courage de vous gronder, je commencerai par vous observer qu'il est de rigueur, lorsqu'on a été *mouillé*, de se montrer aux gens, sa toilette faite ou au moins *séchée*.

Pourquoi donc ne pensez-vous pas à moi, à moi qui pense tant à vous, vous multipliant par tous les intérêts de votre cœur !

Après m'avoir rassurée, n'oubliez pas la seconde partie d'Einsiedeln, les détails de la grande fête, et n'attendez pas trop ; rendues immédiatement, les impressions en sont plus vivantes, de quelque nature que soit l'imagination surtout qui les reçoit.

Quant à moi, cher ami, je n'ai rien de très bon à vous dire ; mon oppression est de plus en plus douloureuse, et mon médecin a tant insisté pour que j'allasse me reposer quelques jours à Versailles, que cette petite lettre fermée, je vais de ce pas me livrer aux démons des chemins de fer. J'essaierai pendant cinq ou six jours de son air vif et pur et des grands espaces de Versailles, et puis je reviendrai ici, où je laisse mon mari, sauf à recommencer, si je m'en trouve bien, pour quelques jours encore.

J'ai repris toutes mes anxiétés pour M. l'archevêque, une nouvelle rechute qui a nécessité trois saignées, Dieu sait ce qui en sera ; je l'ai vu hier, et l'ai trouvé admirable de sentiments et de paroles.

Mme de Luçay a un petit garçon dont elle serait disposée à vous charger ; il a onze ans, c'est le fils de son cocher, cet enfant est doux et son caractère, me mande Mme de Luçay, n'est pas plus décidé que s'il avait huit ans. Dites-moi si vous pouviez l'accepter, quelles seraient les conditions, et n'oubliez rien, pour que je les lui transmette.

Adieu, mon cher ami, parlez donc vite.

S. SWETCHINE.

Lettre de Mme Swetchine.

Paris, 17 octobre 1839.

Je n'ai eu qu'hier votre lettre de lundi, mon cher ami, et n'ayant pas trouvé Mme de Chelaincourt chez elle, il m'a fallu attendre à ce matin pour vous donner sa réponse, la voilà; elle m'arrive un peu tard, mais je ne veux pas, par le retard même d'un jour, ôter aux chances de la course que vous projetiez ici et qui sera sûrement sans inconvénient pour votre santé, si la tendresse maternelle vous permet de l'entreprendre.

Je vous rends mille grâces de cette admirable fin d'Einsiedeln, que je relirai toujours. C'est un petit poème, non pas de ceux qu'on invente, mais de ceux qui sont écrits sous la vraie dictée intérieure. Rien ne m'étonne de vous dans ce que j'admire; mais en vous appréciant comme tout le monde vous apprécie, j'ai néanmoins la prétention de vous mieux connaître, c'est-à-dire de composer votre mérite d'un plus grand nombre de faces, et ces deux lettres d'Einsiedeln sont pour moi comme un *spécimen* de ce que pourrait faire votre imagination si vous lui laissiez ses coudées franches.

Il faut pourtant que je fasse un peu de polémique, ou plutôt, en style d'école, que je *retorque un argument* que vous jetez un peu trop lestement, en passant outre, pour appliquer à cette troupe d'élus qui était sous vos yeux, les jugements formés contre les masses ; mais c'est un peu comme si vous les opposiez en jugement à cet autre *grand nombre* de saints qui sont au ciel. Songez donc que *la masse* d'Einsiedeln se compose entièrement d'individus pris çà et là, sur les masses, comme on coupe sur ces nombres infinis de plantes de quoi faire un bouquet. Une telle masse se compose de toutes personnes d'élite après un choix fait et peut-être après un long et minutieux triage. Ce grand nombre d'Einsiedeln se sera fait sous les mêmes conditions et d'après le même principe que ces populations du ciel, qui se formeront, nous dit l'Évangile, de telles ou telles personnes qui seront prises dans un champ près d'une meule, et tandis que celui qui travaillait près d'elles, dans ce même champ, près de cette même meule, sera laissé pour élever une masse à la hauteur d'un individu fidèle à la vocation du chrétien. Montrez-moi donc une masse compacte, et dont le développement et la marche soient réguliers et complets, une masse enfin qui tout entière dans son ensemble et dans ses détails exprime, comme l'individu, la perfection évangélique. Où est donc la réalisation possible du Conseil pour les masses ? et qu'est-ce que le christianisme moins le conseil ? Je le sais, il y a dans le *précepte* ce qui suffit à la prospérité, ce qui suffirait à l'ordre, pris à la rigueur, mais pas assez pour le vrai bonheur et pour la vraie gloire.

Vous voyez bien qu'il me reste une quantité de choses à vous dire et qu'il vous faut y suppléer. Je serais trop heureuse que ce fût par une bonne visite, ce qui ne m'empêche pas de conjurer madame votre mère de ne pas se rendre trop facile. Rappelez-moi à elle, je vous prie, ainsi qu'à votre aimable intérieur. Dites en particulier à monsieur votre frère ma joie vraiment reconnaissante d'un bonheur si évidemment ménagé par la Providence ; il en était si digne, qu'*avant* et *après*, on pouvait avoir sécurité, seulement celle d'*après* est encore plus douce.

S. SWETCHINE.

Brumetz, ce mercredi 6 novembre 1839.

Votre livre pontifical, chère amie, m'a fidèlement rattrapé à Acy et depuis me fait excellente compagnie ; il est plein de faits, de citations, de prudence et de bonne foi, et je lui fais d'autant meilleur accueil qu'il confirme toutes nos idées. Suivant lui, dans l'exercice de leur pouvoir temporel, les papes ont reçu mission non de Dieu et de l'Évangile, mais du temps, de la nécessité et du droit public. La logique a plus de part à leur omnipotence que la religion. Longtemps avant que les foudres s'allumassent au Vatican, et lorsque l'empereur n'avait pas encore de rival sur la terre, les constitutions impériales attachaient aux lois ecclésiastiques la sanction des peines temporelles, et le code de Justinien mettait hors la loi les excommuniés; par parenthèse, cet acte de bonne volonté envers l'Église lui coûta cher dès le commencement, car ces ministres officieux étant plus forts que ceux qu'ils prétendaient servir, leur obéissance prit la forme d'une protection, et celle-ci ne fut séparée de l'oppression que par la volonté souvent incertaine du protecteur.

Toutefois, cette jurisprudence romaine passa dans

la coutume des conquérants, et à l'origine de nos monarchies, les assemblées mixtes de seigneurs et d'évêques, champs de mai et conciles, espèce d'états généraux qui avaient déjà les prétentions et souvent le pouvoir de nos assemblées constitutionnelles, se chargèrent d'appliquer aux princes la loi générale. Les premières dépositions de rois à la suite d'excommunication et de pénitence publique, en Espagne, en France ou ailleurs, se prononcent en concile; l'assemblée ne faisait qu'exécuter la loi et exercer un droit reconnu par l'usage, car elle était à la fois, comme nos chambres, investie du pouvoir législatif et d'une sorte de magistrature qui choisissait, jugeait et déposait les rois. L'excommunication était un des cas de déposition, comme la félonie, comme l'incapacité, et l'acte qui prononçait l'expulsion du trône était un jugement semblable à celui qui, dans les tribunaux inférieurs, privait du droit de citoyens les excommuniés.

Plus tard, les princes s'ennuyèrent de ce contrôle, et, mécontents de leur origine tout humaine, ils allèrent placer leurs droits dans le ciel pour les soustraire aux juridictions terrestres, et au nom de Dieu et de leur épée, se mettant au-dessus des assemblées et des lois, prétendirent ne pouvoir mal faire et ne plus dépendre que de leurs caprices. Mais cette puissance répandue jusque-là dans les conciles et les champs de mai, ce contrôle de la société, celui qu'elle reconnaissait pour chef, ne pouvait périr; le droit d'examen et de jugement, chassé de chaque pays par le prince, se réfugia naturellement dans le chef de l'Église, qui résumait en lui l'autorité méconnue des évêques.

Dans l'ordre politique, dans l'exercice de la magistrature temporelle, le pape succède au concile, comme dans l'ordre spirituel, lorsque le prince eut concentré en lui toutes les forces, toutes les volontés de la nation. Grégoire VII et Boniface VIII agirent donc comme les héritiers, les représentants de la puissance publique de la souveraineté nationale annulée par les rois, et rien n'est plus simple que la généalogie de leur autorité : elle est née d'un édit impérial qui punit les ennemis de l'Église, et en déposant un empereur, ces pontifes ne faisaient qu'exécuter une des plus anciennes lois de l'empire. De là, le consentement des peuples et l'opinion universelle à cette époque en faveur de l'action de la papauté : si elle eut tort de s'appuyer dans ses bulles et ses jugements sur le droit divin et d'invoquer en sa faveur des textes évangéliques un peu détournés de leur sens, elle fut entraînée dans cette voie par les princes eux-mêmes, qui n'appuyaient plus leur autorité sur les lois de l'État et le consentement et l'utilité de la société, mais prétendaient leur couronne divinement instituée. La souveraineté du saint-siège sur tous les royaumes tendait à faire triompher ce grand principe si chèrement payé par nos révolutions, l'égalité devant la loi.

Mais, grâce au ciel, le temps n'est plus chargé des intérêts de l'éternité, et la vérité en appelle maintenant à notre conscience et non plus à la force publique. Peut-être a-t-il fallu passer par ce régime mixte dans des siècles où le peuple, habitué à recevoir ses impressions de l'autorité, était tenté de croire permis tout ce qu'elle n'empêchait pas, et lui avait abandonné sa conscience comme sa volonté ; mais Dieu nous a délivrés de cette nécessité. J'entends souvent répéter qu'un peuple est bien malade lorsqu'il se permet de juger les lois et n'accepte pas les ordres de l'autorité comme l'expression la plus vraie et la plus légitime de la justice, et j'avoue qu'une disposition contraire est plus commode ; mais j'aime mieux les dangers de cet examen que la stupide obéissance qui transporte aux décrets de l'empire la foi que nous devons aux dogmes, et change en oracles les conseils d'État.

Je voudrais bien vous dire un mot de M. Bautain ; mais ce n'est pas un homme qu'on pénètre à la première vue, et qu'on juge aux premières pages. Il y a en lui de ces anciens philosophes dont la haute doctrine demandait, pour être développée, de longues promenades à l'académie, et je ne suis encore qu'à la porte ; mais son point de vue général, sa manière de mettre la philosophie à la suite de la révélation, me promet de lui une véritable restauration de la science ; c'est la méthode évangélique elle-même qui fait dépendre l'intelligence de la foi, et ne démontre la vérité qu'à ceux qui l'ont acceptée sur la parole de Dieu. Si la philosophie pouvait donner la vérité sans s'occuper de la révélation, l'homme en saurait plus que Dieu, et Aristote devrait avoir plus de disciples que Jésus-Christ. Dans M. Bautain, chaque chose est remise à sa place ; il demande à Dieu l'explication de son œuvre, de son système, et n'exige de notre raison que de reconnaître le rapport qui existe entre la parole divine et les faits. C'est lui marquer précisément le rôle qui lui convient, car elle est faite non pour découvrir mais pour reconnaître ; elle ne fait pas la loi mais elle l'applique, elle n'est pas souveraine mais juge. J'ai bien compris M. Bautain dont je n'ai guère vu que les prémisses ; mais sa dispute avec son évêque s'éclaircirait, ce semble, par cet ouvrage, sa haine contre le syllogisme ne s'adresserait pas au raisonnement, mais à son mauvais usage, il ne voudrait pas l'exiler, mais le faire descendre. Quoi qu'il en soit, je n'ai pu lire ces belles pages sans gémir profondément de cette scission et prier Dieu de rendre à son Église dans toute sa liberté un esprit d'une si belle et forte trempe.

Adieu, chère amie ; j'ai toujours l'espérance de vous voir à la fin du mois ; parlez-moi de votre santé. Voici que je reçois une lettre d'Éleuthère toute pleine de piété, de raison et d'affection ; il me parle de vous en des termes qui me feraient douter de mon succès, si jamais nous devions nous le disputer.

A. de Melun.

Lettre de Mme Swetchine.

Paris, 9 novembre 1839.

Mon cher ami, voilà bien des jours que je ne pense à vous qu'avec une sorte de malaise, me reprochant d'avoir des préoccupations personnelles et pénibles et que vous ne savez pas. Déjà, avant votre dernier passage à Paris, de fâcheuses menaces nous avaient été faites au sujet de nos affaires ; mais depuis, les nouvelles n'ont cessé de s'aggraver, et au point que deux années de revenu semblent au moins être compromises. Quatre mois de sécheresse ont commencé par perdre la récolte de cette année, et puis, après les ensemencements faits, les pluies étant survenues avec une funeste abondance, les semences ont pourri dans le sillon, et on craint de n'avoir rien à attendre. De plus, quand la terre ne nous nourrit pas, il faut en revanche que nous nourrissions nos paysans, et à toutes ces causes de pénurie se joint encore une autre opération financière faite par mon homme d'affaires, qui, bonne peut-être en elle-même, est intempestive en l'occurrence actuelle, en ce qu'elle retarde les rentrées.

Voilà, mon bien cher ami, toute la partie historique que je vous devais ; vous avez bien également droit sur les impressions et pensées qui en sont provenues, et que sans doute vous devinez, car ce qui console mon cœur vous est encore plus connu que ce qui l'éprouve. Votre amitié saura donc que lorsque je me borne avec les autres à faire *bonne contenance*, au vrai, les pertes, ces peines extérieures me sont presque un soulagement. D'abord, on respire plus librement lorsque l'épreuve nous montre nos sentiments d'accord avec nos paroles, et que nous sommes conduits par Dieu même à des réductions dont nous aurions toujours eu le désir sans en avoir l'entière liberté ou le courage. Et puis, il semble qu'une indication soit toujours renfermée dans cette voie nouvelle ; dans mon abandon à Dieu, j'hésitais entre la confiance imprudente, aveugle, et le système tant soit peu janséniste du calcul ou de la réserve appliqués aux meilleurs mouvements. Dieu tranche pour moi la question, au moins pour un temps, et la fable se passe ici de l'apologue. Le plus grand mal de tout cela n'est donc pas pour moi à beaucoup près, dont les dédommagements sont bien hors de portée; mais les plus légères réductions sont sensibles à l'âge de mon mari. Ma pauvre sœur, dont les terres sont presque également maltraitées, a des charges qui rendent ses difficultés encore plus pénibles; et puis il m'en faut venir pour ma part à des réformes de personnes dans l'intérieur de notre ménage, qui sont toujours un des plus mauvais moments que l'on puisse passer. Dieu y mettra sa grâce comme pour tout le reste, et si jamais l'équilibre rétabli me rend quelque liberté, j'espère bien mettre ma raison à consulter davantage jusque dans les choix et les arrangements du dehors ce qui vit en moi au dedans.

Mon bien cher ami, je ne sache guère que M. Chauvel à qui je parle ainsi; vous avez toutes les préférences que la confiance peut donner, et tout en pouvant par l'âge être mon fils, je vous regarde non pas seulement comme un véritable ami, mais au besoin comme mon conseil et mon appui. Ne confondez pas mes manières d'aimer; la touche de Dieu sur mon âme y met un fonds de tendresse inépuisable; je ne trompe personne, je les aime bien plus qu'ils ne le croient encore, et je ne suis rien moins que banale pour cela! Je vous le dis parce que je sens que vous croyez à mes paroles, mais il me serait absolument impossible d'expliquer et de défendre ce qu'on n'entendrait pas. C'est ce bon Éleuthère (1) qui

---

(1) M. de Girardin.

me met sur la voie de ces pensées ; il n'est pas d'intérêt premier qui puisse faire dépasser l'ardeur des vœux que je forme pour lui. Quand Dieu et une âme pure se rencontrent, on voudrait mettre à leur service toutes les forces dont on dispose.

Je suis bien contente que mon volume vous ait rejoint et qu'il ait votre suffrage. L'exposé que vous m'en faites me le fait connaître une fois mieux qu'aucun article de journal, eût-il son feuilleton à lui seul. C'est de l'histoire et nullement d'ingénieuses hypothèses, tout confirme que c'est ainsi que se sont passées les choses. Vous pouvez, ce me semble, commencer à écrire, et sans inconvénients, tout en vous abstenant de trop émettre vos idées et surtout de les publier, les laissant dans ce bienheureux état où, arrêtées pour la base, elles demeurent modifiables et susceptibles de perfectionnement. C'est un immense avantage que d'avoir eu ses idées de bonne heure et de ne les consigner que tard dans un ouvrage ; d'abord on s'est prodigieusement ménagé dans l'intervalle, et puis la vérité arrive plus lumineuse et plus forte, de tout ce qui s'est assimilé à elle ou même de tout ce qu'elle a repoussé.

Il est certainement fâcheux que M. Gosselin n'ait pas mené jusqu'au bout une idée qui dans ses résultats eût rassuré le présent en démontrant bien le retour du passé impossible ; mais je lui sais gré d'avoir mis tant de travail au service d'une question limitée et spéciale. Au reste, c'est ainsi que l'Église catholique a toujours fait, et on voit dans ses catalogues tous les points de sa doctrine traités séparément, avec un luxe de recherches et de noms d'auteurs infini.

Je suis bien contente d'approcher du moment de nous revoir, quoique ce ne soit qu'en passant. L'amie que j'attends n'est point encore arrivée. J'ai reçu aujourd'hui une lettre d'Alfred, qui a eu la bonne grâce de m'écrire de Viterbe; sa lettre vous intéressera et je vous la garde.

Adieu; ce soir à 4 heures M. de Genoude vient dans ma chapelle nous dire son sermon du *Ciel*.

S. SWETCHINE.

Lundi 11 novembre 1839.

Chère et bonne amie, je ne veux pas vous dire que je partage vos ennuis, vos tristes préoccupations; vous n'en doutez pas, je les sens de la même manière et dans la même proportion que vous. Comment, en cette circonstance, pourrais-je me séparer de vous-même, et faire une distinction entre ce qui vous frappe et ce qui m'arriverait? Aussi, je vous le dis en toute vérité, si vous étiez seule atteinte, je me réjouirais avec vous de cette nouvelle preuve de confiance que Dieu vous donne; il n'a pas pour vous ces ménagements pour ainsi dire humains, ces faveurs temporelles qu'il prodiguait à l'indocile Judée et que sa compassion accorde encore si souvent à notre faiblesse, pour encourager les premiers pas; il vous traite sans toutes ces indulgences, sans vous laisser même l'initiative du sacrifice, comme un ami si sûr de son ami qu'il n'attend pas son offre et prend sans demander.

Je n'ai jamais bien compris toute la peine que se

donne M. de Maistre pour démontrer l'équilibre que tient la Providence dans la distribution de ses dons et de ses rigueurs terrestres entre les enfants et les ennemis. Comment songer à établir une balance, lorsque les calamités, les disgrâces, les pertes qui désespèrent et punissent les uns, sont, comme vous l'éprouvez en ce moment, des témoignages d'estime et de bonté pour les autres, et leur donnent la consolante mesure de leurs progrès? Malheureusement, d'autres souffrent de ce que vous acceptez avec une si juste joie, et par ce côté vous êtes sensible aux choses de la terre; mais cette gêne ne sera que passagère. Ne serait-il pas possible d'en alléger le poids pour votre mari? Je ne m'entends guère aux affaires de ménage et à l'administration d'une maison; mais ne pourrait-on pas combiner les réductions de manière qu'elles portassent sur ce qui peut le toucher le moins; et dans une circonstance semblable, ne faudrait-il pas faire à son bien-être même le sacrifice de cette inépuisable charité qui a toujours la main ouverte, et, comme les saints, ne sait pas refuser la moitié de son manteau?..... Enfin, vous ferez, j'en suis sûr, tout pour le mieux, et les choses s'arrangeront avec l'aide de Dieu, de manière à ajouter encore, s'il est possible, à notre dette de reconnaissance envers le ciel.

Chère amie, l'année emportera ces souffrances passagères, et une moisson nouvelle, en ramenant la liberté avec l'abondance, effacera ces ennuis et vous débarrassera de cette gêne; mais le temps n'effacera jamais en moi le souvenir de votre confiance, et n'affaiblira pas ma foi en votre amitié.

Oui, vous pouvez répandre sur tous cette charité qui s'allume au foyer de l'amour divin, et donner à chacun plus d'affection que ne peut lui en promettre la terre. Je sais ma place au fond de votre cœur ; c'est un bien dont maintenant mon âme a besoin pour vivre, et Dieu est trop bon pour me l'enlever, c'est mon refuge dans mes heures de tristesse ; ce serait ma protection aux jours du danger ; et si vous reconnaissez si souvent vos idées dans les miennes, vos impressions dans mes jugements, c'est que mon intelligence s'anime de votre souffle et se nourrit de vos inspirations. Croyez-le bien, et cette assurance part de toute ma sincérité. En ce grand jour où toute pensée sera manifestée, tout effet sera rapporté à sa cause, toute action à ses éléments ; si mon indignité trouve grâce aux yeux de la justice, tout ce qu'il y aura de meilleur en moi vous appartiendra, et le peu que j'aurai fait et pensé de bien devra vous revenir ; car lorsque votre amitié me prit encore hésitant dans le chemin de la vérité, encore inexpérimenté des choses de la vie, elle me tendit une main de sœur pour appuyer mes premiers pas, fournit une sainte nourriture à mon esprit, me transporta dans le monde céleste, et m'entoura si bien de lumière et de vérité, qu'il m'eût fallu fermer les yeux pour ne point voir. Avec vous, le bien devient naturel et le progrès facile ; et tous les jours je remercie Dieu du fond de mon cœur de m'avoir préparé en vous, non seulement toutes les douceurs, toute la joyeuse sécurité de l'amitié, mais une défense contre le mal. Grâces lui soient rendues pour avoir voulu que le sentiment qui fait ma consolation et mon bonheur sur la terre, soit le souffle divin qui me pousse vers les cieux.

Attendez-moi toujours vers le 25, pour peu de temps, il est vrai ; mais l'absence qui suivra sera courte, et alors que de jours nous aurons devant nous !

A. DE MELUN.

Paris, 9 juin 1840.

Chère amie, je veux que ma lettre arrive aussitôt que vous à Vichy pour vous dire tous mes regrets de vous avoir laissée partir sans une parole d'adieu. J'espérais bien pourtant arriver encore à temps, car j'avais quitté lundi Brumetz à trois heures du matin, et on me promettait de me rendre à Paris avant midi. Lorsque j'y suis rentré, vous le quittiez ; je ne suis arrivé à votre porte que pour apprendre que vous étiez depuis une heure sur la grande route ; je n'ai donc pu vous rejoindre que de mes vœux et de mes espérances d'un heureux voyage, malgré les orages qui grondent sur nous et les torrents de pluie qui nous inondent.

Plus que jamais Vichy est pour vous un port de salut, et déjà, j'en suis sûr, les bonnes émanations de la campagne dilatent votre poitrine et vous reposent. Pour moi, j'ai bien joui de ces huit jours en famille avec mon excellent ami Éleuthère ; jamais la nature ne m'avait paru plus belle, et je me croyais revenu aux premiers jours de la création, tant il y avait de jeunesse dans cette verdure. Mais j'avais un avantage sur mon prédécesseur Adam : notre paradis terrestre avait tous les arbres du monde, excepté celui de la science ; au lieu du fatal serpent, nous avions notre vénérable évêque de Soissons qui nous bénissait du signe de la croix, et au lieu de tenter confirmait dans la foi et le bien.

Hélas! en revenant ici, j'ai bien retrouvé aussi l'épiscopat occupant toutes les têtes, mais la nomination de Mgr Affre ne paraît pas avoir rapproché les deux camps. J'entends depuis hier parler beaucoup d'obéissance et de résignation ; c'est bien peu, lorsqu'il faut marcher ensemble, c'est le sentiment que Dieu demande pour les puissances de la terre qu'on n'aime et que l'on n'approuve pas, mais ses représentants ont besoin de plus, pour soutenir le fardeau. Pour moi, je ne me consolerais pas, si une division venait paralyser ce mouvement religieux qui agite depuis quelques années la France, et qui se rapprochait de plus en plus de la vérité ; mais Dieu, qui ne donne à personne le secret de ses moyens, a déjà répondu à tous ceux qui s'exagèrent les dangers du moment. Après avoir vu sortir de la révolution de juillet le retour à la liberté et à la foi chrétienne, et un épiscopat aussi saint que le nôtre émaner du choix de Louis-Philippe, qui a donc le droit de s'effrayer de ce qu'une nuance un peu moins sûre que les traditions anciennes triomphe aujourd'hui sur le siège de Paris? Quand les croix tombaient de nos églises, il était permis de prendre le deuil, et pourtant cette chute était un prélude d'exaltation, et aujourd'hui on se récrie parce que dans l'Église on a préféré une des fractions à une autre. Je n'ai peur, si ce mot-là doit entrer dans une âme de foi, je n'ai peur que pour ceux qui triomphent ; le danger est pour eux, car le frein qui faisait leur force et leur mérite une fois brisé, l'excès est bien près chez eux de la liberté, et le succès peut leur être le plus terrible piège. Peut-être fallait-il que dans l'Église chacun passât par les deux situations opposées ; la résistance avait besoin de quitter l'autorité pour apprendre par expérience les abus d'une puissance qui n'écoute pas, pour éprouver ce qu'elle a fait peut-être un peu trop subir aux autres, et ceux-ci ont besoin du pouvoir pour comprendre combien il y avait d'injustice dans leurs plaintes et combien souvent ce qu'ils appelaient tyrannie n'était que sagesse de la part des dépositaires de l'autorité. Les meilleures éducations se font ainsi, et le clergé de France, trop souvent soumis à la juridiction temporelle et dépendant du pouvoir civil, manquait peut-être de cette leçon.

J'ai toujours pensé, en politique, que rien ne formait un homme comme le pouvoir, et que l'opposition n'était dangereuse que parce que les représentants n'avaient jamais gouverné, et les adversaires jamais obéi. Il en sera de même pour notre Église ; et ce revirement, ce déplacement profitera à tous ; et nous, chère amie, qui n'avons pas à choisir, nous, toujours destinés au facile parti de la soumission, nous trouverons là un nouveau sujet d'adorer Dieu dans ses vues sur notre pays, d'admirer cette providence qui donne à chacun ce qui lui faut, en dépit de ses espérances et de ses craintes.

Adieu ; je ne vous donne encore des nouvelles de personne, car je n'ai vu qui que ce soit, absorbé ces deux jours-ci par les Amis de l'enfance, la

Miséricorde et Saint-Vincent de Paul ; mais en revanche, je pourrais vous parler beaucoup de vous. Comme toujours, votre place est marquée dans tout ce que je fais, et votre souvenir, comme aussi vos prières, par ce que je veux que vous demandiez pour moi à Dieu. Aujourd'hui, j'en arrive à votre manière de voir, je m'aperçois de plus en plus que les difficultés sont des grâces, et j'avoue que dans mes petites entreprises, mon premier mouvement est de craindre ce qui ne coûte rien. Demandez donc, si vous l'osiez pour moi, des contrariétés, des mécomptes, des désappointements ; j'en ai eu trop peu dans ma vie, et je crois qu'en les comptant, je n'en rencontrerais pas un qui ne m'eût fait plus de bien que la plus heureuse réussite.

Voilà, j'espère, des dispositions que vous encouragerez et qui m'arment pour l'avenir d'une force que Dieu donne à ceux dont il a pitié. Pour le moment, je ne suis pas encore à ce régime ; nos affaires vont bien, la Miséricorde s'est enfin débarrassée de son magasin, nos Amis de l'enfance s'organisent, les ateliers des frères vont s'ouvrir, et je veux préparer pour cet hiver notre grande surveillance sur la génération naissante de Paris ; la perfection serait d'arriver là en passant par des traverses, des difficultés, afin que l'homme se détache de l'action et soit de plus en plus persuadé qu'il n'est que la mouche du coche que Dieu conduit seul. Si les choses marchent ainsi, j'en remercierai mille fois la Providence, et aussi vos prières, car c'est encore pour moi un pas fait maintenant dans la vérité. Ma confiance dans la force de l'homme diminue, lorsqu'elle l'applique à son action dans l'espace et le temps, mais elle s'augmente lorsqu'elle naît de l'influence de la prière ; il me semble que tout en nous se réduit là. Admirable organisation de l'humanité qui retire en apparence toute puissance à l'homme dans ce monde, pour la lui rendre sur Dieu lui-même. Ainsi la fatalité est presque la conséquence de l'histoire, lorsque l'intelligence s'arrête à la terre ; mais qu'elle monte au ciel, elle rencontre notre volonté agissant sur Dieu. Nous ne sommes si faibles au premier coup d'œil qu'en vertu d'une sorte de toute-puissance, car Dieu, si on peut ainsi parler, a voulu se faire notre agent, notre instrument, et c'est la prière, cette forme la plus humble, la plus petite de la volonté humaine, qui nous initie à l'omnipotence.

Mais avez-vous la possibilité de lire ce griffonnage? Apprenez-le-moi le plus tôt que vous pourrez ; donnez-moi des nouvelles de votre voyage ; je suis à Paris pour quelques jours ; de là j'irai voir nos enfants du Mesnil, mais les lettres adressées à Paris m'arriveront.

Adieu encore une fois, et n'oubliez pas tout ce que vous pouvez pour moi.

A. DE MELUN.

Gandelu (Aisne), 12 juillet 1840.

J'espérais un peu, chère amie, des nouvelles de vous à mon rapide passage à Paris et je voulais, sans les attendre, vous confirmer la réalisation des espérances que je vous envoyais du Mesnil ; mais nous avons fait probablement l'un comme l'autre, les affaires nous ont imposé silence ; vous répondiez à

Rome et en Russie pendant que je courais du faubourg Saint-Marcel au faubourg Saint-Martin, de la sœur Rosalie au frère Philippe, et comme les grands capitaines, j'ai besoin de l'inaction de la paix pour vous raconter mes exploits.

Ma dernière lettre me laissait avec mon fidèle compagnon de voyage à la veille de doter la colonie agricole d'une charte de liberté et de perpétuité. Elle a été enfin signée, non sans mille instances de notre part, et après avoir passé par tous les détails d'une estimation et d'une expertise. Pour soixante mille francs, l'œuvre de Saint-Firmin possède maintenant une maison capable de loger quarante enfants et dix maîtres, la ferme, les vaches, les moutons, tout ce qu'il faut pour la nourriture et l'instruction de la colonie. Cette vente, sous le nom du supérieur l'abbé Gilles, réserve au conseil d'administration le droit de transmettre la propriété à la congrégation existante ou à naître qui voudrait s'occuper d'appliquer l'enfance à l'agriculture ; et déjà, depuis notre retour à Paris, avons-nous entamé une espèce de négociation pour gagner les frères des Écoles chrétiennes à notre cause ; déjà l'idée de cet établissement indépendant, n'appartenant plus qu'à lui-même, leur sourit, et je ne désespère pas de les amener un jour à prendre la direction de la maison, en formant, sous leur autorité, une congrégation de frères ouvriers, dont quelques-uns déjà employés par nous feraient des vœux le jour où les frères des Écoles chrétiennes leur donneraient une règle et une impulsion. La vente est faite de manière à n'engager l'œuvre qu'au paiement de l'intérêt, et nous avons calculé, pièces en main, que la pension de quarante enfants à deux cents francs par an suffirait à payer nos dépenses. Or, nous en avions une vingtaine, nous venons d'en expédier quinze, et M. Bazin, dans sa générosité, s'est engagé à garantir la pension de dix autres : vous voyez que nos huit mille francs sont plus qu'assurés.

Un si bon arrangement, dû tout entier à la charité de M. Bazin et à la faveur de la Providence, nous engageait à ne pas nous reposer, à poursuivre ce plan que nous nous sommes tracé, à obéir à cette vocation que Dieu semble vouloir m'inspirer. Aussi, après Saint-Firmin, ai-je été courir à Saint-Vincent de Paul, et là aussi j'ai rencontré bonne volonté ; il s'agissait d'appliquer les conclusions de ce rapport dont vous avez bien voulu approuver l'idée. Les éléments se préparent, et je prévois pour l'hiver prochain une campagne féconde. Il faut qu'au nom des petits enfants nous rattachions toutes les forces à la régénération de la société. L'association de Saint-Vincent de Paul a de la foi, du zèle, l'amour du pauvre et de l'orphelin ; il y a dans nos salons des bourses lourdes et une charité qui s'exprime par de l'argent ; nous tâcherons de faire contribuer tout le monde. Aux pauvres, nous ne demanderons que leurs enfants, et un peu de ce sentiment paternel qui applaudit aux bons conseils, et cache les mauvais exemples ; les Frères des écoles nous donneront leurs leçons si intelligentes et si pieuses ; Saint-Vincent de Paul apportera la surveillance, l'autorité d'une jeunesse qui s'arrache au plaisir pour s'occuper de ceux qui n'en ont pas ; enfin aux riches et aux heureux du siècle, nous offrirons la jouissance si pure de protéger les faibles : ils nous donneront leur argent et aussi leur influence en faveur des enfants, et distribuant ainsi entre tous les soins de cette grande famille naissante, nous aurons : des Frères l'instruction, des jeunes gens de Saint-Viencent la surveillance, des hommes plus riches et plus âgés la protection.

Il y a, je crois, dans cette association générale de toutes les classes et de toutes les situations, quelque chose de catholique que Dieu doit bénir. Dans ce temps si injustement maudit, la charité remplacera toutes les puissances et toutes les hiérarchies abolies par les siècles et les révolutions ; elle rétablira, si on suit ses inspirations, ces rapports, ces relations de clientèle que donnaient autrefois la naissance et la fortune. C'est à elle à relever les pouvoirs qui tombent, à prendre la place de l'autorité chancelante. La force et la crainte ont fondé cette féodalité qui s'appuyait sur le fer et faisait de la violence un droit ; il faut aujourd'hui que la charité ressuscite le respect qui s'efface, la déférence abolie, et la société ne peu, plus se passer d'elle ; elle la demande à grands cris à l'Église sa mère, et ne se sauvera qu'en passant sous sa loi.

Je ne sais si je prends mes illusions pour des aperçus ; mais cette activité qui se porte aujourd'hui sur les œuvres, ce besoin de fonder soit une maison, soit une société pour soulager toutes les misères, me semble un grand et magnifique symptôme de ce que Dieu réveille en nous pour le salut de l'humanité. Toutes ces idées de fraternité sorties d'une source terrestre et impure ont jeté la France dans l'abîme et ensanglanté l'histoire du dernier siècle ; or, voilà qu'elles renaissent purifiées par la foi, qu'elles sont rendues à l'Évangile. Toute cette jeunesse ardente revient à la vérité par la porte de l'Église, et la reçoit pure de tout alliage, sans que la politique se glisse dans son âme sous le manteau de la religion. La parole elle-même, naguère encore si puissante, cède à l'action; et l'écrivain qui croyait que sa plume devait peser dans les destinées du monde se plaint de n'avoir plus de lecteurs, car l'idée a cédé à la pratique, le sentiment au culte, la religiosité à l'orthodoxie. Le règne des livres et des discours passe; par la grâce de Dieu, l'action arrive non plus comme jadis, lorsque les barbares reçurent mission d'imposer silence aux sophistes du Bas-Empire, et firent taire le monde romain devant eux, mais douce et bienfaisante, comme un ange du ciel, une émanation de l'Évangile, elle vient sauver ce que la barbarie devait détruire.

On peut taxer ces espérances d'exagération, et diminuer de beaucoup le bien que je prévois; toutefois, ce passage de la parole à l'action, de la discussion aux faits dans l'ordre religieux, doit être remarqué avec soin, car il répond plus que tout le reste à ce reproche de décadence si facilement imposé à notre époque par le mécontentement. Les peuples languissent et meurent, lorsqu'à la vie active succède le temps des discours et des dissertations; ainsi pronostiquait-on notre descente au tombeau, lorsque le siècle des grandes batailles et des grandes agitations faisait place à une ère de plume et de phrases; mais pendant que la parole triomphait, et qu'il se préparait au sein de cette société distraite en apparence, et s'amusant de vains mots, un de ces mouvements inattendus qui réveillent l'humanité et appellent chacun à son devoir : et cette génération élevée, disait-on, à l'ombre de l'égoïsme, et sous la loi de l'intérêt, avide seulement de jouissances matérielles et de sensations, s'est mise à l'œuvre, elle s'est inquiétée de toutes les misères de son prochain, a entrepris de réparer toutes les inégalités, d'instruire toutes les ignorances, d'appuyer toutes les faiblesses.

Le règlement de Saint-Vincent de Paul est sorti dans sa pieuse simplicité de ces écoles où Mme Sand et Balzac prêchaient la haine du bien et la théorie de l'immoralité : au lieu d'écouter ces maîtres d'erreurs, chacun a commencé à agir ; au lieu de prêcher l'égalité des droits et la loi agraire, on est allé visiter le pauvre, partager avec lui le pain et la science, et on est en train de réaliser ce qui dans les livres et les discours passe pour utopie et semence de révolution. Aussi, voyez comme on marche vite dans cette carrière, comme le progrès a passé du côté de ces doctrines si longtemps rétrogrades aux yeux de nos prédécesseurs ; l'intelligence qui dédaignait la vérité, ne peut plus se passer d'elle, sous peine des reproches qu'elle a si souvent prodigués à la foi. Orateurs et publicistes qui regardaient si loin derrière eux et avec tant de pitié les pauvres fidèles, sont maintenant dépassés, et courent après ceux qu'ils précédaient, et Dieu, qui s'est dérobé tant d'années aux regards des peuples, apparaît maintenant et courbe les fronts qui le niaient. Oh ! la belle leçon qu'il vient de donner au monde, et comme la France et surtout Paris a déjoué de projets et de pronostics!

Malheur à nous si nous chancelions encore, et si nous hésitions à suivre cette voie ouverte à nos loisirs !

Pour moi, chère amie, je n'ai plus de doute sur ma vocation ; j'ai lutté contre la science, je me suis débattu avec toutes les grandes questions de la philosophie, lorsque le temps des discussions durait encore, j'ai eu mes années de pensées et mes heures de paroles, et toujours il me semblait qu'il manquait quelque chose à ma destinée, que ces pensées, que ces paroles appelaient des conséquences plus positives, et ne suffisaient pas à mon devoir. Comme je vous le disais, depuis que l'action s'est emparée de moi, je ne cherche plus qu'à la rendre plus féconde et plus sainte, je ne demande plus qu'à poursuivre, je ne suis plus inquiet de mon temps et de l'avenir, et la Providence encourage cette manière de voir, en m'ouvrant sans cesse de nouvelles voies, en agrandissant la carrière, en me montrant toujours quelque chose à développer, quelque projet à réaliser. Il ne faut pas lutter maintenant de science et d'esprit, mais de foi et de charité, et j'ai conscience que la puissance, celle qu'il faut souhaiter parce qu'elle n'est que l'expression de la volonté divine, appartiendra à ceux qui marcheront incessamment dans la voie évangélique, qui combattront contre les souffrances de leurs frères, et ne songeront à se reposer que dans la mort.

Voilà, chère amie, les réflexions que dans ma solitude momentanée m'inspire cette pensée de patronage aujourd'hui encore sur le papier, mais que je confie à Dieu pour la faire fructifier. Dans mon espérance, je crois y voir la régénération de la société, et la résurrection d'un pouvoir fondé seulement sur la reconnaissance et la liberté. Ce pouvoir-là n'est pas de ceux qui doivent périr, et qui s'en vont tous les jours. Mais, ne vous ai-je pas paru singulièrement ambitieux ? Ne vous plaindrez-vous pas de cette manie si commune qui attache tellement chaque esprit à ce qu'il fait, qu'il se figure posséder seul le secret de sauver l'univers ? Heureusement, ce secret que j'annonce n'est pas le mien ; il a été révélé, il y a dix-huit cents ans, par une intelligence qui ne se trompait pas, par une bouche qui n'a jamais menti. Aujourd'hui toutes les puissances de ce monde sont épuisées : la force a eu son règne, la naissance a gouverné, la fortune a partagé avec elle l'empire ; il faut que la charité ait son tour. Les hommes, à force de fautes et de folies, ont usé leur influence, il est temps que le monde obéisse à Dieu.

De l'univers je reviens à Vichy pour vous demander quand vous le quitterez ; on m'a dit qu'il continuait à vous faire du bien, et que vous songiez à lui dire bientôt adieu : ne sera-ce pas pour la fin du mois ? Tenez-moi bien au courant de votre itinéraire, car je ne veux pas vous manquer à votre passage. Il me faut vos conseils, vos encouragements pour tous mes projets, et aussi, comme toujours, de grandes questions sont à discuter entre nous sur la part qu'il faut donner dans les œuvres, dans ce mouvement général, au clergé ; il y a là une route à choisir, et le passé a des exemples pour et contre l'autorité directe du prêtre dans l'action catholique. Mais je ne puis entamer ce sujet aujourd'hui, et je me réserve de vous entendre sur ce point, comme la voix qui me donne le plus de confiance en mes idées lorsqu'elle les approuve, le plus de défiance de mes vues lorsqu'elle les combat.

Adieu.

A. DE MELUN.

19 septembre 1840.

Chère amie, pour obéir à votre recommandation je viens d'écrire à Alfred (1) une longue lettre sur l'impression que son *Louis XVI* m'a faite ; j'ai traité l'auteur avec toute l'estime qu'il mérite, car je lui ai dit la vérité.

D'après ce que j'ai appris de lui à Paris, le jugement que je lui exprime sera nouveau pour lui. Je prétends qu'en détachant Louis XVI des événements de son temps il lui enlève son prestige et le réduit aux proportions d'une honnête médiocrité ; il en fait ce qu'il était réellement, une personne fort ordinaire, et je lui reproche, pour ainsi dire, d'en avoir donné un portrait trop ressemblant. Il y a loin de là à l'enthousiasme de M. Nettement, à l'attendrissement, que je crois très sincère, de Charles de Montalembert, et aussi au but que se proposait Alfred. Mais tous ces témoignages, tous ces applaudissements lui donnent le droit de me croire un mauvais juge, et j'ai cru qu'il lui serait utile de connaître ma pensée

---

(1) Le comte de Falloux. Du reste, nous devons prévenir nos lecteurs d'une manière générale que dans toutes les lettres le nom d'Alfred veut dire le comte de Falloux, comme celui d'Éleuthère, le vicomte, plus tard abbé de Girardin.

tout entière, afin de distinguer, entre le pour et le contre, les observations dont il doit faire son profit. Vous n'étiez pas trop de l'avis d'une extrême franchise, parce que vous la supposez inutile, et vous n'aimez pas ce triste rôle de l'esclave qui rappelle à l'humilité le triomphateur ; mais moi j'ai meilleure opinion de notre jeune écrivain ; il vaut mieux que toutes ces précautions un peu insultantes pour celui qui en est l'objet. J'ai l'intime conviction qu'il est toujours possible de dire toute la vérité, alors même qu'elle est sévère, sans blesser et sans nuire. Le succès de *Louis XVI* est de nature à encourager un nouveau travail; peut-être Alfred met-il déjà la main à un second ouvrage, et en pareil cas j'ai toujours peur qu'un premier succès ne prépare une plus lourde chute, et je m'en voudrais d'avoir été complice de l'indulgence générale. Car, vous le savez, un second livre est chose grave, c'est le passage de l'homme de loisir à l'écrivain. On accepte le premier ouvrage comme la distraction sérieuse d'un jeune homme qui n'a rien à faire, il appelle la bienveillance et l'estime; mais le second prend possession de la vie littéraire, il suppose une grande foi dans la vocation de l'auteur ; ce n'est plus un essai, un jeu, c'est une carrière adoptée, la prétention de parler à tous et d'éclairer le monde; ce pas-là est immense.

De quel droit, si nous n'avons pas fait nos réserves, si nous n'avons fait entendre que notre enthousiasme au début, viendrons-nous réprimer ce zèle, cette manie de publicité, cette furie d'écrire qui transporte si loin du bon sens plus d'une plume d'abord mieux inspirée ? Une trop grande condescendance pour le passé engage l'avenir et résout d'avance les objections que nous voudrions opposer à de nouveaux essais. Moi, en restant sincère, j'ai voulu rester libre ; pas un mot de ma lettre ne peut l'affliger, son esprit juste y verra ce que j'y ai mis. Une grande préoccupation de ses véritables intérêts, un désir sincère de ses succès à venir, et nulle défiance de son talent ; mais, s'il le veut, il découvrira facilement le reproche que j'ai toujours fait à l'ouvrage, ou plutôt au sujet, l'absence d'intérêt réel et d'idées grandes ou utiles.

J'espère, chère amie, que vous ne me blâmerez pas trop de cette façon d'agir ; vous savez que, sur cette question, nous ne sommes pas tout à fait d'accord ; votre bonté extrême a peur de chagriner pour si peu de chose, et veut épargner la moindre blessure ; et cependant ne devons-nous pas à ceux qui nous demandent d'être sincères la plus parfaite franchise.

Mon temps se passe ici très bien dans le tête à tête maternel. Brumetz n'a jamais été si calme et si solitaire ; à nous deux nous n'y faisons pas grand bruit, mais les livres et l'étude nous font bonne compagnie. A défaut de M. de Gérando et de sa bienfaisance, je commence à lire Smith, *de la Richesse des nations*, ce qui n'est pas tout à fait leur sagesse : c'est un livre fort bien raisonné sur la manière dont se crée et se maintient la fortune publique, et par conséquent la vie du plus grand nombre, de ceux qui vivent de leur travail. Mais l'économie politique, à l'inverse de la charité, ne s'occupe que de la terre et de ses besoins. L'âme, dans tous ces calculs, n'est que la vapeur qui fait mouvoir la machine, c'est l'agent des forces matérielles ; elle est toute au service du corps, et se confond avec lui, et on dirait que Dieu n'a créé l'homme que pour l'empêcher de mourir de faim. Comme les Juifs charnels, les économistes ne lisent que la lettre de la malédiction primitive portée contre notre premier père; ils oublient que, pour vivre, l'homme doit acquérir à la sueur de son front aussi bien la vérité et la vertu que le pain; et puis il y a toujours du fatalisme au fond de toutes ces théories : quand, par un habile équilibre, on a établi un rapport convenable entre l'appétit et la nourriture, la dépense et le salaire, on croit avoir tout fait contre la misère, et la pauvreté semble avoir disparu de la terre parce que, par ordonnance, on interdit la mendicité.

Mais ce n'est pas à cause de l'inégalité des conditions, ni parce qu'il n'y a pas assez de ressources en ce monde que Jésus-Christ a annoncé à l'humanité qu'elle aurait toujours des pauvres. La misère, comme le mal, sera toujours partout où l'homme est libre, partout où il aura le choix entre le travail et la paresse, la régularité et le désordre, l'économie et la prodigalité, et cela est si vrai que l'esclavage exclut la pauvreté. Il ne s'agit donc pas seulement de trouver du travail pour tout le monde, du pain, des vêtements, un abri pour tous; l'esclave a tout cela, tout cela se trouve dans les sociétés les plus dégradées, là où l'humanité est sacrifiée à quelques-uns; ces avantages n'empêchent pas l'homme qui en jouit dans les fers de descendre aux conditions de la bête de somme qui trouve dans nos mains toutes ces ressources. La grande affaire, celle qui importe à la destinée humaine, c'est la direction de la liberté, de la volonté, son instrument. C'est à la volonté surtout que doivent s'adresser nos sollicitudes, c'est elle qu'il faut élever, diriger, car c'est elle qui fera la fortune de chacun, à quelques exceptions près ; l'homme a reçu de Dieu assez de forces pour vivre, c'est lui qui en détermine l'usage ; quiconque lui apprendrait à s'en servir pour son bien et ses devoirs, aurait plus avancé l'économie politique que toutes les balances entre la rente, le profit et le salaire.

Il semble que la Providence ait voulu reproduire dans les différents degrés et les rapports divers de l'humanité, cette grande et mystérieuse loi de la prescience et de la liberté humaine, de l'action divine et de la volonté de chacun de nous : partout le nécessaire strict est accordé, partout il y a des privilèges, des différences de position ; dans l'ordre divin, la connaissance extérieure de la vérité semble le patrimoine de certaines contrées, l'héritage de certaines familles ; puis en parcourant les différents siècles et les pays divers, la vérité va s'affaiblissant, et on arrive chez certaines peuplades à l'absence de toute notion pure, de toute idée religieuse. Dans l'ordre de la nature, qui n'est frappé des différences de force, d'intelligence, d'habileté ? Enfin la société n'a-t-elle pas sa loi fatale, dans cette hérédité qui fixe la fortune aux mains de quelques-uns, et ne laisse à tant d'autres que la souffrance ? Eh bien, à travers toutes ces injustices apparentes et ces monstrueuses inégalités, on serait étonné de trouver à chacun ce qu'il lui faut, pour croire, pour vivre et pour se suffire. On découvrirait pour chaque classe une nature différente de jugement dans la vie future, de bien-être dans la vie actuelle, et toujours la misère sans ressource, comme la damnation sans miséricorde serait le résultat du choix de l'homme, un acte de sa liberté. Toutefois cette découverte ne doit pas diminuer le désir d'améliorer la situation des classes inférieures, de les rapprocher des privilèges, de les appeler au partage de la fortune et de la propriété ; parce qu'elles ont entre les mains un moyen de ne pas jeûner tous les jours, parce qu'avec de l'ordre et du travail elles peuvent élever leur famille, est-ce donc une raison pour ne pas chercher pour elles plus de jouissances, plus de fortune, plus de liberté ? et la charité doit-elle se reposer sur leur travail et leur bonne volonté pour rendre leur sort meilleur ? Loin de là. Dans un ordre plus élevé, les missionnaires ne se contentent pas de la conviction où ils sont que Dieu donne à chaque homme ce qu'il lui faut de lumières pour être sauvé ; cette condition ne suffit pas à leur amour, et quittant leur patrie, ils vont, au péril de leurs jours, apporter aux nations lointaines la parole des élus et la révélation du privilégié. La perspective d'une éternité sans trop grande douleur pour ceux des infidèles qui, sans faire le mal, n'auront pas connu Dieu, ne suffit pas pour les retenir ; ils ont plus d'ambition pour ces pauvres de la cité de Dieu, et ils veulent pour eux la richesse du salut et l'abondance de l'Évangile. Ainsi sur cette terre, dans un ordre bien secondaire, et pourtant digne d'un grand intérêt, nous applaudirons à toutes les tentatives pour appeler nos semblables au partage de nos privilèges, et nous leur tendrons la main pour les faire entrer dans nos droits.

Mais me voilà bien loin de ma première idée, et je rencontre la politique au bout de l'aumône ; c'est qu'en effet, tout ce qui touche aux intérêts de l'humanité se tient : le même sentiment qui fait donner au pauvre un morceau de pain, désire au peuple plus de lumières, de ressources, de vertus ; il veut agrandir sa destinée dans l'espace et le temps comme dans l'infini et l'éternité, et effacer de tout son pouvoir les tristes conséquences du péché originel. C'est lui, en effet, qui a répandu sur le monde la souffrance, les besoins, comme les vices et les crimes. Il a introduit l'inégalité avec la désobéissance. *La Rédemption* a tout réparé, en rendant à chacun la liberté de faire le bien ; mais cette liberté si précieuse, puisqu'elle a valu le sang de Dieu, n'est-elle pas inséparable de l'indépendance de l'homme vis-à-vis de son semblable, et en travaillant avec amour à l'égalité de tous, ne rentre-t-on pas dans les vues de Dieu qui ne donne pas, dans l'ordre du salut, la même grâce à tous, mais nous récompense de tous nos efforts pour la faire arriver au plus grand nombre ?

Que dites-vous à Paris de la guerre ? Le bruit ne nous en arrive ici qu'à travers les feuilles d'un journal. Je fais tous les jours des vœux ardents pour que tout s'apaise, sans exiger de personne le sacrifice de sa dignité et de ses intérêts. J'espère toujours dans l'habileté de la diplomatie, qui sait si bien trouver moyen de satisfaire tout le monde sans contenter personne ; toutefois je ne suis pas très émerveillé du génie de M. Guizot. Si l'exposition de la *Revue des Deux-Mondes* attribuée à M. Thiers est vraie, il me semble qu'avec un peu d'adresse, rien n'était plus facile que de parer le coup; d'un autre côté, en admettant toujours l'article de la revue qui a bien l'air de sortir d'un portefeuille de ministre, l'Angleterre est impardonnable de nous avoir ainsi joués et ne dément pas toutes les préventions contre la foi britannique auxquelles j'aimerais bien mieux ne pas croire. Voilà une singulière destinée de l'empire ottoman; dans sa toute-puissance, il souleva inutilement l'Europe contre lui; aujourd'hui, à l'agonie, il menace d'armer tous les peuples chrétiens les uns contre les autres; il traite l'Europe comme Alexandre mourant, ses généraux, et prépare de grands jeux funèbres sur sa tombe. Une seule espérance me console, si nous devons entrer dans cette carrière de combats; l'Occident y perdrait bien des vaisseaux, des hommes, et la France peut-être plus que les autres; mais l'Orient y doit gagner l'Évangile, et en croyant combattre pour l'Égypte ou Constantinople, dans l'intérêt de Méhémet ou du sultan, les chrétiens, apôtres involontaires et missionnaires à leur insu, se croiseront pour Jésus-Christ.

Adieu, chère amie; j'ai presque autant de peine à quitter ce long bavardage, que lorsque, après une conversation commencée à six heures, votre pendule trop pressée sonnait minuit.

A. DE MELUN.

1840.

Voilà déjà plusieurs jours, chère amie, que je veux demander de vos nouvelles et comment vous traitent les eaux; mais vous savez plus que tout autre ce qu'il reste d'une vie un peu occupée à Paris, et comment, entre mille affaires qui se croisent et se commencent sans jamais s'achever, le temps d'écrire ne se trouve plus. Les dernières semaines surtout que l'on donne à Paris sont toujours trop courtes, et j'ai beau travailler à finir ma campagne d'hiver, à conquérir cette première liberté que je veux consacrer aux préparatifs intellectuels de mon voyage d'Italie, il y a conspiration générale contre ma soif de repos.

Je me garderai bien de m'en plaindre ; il faut remercier Dieu de rendre si difficile l'abandon des enfants et des pauvres, et de lier si bien notre destinée à leurs intérêts qu'une suspension devienne une difficulté.

Je le sens bien vivement maintenant, et au moment de dire adieu à mes œuvres et de m'éloigner de mes travaux quotidiens, j'éprouve un peu le remords du soldat qui abandonne son poste, qui sacrifie son devoir à son plaisir. J'ai besoin de me répéter ce que vous m'avez dit si souvent : que l'âme et l'intelligence se devaient à elles-mêmes des jours de réflexions et quelquefois un régime moins extérieur ; et le repos peut ainsi tourner au profit du travail, et la distraction servir à l'action. Puis la grande figure de la ville des Papes m'encourage ; il me semble que j'irai puiser à cette source de la catholicité des inspirations plus grandes, plus pures, plus dégagées de la terre, pour tout ce que Dieu, dans l'avenir, nous fera faire.

Déjà la pensée de l'Italie est si mêlée dans mon imagination à celle de la vérité et de la religion, que ma course prend insensiblement le caractère du pèlerinage, les émotions que je me promets d'abord simplement historiques et catholiques, comme disent les Allemands, deviennent peu à peu essentiellement catholiques. Les différentes formes de l'art, cette lutte si merveilleuse du génie contre la création qui oppose les obélisques aux montagnes, les colonnes aux grands arbres, et les statues aux hommes, me conduisent à nos profonds mystères, et m'apparaissent comme la tentation de l'humanité pour rentrer dans ses droits et reconquérir son paradis perdu. Ne retrouve-t-on pas dans la perfection des statues quelque chose de cette beauté qui dut précéder sa chute, comme dans la magnifique expression des grands écrivains, quelques débris de cette langue brisée par le péché qui établissait l'harmonie entre l'idée et le mot, et donnait au sentiment sa forme vraie et pure ? Peut-être même, si on ne craignait de se perdre dans de trop subtiles distinctions, reconnaîtrait-on dans les différentes manières d'imiter Dieu dans l'art, les deux modes qu'il a choisis pour produire le monde et l'humanité, la création et l'incarnation. Parmi les poètes et les artistes, les uns du haut de leur génie, comme Dieu du haut de sa toute-puissance, inventent et jettent dans le monde des types, créent des personnages qu'ils font agir, qu'ils animent de sentiments non éprouvés par eux, de passions qu'ils ne partagent pas ; les autres, au contraire, s'identifient avec leur travail, s'animent dans leurs œuvres, et se confondent avec elles.

Ces deux écoles, qui ont leurs chefs et leurs modèles, seraient intéressantes à étudier dans leurs analogies et leurs différences, en rapprochant ainsi l'action divine de la reproduction humaine. Il y aurait à faire, sur le voyage de Rome, comme sur tout ce qui donne à penser dans ce monde, un travail tout catholique qui montrerait chaque article de notre symbole inscrit, exprimé en toute la nature, et en même temps, dans chacun de nos actes, dans nos sciences, nos arts, les formes de nos sociétés, la constitution de nos familles.

Les nouvelles que je reçois de ma mère et de ma sœur sont bonnes ; mais nous avons eu ces jours derniers un véritable chagrin : ma belle-sœur vient encore d'éprouver l'accident de l'année dernière, à la suite d'une grande peur. Mon frère m'écrit à cette occasion une lettre pleine de regrets et de sentiments pieux et résignés, et dans laquelle il me parle de vous. Ce cher ami se console en portant sur les enfants des pauvres cette affection paternelle dont Dieu lui refuse jusqu'ici l'application dans sa propre famille, et j'espère qu'il méritera aussi cette bénédiction donnée jadis aux patriarches en récompense de leur foi.

J'ai fait ces jours-ci mes adieux à l'abbé de Falloux ; j'ai bien pensé hier à son frère, dont la Providence vient enfin de fixer la destinée, il l'a méritée par ces grandes épreuves qui, courageusement supportées, préparent un avenir doux et calme, et je ne suis pas inquiet de cette association, où tant de bonnes volontés se rencontreront pour le bien.

Je ne veux pas finir cette trop longue lettre, chère amie, sans vous demander du fond de mon cœur pardon et grâce : assurément mes torts ont été bien involontaires, mais mon amitié n'a que trop senti que les jours qui ont précédé votre départ ne ressemblaient plus à tous les autres, que vous aviez à vous plaindre de moi, et que cette bonne et sainte confiance qui faisait ma joie et mon appui était un peu altérée. Dieu sait pourtant que si quelques paroles, quelquefois, ont pu justifier votre froideur, si vous avez eu le droit de me soupçonner de sacrifier nos idées communes et la liberté d'un enfant de Dieu à des influences nouvelles et à des considérations inférieures, les apparences seules étaient contre moi : vos objections, vos avertissements peut-être trop fortement combattus dans l'expression avaient encore sur moi toute leur puissance, et j'y trouvais, comme toujours, une lumière et un guide.

Pardonnez-moi donc, chère amie, tout ce qui a pu vous blesser ; croyez toujours, malgré les petites différences de l'application, à l'unité de nos vues, de nos jugements, de nos espérances.

Peut-être trouverai-je un jour l'occasion de prouver à qui j'appartiens, et si j'ai oublié dans la route les pensées d'indépendance qui inspiraient mes premiers pas ; mais il me faut, pour ne pas chanceler, le bras qui m'appuyait, la voix qui me signalait les écueils, et surtout la prière qui me protégeait. Vous me garderez toutes ces grâces dont tous les jours je remercie Dieu, cette confiance qui m'enseignait toujours en me consultant, et cette amitié que je ne sais plus distinguer de l'affection de ma mère.

Pour moi, quand je descends au fond de mon cœur, à travers tout ce que j'aime ici-bas, au milieu de toutes les influences, de toutes les sympathies qui m'accueillent, il est une action plus puissante que toutes les autres, une parole qui pénètre plus avant, parce que, malgré nos discussions et notre apparent désaccord, ma raison et ma conscience finissent toujours par être complices de vos idées. Seulement, partant des mêmes principes, des mêmes doctrines, nous n'appliquons pas toujours de la même manière la pratique de notre système, et vous avez peur de me voir entraîné, lorsque j'ai la prétention de savoir où je vais, et de sauver les autres de l'entraînement. Est-ce une pensée d'orgueil que Dieu doit punir par plus d'aveuglement? Je serais tenté de le croire, puisque vous le pensez ; et pourtant, il me semble qu'en s'éloignant, on abandonnerait la partie, et la balance perdrait encore bien plus son équilibre. Mais je ne veux pas me justifier, j'aime mieux reconnaître tous les torts que vous avez pu me prêter et laisser à votre bonté le soin de faire complètement miséricorde, et de m'envoyer au plus tôt mon absolution.

Je suis encore à Paris ou aux environs pour une quinzaine ; nous allons aller à Saint-Firmin, Éleuthère et moi, deux ou trois jours ; il me charge de vous parler de lui.

A. DE MELUN.

28 septembre 1840.

Chère amie, je vous écris de Saint-Firmin, sorti avec succès de mes hautes fonctions de parrain par procuration, et revenu à mes devoirs plus habituels de père de famille. Notre baptême s'est très bien passé, sans foule de chaises, de portes, sans promesses d'une naissante éloquence, sans même espérer du lendemain, mais avec des joies intimes et, j'espère, de bonnes prières. Pour le moment, celui qui en était l'objet en avait moins besoin que nous, car il n'appartient plus à la malédiction et n'est pas encore arrivé à l'heure de la lutte ; à cette heure il est bercé, dans sa trop fugitive innocence, entre le péché de sa naissance et les fautes de son avenir, et pourtant, on est déjà impatient de le voir échanger contre les périls de la liberté ce doux sommeil dont il se réveillerait aux cieux. Que de peines, que d'efforts, que de vœux, pour faire un homme faible et misérable de ce petit ange (1) !

Mes enfants agricoles n'en sont plus là, et comme vous savez, plusieurs ont déjà traité notre modeste colonie en paradis terrestre, et ont voulu goûter du fruit de révolte ; mais j'ai trouvé le calme parfaitement rétabli, et le progrès né de l'épreuve. La petite société a donné une leçon à ses directeurs, elle les rendra plus difficiles sur le choix des pasteurs et du troupeau ; et l'émeute a seulement emporté avec elle quelques mauvais sujets et quelques abus. Le pain est maintenant excellent ; la propreté est en marche vers le mieux ; encore une ou deux révolutions et les souliers seront cirés tous les jours. Nous avons apporté en cette circonstance notre part d'expériences dans la solution du grand problème social.

Les enfants qui se sont plaints le plus amèrement du régime de la maison, qui ont redemandé avec le plus d'opiniâtreté le bien-être du toit paternel, sont précisément ceux dont l'enfance n'a été qu'une longue

(1) Baptême d'un de ses petits-neveux dont il était parrain.

privation ; les parents les plus révoltés contre la grossièreté de la nourriture et l'excès de travail de leurs enfants sont les pauvres qui chez eux n'ont à leur offrir que la faim et la misère. Les exigences se sont trouvées en raison inverse des habitudes et des ressources. Terrible argument non contre le pauvre, mais contre la pauvreté qui condamne ceux qu'elle afflige à l'injustice contre leurs bienfaiteurs, et leur fait refuser le bienfait.

Il faut bien se garder de s'armer contre les classes inférieures de tout ce que leur infériorité leur enlève d'équité et de bon sens ; c'est parce que l'esclave aime sa servitude et a peur du travail et de la prévoyance qu'exige la liberté qu'il faut bien vite abolir l'esclavage. La charité, comme la grâce, ne doit pas attendre, pour agir, le mérite, mais mettre à même celui qu'elle secourt de se rendre digne du bien qu'il reçoit. C'est la liberté qui rend l'homme digne d'elle, et la grande erreur sur ces questions vient de la manière de comprendre l'initiative. Les uns veulent que tout progrès soit une récompense, tandis qu'en réalité le premier pas dans le bien doit être un don, et que les choses humaines suivent en cela la règle des choses divines.

Pour que l'homme devienne un saint, il faut que Dieu l'ait fait chrétien, qu'il ait reçu de la grâce la possibilité du mérite ; il faut que la foi précède l'action, et que Dieu agisse avant l'homme ; sans cela, l'infidèle continuera à aimer son erreur, et il ne trouvera jamais en lui ce qu'il faut de forces et de lumière pour entrevoir et conquérir la vérité. Il en est de même dans la société humaine, et si l'on attend pour donner au peuple l'exercice de ses droits, qu'il les ait mérités, il ne les obtiendra jamais, car il manque précisément des conditions de justice et de moralité, et il ne les acquerra qu'en possédant la position supérieure.

Je mêle maintenant à mes courses M. de Gérando, et je poursuis ses raisonnements à travers la pratique plus lumineuse souvent que ses théories. Il est plein de bonnes intentions et de recherches ingénieuses, mais toutes ses combinaisons du travail, toutes ses statistiques me révèlent plus que jamais le véritable élément de l'indigence actuelle ; et je suis de plus en plus convaincu qu'aujourd'hui la source de la pauvreté est dans la volonté : c'est une question toute morale, l'argent et la matière n'arrivent que comme agents, mais seulement il faut transporter à l'âme les formes de guérison du corps.

Les philanthropes éclairés ne peuvent méconnaître cette vérité et parlent aussi de venir au secours de l'âme ; mais ils ignorent sa situation ; le christianisme seul explique par le péché originel ce qu'il entre de maladie dans la dépravation, et comment il faut allier la correction avec la guérison. Il fait comprendre la justice de la miséricorde et le devoir de pardonner à qui s'accuse. Dans la faute se retrouve, comme dans le bien, un élément libre et très nécessaire : elle résulte de l'alliance du péché originel et de la liberté.

Mais voici la messe qui me saisit au milieu de mes raisonnements, et vous voulez bien que je vous quitte pour elle. Un arrangement à Bouillancourt a permis à ma sœur Mathilde de se passer de moi pour revenir à Brumetz et m'a rendu ma liberté ; j'en profite demain ou après-demain pour prendre la route de la Normandie, et je serai bien vite chez Mme de Rauzan. J'espère toujours être à Paris pour la seconde semaine d'octobre, vers le 15 au plus tard, et cette nouvelle apparition vaudra bien mieux que les lettres interrompues par les devoirs du dimanche.

Adieu, chère amie ; je n'ai pas seulement le temps de vous parler un peu guerre, il faut aller prier pour la paix, tout en nous félicitant de voir la France se placer militairement sur un pied si formidable que nous ayons le droit de la choisir et non de la subir.

A. DE MELUN.

1er octobre 1840.

Chère amie, je vous écris du Mesnil, à une journée à peine de Paris, et pourtant bien loin de ses agitations et de ses affaires, transporté dans un tout autre monde. Je suis au milieu de notre colonie agricole, courant les champs à la suite du petit troupeau, qui promène çà et là sa naissante industrie, et prélude à la science de l'agriculture en arrachant une herbe ou un caillou. Comme tout est grand dans les petites choses ! Parce qu'ici-bas tout est incomplet, rien n'est fini, tout est germe, depuis le gland qui porte en lui un chêne jusqu'à l'âme, semence d'immortalité.

Trente pauvres petits enfants sont ici rassemblés de toutes les extrémités de la misère. Quelques arpents de terre les occupent aux travaux les plus obscurs, et quatre ou cinq hommes dirigent cette misérable colonie ! Voilà de quoi faire une triste culture et de très médiocres ouvriers, et pourtant, si Dieu veut animer cette maison de son souffle, il y a là le germe d'une régénération des classes inférieures, la solution d'un immense problème, la terre rappelée à sa première vocation, l'éducation de l'homme, et les forces matérielles appliquées à l'amélioration de l'intelligence et de l'âme.

La Providence ne manque pas à nos espérances ; elle nous a donné quelques auxiliaires que nous voyons ici à l'œuvre, et tels quels on peut en toute confiance bâtir une maison comme la nôtre ; mais aussi nous avons trouvé en arrivant, Éleuthère et moi, tous les mouvements d'une autorité incertaine et d'une puissance divine ; l'ecclésiastique qui doit être à la tête de l'établissement n'ayant pu depuis un mois s'occuper très activement de nos enfants, a laissé la direction aux mains de plusieurs, et la démocratie, comme dit M. Ballanche, ne convient pas à l'enfance des peuples. L'ordre se ressentait déjà de l'absence d'unité, mais cette petite expérience profitera à tous. Il y avait quelques caractères fort religieux, fort dévoués, mais se pliant difficilement au pouvoir absolu ; ce court interrègne les a convertis à la monarchie, ils demandent à grands cris la loi et l'autorité.

Lundi, le directeur va reprendre les rênes, un contrat va être signé entre l'œuvre et M. Bazin, qui confirme à jamais l'indépendance et les moyens d'existence de la maison ; le règlement, dont on a reconnu par une épreuve d'une année le fort et le faible, va être définitivement arrêté, nous sortons en quelque sorte du noviciat pour entrer dans l'ordre. Dans huit jours je retourne à Paris, et j'expédie une douzaine de colons dont je fais ici préparer le lit et le trousseau.

J'ai été bien fier de voir mes réflexions d'accord avec les vôtres; nous en avons, dites-vous, l'habitude, mais vous y ajoutez ce qui leur donne leur véritable sagesse, vous en tempérez la forme trop absolue, et c'est la forme qui fait souvent la fortune de la vérité. Dieu donne à tous ceux qui s'éclairent à sa lumière l'idée catholique de la justice et du bien; mais il laisse à la liberté de chacun le soin de l'expression, et c'est là que se retrouve l'individualité dans l'ensemble, c'est ce qui permet à M. Lacordaire et à M. l'abbé Marquet, votre orateur de prédilection, de prêcher admirablement le même Dieu, la même loi, et d'éveiller dans chaque auditeur des sentiments et des impressions différentes.

A propos de M. Lacordaire, j'ai vu à Paris deux ou trois personnes qui ont entendu ce fameux sermon de Pâques, entre autres M. de Senevoy qui n'est pas suspect de politique révolutionnaire; tous m'ont assuré qu'ils n'avaient pas entendu ces paroles mal sonnantes qui ont fait frémir les âmes légitimistes; tous rendaient pleine et entière justice à l'éloquence du nouveau dominicain, seulement ils ne trouvaient pas dans sa manière de dire et d'argumenter un progrès peut-être assez sensible; il y avait encore l'élan et aussi un peu de la confusion de la jeunesse, une place trop grande laissée à l'imagination aux dépens de la méthode, grand nombre de belles questions, mais non approfondies ; enfin la solitude de Viterbe n'a nullement refroidi la verve du prédicateur, qui a besoin de nouvelles études et de nouveau travail pour tempérer l'ardeur de l'orateur.

A Paris, les esprits qui pensent à l'avenir de notre Église sont fort préoccupés de la nomination de nos grands vicaires, ce sera le premier manifeste, et comme une sorte de déclaration de principes ; on parlait beaucoup de M. de Salinis et de M. Combalot; j'aurais quelque peur du zèle extrême de ce dernier.

J'espère bien après quelques jours à Paris, où m'appellent les intérêts des Amis de l'enfance et une question fort grave pour Saint-Vincent de Paul, aller retrouver à Brumetz ces heures de méditations et d'études que vous me recommandiez avec tant de raison. L'action deviendrait presque du mécanisme, si la pensée ne remontait à son principe, et sans Dieu, la charité ne se distinguerait pas beaucoup de l'instinct, puisque nous avons reconnu ensemble que le mouvement qui m'avait porté de la méditation à l'activité était un progrès, et que je retrouvais plus vite et plus clairement la vérité dans les choses et dans les hommes, que dans les idées abstraites et les pures théories. Je dois suivre à pas infatigables cette carrière, et appliquer toutes mes forces à l'action; mais l'intelligence doit y trouver sa place et ses heures privilégiées.

Le tort d'autrefois n'était pas de beaucoup réfléchir, celui d'aujourd'hui ne serait pas d'agir beaucoup ; mais il y aurait défaut à séparer l'idée de son expression, la théorie de la pratique ; l'un est l'erreur du déiste, l'autre du superstitieux.

Vos excellents conseils me sauveront de ces deux écueils, et l'Église me trace ma route en m'annonçant la stérilité de la foi sans les œuvres, et l'inutilité des œuvres sans la foi; il faut que la science du dogme marche du même pas que l'exercice plus étendu de la charité.

A ceux qui suivent la carrière commune, le catéchisme suffit avec les devoirs de leur état; à ceux qui croient, témérairement peut-être, que Dieu les appelle à une existence plus spéciale, à une mission plus particulière de charité, il faut aussi une étude plus approfondie de la vérité, une application plus directe de l'intelligence à la révélation. Le droit de faire du bien aux hommes ne s'acquiert qu'en écoutant plus attentivement la voix de Dieu, en consultant plus directement sa volonté, car il y a des conditions pour les bonnes œuvres que l'on oublie trop souvent, c'est bien plus une récompense qu'un mérite, et Dieu ne les permet depuis notre chute qu'à la sueur de nos fronts.

Il y aurait un beau livre à faire sur tout le mal venu sur la terre de la part de ceux qui, sans l'avoir mérité, veulent faire du bien, et prétendent trouver en leur seule force et leur seule bonne volonté le moyen de protéger leurs semblables. Ils ne s'aperçoivent pas qu'ils usurpent la place de la Providence, au lieu d'en être les plus humbles et les plus dociles agents. C'est une des formes du panthéisme qui, s'il réussissait, conduirait droit à l'idolâtrie; mais l'humanité se hâte de donner à ses bienfaiteurs une terrible leçon, elle tourne presque toujours ces dons humains contre l'espérance de celui qui donnait, se brûle avec les lumières, se corrompt avec la science, s'enivre avec l'aumône, et finit par accuser la philanthropie des excès dont elle a été la cause innocente mais aveugle ; puis pour achever la leçon, elle va chercher, pour l'entourer de son culte et de son amour, quelque homme de génie plein de mépris pour elle, qui n'a passé sur la terre que pour la briser, et n'a cessé de lui demander son sang, son temps et sa fortune ; et l'humanité a grande raison, car le génie qui la discipline au dur exercice des batailles, développe en elle les grandes forces et les grandes actions ; il la met au régime qui seul lui convient, lorsqu'elle ne veut pas reconnaître la liberté des enfants de Dieu, tandis que ceux qui l'aiment et la flattent, l'enivrent et l'affaiblissent. La charité catholique seule a pour l'homme une pitié qui ne l'humilie pas, un respect qui n'éveille pas son orgueil; seule elle concilie le bien-être avec l'expiation ; elle ne prétend pas enlever la souffrance, mais la purifier; elle ne veut pas enrichir, mais faire aimer et rendre tolérable la pauvreté ; enfin elle sanctifie en soulageant, comme Jésus-Christ, son principe ; tandis que l'autre puise dans le malheur des pauvres une grande colère contre les riches ; dans la misère des faibles, une révolte contre les puissants, et tourne souvent ce grand amour des malheureux en haine contre ceux qui ne le sont pas.

Vous me parlerez bientôt, j'espère, de toutes vos lectures de Vichy, de vos promenades et des progrès de votre santé, et puis aussi des chances de votre retour ; car vous savez que nous nous sommes donné rendez-vous entre Vichy et Aix-la-Chapelle, et je ne voudrais y manquer à aucun prix; ces moments de réunion entre de longs mois d'absence, renouent la chaîne de nos pensées, et nous avertissent de ce qui s'est passé dans notre intelligence et notre âme pendant notre retraite. Pour vous, le temps n'a déjà plus d'ailes, et retirée dans votre foi et votre espérance, vous avez déjà gravi la sainte montagne, et vous voyez passer à vos pieds toutes les choses de ce monde sans leur laisser action sur vous; j'ai encore d'immenses pas à faire pour arriver à cette pieuse indifférence qui vous laisse prendre intérêt à tout, mais rapporte toute chose à un seul et même principe, et ne voit dans le mouvement des hommes et des événements qu'un développement naturel de la pensée divine; mais vous me tendrez la main pour monter jusque-là. Mon grand respect pour la liberté de l'homme, mon admiration pour ce que Dieu a mis en lui, me poussent quelquefois à lui donner ici-bas une trop grande part; et la nature, si facile à se faire illusion, s'appuie sur un principe vrai, pour se donner de l'importance et se préparer un plus grand rôle, et pourtant, comme je vous le disais il y a quelque temps : plus notre part d'action est petite, plus notre succès est grand; l'homme ne recueille que ce qu'il sème, et notre moisson sera d'autant plus riche que nous aurons laissé à Dieu la meilleure part du travail et de la semence.

Adieu; écrivez-moi si vous pouvez à Paris, ou un peu plus tard à Gandelu.

Éleuthère, mon fidèle compagnon de voyage, se recommande à votre souvenir, et me charge de vous dire tant de choses aimables que j'aime mieux vous laisser le soin de les deviner. Je ne vous parle pas de moi ; vous n'en êtes plus sur ce sujet à la science des augures.

A. DE MELUN.

Mardi, 27 octobre 1840.

Que dites-vous, chère amie, de tout ce qui s'est passé depuis que je vous ai quittée ? La France et l'Orient ne donnent-ils pas de ces fortes distractions qui détournent un peu du travail habituel et des pensées de tous les jours ? Vous avez donc laissé partir M. Thiers, s'il n'est déjà revenu. Sa chute a dû réjouir un grand nombre d'hommes sages qui le regardent comme la révolution et la guerre en personne, et ont si grand peur de sa légèreté et de son premier mouvement. Pour moi, sans partager la fascination du ministre philosophe Cousin, je ne suis pas si sévère que les sages et les honnêtes gens.

Thiers, que je n'aime pas, m'intéresse par le côté qui vous inspire un faible pour lui ; il me semble l'homme nécessaire pour préparer l'inévitable entrée du parti démocratique au pouvoir. Il est chargé de rendre pratiques des idées et des hommes dont l'inexpérience exaltée serait une menace pour le pays, de discipliner le mouvement au lieu de le combattre, et de concilier, s'il est possible, l'ordre avec les impatiences de la liberté.

Au-dehors, il a été fidèle à cette mission, depuis la signature de ce fatal traité dont j'accuserais volontiers son ignorance diplomatique. En se mettant à la tête de la colère du pays, loin de l'exciter, il la maîtrisait, il se faisait le pacifique interprète du système de la guerre, armant pour n'être pas obligé de combattre, et permettant la *Marseillaise* pour ne pas subir la *Carmagnole*. Peut-être même aujourd'hui, sa retraite, si diversement interprétée par l'hostilité et la passion, lui ménage-t-elle dans l'avenir le droit de faire accepter à la France la paix et lui permettra-t-elle d'aller plus loin que les autres dans la voie des concessions.

Malheureusement le passé de M. Thiers pèse sur lui, son *Histoire de la Révolution* l'accuse et le dénonce, sa moralité met en défiance, cette grande position de médiateur entre la théorie et la pratique, l'ordre et le mouvement, les susceptibilités nationales et la paix, demande plus que l'habileté de l'homme d'État. Elle a surtout besoin de confiance et de respect, et ceux même qui s'inclinent devant l'intelligence de M. Thiers ont peine à ne pas mêler du mépris à leur admiration.. C'est un Talleyrand parlementaire dont la réputation morale empoisonne la vie publique. Sa succession aura sans doute grand'peine à trouver des héritiers, car le ministère futur recevra des événements qui ont précédé sa naissance un caractère de douceur et de bénignité vis-à-vis de l'Europe, assez difficile à porter en France, et les meilleurs amis de la paix doivent reculer devant cette manière de la proclamer envers et contre tous et d'en être les éditeurs responsables. J'espère encore qu'elle sortira de tout ce chaos, et Dieu nous épargnera cette lutte universelle où la civilisation courrait encore plus de risques que la France.

Puisque la guerre est dans les lois de la Providence, puisqu'elle est le principe de grands dévouements, de sacrifices non plus individuels mais généraux, il faut bien l'accepter, sans compter le nombre de ses ennemis ; une nation doit savoir hasarder son existence comme un homme, mais je voudrais un terrain plus vaste, un principe plus sacré que celui qui est en question. Je voudrais quelque chose de plus que notre dignité nationale, que notre orgueil de peuple, et que la France fût appelée à jouer sa vie pour une idée meilleure que l'intégrité de l'empire ottoman. Je vois dans notre exclusion des affaires d'Orient une raison d'armer et de nous plaindre ; mais s'il faut tirer l'épée, j'aimerais mieux un motif moins exclusivement personnel au pacha d'Égypte, et à notre susceptibilité, une cause qui touchât de plus près aux intérêts de l'humanité et de la vérité. Il vaudrait mieux se sacrifier pour un principe que pour une injure. Il est vrai que l'humilité n'est pas une vertu à l'usage des nations, car alors elle cesserait d'être chez les individus un mérite.

En attendant que la guerre remplace nos malades par des blessés, et augmente le nombre des pauvres petits orphelins, je poursuis, sans me lasser, les longs raisonnements de M. de Gérando, et me débats avec lui sur la grave question des enfants trouvés ; il est en grande dispute avec M. de Lamartine, qui dans l'affaire des tours et des admissions opposait saint Vincent de Paul à M. de Kergorlay, et la charité à la bienfaisance. La chose, très grave en elle-même, acquiert encore bien plus d'importance parce qu'elle permet de juger les deux systèmes, le protestant ou philosophique et le catholique, et d'assigner à chacun leur caractère.

La bienfaisance, ce noble effort de l'homme pour soulager son semblable, est astreinte à toutes les conditions de ce qui est purement humain; elle a surtout besoin de ménager ses ressources, de multiplier les précautions pour n'être pas dupe, de s'entourer de mille formalités qui gênent et retardent le bienfait: car il lui faut à tout prix le succès, pour la justifier et la sauver du découragement. De là, dans la question des enfants trouvés, se préoccupe-t-elle avant tout des dépenses qu'entraînent de si nombreuses expositions des fautes qu'une trop facile admission encourage et récompense; de là nécessité de n'accepter l'enfant qu'en connaissance de cause; aussi est-elle arrivée à exiger l'aveu de la mère, à ne pas respecter sa honte à confier aux commissaires de police le dépôt de ces tristes secrets.

La charité, au contraire, ne s'est pas inquiétée de toutes ces précautions et n'a pas eu peur de ces désappointements, parce qu'elle s'appuie sur une autre force, sur une autre bonne volonté que celle de l'homme. La charité, dans ses rapports avec les besoins des autres, n'est-elle pas l'association de l'âme avec Dieu pour faire du bien aux hommes ? Peut-elle être dupe, lorsque dans la personne même de celui qui la trompe, elle donne encore à Jésus-Christ ? Peut-elle être stérile ? Si elle ne profite pas à celui qui la reçoit, elle sert à celui qui la donne, ajoute à son influence sur Dieu lui-même, et va grossir ce trésor de mérites que le sang de Jésus-Christ a fait le patrimoine de l'humanité. Enfin, elle n'a pas besoin d'économie : après même qu'elle a tout donné, il lui reste d'inépuisables ressources. La prière n'ouvre-t-elle pas les richesses du ciel à ceux qu'elle veut secourir, ne leur envoie-t-elle pas Dieu pour médecin, pour consolateur ?

Aussi, voyez-vous la charité dans les couvents, elle donne indistinctement à qui lui demande, dans toutes les grandes œuvres, elle est toujours associée à un vœu religieux ; elle prend l'habit du moine ou de la religieuse, et dans les hospices d'enfants trouvés, elle reçoit tous ceux qu'on lui offre ; elle se hâte, par leur adoption, d'effacer les tristes conséquences de la faute de leur origine ; elle les tient avec Dieu sur les fonts du baptême, car elle sait qu'il sera le père de ceux dont elle se fait la mère et la nourrice, et qu'il est engagé dans chacune des œuvres qu'elle accomplit en son nom. Toutefois, il faut le dire, la charité du moyen âge s'était un peu trop reposée sur Dieu du soin de discerner, et la liberté dans le choix de ses aumônes, la perfection du bien dans ce monde, lorsqu'il se fait par la main de l'homme, exige l'application de toutes ses facultés, il ne doit être ni aveugle ni hasardeux.

Quand l'Église remet au prêtre la sublime mission de distribuer sa clémence, elle veut que cette aumône ineffable du pardon soit appliquée après un long examen, avec discernement ; elle exige l'aveu pour la grâce ; mais en même temps, par une de ces combinaisons qui n'appartiennent qu'à elle, elle ne prend de l'aveu que ce qu'il lui faut pour appliquer à propos le remède, elle ne laisse rien pénétrer du secret, et ne lui enlève rien de son mystère.

La dispute finirait vite entre les partisans des tours et ceux des bureaux de renseignements, si la bienfaisance publique avait à sa disposition les ressources de l'Église ; si elle savait, comme elle, concilier l'aveu avec le secret, le discernement avec le plus profond mystère.

Les hospices ont raison de demander des renseignements, de vouloir un examen avant l'admission ; mais leurs adversaires ont bien plus raison encore de récuser le sacerdoce du commissaire de police, de se défier de la discrétion de son secrétaire. Les bonnes intentions des uns et des autres se disputent, et poussent jusqu'à l'excès leurs exigences, parce qu'ils oublient d'appeler la charité catholique à leur aide, parce qu'ils l'ont trop souvent exilée de leurs hôpitaux.

Un prêtre, des sœurs de charité n'effraieraient pas les confidences et ne les trahiraient pas. Il en est de la bienfaisance publique comme de la philosophie, de la politique d'aujourd'hui. Beaucoup d'excellentes choses ont été préparées, beaucoup d'abus écartés, la partie humaine a fait de louables efforts pour secourir, éclairer l'humanité, lui rendre ses droits oubliés ; mais tous ces travaux entrepris en dehors de l'esprit religieux, et souvent même contre lui, n'auront de valeur qu'en l'appelant au secours.

J'accorderai, si l'on veut, qu'avant toutes nos révolutions, l'humanité ne faisait pas assez usage de sa liberté, elle était peut-être trop janséniste dans un certain sens, laissant à Dieu le soin de ses maîtres, de ses lois, de ses pauvres même ; la liberté a depuis cinquante ans voulu reprendre sa revanche, reconquérir sa part, mais sa restauration est usurpatrice. De Jansénius elle passe à Pélage, puis s'étonne et s'effraie du résultat de ses conquêtes; encore un pas, 'espère, et elle reconnaîtra ce qui lui manque, elle sentira le besoin d'appeler Dieu au partage de l'administration de ce monde, et loin de reculer en arrière, comme lui conseillent des amis imprudents, elle purifiera tous ses progrès en les associant à la sainteté et à la vérité.

Adieu, chère amie; j'espère que vous avez bien soin de vous ménager, et que vous pensez à ne pas dépenser vos forces si nécessaires pour l'hiver. M. Lacordaire doit avancer à grands pas vers la publicité, mais il faut laisser passer les mémorandums, les adresses et les discours du trône avant saint Dominique. Que dirait ce grand saint s'il voyait l'Europe prête à se déchirer pour conserver l'intégrité de l'empire ottoman, et des batailles entre les chrétiens au profit de Mahomet? Il redemanderait peut-être Simon de Montfort et ses chevaliers, regretterait ces siècles que nous cherchons à excuser, où la croix montait à l'assaut et le sang chrétien coulait pour Jésus-Christ; ou plutôt, rassuré par les promesses de l'Évangile, il nous prophétiserait que le Croissant, affermi jadis par les coups portés pour l'abattre, va bientôt tomber sous les efforts de ceux qui vont se battre aujourd'hui pour l'affermir.

J'attends toujours une lettre de mon frère qui m'annonce sa prochaine arrivée à Brumetz; je le hâte de tous mes vœux, car le 14 au plus tard, il me faudra dire adieu à la campagne, quitter ma famille, reprendre mes affaires trop souvent interrompues, pour les poursuivre avec constance tout l'hiver. On murmure ici un peu de l'annonce de ce prompt départ, et moi-même je m'arrangerais bien de quelques jours de vacances de plus; mais j'ai déjà beaucoup trop sacrifié cette année à la paresse et aux distractions; je suis effrayé de tout le temps qui se perd ainsi lorsque tant de pauvres gens en auraient profité, car, le temps, c'est ma fortune, la plus nette de mes propriétés; ne la dois-je pas tout entière aux autres ? Au reste, Dieu n'a pas voulu me laisser le mérite du sacrifice, puisqu'il a chargé votre amitié de me rendre à Paris tout ce que je quitte ici.

A. DE MELUN.

Paris, 11 juin 1841.

Je viens de trouver votre lettre en arrivant ce matin de Picardie (1) : depuis plus de trois heures, je la lis, je la relis, je voudrais y répondre, vous dire tout ce qui se passe de douloureux en moi, et je ne puis trouver une parole. Votre amitié m'avait toujours paru un bien inaltérable, je me reposais sur elle sans crainte, sans inquiétude, trop souvent, hélas! avec la négligence que donne une trop absolue sécurité; jamais la possibilité de sa perte ne s'était présentée un seul instant à moi. Je me trouve aujourd'hui sans force, sans défense contre un tel malheur. A quoi serviraient maintenant les explications, les

(1) Cette lettre n'a pas été conservée par M. de Melun et ne s'est pas retrouvée dans ses papiers.

excuses, lorsque la confiance n'est plus là pour les recevoir ? les expressions d'affection? vous ne croyez plus à mes paroles, et Dieu seul voit le fond du cœur. Quand un homme apprend tout à coup qu'il a perdu ce qu'il avait de plus cher au monde, il pleure, et il prie Dieu de lui rendre ce que pour le punir il vient de lui ôter. Je lui demanderai en même temps de me pardonner toute la peine que je vous ai causée, elle a dû être bien vive, puisqu'elle vous a fait écrire une lettre aussi cruelle (1).

A. DE MELUN.

Après les premiers moments d'une douleur que peut-être vous n'auriez pas voulu provoquer si vous aviez pu la soupçonner, j'avais résolu de subir en silence cette terrible épreuve et de ne plus vous importuner, mais j'ai trop compté sur ma résignation. J'ai beau me remettre sous les yeux votre arrêt si positif, et surtout cette interprétation de ma conduite qui ne laisse aucun espoir, puisque d'avance elle condamne toute explication ; je ne puis m'accoutumer à la pensée que vous n'avez plus d'amitié pour

(1) A cette époque de sa vie, M. de Melun fut absorbé par de si nombreuses occupations extérieures pour ses œuvres que son assiduité chez Mme Swetchine fut moins régulière. M. de Melun, dont le caractère n'avait aucune susceptibilité et qui ne la comprenait pas chez les autres, ne soupçonna pas, dans quelques reproches de Mme Swetchine, qu'elle eût été blessée de cette apparence d'éloignement. Il ne prit donc aucune de ces petites précautions qui eussent pu empêcher tout froissement et toute susceptibilité dans l'esprit de Mme Swetchine, et la rupture momentanée qui en résulta dans leurs relations fut pour lui comme un coup de foudre. Ce refroidissement dura quelques mois.

moi, je cherche à me distraire par la lecture, la préparation d'un voyage qui faisait ma joie, par la reprise de mes anciennes et sérieuses études, et je suis ramené sans cesse à ma tristesse par le plus douloureux contraste ; tout me parle de vous, je vous retrouve dans chacune de mes idées, de mes sentiments, de mes jugements, et vous voulez que je renvoie tout cela dans le passé, que je rompe cette association, et pourquoi ? pour quelques marques d'indifférence et de froideur dont je n'avais pas la conscience, accablé que j'étais sous le poids d'une fatigue intellectuelle et morale.

Cet hiver, vous m'aviez entendu gémir bien souvent de cette oppression de mon âme et de mon intelligence par l'action extérieure et le mouvement physique ; je lui reprochais de m'enlever la libre disposition de mes idées, et jusqu'à la facilité de mes expressions, je m'y résignais quelquefois, comme à un sacrifice fait à la charité ; j'étais loin de penser aux conséquences qui m'attendaient à la fin ! Un mot, une simple observation m'eût averti, et sauvé notre amitié. Une malheureuse supposition vous a empêchée de vous plaindre ; vous avez cru apercevoir je ne sais quel odieux système de dissimulation bien loin de mes paroles et de mon cœur, et lorsque votre mécontentement a rompu le silence, je l'ai attribué à toute autre cause, j'y ai vu l'effet d'un dissentiment passager d'opinion, je n'y ai pas attaché d'autre importance ; il a fallu votre lettre pour m'ouvrir les yeux, elle m'a frappé comme un coup de foudre. Voilà donc comment s'est brisé ce que Dieu avait fait pour durer toujours !

Non, je n'accepte pas cette sentence, vous pouvez me refuser votre confiance, ne voir plus en moi qu'un étranger, il me restera mon affection telle qu'elle a toujours été : jusqu'ici elle avait fait ma joie, maintenant, dans son abandon, dans son isolement, elle me consolera de n'avoir plus la vôtre ; je la confie à la garde de Celui qui ne se trompe jamais dans ses justices. Ne croyez pas cependant que je vous accuse de la sévérité de votre jugement ; j'ai peine à le comprendre, à l'expliquer ; mais il ne se mêle à mon étonnement ni murmure, ni amertume, seulement je vous conjure, au souvenir de votre affection passée, de ne pas me laisser sous l'impression de votre dernière lettre. Permettez-moi d'espérer qu'à travers vos préventions il s'élève quelquefois du fond de votre âme une pensée plus indulgente qui parle encore en ma faveur et jette au moins quelque doute sur vos reproches.

Adieu, et pardon de n'avoir pas respecté votre silence. Un jour, appuyé sur votre indulgence, sur vos conseils, à la vue du présent qui me souriait de toutes parts, d'un avenir plein de promesses, je me plaignais en riant que Dieu m'eût rendu la vie trop douce et le chemin trop facile, et vous me répondiez que Dieu saurait bien tôt ou tard m'atteindre, et que peut-être l'épreuve n'était pas loin ; vous aviez raison, et maintenant je ne me plaindrai plus.

A. DE MELUN.

Ce vendredi 30 juillet 1841.

J'arrive demain à Paris ; mon premier mouvement serait d'aller vous voir, vous remercier de votre lettre si bonne à travers ses reproches, de vous parler de mon voyage, de tout ce qui m'intéresse ; mais, hélas ! il me faut maintenant conformer mes idées à ma triste fortune ; je n'ose reprendre mes habitudes anciennes ; je n'ose aller vous voir sans en avoir obtenu la permission ; j'ai peur que ma visite ne vous importune, ne vous afflige, et je préférerais tout au chagrin de vous imposer la moindre contrainte. Et pourtant, si, ce que je ne croirai jamais, j'ai été, comme vous le dites, le prodigue qui dissipait follement la plus précieuse de ses richesses, le père de famille n'oubliait-il pas en le revoyant les griefs du passé, et n'avait-il pas une indulgente joie pour son retour ?

A. DE MELUN.

Vendredi, 3 juin 1842.

Chère amie, je ne puis tarder plus longtemps à vous écrire ; à travers le mouvement des visites, les conversations extérieures, et cette excessive réserve inséparable de mon caractère, que je me reproche si vivement puisqu'elle a prolongé nos mutuelles souffrances, vous n'avez peut-être pas pu voir entièrement tout ce que, dans ces derniers temps, je vous devais de bonheur, tout le bien que vous m'avez fait. Je veux au moins vous le dire aujourd'hui ; oui, votre amitié était nécessaire à ma vie. Depuis qu'elle ne me protégeait plus, mon âme était triste, tout souffrait en moi ; il me semblait que Dieu m'avait abandonné sans guide et sans lumière, que mon bon ange était retourné au ciel.

En Italie même, au milieu de tant de distractions et d'impressions nouvelles, vous manquiez à ce que j'admirais, et plus tard mes meilleures pensées, mes efforts pour faire un peu de bien ne trouvaient plus leur sanction, leur encouragement sur cette terre. Chaque jour je demandais au Seigneur de me rendre votre affection qui me représentait la sienne, et ces bonnes et saintes inspirations qui, dès le premier moment de votre confiance, avaient eu une si heureuse influence sur ma destinée ; il a pris pitié de ma prière, votre indulgente bonté a tout pardonné, tout oublié, elle m'a fait retrouver ce que je ne cessais de pleurer. Soyez-en bénie à jamais, qu'elle soit aussi bénie du ciel, cette âme si bonne, si dévouée, qui, venue de loin, a passé un instant parmi nous pour nous aimer et nous réunir.

Ici, dans mon repos et ma solitude, tout prend part à ma joie et l'augmente ; vos bonnes lettres que je n'osais plus relire, les livres que vous m'avez donnés, les pensées que chaque année j'emportais de vos entretiens et qui se développaient dans la méditation, tout me dit l'inestimable prix de ce que vous m'avez rendu. J'ai déjà repris avec vous cette douce association de travail, cette union d'âme et d'intelligence à laquelle je soumettais mes jugements, mes appréciations, et maintenant, quand se présente une question douteuse, une solution incertaine, mon ignorance demande aide et lumière, et j'entends comme autrefois votre voix qui me répond.

Déjà vos conseils de notre dernière soirée portent leur fruit, je n'ai pas perdu un moment pour les appliquer. Je lis beaucoup et je médite. Pascal m'apprend le vrai chemin de la philosophie ; sainte Thérèse celui plus difficile de la perfection, et je vais avec saint Athanase m'asseoir au concile de Nicée, confondre les ariens. Me voilà bien loin du concile de Trente, mes premières amours, et ma pauvre science ressemble un peu au vieillard qui, sur la fin de sa carrière, retourne à son berceau et revient à l'enfance.

Il me prend par moments quelques regrets d'avoir ainsi laissé mes anciens travaux, et quitté les douces et pacifiques régions de la pensée pour la vie agitée de l'action, mais je repousse comme une mauvaise inspiration ces retours ; ma vie aujourd'hui appartient surtout à ceux qui ne lisent et ne pensent pas ; c'est à eux que je dois mon temps, mes forces, mon intelligence ; le travail et la méditation sont pour moi des devoirs impérieux, parce que, seuls, ils me donneront plus de puissance pour agir, plus de lumière pour persuader. Je vais, comme vous le disiez si bien, leur demander des provisions pour les dépenser plus tard dans la pratique et l'application, et je ne veux du concile de Trente, comme de celui de Nicée, que de nouveaux éléments d'action, des forces pour mieux faire ; le reste aujourd'hui me détournerait de ma route, manquerait à ma vocation. Comme le pauvre curé de campagne qui se doit à tous, va chercher dans la contemplation, non des textes d'ouvrages, non des sujets de livres, mais la puissance de bien gouverner son troupeau, et repousse comme une tentation les travaux de l'imagination et de la science ; ainsi, humble frère, simple père de famille, je ne dois demander à l'étude que le pain pour mes enfants, et non de somptueux festins pour de plus riches et plus hautes intelligences.

Au reste, mon esprit prétend se venger de mon indifférence de cet hiver, il me refuse parfois son attention, et dans son inculte et paresseuse indépendance, cherche à échapper à la méditation ; mais la volonté est un cavalier qui ne s'effraie pas des résistances du cheval ; et puis n'est-il pas un chemin plus court que la science et la recherche pour arriver aux idées ? Il suffit de pénétrer par la foi jusque dans la réalité des choses, et à travers les voiles de la matière et les obstacles des sens, de tendre droit à Dieu ; qu'importe alors l'ignorance des causes secondes qui trop souvent embarrassent la route et cachent la vraie source ?

En se mettant sans cesse en présence de Dieu, en prêtant l'oreille à cette voix qui ne cesse jamais ses enseignements et ses révélations, on atteint sans effort les hauteurs de la pensée céleste ; le Seigneur ne nous offre pas seulement sa grâce pour appuyer notre marche incertaine, il met, pour ainsi dire, à notre disposition, tout ce qu'il est, sa toute-puissance, son omniscience, comme plus tard son éternité. En voulant tout ce qu'il veut, nous entrons dans une association, dans une participation de la divinité, nous pouvons tout ce qu'il fait, nous apprenons tout ce qu'il sait.

J'ai trouvé en arrivant ici ma mère décidée à visiter la Vendée, non pour Mathilde dont elle ne se dissimule pas cette année les préoccupations exclusives, mais pour elle et pour Blanche, tout heureuse de ce voyage ; mais elle m'a rendu complète liberté de mouvement, et a compris que je devais au moins me donner aux autres parties de la famille. Ma course en Flandre et en Belgique paraît donc à peu près résolue, seulement elle sera un peu plus tardive que je ne le pensais ; j'attendrai le départ de ma mère vers la fin de juillet, ou le commencement d'août. Aurai-je encore à cette époque la chance de vous rencontrer, sinon à Aix-la-Chapelle, au moins dans quelque ville de repos? Je me réjouis fort de voir la Belgique; dans son étroite enceinte elle réunit ce qu'il faudrait chercher à grand'peine à travers toute l'Europe : les souvenirs de la bourgeoisie féodale, la végétation féconde de l'architecture chrétienne du moyen âge, et en même temps les deux grands progrès de la politique et de l'industrie moderne, les Chambres dont vous vous arrangez, et les chemins de fer que vous n'aimez pas. Vous traverserez avant moi toutes ces villes, vous admirerez ces cathédrales et ces hôtels de ville ; cachez, en passant, sous une belle ogive, au pied de la statue d'une sainte révérée, quelques-uns de vos jugements et de vos bonnes pensées, pour qu'ils saluent mon arrivée et sourient à mon passage.

Ma lettre vous trouvera au milieu de vos préparatifs de départ, et j'aurai quelque peine, en revenant dans quinze jours à Paris, de ne plus vous trouver ; au moins, je vous en répète la prière, n'exposez pas votre santé à l'activité des eaux d'Aix-la-Chapelle ;

vous nous avez promis de la prudence ; ne risquez rien, et que vos essais n'attendent pas, pour s'arrêter, la souffrance. Je voudrais déjà savoir les premiers résultats de cette expérience et les premiers moments me font peur. Puissent ces eaux que nous redoutons tant, tromper nos craintes et se justifier par le succès ! Avec quelle joie je leur ferais amende honorable, et les élèverais dans ma reconnaissance au-dessus de toutes les sources du monde !

Je me console de mes inquiétudes en pensant qu'après les eaux vous irez au-devant de madame votre sœur ; cette entrevue vous fera du bien, et surtout l'espérance qui doit la suivre. Parlez-lui de moi dans vos entretiens fraternels ; dites-lui que je n'ai pas oublié le temps où elle venait avec vous visiter un pauvre malade, et abréger par sa compassion les ennuis de ses longues journées ; dites-lui surtout que je lui donne rendez-vous cet hiver, pour unir autour de vous nos soins et nos affections, et reprendre dans votre famille la place que j'occupais à son dernier voyage.

Adieu, chère amie ; comme il m'est doux de vous rendre, de vous donner ce nom qui ne vous quittera plus ! Écrivez-moi un mot sur votre itinéraire, mais un seul mot, je vous en prie, après toutes vos affaires, toutes vos correspondances ; maintenant que j'ai pour moi votre amitié, je laisse sans envie passer devant moi, dans vos lettres, dans vos adieux, tous les autres, je ne suis jaloux que de votre cœur. Adieu.

A. DE MELUN.

Lundi, 20 juin 1842. Paris.

Chère amie, que je vous remercie de votre lettre d'adieu ! sa confiance m'a fait tant de plaisir et de bien ! C'est bien mieux que la convalescence, c'est tout ce qu'ajoute à la puissance de la vie une véritable et entière résurrection. En reconnaissant dans cette explication si bonne, si franche, mes torts et les motifs que je donnais à votre révolte, j'ai vu aussi tout ce que je compromettais si imprudemment, et j'ai éprouvé quelque chose du sentiment de sécurité et de cette satisfaction que provoque le récit plein de périls et de souffrances d'une longue séparation, lorsqu'elle est à jamais finie. Vous avez raison, ce n'est pas être ambitieux que de réclamer maintenant l'accord de nos pensées et de leur expression, cette communion sincère et intime, qui ne laisse jamais place au soupçon, à l'ombre d'une inquiétude. Après cette épreuve, elle sera la sauvegarde de notre avenir, elle chassera les mauvaises illusions, les mensonges de l'apparence, seule elle dira la vérité sur ce qui se passe au fond de nous.

Vous le savez, j'ai rencontré sur ma route d'autres affections bien chères, trop exclusives peut-être, trop partiales en ma faveur, et je m'efforce de leur rendre tout ce qu'elles me donnent, et Dieu m'a permis quelquefois de leur faire un peu de bien ; mais là, comme en toute association de ce monde, des points de vue différents se montrent, il y a souvent des idées à combattre, des concessions à faire, et le meilleur accord ne peut échapper à quelques dissentiments.

En vous, chère amie, en vous seule, mon âme retrouve sa pensée, son horizon, sa conscience tout entière, je ne sais qui est le maître ou le disciple, à qui de nous appartient telle ou telle idée, c'est notre bien commun. Dieu a réuni dans notre affection tout ce qu'il partage entre les différents degrés de la famille, et quelquefois, dans mes jours d'orgueil, lorsque nos jugements se trouvent si parfaitement identiques, je me figure qu'il a voulu faire une intelligence en deux personnes, car ce n'est plus entre nous de l'union mais de l'unité.

Je ne sais si la Belgique et ses cathédrales vous auront longtemps retenue; il me tarde d'apprendre que le voyage ne vous aura pas trop fatiguée et que M. Swetchine s'arrange bien de ce mouvement. Je compte toujours sur les bons effets du changement d'air, et cette espèce de liberté et de solitude qui voyagent avec tous ceux que Paris laisse partir.

Pour moi, je suis arrivé à l'heure indiquée pour une série de comités et d'assemblées plus ou moins charitables; mais j'ai eu grand regret de manquer de quelques instants seulement le prince Gagarin. Tout ce que m'en ont dit Éleuthère et Mme de Rauzan, que j'ai vus hier, et surtout ce que j'ai pu découvrir au fond de cette nature si bonne et si distinguée, m'intéressent singulièrement à son voyage; mes vœux et mes prières ne manqueront pas à cette bonne volonté, à cette fraternité qui s'éloigne de nous dans le temps et l'espace, mais qui le rapprochera, j'espère, de plus en plus dans la région de la vérité.

Avant de quitter Brumetz, j'ai fini Mahler, et l'arianisme n'a plus de mystères pour moi; ce livre m'a paru plus long que les autres ouvrages de Mahler, et la partie si vivante, si grande de la lutte extérieure de saint Athanase et des catholiques contre l'armée et la puissance impériale ne ressort peut-être pas assez; mais quelle grande leçon Dieu a voulu donner au monde, dans ce succès d'Arius, et comme il a semblé, dès les premiers pas, vouloir prémunir son Église contre la séduction de la protection trop souvent intéressée de l'État ! Le premier usage de cette tutelle impériale s'applique au profit de l'hérésie, et l'empereur devenu chrétien ne s'asseoit sur le trône et ne se sert du glaive et de l'autorité des lois civiles que pour repousser la consubstantialité du Verbe.

Les partisans de cette association du temps et de l'éternité, en toutes circonstances, devraient se rappeler Arius et Henri VIII, et tous les dangers des rois très chrétiens ou très fidèles, qui enferment tous les évêques du dedans dans leur évêché du dehors, se chargent de choisir pour tout le monde le symbole et ordonnent la vérité en vertu des droits qu'ils tiennent de leur couronne.

Dites-moi aussi comment l'Église grecque et le protestantisme, qui admettent sans objection le concile de Nicée et l'adjonction *du consubstantiel*, trouvent-ils des arguments contre les développements de l'Église catholique dans les conciles postérieurs !

De quel droit ces grands partisans des temps primitifs, qui nous reprochent sans cesse d'avoir ajouté au texte de l'Évangile et à la tradition des apôtres, et qui en appellent à la parole de la sainte Écriture, osent-ils recevoir cette expression évidemment introduite contre l'hérésie d'Arius, et que les chrétiens des premiers temps ne connaissaient pas? L'acceptation du symbole de Nicée est leur condamnation, car ils participent à notre crime, et leur repentir commence trop tard; ils ont beau faire, il leur faut s'arrêter toujours à un moment où l'interprétation de l'Église a déjà parlé, ou bien se résigner à l'imparfaite condition des disciples avant la Pentecôte. Leur doctrine en est là, ils ne veulent pas les lumières, les explications de celui qui devait venir; ils s'en tiennent, disent-ils, à la parole du Maître; mais comme ceux qui l'entendaient, ils cherchent, s'interrogent, usent leur intelligence contre le sens de la parabole, parce que dans leur foi ils ont remonté trop haut et précèdent la descente du Saint-Esprit que nous recevons.

J'ai trouvé en arrivant à Paris une lettre de Mme de Strogonoff, toute joyeuse de ses chances de retour pour le mois de novembre, peut-être même au mois d'octobre; elle me confond dans la vive amitié qu'elle vous porte, dans les doux souvenirs des soirées de cet hiver lorsque son âme s'entendait si bien avec la vôtre, et en vous écoutant, se rapprochait de tous vos sentiments, de toutes vos préférences. J'aime beaucoup son amour sincère du bien et son instinct de vérité, et il me semble que Dieu ne doit pas l'avoir amenée pour rien au milieu de nous.

Avez-vous, comme d'habitude, emporté une grande bibliothèque des eaux, et préparé une ample pâture à votre esprit affamé? J'ai regretté, en apprenant votre départ si rapproché de ma venue, de n'avoir pas été là comme autrefois pour discuter avec vous les droits de chacun à votre temps et exercer ma censure ; au reste, je vais travailler à augmenter vos lectures, je me fais imprimer demain, et vous échappez à une bien belle correction d'épreuves.

Mon petit *Manuel* va enfin sortir de son silence, et les œuvres auront dans quelque temps un historien ; il est vrai que leur histoire se ressentira de leur jeunesse, et elles en sont encore à ces temps primitifs où la simple chronique se contentait d'enregistrer les morts, les batailles et l'érection des couvents, sans se permettre un jugement ou une réflexion ; mais vous verrez que pour se moquer un peu de l'immensité de nos intelligences, mon almanach dans la nudité de ses chiffres et de ses adresses, sera plus utile que les superbes volumes encore cachés au fond de ma science.

Je ne veux pas insister sur l'antithèse, et vous faire remarquer comment Dieu, en attachant plus de bien peut-être à cette œuvre d'écrivain public qu'aux plus belles pensées du monde, maintient l'équilibre, rétablit l'égalité ; comment, en permettant des privilèges aux génies et des différences entre les capacités, il trouve moyen de mettre le bien à la portée de tout le monde ; j'aurais l'air de vouloir donner à ma paresse raison contre vous, et réfuter des arguments que j'accepte sans réticence.

Le *Manuel des œuvres*, tout bienfaisant qu'il peut être, ne dispense nullement du travail et de l'exercice de l'intelligence, et après tout, nous devons faire valoir le talent confié par Jésus-Christ au profit des pauvres, qu'il soit en argent, en temps, en capacités ou en influence.

Ne vous imaginez donc pas que je retourne déjà au vieil homme ; rien ne m'est mieux démontré que la vérité de votre opinion sur ce point, et quand je veux être franc avec moi-même, j'aperçois parfaitement l'importance de l'étude et de la réflexion pour échapper au matérialisme de la routine ; il y a des gens dont la paresse se dépense en promenades, en voyages, la mienne s'applique en courses, en audiences, en affaires, et souvent, je dois l'avouer, mes occupations viennent à merveille pour me dispenser de mon travail. Mais vous y mettrez bon ordre, n'est-ce pas, et je vous charge de la direction de mon temps ; votre autorité veillera sur les subtilités de mes loisirs, et vous me demanderez compte, au nom de votre amitié et de la justice, de tout ce que je n'aurai pas lu ou écrit. De tout temps, je vous ai regardée comme ma conscience, vous voudrez bien en reprendre les droits et les devoirs.

Adieu, chère amie ; soyez maintenant tout entière à votre santé, sans distraction, sans indulgence. Je vais faire aussi de la conscience pour vous, et je vous ordonne de tout sacrifier à l'intérêt pour vous-même à Aix-la-Chapelle ; vous me prêchez pour l'esprit et moi pour le corps ; j'obéirai, mais à charge de revanche, et je vous promets de vous contenter, à la condition que vous vous porterez bien. Signez ce traité et envoyez-le-moi, avec un certificat de commencement d'exécution.

Je ne pourrai guère être en Belgique que vers le milieu d'août. M. Hamelin, mon excellent curé de l'Abbaye, me promet de m'accompagner à cette époque, pour aller ensuite faire un pèlerinage à Einsiedeln ;

il me laisserait à Anvers. Cette société pastorale doublerait les joies fraternelles du voyage.

Et vous, quel chemin prenez-vous après les eaux ? Vous me le direz, n'est-ce pas ? Je veux connaître mes chances de vous rencontrer et de vous voir le plus tôt possible ; mais je ne me plains pas trop de la distance. J'étais à plaindre et je gémissais lorsqu'en votre présence je paraissais être si loin de vous; aujourd'hui, comme vous le dites, nous ne sommes pas séparés, et je sens en vous disant adieu que vous êtes là auprès de moi, comme je suis à Aix-la-Chapelle avec vous.

A. DE MELUN.

Paris, 5 juillet 1842.

Chère amie, votre silence m'inquiète ; voilà demain quinze jours que je vous ai écrit une longue lettre, impatient d'apprendre des nouvelles de votre voyage et de la première action des eaux. Mme Wistonnoff, que j'ai rencontrée chez la sœur Rosalie, m'a bien dit qu'elle avait appris de vous votre heureuse arrivée; mais depuis je ne sais plus rien, tous ceux que je pourrais interroger sont loin, je reste à Paris, attendant tous les jours une lettre, et triste chaque matin d'ajourner une espérance que le lendemain ne réalise pas. J'espère encore que, malgré lui l'adresse exactement mise : Poste restante, à Aix-la-Chapelle, ma mauvaise écriture aura empêché de reconnaître votre nom ; puis je me dis que l'influence des eaux condamne à un repos absolu, et arrache la plume de toutes les mains. Mais ces excellentes raisons ne suffisent pas ; la plus courte, la moins fatigante ligne de votre main, une phrase, un mot pourra seul me rendre ma sécurité.

Vous me pardonnez cette insistance, chère bonne amie ; je suis maintenant comme l'avare qui a retrouvé son trésor, je ne voudrais pas quitter d'un moment votre affection ; je m'inquiète, je me tourmente, mon imagination vous voit malade, troublée par les eaux, et j'ai besoin d'être rassuré sur cette épreuve d'Aix-la-Chapelle dont je n'ai jamais eu trop bonne opinion. D'ici à quinze jours je serai moi-même en route, courant de Picardie en Flandre, de Flandre en Belgique, et là Dieu sait où les lettres pourront m'arriver et combien de temps il me faudra vivre sans qu'on sache où me saisir ! Quel serait mon chagrin de quitter Paris, sans emporter au moins un souvenir d'Aix-la-Chapelle, sans connaître votre itinéraire, sans savoir où vous adresser mes lettres ? N'est-ce pas assez de l'absence ?

Depuis mon arrivée ici, j'ai repris mes travaux habituels et mes courses accoutumées ; mais je n'oublie pas cependant que nous sommes en été, et qu'il y a des ombrages, des fleurs, et tout ce qui invite au repos et à la méditation solitaire. J'attends entre la ville et la campagne, retrouvant là les livres que je n'ai pas le temps de parcourir ici ; les agitations de la politique électorale n'arrivent pas jusqu'à moi, et je m'étonne en ce sujet du progrès de mon indifférence. Les proportions de cette lutte entre M. Guizot et M. Thiers me paraissent occuper une si petite place du côté de la question supérieure, les députés me semblent tellement condamnés, quelle que soit leur opinion, à un cercle inflexible d'actes, de votes indispensables au maintien de ce qui est, on dirait que dans ce mécanisme parlementaire, la liberté manque aux mandataires du pays, une sorte de fatalité ordonne leurs jugements et leur influence.

Après tant d'efforts pour exclure Dieu du monde social et matérialiser la politique, en voulant, par une singulière dérision, lui demander de remplacer la religion, on a fini par la réduire à la condition d'une force, d'un élément purement physique; et cette existence toute corporelle des pouvoirs de l'État, justifiant notre commune théorie, laissant à une région plus élevée la formation de l'âme et le travail d'une résurrection morale, m'a quelquefois, je l'avoue, plus intéressé que les circulaires électorales et la triste lutte de M. de Genoude et des royalistes. La mise au concours par l'Académie de l'éloge de Voltaire, provoquée par M. Cousin, et très éloquemment combattue par M. Victor Hugo, Molé, etc., est un événement remarquable par les incidents et les symptômes qu'il a révélés ; jamais, je crois, Voltaire n'a été plus condamné que par le nom de ses défenseurs, et la honte qui s'est emparée d'eux le lendemain de la victoire. L'éloge de Voltaire emporté par une majorité d'une voix s'est changé en une nuit en un discours sur Voltaire, et pour la première fois, le panégyrique a été forcé de se reculer, devant la mémoire d'un académicien, et c'est à Voltaire, au premier littérateur du dernier siècle, à l'esprit universel qui a dominé toute l'intelligence d'une époque et élevé celle d'une autre, qu'arrive pareille flétrissure, et on ose maintenant nous accuser de décadence, on méconnaît nos progrès : il faut les mesurer sur toute la distance qui sépare un jugement d'une apologie.

Vous avez sans doute appris la mort de M. Laborie ; il est mort dans des sentiments que depuis longtemps sa piété lui préparait, heureux d'avoir trouvé après une vie si pleine d'agitations et des intérêts de la terre, ces quelques années données à Celui pour qui personne ne se meut en vain. L'abbé Serres, qui l'a assisté, rend témoignage à la résignation, à la foi de ses derniers moments.

Une autre personne donne en ce moment quelque inquiétude et a grand besoin de la grâce de Dieu. M. Paravey depuis plusieurs jours est malade, ne veut rien prendre, ni quitter son lit, et est en proie à un grand découragement, à une espèce de spleen ; ce bon M. de Lambel, qui le connaît, a été le voir plusieurs fois, et est un peu tourmenté des dispositions qu'il lui a trouvées ; hier le P. Moigno a été prévenu et a promis d'aller le voir. Sa science, d'accord avec sa charité, lui fera peut-être trouver accès auprès de cette pauvre âme, malade comme tant d'autres de se croire méconnue, et trop disposée à s'en prendre à Dieu et aux hommes des injustices dont seule est coupable la vanité qui ne s'apprécie pas. Ce pauvre M. Paravey me fait une profonde pitié, car les esprits de cette nature sont bien plus exposés que des âmes plus coupables, mais aussi plus dociles, et il vaudrait bien mieux les plus profondes ténèbres que ces sortes de lumières qui n'éclairent pas sur la vraie voie, mais empêchent de demander la route et de crier au secours.

La semaine dernière, j'ai passé quelques jours à Versailles, et ai fait un pèlerinage digne de M. de Sainte-Beuve ; j'ai été à Port-Royal-des-Champs. Une ferme a remplacé l'abbaye, des légumes croissent où étaient le cimetière et les cloîtres ; seulement deux lignes de grands peupliers tracent l'enceinte de la chapelle, et semblent les colonnes encore debout qui soutenaient les voûtes aujourd'hui tombées. Au milieu, deux petites colonnettes d'un pied et demi de haut marquent la place des solitaires et celle où priaient les religieuses. Un petit bâtiment surmonté d'une croix occupe l'emplacement du maître-autel, quelques pierres tumulaires brisées sont appuyées aux murs ; des regrets, des appels à la justice divine, des protestations contre l'injustice des hommes, empruntés aux psaumes et à l'Évangile, sont inscrites à l'entour, et sur la façade, au milieu d'une foule de noms obscurs, on distingue au crayon ceux de Victor Hugo, de Janin, d'Horace Vernet et de Gudin. La vallée a bien conservé cet aspect sévère, ce caractère de solitude et de retraite qui la fit choisir et aimer, et en descendant la route qui conduit au monastère, la physionomie des bois, l'ombre des vieux arbres et des pins, le silence et le recueillement de la vallée ne démentiraient pas l'apparition d'Arnauld ou de Pascal.

Je me suis senti pris de tristesse au milieu de ces ruines, symbole d'une ruine morale dont n'ont pu défendre le génie et la vertu. Quelle est donc la puissance de la vérité sur cette terre puisque le premier pas hors d'elle emporte avec lui de si profondes, de si douloureuses chutes ? Le dissentiment sur une proposition de théologie conduit à la constitution civile du clergé; une interprétation séparée d'un seul texte mène à la haine de l'Église et au schisme le plus déplorable. Quelle leçon pour ceux qui reprochent au catholicisme l'importance qu'il attache aux mots, et l'intolérante inflexibilité de sa foi! Les partisans de Port-Royal, les ennemis des Jésuites et de la doctrine qu'ils défendaient plaident admirablement la cause de l'Église. En faisant ressortir toute la supériorité de l'intelligence et de la conduite des uns, en entassant tous les reproches, toutes les récriminations sur les lumières et la moralité des autres, ils rendent la leçon plus éclatante, et le triomphe plus positif. En effet, par cela seul que les jansénistes s'isolent de l'Église, l'erreur, le schisme, tout ce qu'ils repoussaient, tout ce qu'ils avaient combattu devient leur partage, et leurs adversaires, représentés comme si inférieurs, par cela seul qu'ils s'attachent à l'Église, deviennent les représentants de la raison, de la justice et de la vérité.

Ce Port-Royal, il force à penser aux intérêts éternels de la vérité pour excuser Louis XIV de cette totale destruction, et là, les jansénistes auront toujours la popularité de tout ce qui a été opprimé par la force. Pour moi, un sentiment me dominait: une immense compassion pour ces grands esprits qui, dans leur orgueil, fermant les yeux à la lumière ont chancelé au milieu du mystérieux équilibre des prérogatives divines, et ont sacrifié la miséricorde infinie à l'implacable sévérité, en faisant dans le monde une part trop grande à Dieu et trop difficile à l'homme.

Adieu, chère amie; vous comprenez mon impatience d'obtenir un mot de vous; qu'il ne vous fatigue pas, qu'il ne prenne rien du temps que vous donnez à votre santé et au repos. Je ne veux de vos bonnes et longues causeries qu'après la cure, et s'il le faut même, je les ajournerai au retour; mais une ligne me fera tant de joie! Vous devez savoir maintenant ce qu'il faut penser de nos objections contre Aix-la-Chapelle, et si notre conspiration contre son influence était déraisonnable.

Je croyais Mme de Rauzan partie, j'apprends à l'instant qu'elle est encore ici, sans doute retenue par la santé de Mme de Lubersac, toujours un peu souffrante.

Notre ménage de Vendée (1) est toujours dans la joie; il m'en veut un peu de lui tourner le dos et de me faire Belge cette année; mais le reste de la famille le dédommagera, et je réserve ma visite pour la solitude de l'année prochaine.

Et vous, que faites-vous de ces mois qui nous séparent encore? la saison d'eaux n'est-elle pas encore de vingt et un jours et n'approchez-vous pas du terme? Je ne serai content que lorsqu'une bonne lettre datée d'Aix-la-Chapelle aura répondu aux questions que je n'ai plus assez de place pour vous faire. Adieu encore une fois, et que Dieu vous donne tout ce que chaque jour je lui demande pour vous.

A. DE MELUN.

(1) M. et Mme de l'Espinay.

Samedi 23 juillet 1842.

Chère amie, nos lettres se sont croisées, et au moment même où je vous disais mes inquiétudes un peu trop exigeantes, vous étiez occupée à me rassurer le plus complètement du monde ; car j'ai reconnu avec un extrême plaisir mon injustice pour Aix-la-Chapelle, et comment ces eaux si calomniées par vos amis avaient su se venger noblement en vous faisant du bien ; aussi je me déclare maintenant leur plus exalté partisan, elles déplacent dans ma reconnaissance toutes les plus célèbres sources du globe, et j'aurai grand'peine, dans ma course en Belgique, à ne pas aller les remercier en personne de leurs bontés pour vous.

Pendant votre cure merveilleuse, je n'étais pas si bien traité, en fait de livres et de paroles écrites, je lisais et relisais des épreuves, et ce régime ne me vaut rien ; l'impression de mon petit *Manuel des œuvres* m'a coûté plus de temps et de courses qu'un in-folio de bénédictins, et avec tout cela, je prévois déjà mille notions incomplètes, mille adresses supposées ; vous n'étiez pas là pour me venir en aide et mettre un peu d'ordre dans ces lignes en désaccord et ces mots décomposés, et je ne saurais vous dire ce qu'il a fallu refaire de pages pour arriver au plus petit des volumes. Je me consolais d'abord de la multiplicité de mes corrections par le souvenir de Chateaubriand, si prodigue d'épreuves, et j'étais tout fier de ressembler au moins par les fautes d'impression à un grand écrivain ; mais à la fin, cette lutte contre l'alphabet m'a tellement ennuyé, la lettre a si bien tué l'esprit, que partant demain pour ma colonie agricole et le commencement de mon voyage, il me semble que je sors de prison et que je retourne à la lumière. Décidément j'aime encore mieux discipliner des enfants que des mots.

Vous avez été frappée douloureusement comme moi de l'affreux malheur arrivé la semaine dernière au pauvre duc d'Orléans, et nos réflexions se seront trouvées d'accord sur ce terrible coup de la Providence, qui après avoir tant fait pour protéger le père et fonder la dynastie, brise le fils contre une pierre et semble emporter avec lui les plus belles espérances de durée et toutes les chances de la succession. Depuis, bien des horoscopes ont été tirés, bien des projets ont été prêtés à Dieu, et les prophètes ne manquent pas. J'avoue que moi-même, à la première heure, sous la triste impression d'une si grande douleur imposée à une famille, je n'ai pu m'empêcher comme les autres de mettre en balance les menaces d'une régence avec ce que la force de la jeunesse, l'autorité du droit et la poésie de l'exil pouvaient exercer de séduction dans notre pays. Mais la réflexion souffle vite sur ces appels au passé ; il est bien rare que, dans les affaires de ce monde, la Providence se charge d'arranger par son intervention directe les destinées des empires et la forme des gouvernements. Dans ces derniers temps, les races royales ont fini non par la mort, mais par leur faute : Napoléon est tombé dans toute la puissance de sa vie ; les Bourbons emportaient dans l'exil trois générations de rois ; il y a plus de danger dans la sécurité qui compte sur la possession et le droit, que dans l'inquiétude avertie et vigilante.

La mort du duc d'Orléans multiplie, il est vrai, les embarras de l'avenir; mais comment croire qu'elle conduise les hommes du jour à retourner en arrière, lorsqu'elle prépare pour eux la réalisation de tous leurs rêves, le règne sans le gouvernement, et le titre sur le trône sans l'autorité? On essaiera, on aimera même la régence, comme le beau idéal du régime constitutionnel, comme la dernière et la plus solennelle épreuve de l'avènement de la classe moyenne. Et celle-ci l'affrontera avec l'intérêt et l'enthousiasme du soldat, qui longtemps tenu aux faciles travaux de la paix et aux veilles de la garnison, court joyeux au champ de bataille, et veut montrer contre l'ennemi qu'il est digne de porter l'épée. Et pourquoi la régence ne serait-elle pas dans les vues providentielles le dernier degré de notre émancipation politique.

Né à la vie publique en 89, et trop enfant alors contre des événements qui entraînèrent son ignorance, notre peuple, entré à l'école de Napoléon, a passé par la rude discipline de la guerre et les leçons du despotisme; la Restauration a voulu prolonger la classe, lorsque le puissant professeur n'était plus là, et les premiers actes de notre jeunesse ont été de briser les portes du collège et de chasser l'honnête recteur. Louis-Philippe, avec des allures de régisseur plutôt que de maître, a dirigé, sans trop montrer le frein, les premiers pas de notre inexpérience, et en paraissant exécuter la volonté de la nation, il lui a fait faire son apprentissage de gouvernement. Après lui l'apprenti deviendra ouvrier, il sera peut-être alors capable de faire seul la tâche dont hier encore il était embarrassé.

La régence, fatale il y a douze ans à une forme de gouvernement encore mal essayée, la consacrera lorsque les idées constitutionnelles auront passé dans le sang du peuple. Avant le jour de l'expérience, je ne crois pas à ces déclarations d'impuissance, à cette affirmation d'impossibilité ; et après tout, il est encore plus facile de traverser sans périr une régence, qu'une révolution. Au reste, chacun peut interpéter à sa manière les intentions de Dieu sur ce monde qu'il a livré à nos disputes ; mais j'espère que ce deuil inattendu fera mieux qu'alimenter les craintes des uns et les espérances des autres. L'archevêque de Paris assure qu'en ces douloureux jours, il a retrouvé des semences de foi et des élans de piété qu'on ne soupçonnait pas, et Dieu, qui ne frappe jamais sans tempérer la rigueur par la miséricorde, tirera, je l'espère, d'un si grand malheur, plus que des changements de dynastie et des mouvements politiques, le salut de quelques âmes.

Le désir de ne pas mettre à une trop longue épreuve le goût de M. Swetchine pour Paris ne vous a pas permis de me fixer l'époque de votre retour ; je voudrais bien savoir si vous serez encore dans le voisinage belge lorsque j'arriverai en Belgique, c'est-à-dire vers le 20 du mois d'août. Si vous preniez pour revenir la route que vous avez suivie, je ne vous manquerais pas, et vous me trouveriez certainement sur votre chemin ; j'ai à recommander une bonne œuvre à votre retour ; ce pauvre M. Paravey, dont vous parlait ma dernière lettre, est toujours au lit sans avancer vers la santé ni la raison. Aux instances de M. de Lambel, qui dans cette circonstance a mis toute la charité chrétienne que vous lui connaissez, il n'a répondu que par les prétendues difficultés rencontrées par lui dans les livres chinois, et le P. Moigno, qui l'a visité, n'a pas plus obtenu de lui. M. de Lambel, obligé de repartir pour Nancy hier, croit que ce pauvre homme serait très sensible à votre visite, et que vous pourriez lui faire beaucoup de bien. Je suis sûr que si quelqu'un agit sur lui, seule vous en aurez la grâce, et cette charité, qui, lorsque tant d'autres le repoussaient et fuyaient ses ennuis, vous le faisait accueillir et écouter, sera récompensée peut-être par son retour à de meilleures pensées.

J'ai entrevu hier François de la Bouillerie arrivant directement de Rome et partant aujourd'hui même pour la Barbée. Ces derniers jours ont singulièrement diminué son goût pour le professorat de Saint-Nicolas, et il emporte maintenant la pensée de ne revenir à la fin de septembre auprès de M. Dupanloup que comme son hôte et son commensal, mais non plus son professeur de 5°. Je n'ai pas eu la force de combattre ce changement, lorsque, me prenant par la plus grande de mes faiblesses, il m'a demandé si je ne trouverais pas moyen de lui donner quelque chose à faire dans notre maison d'apprentis et de jeunes ouvriers ; il ne recule pas devant la mission d'aumônier de notre établissement, et à vrai dire, sans me permettre de classer le bien et d'établir des degrés dans les diverses applications d'une même pensée, je crois que son zèle et son talent trouveraient peut-être plus ample pâture dans la régénération de la classe ouvrière que dans les faciles et paisibles travaux d'une classe de 5ᵉ ; seulement la rapidité du changement m'inquiète un peu, et nous aurons à causer tous les trois sérieusement avant de le pousser dans une voie qui ne lui sourit peut-être que parce qu'il n'a pas encore pensé qu'il la prendrait.

Au reste, Dieu bénit cette petite maison ; nos jeunes apprentis qui, autrefois, perdaient en une année tout le fruit de l'école et du catéchisme, font très bien marcher maintenant le travail et la piété; ils sont déjà quatre-vingt-six domiciliés, et l'autre dimanche, un ouvrier de 25 ans était baptisé, sept apprentis faisaient leur première communion et soixante-dix la renouvelaient avec tous les sentiments d'un sincère recueillement. En même temps, des associations de jeunes ouvriers se forment dans différents quartiers de Paris sous le patronage de saint François Xavier, et j'espère qu'au commencement de l'hiver, complétant tout le cercle de la vie de l'ouvrier, après avoir donné des protecteurs et des surveillants à son enfance, préparé un apprentissage moral et chrétien à sa jeunesse, nous pourrons développer dans l'âge de la liberté et de la vie de famille les semences des premières années, et faire enfin pénétrer dans le foyer domestique, dans la maison et les habitudes du peuple, la foi qui jusqu'ici ne sortait pas de l'école et s'arrêtait toujours sur le seuil.

Dans vos réponses à Mᵐᵉ de Nesselrode et à tous vos Russes qui veulent bien se souvenir de moi en mémoire de vous, vous me faites dire, n'est-ce pas ?

tout ce que je dois penser de cette bonne et aimable indulgence ; je ne vous charge de rien pour Mme de Strogonoff, parce que son amitié veut bien renouveler quelquefois de Carlsbad nos causeries de votre salon, et ce qui vaut mieux encore, me promettre de venir cet hiver partager avec moi le bonheur de vous entourer de notre affection et de nos soins. Elle m'annonce de beaux succès dans sa quête pour nos pauvres enfants ; son zèle triomphe des haines étrangères contre la France ; cet argent obtenu au loin pour élever ici de jeunes intelligences dans la véritable Église ne sera pas perdu pour la main qui le recueille, et Dieu doit bénir de ses grâces privilégiées les âmes dont la charité conduit les autres à la foi, et qui, séparées de la vérité par le malheur de leur naissance, travaillent à la faire répandre chez les enfants.

Adieu, chère amie ; si vous avez le temps de m'écrire un mot, adressez-le chez *M. de Mareuil, à Bouillancourt*, par Montdidier (Oise), jusqu'au 15 août. Vous savez sans doute tout ce que vous ignoriez au moment de votre dernière lettre, et la destinée de votre voyage doit être fixée. Tout à l'heure, en faisant mes adieux à tous mes comités, à tous mes enfants, je viens de donner un rendez-vous général au 15 octobre ; c'est le jour fixé pour la reprise de notre campagne d'hiver. Ma mère murmure un peu de ma précipitation à revenir à Paris ; elle voudrait me faire prendre les habitudes de propriétaire et me garder jusqu'en décembre ; mais je lui réponds par l'exemple de toutes les carrières. J'aurai eu cette année trois mois de vacances. Soldat, diplomate, administrateur, magistrat, je ne serais pas si bien traité, et certes j'aurais mauvaise grâce à disputer à Dieu et à ses amis les heures que, sans objection, j'aurais abandonnées au service des hommes.

Je n'ose pas vous dire le livre que j'ai en ce moment sur ma table : *l'Humanité* de Pierre Leroux. Je le commence et ne l'aurai pas fini pour mon départ ; mais j'en ai vu assez pour retrouver en lui tout ce qui fait la base des théories actuelles, un emprunt au christianisme au profit de la terre. Toujours cet effort de l'intelligence humaine pour refaire le paradis terrestre, et effacer par le travail et le sang de l'humanité les traces du péché originel ; toujours cette faiblesse de vue qui n'aperçoit qu'une partie, qu'une parcelle de la vérité, et veut faire d'un seul élément un ensemble. Pierre Leroux a raison ; l'humanité a sa mission dans ce monde, sa loi de progrès, ses conditions de développement. Sans la première faute, elle aurait eu, sans doute, renfermée en Adam, une grande carrière de perfections à parcourir ; aujourd'hui elle continue sa route tracée sous des conditions meilleures, et cherche à retrouver une puissance, une noble destinée brisée par le premier péché, et il faut lui tenir gré de ses efforts et de sa pénible marche. Mais au-dessus d'elle, l'âme rachetée par le sang d'un Dieu a de plus hautes vues, elle ne fait que traverser la terre dont l'humanité fait sa patrie. Adam a perdu l'humanité. Jésus-Christ a sauvé l'homme, et le jour où la faute fermait à l'humanité le paradis terrestre, la rédemption ouvrait à l'homme celui du ciel.

A. DE MELUN.

Bouillancourt, 3 août 1842.

Chère amie, j'ai reçu ce matin votre lettre, et elle me donne une trop belle espérance pour ne pas lui répondre à l'instant même. Avant de vous remercier de tout ce qu'elle me dit de bon et de vrai, je veux vous annoncer que je serai à Lille le 13, où j'attendrai vos instructions.

Je suis invité pour le 21 ou le 22, avec mon frère, à la distribution des prix du collège de Brugelette, près Mons. Je suis assez tenté de cette occasion de voir en détail le très bel établissement des bons Pères, et de les visiter dans une des plus éclatantes ou du moins des plus riantes fonctions de leur professorat. Voyez si vous pouvez disposer vos courses avec cette date; le lendemain je suis tout entier à vos ordres, j'arriverai partout où vous m'appellerez, je courrai partout où j'aurai chance de vous atteindre ; mais si plus tôt vous convenait mieux, dites-le-moi. Je pourrais quitter Lille le 17 comme vous Aix-la-Chapelle, et marchant l'un vers l'autre, nous nous rencontrerions bientôt : en un mot, faites de moi tout ce que vous voudrez, donnez-moi le signal, tracez-moi la route. Avant ou après Brugelette, j'obéirai comme aux ordres qu'on se fait donner; seulement soyez bien sûre que pour moi le meilleur itinéraire sera celui qui me donnera plus de temps à passer avec vous.

Le projet d'abandonner votre voiture à quelque point central et de vous confier aux chemins de fer pour jeter un rapide coup d'œil sur ce que vous ne connaissez pas encore, me semble parfaitement sage.

Lorsque, presque sans vous déranger, un pays tout entier peut passer devant vous, et vous apporter ses cathédrales, ses manufactures, la physionomie de sa terre, de son industrie, on n'a pas tout à fait le droit de lui refuser audience et de dédaigner sa visite, et je plaide chaudement la cause des Belges et des chemins de fer en l'associant à la mienne. Ce serait une bien grande fête pour moi de voir, de juger, de comprendre avec vous et d'appliquer ainsi, au profit de notre amitié et de notre instruction, cette rapidité de locomotion dont nous avons quelquefois médit. Nous serions, j'en suis sûr, ce jour-là très indulgents pour la découverte de la vapeur et des rails, ou plutôt nous serions justes en portant plus haut nos remerciements ; car suivant une de vos idées favorites et que je partage si bien, toutes ces découvertes de l'industrie, toutes ces conquêtes de la civilisation dont les uns s'effraient et les autres s'applaudissent, jouent un bien petit rôle dans les choses mêmes dont elles sont les moyens et l'occasion. Ce sont de grandes forces ajoutées à notre faiblesse, mais inertes, sans action sur notre volonté, et qui pour agir ont besoin d'elle, et cette condition seule leur enlève toute importance morale, toute réelle influence sur notre destinée. Il n'y a de prix dans ce monde qu'aux choses qui ont puissance sur notre liberté, parce qu'alors elles inclinent notre vouloir, déterminent nos préférences, encouragent ou affaiblissent nos penchants, et de cette sorte pénétrant la source de nos actions, deviennent le principe et le véritable mobile de notre moralité ; de là l'importance de la plus humble vérité, de la moindre erreur, bien plus influentes sur la dignité, sur le bonheur, sur la moralité humaine que toutes les découvertes de la science et de la nature, de leur adoption dépendent souvent les jugements de notre conscience, et que nos actes en découlent comme les conséquences logiques d'un irrécusable principe.

Mais les chemins de fer ont beau nous faire triompher du temps et de l'espace, ce ne sont pas là nos obstacles réels et nos vrais ennemis, et leur rapidité ne changera pas beaucoup à notre avenir, puisqu'elle nous laissera toujours la liberté et la responsabilité de l'usage, et à la même distance du bien et du mal. Voilà encore une des prétentions de notre siècle à la toute-puissance, que l'épreuve démentira chaque jour ; Dieu se plaît à varier la forme des leçons et des enseignements qu'il nous donne ; tantôt, comme vous le dites si bien, il déconcerte d'un seul coup toutes nos théories, et pour nous rappeler son action méconnue dans le monde, tue, contre toute crainte et toute chance, celui dont nos théories avaient le plus besoin ; tantôt il confie nos illusions au temps, il donne à chaque heure la mission d'enlever quelque chose à nos espérances, et de décomposer graduellement nos prétentions.

Je félicite très sincèrement Alfred de cette défaite électorale, plus belle à ce qu'il paraît qu'une victoire : puisque, par un succès réel sur son parti, il a préparé son avenir, j'aime mieux cet intervalle de quelques années laissé entre le premier pas et l'arrivée. Le moment est bien difficile pour les légitimistes, et la perspective de la régence pourrait être pour eux un piège terrible ; plus que jamais le silence et l'inaction seraient, à mon avis, la plus habile de leurs manœuvres. Hommes de la réserve, ils se perdraient avec leur cause, en arrivant trop tôt sur le champ de bataille, et leurs adversaires seraient trop heureux de les voir exposer aux difficultés de l'action et au feu des partis les avantages de leur position politique. Si jamais la France les accepte, elle ne prendrait leur drapeau que comme un symbole de paix, la fin du combat, la solution d'inextricables difficultés ; mais la première condition pour avoir le droit de séparer les combattants est de n'avoir pas pris part à la lutte, à moins d'être plus fort que tout le monde ; et quand les partis ou les individus, fatigués de ne pouvoir s'entendre et s'arranger, ou trop puissants pour subir une autorité qui les discipline, viennent demander un jugement qui les mette d'accord, ils s'adressent ordinairement à un tiers, resté impartial spectateur de la dispute, et finissent leur querelle en confiant leurs causes à ceux qui ne combattaient pas.

Je doute que jamais la France en vienne là, parce qu'elle aime surtout la bataille, et en vérité ce goût lui fait honneur ; mais si les légitimistes veulent devancer le moment fort incertain où la France se tournera vers eux, et intervenir dans le fort de la mêlée, et lorsque les difficultés paraissent les plus grandes, je prévois en effet la réunion des partis et un accord momentané. Mais qu'ils ne s'y trompent pas, cette coalition se fera contre eux ; la gauche ne les recommande que parce qu'elle ne les craint pas ; le jour où ils compteraient dans la Chambre pour quelque chose, ils seraient morts le lendemain. La raison pénétrante d'Alfred aura donc le temps d'étudier le terrain, sans prendre d'engagement ; et ce premier essai lui assure, au moins dans son pays, une influence qui, j'en suis sûr, profitera à son parti.

Vous savez ma doctrine sur l'action politique ; en ce moment, je ne comprends que l'effort de donner une âme à ce corps social dont le nom même indique la nature si matérielle ; je me laisserais peut-être tenter par l'espérance de représenter à la Chambre des hommes et des idées qui n'ont pas de représentants, et cependant, je demande tous les jours à Dieu de ne pas me fournir l'occasion de sortir de mon humble carrière, et de me laisser à mes petits enfants. Je sens parfaitement mon faible, et tout ce qui se réveillerait en moi de vieille ambition, sous couleur de bien public ; si la porte de la Chambre s'ouvrait, je ne me croirais pas tout à fait le droit de refuser une responsabilité de ce genre et de fuir devant le danger, et avant bien peu de temps, en supposant de ma part une action fort douteuse et une influence que je ne me crois pas, j'aurais comme tant d'autres altéré la pureté de ma doctrine dans l'atmosphère de l'intrigue et des combinaisons parlementaires, et exposé la vérité à toutes ces alliances qu'il faut accepter pour avoir raison d'un scrutin. Que les affaires qui me sont confiées sont meilleures, plus consolantes, plus fructueuses que celles de l'État !

En quittant Paris, j'ai passé par notre petite colonie agricole ; j'ai vu là nos jeunes ouvriers occupés à faire leur moisson. Ils sont encore bien faibles, bien inhabiles, mais déjà un progrès se fait sentir ; le travail est plus sérieux que l'année dernière, il y a plus de recueillement à la chapelle, et nos enfants ont crû en forces, en obéissance, en piété, en amour du travail. L'avenir n'est pas non plus sans difficultés et sans objections ; mais s'il faut de grands efforts pour améliorer leurs chances de gain et la partie physique de leur future destinée, nous sommes sûrs maintenant de leur instruction morale. Peut-être sauront-ils moins bien lire, compteront-ils moins exactement que nos apprentis de la ville, mais ils ont devant eux un maître qui leur dit des choses que la ville n'enseigne pas ; la terre a conservé pour eux la trace des pas du Sauveur, elle leur répète les expressions et les paraboles que le Seigneur lui empruntait, et ils retrouvent dans la bergerie le bon Pasteur, dans la plaine la semence qui produit au centuple ; ici, le bon grain et l'ivraie ; là, l'arbre sans fruit qu'il faut couper et jeter au feu. La vigne leur annoncera Jésus-Christ et l'Église, et le figuier en fleurs la fin du monde ; ainsi l'agriculture leur expliquera l'Évangile, et pendant que le ciel leur racontera la gloire de Dieu, la terre leur dira sa volonté et sa doctrine.

Si on pouvait marcher toujours dans cette voie, et rendre à toutes choses le sens que leur a donné la Providence, nous n'aurions plus si grand besoin de livres et de professeurs. Pendant qu'on poursuit, à force de veilles et d'intelligence, les mystères de la nature, qu'on veut dérober à la création ses secrets et découvrir ses lois pour les appliquer à notre bien-être, on néglige des puissances plus faciles à saisir et bien autrement importantes ; on cherche péniblement une force qui, au péril de notre vie, avancera de quelques heures nos courses à travers l'espace, nous fera dans un voyage ménager quelques journées, et permettra peut-être à notre vie quelques actions de plus, et on néglige cette parole inscrite en l'univers, qui frappe toute oreille attentive, et n'exige pour être saisie qu'un cœur docile, et cette parole ajoutera à notre vie l'éternité.

Je vois avec grande joie que le mois d'octobre va vous rendre votre sœur et une de vos meilleures amies, et moi aussi je profiterai de cette réunion, car en quittant Paris, j'ai donné rendez-vous à tous nos comités et à tous mes pauvres pour le 15 octobre ; je me suis permis d'assez longues vacances et il sera temps de reprendre le travail. Mais je ne resterai pas si longtemps sans vous voir : à notre entrevue dans quinze jours, s'ajoutera bientôt une autre visite. Après avoir donné une ou deux semaines à mon frère en sortant de Belgique, je repasserai par Paris, pour rejoindre ma mère à Brumetz ; je ne comptais qu'y passer quelques heures, mais le voyage de Mme de Chelaincourt me retiendra un peu plus ; elle m'écrivait de Boulogne pour me demander une visite aux bords de la mer. Je n'ai pu quitter ma sœur à peine convalescente de ses couches, j'ai répondu par un ajournement au mois de septembre. Il m'en coûterait beaucoup de laisser Mme de Chelaincourt partir pour Rome sans l'avoir vue. Il y a quatre ans, lorsque je commençais mes œuvres, c'est à elle que j'ai dû mes premières souscriptions, mes premiers billets de loterie, et la grande joie d'adopter mon premier enfant. Depuis, Dieu a béni ce qui naissait alors, les œuvres ont grandi, les ressources se sont multipliées, les auxiliaires sont accourus ; mais elle a jeté la première semence, donné le premier encouragement dans tout ce qui maintenant se développe et s'étend ; je lui fais toujours une part de reconnaissance.

Adieu, chère amie ; je ne vous dis pas un mot de votre santé, tombée à Aix-la-Chapelle en de si rudes mains ; je vais, j'espère, juger bientôt de la science de votre médecin et vous féliciter de ses exigences. Combien je suis heureux de penser que dans quinze jours je partagerai vos impressions, je m'associerai à vos pas, et n'aurai plus besoin de feuilles intermédiaires entre nous ! Votre dernière lettre a été pour moi la meilleure, la plus douce des conversations ; mais toute sa longueur dont je ne saurais trop vous remercier est bien courte devant une libre causerie qui s'arrête quelquefois, mais ne finit jamais. L'hiver qui commencera de bonne heure pour nous doublera cette année mes forces et ma volonté, car vous serez là pour diriger, avertir, éclairer mes pas. Vous voulez que je vous impose le bien à faire, et vous prétendez que M. Paravey me devra votre intervention ; mais c'est à vous que tous ceux que je pourrai secourir devront l'à-propos de mon aide et l'intelligence de mon secours ; de tout temps votre amitié a ajouté à toutes mes idées, à tous mes instincts quelque chose de plus pur, de plus chrétien, et cette influence dont vous avez si grand tort de douter, s'est toujours exercée pour me rapprocher de Dieu, elle a été une des grâces dont la Providence s'est servie pour sauver de l'écart ma trop orgueilleuse indépendance, elle l'a fait rentrer dans les limites d'une plus sage liberté, et je sens aujourd'hui que tout ce que j'ai fait l'année dernière, dans mon triste isolement, va devenir meilleur, et se dégager plus de la terre, en s'illuminant des inspirations de votre chère affection.

Ces lignes que j'attends à Lille me diront, n'est-ce pas ? votre route bien exacte, le point où je dois vous rejoindre, ou au moins celui où je trouverai, poste restante, les indications nécessaires pour vous retrouver. Je n'ai aucune direction obligée, excepté celle de Brugelette, et quelle que soit votre détermination, je ne puis vous manquer, avant le 21 si vous prenez le retour direct, avant ou après, si vous vous décidez à une petite excursion. Mon adresse à Lille est chez mon frère, rue Royale, 95.

A. DE MELUN.

Lille, 16 août 1842.

Un mot seulement aujourd'hui, chère amie, pour vous dire que mercredi 24, peut-être mardi 23, je serai à Bruxelles, que je vous demanderai à tous les hôtels que vous m'indiquez, et à leur défaut, à la poste, qu'enfin, Dieu aidant, nous allons nous rencontrer. Je ne vous parle pas de ma joie et de tout ce qu'ajoute à l'intérêt de mon petit voyage cette charmante perspective. Que vous êtes bonne d'avoir ainsi retardé votre départ, pour conquérir plus de liberté en ma faveur! Tout s'arrange ainsi pour le mieux, car je donne cette semaine à la famille de mon frère qui me reçoit en jumeau ; j'étudie les œuvres de Lille fort intéressantes et qui nous donnent de bons exemples à imiter, et j'arriverai de mon côté en possession de toute mon indépendance. A mercredi donc sans faute, et je remets à la conversation tout ce que j'ai toujours à vous dire, lorsque j'ai la plume à la main, et surtout les réflexions qui naissent de la belle institution de Saint-Joseph à Lille, où une foule d'ouvriers viennent passer dans le repos et le bien les jours donnés ordinairement au désordre et au mal. J'ai admiré là cette pensée si chrétienne qui ne change, n'innove rien, mais acceptant l'ouvrier tel que l'a fait l'industrie et la civilisation, admettant ses joies, ses goûts, se contente de purifier la source de toutes ses habitudes, de sanctifier le principe de ses actes, et sans révolution ni bouleversement, avec les mêmes éléments qui dissipaient et amenaient la corruption, obtient la régularité et la paix du Seigneur. Grande leçon aux rêveurs de réforme !

J'avais espéré un instant qu'Éleuthère, en regagnant Nancy, nous ferait une petite visite, et donnerait peut-être en passant un coup d'œil à la Belgique ; mais sa sœur le réclame avec tant d'instances qu'il n'ose lui refuser les jours qui lui restent avant son grand parti ; la lettre que je reçois de lui ne me laisse plus aucun doute sur l'époque de sa sainte résolution, et quand le mois d'octobre le ramènera à Paris, les portes du séminaire s'ouvriront pour lui. Le voilà donc arrivé à ce dernier degré de cette échelle que nous lui avons vu monter avec tant de zèle et de piété. Les œuvres n'ont été pour lui que le marche-pied de l'autel ; Dieu, en peu d'années, lui a fait traverser le monde, puis la pratique de la charité humaine, pour le conduire au sanctuaire, et le bien qu'il a fait n'a été que le noviciat du ministère sacré. Voilà le véritable progrès, et mon compagnon de voyage, qui tout à l'heure marchait du même pas que moi, me laisse maintenant bien loin derrière lui. Sa lettre toute fraternelle me parle de l'avenir et de l'espérance qu'un jour je le rejoindrai ; mais la voix qui l'appelle n'a pas pour moi de si grandes vues, elle semble me tracer un chemin plus humble et un plus étroit horizon. Il y a dans l'église l'or et l'argent du calice et de l'ostensoir, le marbre de l'autel, puis bien loin du chœur, à la porte, l'airain ou le cuivre de la cloche qui seulement réveille et fait signe d'entrer ; il y a, dans le festin de l'Évangile, le maître qui reçoit, les disciples qui servent à table, puis d'obscurs serviteurs qui vont dans les rues, chercher sans discernement les boiteux et les borgnes, et les pousser dans la salle sans pouvoir les assurer d'un bon accueil. Aujourd'hui plus que jamais, il faut des intermédiaires entre le peuple et le prêtre, il faut une marche de plus dans l'escalier qui mène à la vérité.

Mais n'allons-nous pas avoir devant nous toutes les heures nécessaires à la discussion de si importantes questions ? Je me tais donc, et me livre tout entier au plaisir de réserver mes pensées pour notre heureuse rencontre. Je ne veux pas même vous dire adieu, nous sommes trop voisins, et je ne pense qu'au bonjour de mercredi prochain.

Votre lettre a parfaitement rempli vos intentions, elle m'a précédé de deux heures ; comme j'avais eu un peu de retard dans ma course, personne ne m'attendait plus ce jour-là à Lille, et mon frère était retourné à la campagne, en sorte qu'à mon débarqué, rue Royale, votre lettre seule m'a été donnée, et c'est vous qui m'avez reçu.

Je lis ici avec grande attention l'allocution du Saint-Père sur la Russie.

A. DE MELUN.

Samedi 5 juin 1847.

Ma chère amie, je ne veux pas vous laisser partir pour Vichy et votre longue absence sans vous donner un souvenir de ma retraite et vous dire encore une fois adieu.

Depuis mon départ, nous avons été bien tristement occupés, et ma mère et moi aurions eu grand besoin de votre affection et de vos douces paroles pour nous rendre courage et résignation, car c'est depuis hier seulement que nous sommes rendus à la sécurité et à la vie. Mon père, que j'avais trouvé mieux que je ne l'espérais à Acy, s'est senti, le lendemain de son retour à Brumetz, pris d'un très violent accès de fièvre, et surtout de palpitations qui menaçaient de rompre le cœur ; le médecin de Gandelu, effrayé de ce désordre et d'un profond évanouissement survenu dans la matinée, prononce les mots de lésion organique et d'anévrisme, demande une consultation et nous laisse en proie à la plus affreuse inquiétude. Nous avons passé ainsi deux jours, ma mère et moi, au pied du lit de notre cher malade, attendant le médecin de Château-Thierry qui n'arrivait pas, comptant les battements du pouls et du cœur, et n'osant nous communiquer notre désespoir. Que ces heures étaient longues et douloureuses et qu'elles nous reportaient à de funèbres souvenirs ! Je ne vous dirai pas mes angoisses, mes prières, je n'osais écrire à mes sœurs, à mon frère, de peur de les effrayer, et je m'effrayais moi-même de cette solitude. Enfin Dieu a eu pitié de nous ; lorsqu'après deux jours d'attente, le médecin de Château-Thierry arriva, le pouls était plus calme, le cœur commençait à rentrer dans l'ordre.

Aujourd'hui mon pauvre père est encore extrêmement faible, peut à peine passer quelques moments hors de son lit, mais l'appétit commence à revenir, la fièvre est partie, et nous sommes en convalescence. Je ne me dissimule pas cependant que de pareilles crises n'arrivent pas impunément à son âge ; il faudra maintenant redoubler de soins, de précautions autour de lui, et ma mère, si frêle et toujours toussante, se résigne à être toujours garde-malade. Mais le danger n'est-il pas la loi de ce monde, la menace ne nous attend-elle pas à chaque heure, à chaque pas de notre vie ? Quand on vient d'échapper à la catastrophe, il faut s'agenouiller et remercier Dieu, et s'en remettre à la Providence du soin de soutenir ce qui est faible, de soulager ce qui est souffrant et de prolonger ces santés si fragiles qui souvent résistent mieux et plus longtemps que la force. Aussi, je suis en ce moment tout à la joie de la résurrection, je me livre à ce beau temps, à cette admirable végétation dont je ne m'apercevais pas, à ces promesses de riches récoltes, à cette bonne œuvre de Dieu qui prépare du pain en abondance à ceux qui ont tant jeûné cet hiver ; je reprends aussi mes livres, mes projets de voyage que je n'osais plus entrevoir, et tous ces plans d'œuvres, d'économie charitable, de charité parlementaire que j'avais emportés de Paris et que j'avais complètement oubliés.

Je compte toujours partir pour les Eaux-Bonnes vers la fin du mois et j'écris à mon frère de venir me remplacer ici. Vous serez déjà à Vichy, lorsque je traverserai Paris, et vous avez trop besoin de ces eaux pour que je n'appelle pas de tous mes vœux le moment où vous arriverez à la source, sans cela j'aurais bien regretté de ne plus vous retrouver à mon passage; les affaires et le monde se dispersent et finissent à la fin de juin; Paris n'a plus ses courses, la politesse ses devoirs obligés, qui se mettent en travers et enlèvent la place de la confiance et de l'intimité. J'aurais aimé par-dessus tout ces bonnes et longues journées où, dans la solitude et la liberté, les idées s'échangent, les pensées se confient, les sentiments et les jugements se mettent d'accord. Plus que jamais j'aurais eu besoin de recourir aux lumières si pures et si pénétrantes de votre affection, car, comme vous le remarquez, le temps a marché pour moi et mes œuvres, et dans cette voie, le succès est un engagement et le progrès une grande responsabilité. La route à suivre maintenant me préoccupe et m'inquiète : faut-il rester dans la bonne et indépendante obscurité du passé, continuer à pas lents les œuvres individuelles qui cherchent à donner à quelques-uns le pain de la parole, ou faut-il se lancer dans cette large et retentissante voie de la charité publique, entrer dans cette action, qui s'étend à tous, non plus par des œuvres privées mais par des lois générales, en un mot, dois-je rester l'humble ouvrier de la charité entre les pauvres et les riches, les petits et les puissants, ou tendre à devenir le député de la misère, revêtu lui-même de la puissance publique et livrant sa vie à toutes les agitations, à toutes les difficultés du pouvoir ? Grande question que je me pose devant Dieu et devant ma conscience et qui demanderait l'appui de votre sincérité et l'indépendance de votre jugement pour être complètement résolue.

J'ai reçu ces jours-ci une lettre de la comtesse Strogonoff; elle était triste du départ de son mari pour la Chersonèse Taurique où l'appelait un changement d'intendant; au reste, nous n'aurions pas le temps de lui envoyer nos consolations, car le comte ne doit rester que trois semaines en route, et il reviendra plus vite que nos lettres; elle ne me dit rien de nouveau sur ses projets et sa famille, et devait vous écrire incessamment.

Adieu, chère et bonne amie; je n'ai pas besoin de vous dire que mes vœux et mes prières vous accompagneront dans votre voyage; retrouvez dans les eaux de Vichy la santé, la force nécessaire au pèlerinage de cette terre. Je sais bien que vous n'y tenez guère, et que, les yeux en haut, vous faites bon marché de notre pauvre planète; mais j'espère que Dieu nous écoutera bien mieux que vous et vous donnera en longs jours et en bonne santé tout ce que vous donnez à ceux qui vous aiment en confiance et en consolations.

Pour moi, cet hiver, quoique trop souvent éloigné de votre douce intimité par mes mille et une affaires, quoique distrait par les ambitions de mes œuvres, j'ai senti plus que jamais le prix de quelques heures et de quelques soirées, et je demande au ciel de m'en réserver dans l'avenir de plus longues et de plus nombreuses encore, car en dépit de toutes les bonnes volontés et de tous les succès de ce monde, c'est là que je trouve ce lieu de prédilection où l'on voudrait dresser sa tente et se reposer.

Ma mère se recommande à votre bon souvenir, et vous demande vos prières pour que la convalescence soit rapide et sans accident, car elle tremble à la moindre apparence rétrograde et s'inquiète à la plus légère altération.

A. DE MELUN.

Mercredi 14 juillet 1847.

Ma chère amie, me voici à Paris; c'est assez vous dire que je suis entièrement rassuré sur la santé de mon père; je l'ai laissé avant-hier levé, se promenant, et mieux certainement qu'il n'était avant la crise, et peut-être Dieu permettra-t-il que cette effrayante invasion de la fièvre ait les avantages de ces révolutions qui préparent par des catastrophes l'avenir calme et paisible d'un peuple fatigué et malade. Cependant je n'ai plus le courage de m'en aller au fond des Pyrénées, la sécurité complète manquerait à la cure, je n'oserais m'aventurer dans la plus petite excursion, et ma santé, d'accord avec mes instincts, me laisse tout à fait libre.

Le médecin insiste beaucoup plus sur le voyage que sur les eaux ; j'opte donc pour les bords du Rhin, si près de ce pays par les chemins de fer, et puis les bords du Rhin conduisent à Einsiedeln, et j'ai quelque chose à dire à notre bonne protectrice de la part de ma mère. Je finirai cette campagne par le Congrès pénitentiaire de Bruxelles à la mi-septembre ; là se traiteront des questions qui, après avoir été si longtemps du domaine exclusif de la justice et de la vengeance, sont arrivées, grâce à Dieu, dans le ressort de la charité, et je veux tâcher sur toute ma route d'étudier les formes qu'a prises la bienfaisance, suivant les pays et surtout les doctrines, en passant par la Prusse, Bade, Zurich, pour atteindre Einsiedeln. Je pourrai comparer les institutions protestantes avec une des plus belles et des plus saintes émanations du moyen âge et de la catholicité : en voyant ce qu'est un pauvre à Berne, et ce qu'il est à Lucerne ou à Schwitz, on mesure toute la distance qui sépare Zwingle de saint Vincent de Paul.

Nous sommes ici dans la triste préoccupation du procès Cubières et de tous ces scandales qui depuis quelque temps se révèlent ; cette inondation de corruption et de misères morales ne peut passer inoffensive pour l'ordre social tout entier ; elle sera le signal d'un réveil ou d'une mort. Dans tous les temps certainement et dans tous les pays, il y a eu des fonctionnaires achetés et vendus, et l'argent a été la raison de bien des choses ; mais notre temps présente un ensemble d'immoralités publiques qui suppose la gangrène universelle. On a voulu que la loi fût athée, que la société n'eût ni croyance, ni morale, on lui a fait de l'égoïsme la seule vertu au dedans et au dehors, et on s'étonne qu'elle ait pris toute la conséquence de cette théorie. Pour moi, plus que jamais, je sens que la société, l'État, la loi ont besoin de se racheter ; il faut au moins que nos institutions deviennent généreuses, bienveillantes, miséricordieuses, que la charité couvre pour la société, comme pour les individus, la multitude des péchés, et je travaille à un grand projet que je vous soumettrai à votre retour.

Je voudrais instituer dans toutes les parties de la France une magistrature de prévoyance qui représenterait la bienfaisance sociale comme l'autre représente la justice, qui donnerait un appui, une protection, un bon conseil, une surveillance paternelle à l'orphelin, à l'enfant pauvre, chez sa nourrice, à l'école, à l'atelier, qui protègerait le malade à l'hôpital, l'infirme à l'hospice, plaiderait la cause du pauvre devant les tribunaux, dans les bureaux de l'administration où on ne lui permet jamais de pénétrer, enfin fût l'intermédiaire entre la faiblesse, l'ignorance, la misère et la force, la puissance, la fortune publique. Il y a beaucoup d'objections, beaucoup de difficultés contre ce projet ; mais il y a pour lui la nécessité, car avant peu, les classes souffrantes ne se contenteront pas de défenseurs et de magistrats, leur défiance naturelle s'augmentera de tout ce qui se passe aujourd'hui, et pour n'avoir rien fait, il faudra ou combattre ou céder, ce qui serait la perte de l'ordre.

Avant 89, la loi n'a rien voulu faire pour les classes moyennes, elle s'en rapportait aux habitudes, aux mœurs de chacun pour atténuer les abus ; au lieu de faire passer la liberté dans les institutions, on se contentait de la laisser pencher dans les rapports individuels, et au jour où il a fallu mettre d'accord la forme et le fond, la société n'a pu soutenir sans une effroyable catastrophe la secousse de transformation. Nous en sommes bientôt là pour les classes inférieures, ceux qui vivent de leur travail et de leur misère ; l'État s'en rapporte avec ostentation à la charité individuelle, et quand on lui rappelle qu'il doit s'occuper de tout ce qui souffre, il répond en montrant les œuvres et le bien qui se fait partout ; mais s'il n'y prend garde, le moment viendra où on voudra exiger de la part de la société ce qu'on reçoit encore avec quelque reconnaissance de la bonne volonté des individus. La liberté a eu sa révolution, Dieu nous préserve que la charité ait la sienne !

J'ai trouvé en arrivant les deux paquets pour la comtesse Strogonoff, mais leur ampleur m'effraie ; je sais que les courriers diplomatiques ne veulent plus se charger de tout ce qui a quelque volume. Je n'ai pu voir encore M. de Barante, tout entier au procès, mais j'irai demain le guetter ; s'il ne peut faire partir les étoffes, par quelle voie dois-je les expédier ? Soyez assez bonne pour me donner un mot de réponse, avant mardi s'il est possible, car je compte partir ce jour-là pour Aix-la-Chapelle. Je ne vous remercie pas de votre association à nos peines et à nos joies, mais j'en remercie Dieu du fond du cœur et je lui demande en même temps de faire produire à Vichy tous les fruits de santé et de réparation.

A. DE MELUN.

**⁎*

La lettre dans laquelle M. de Melun rendait compte à Mme Swetchine du congrès pénitentiaire de Bruxelles n'a pas été retrouvée. Mais comme, dans sa lettre en date du 6 octobre 1847, Mme Swetchine répond à cette lettre, nous avons pensé qu'il était nécessaire d'indiquer quel avait dû être le sens de la lettre de M. de Melun.

Nous avons été assez heureux pour trouver dans la correspondance de M. de Melun avec M. le comte de Lambel un passage qui devait avoir beaucoup d'analogie avec celui de sa lettre à Mme Swetchine. C'est ce qui nous a déterminé à l'imprimer ici.

4 octobre 1847.

Je ne vous raconterai pas en détail le congrès de Bruxelles; les questions étaient trop graves, trop multipliées et le temps trop court pour amener des solutions bien positives, et plus d'un inconvénient prévu dans la commission de l'Économie charitable s'est manifesté dans les séances un peu tumultueuses.

Cependant je me féliciterai toute ma vie d'avoir pris part à cette discussion ; d'abord j'ai essayé pour la première fois la tribune et j'ai acquis la conviction que je pouvais me tirer d'une improvisation parlementaire. Mais ce qui vaut bien mieux que tous les petits succès d'amour-propre, c'est l'heureux résultat obtenu à la fin de la session. Quinze nations y étaient représentées par les hommes les plus distingués et les plus charitables de chaque pays. Dieu m'a inspiré la bonne pensée de réaliser le projet dont je vous parlais dans ma dernière lettre.

J'ai réuni ces Messieurs ; je leur ai exposé la nécessité de s'entendre et de s'associer pour l'amélioration des pauvres de toutes les nations. Ils ont accepté avec enthousiasme et ont signé cette sainte alliance, prenant pour leur intermédiaire à Paris la Société d'Économie charitable et pour organe les *Annales*. En sorte que maintenant nous avons pour auxiliaires, pour correspondants, pour appuis, l'élite de la charité en *Angleterre, Suède, Danemark, Russie, Prusse, Allemagne centrale, Hollande, Belgique, Toscane, Suisse, Portugal, Espagne, Etats-Unis.* Nous pouvons demander à chacun de nos associés tous les documents, tous les livres que nous voulons, et encore faire appliquer partout toutes les idées que nous jugerons utiles.

Quelle force pour le bien, quelle autorité, lorsque, pour obtenir des gouvernements et de l'opinion publique une loi ou une mesure en faveur des pauvres, nous ne parlerons plus au nom de quelques-uns et même d'une nation, mais au nom de tout l'univers ! J'avoue qu'à ce moment je n'ai pu me défendre d'une de ces joies qui récompensent de toutes les peines, de toutes les fatigues, et j'ai remercié Dieu du fond du cœur d'avoir permis que l'initiative d'une telle création vînt d'un Français et surtout d'un catholique.

A. DE MELUN.

Lettre de Mme Swetchine.

Tours, 6 octobre 1847.

Je vous remercie mille fois, mon cher ami, de votre lettre qui m'a permis de vous suivre et fait tous les plaisirs du monde en vous montrant dans cette ligne ascendante qui découvre toujours des horizons nouveaux. Jamais l'*utile* n'a eu une allure plus rapide ni des succès plus nombreux. Vous avez commencé par la *ville*, mais vous finissez par le *monde!* Terrestrement je ne sais comment vous feriez pour *vous réserver l'espérance*, il faut de toute nécessité que vous la placiez ailleurs.

La thèse qui a fait la matière première d'un de vos succès, me semble bien la plus incroyable qu'on puisse soutenir ; faire passer par le régime de l'enfant coupable, l'enfant innocent, uniquement parce qu'il est pauvre, ne tombe vraiment pas sous le sens. La question des congrégations était plus spécieuse et le droit des protestants à réclamer contre, assez plausible, si toutefois ils ne se trouvent pas dans une minorité assez faible pour ne pouvoir presque pas compter. Il me semble comme à vous que, de quelque utilité que puissent être les congrégations, la condition à laquelle on voulait les admettre était bien faite pour en faire suspecter les intentions et pour mériter d'être repoussée : par ce côté-là encore, rien ne pouvant moins convenir à une congrégation dont la nature est de ne changer jamais, que de se mettre dans la dépendance immédiate de gouvernements, pour qui changer toujours est presque une nécessité. Ce genre de triomphe est déplorable pour la cause de la vérité; il irrite sans aucun avantage solide; cela peut plaire à l'amour-propre d'un jour, mais tout ce qui est marqué au sceau de la durée ne peut qu'y perdre.

Le succès de votre grand projet est bien autrement merveilleux que tout cela ; qu'à la première proposition faite, vous soyez arrivé à l'accomplissement de vos vues, que quelques mots se soient immédiatement résumés en un acte émané de tous, il y a vraiment là de cet inattendu qui dépasse toutes les prévisions. Du reste, c'est ce qui s'est vu, quoique d'une manière moins frappante, à travers toute votre carrière. Dès votre début, vous avez procédé rapidement et sûrement, avec un courage patient qui n'a jamais eu rien d'imprudent ou de téméraire; c'est qu'entre vous et l'œuvre que vous méditiez, il y avait ces *affinités électives* qui seules mènent à bien. En faisant honneur à votre âme et à votre intelligence du but et des moyens, il ne faut pas oublier qu'elle a trouvé un puissant auxiliaire dans les qualités essentielles de votre caractère, et sans elles les plus hautes conceptions auraient failli par l'exécution. J'espère que votre alliance des treize nations se maintiendra au moins aussi longtemps que celle des treize cantons, dût-elle partager plus tard le sort d'un Sonderbund. Les dispositions du moment actuel lui sont certainement propices, et il faut aussi cela pour se faire écouter, car on ne met guère dans les esprits que ce qui y est déjà ; seulement il y a une volonté puissante qui le leur révèle et qui vient faire ce que les médecins appellent *aider la nature.*

A propos de médecins, je suis heureuse de voir votre larynx en mesure de se passer d'eux et aussi qu'il vous ait laissé liberté si pleine et si entière de paraître à la tribune. Je crois le premier essai très utile en vous donnant le sentiment de vos forces, car on ne se connaît qu'à l'épreuve, et en particulier, dans tous les cas où ce qu'il y a d'involontaire dans l'impression joue un grand rôle. Je sais que vous avez été *court* et *animé*, court, parce que vous le vouliez, et animé parce que vous osiez vous le permettre. Si j'avais été de votre auditoire, cette animation ne m'eût nullement étonnée, car il est facile de pressentir sous votre habituelle réserve la chaleur qui peut vivifier vos convictions. Partout on se remue, me dites-vous, partout on s'enquiert dans l'intérêt de la charité publique ; mon Dieu, qu'on a raison de le faire! C'est le *to be, or not to be* ; il faut courir, et on ne court jamais assez vite après le temps qu'on a perdu.

Je suis charmée des bonnes nouvelles que vous me donnez de Mme de Mesnard ; il y avait très longtemps que je n'en avais eu. Je pense qu'elle passera encore tout le mois prochain à Vineuil. Quant à nous, le temps que nous devons rester ici est encore incertain ; l'état de mon mari est satisfaisant, mais après de cruelles tribulations le repos est bien nécessaire ; du reste, la campagne est charmante, Tours inondé de lumière. Depuis près de six semaines que nous sommes ici, nous avons vu pleuvoir hier pour la première fois, et précisément le jour même qui avait été fixé pour notre visite annoncée à Rougemont, dont je n'ai pu voir que les aimables habitants.

Ce pauvre Alfred est dans nos environs et pour la cause la plus triste, l'état presque désespéré de M. de Castellane ; il était déjà allé à Rochecotte à son retour de Néris, où il lui a été si secourable ; une très vive alerte l'y a fait revenir ; on n'a le courage d'aucune objection aux choses du dévouement, mais vraiment il n'est pas assez bien lui-même pour si bien soigner les autres.

J'ai écrit une longue lettre à la comtesse Strogonoff depuis que je suis ici ; je n'y ai pas eu de réponse, et je ne serais pas étonnée d'un plus long retard, attendu que quelques questions que je lui adresse, pour mon information personnelle, lui auront fait préférer d'écrire par courrier, et alors il faut nécessairement courir la chance d'attendre ; elle me fait bien espérer aussi sa visite au printemps, et je pense bien qu'elle commencera par Paris, sans préjudice de Vichy.

Bien des fois j'ai su des nouvelles de monsieur votre père et avec une vive satisfaction de son bon état. Parlez bien de moi, je vous prie, à madame votre mère, et recevez pour vous-même toutes mes bien sincères amitiés.

S. SWETCHINE.

Lettre de Mme Swetchine.

1847.

J'étais bien loin, mon cher ami, de vous supposer inquiet ; je pensais, au contraire, que vos parents devaient avancer un peu cette année leur retour à

Paris, pendant que vous-même y prépariez vos grands travaux de l'hiver. Je crois, d'après votre lettre, que pour le moment l'inquiétude est dissipée, mais je conçois que des rechutes répétées ôtent à la sécurité et qu'on ne puisse jamais veiller assez et d'assez près sur un bien qui menace. Votre résolution de ne plus vous éloigner de votre cher malade me paraît bien digne de vous, il est juste qu'il ne perde plus rien de la consolation de votre présence; mais j'espère qu'il n'en coûtera pas trop cher à vos amis, et que, conciliant tout, vous ramènerez bientôt vos parents à Paris; le soleil de ces derniers jours d'automne est admirable, *mais il vend un peu ce qu'il donne* par la longueur des soirées et le froid vif du matin.

Je voulais avant de vous répondre lire vos statuts dans le numéro des *Annales* que vous m'indiquez; mais il se fait que je n'ai pas ici celui d'octobre, et ce n'est plus la peine de le faire venir, votre retour à Paris étant fixé au 22. Je doute moins que jamais, mon cher ami, que votre œuvre ne grandisse et que la société ne reconnaisse se devoir à elle-même la création d'une magistrature qui représente dans son sein les pressantes nécessités du plus grand nombre. Tant qu'on ne s'est pas rendu compte de cette immense lacune et qu'elle n'a point été signalée à l'attention publique, on a pu ranger ce tort dans les péchés d'ignorance; mais lumière oblige, et aujourd'hui qu'il n'y a plus ces institutions sur grande échelle qui jusqu'à un certain point répondaient à ces réels besoins et que la société veut tout faire par elle-même, il lui est rigoureusement enjoint d'en prendre les moyens.

Les résultats de votre charité internationale auront probablement moins d'ensemble et par cela même moins de portée ; mais ils mettront en circulation une foule d'idées utiles sur lesquelles tout le monde pourra s'entendre à la fois. M. de Maistre disait *que nous n'étions broyés que pour être mêlés.* Je suis bien disposée à croire que les hommes y gagneront toujours et davantage à proportion de l'inégalité de leur valeur propre ou de celle des idées qu'ils représentent. Après tout, la *contagion* doit être pour la vérité, seulement il ne faut y exposer que les hommes faits, et ceci me ramène à la vraie joie que m'a donnée la solution très récente de Pie IX à la question des collèges mixtes d'Angleterre. Tout ce qu'il y a de fatalité dans ce monde, m'a toujours paru se concentrer dans les premières notions et impressions reçues à l'établir ; le péril de fatalité, *a priori,* c'est obliger Dieu à procéder par coups de miracles.

Je savais déjà M. Molé dans la bonne voie, mais je conclus de ce que vous me dites qu'il y marche à grands pas. Ses traditions, les habitudes de son esprit lui rendaient familiers de grands exemples ; il y a du grand siècle dans M. Molé, et c'est bien prendre au grand siècle ce qu'il a de meilleur que de se reconnaître à la fin de sa vie et ne pas reculer devant un retour sincère.

Soyez assez bon pour dire à madame votre mère toute ma part à vos tristesses et combien souvent dans ces derniers temps ma pensée s'est reportée sur elle. Recevez, mon cher ami, avec ces tristes souvenirs tous les vœux que j'y joins et que je demande à Dieu d'écouter.

S. SWETCHINE.

23 août 1848.

Ma chère amie, je voulais tous ces jours-ci vous donner de nos nouvelles, mais ma triste inquietude m'arrêtait, je me retrouvais comme il y a un an auprès du lit de mon père, avec la crainte de lui voir commencer une dangereuse maladie, et j'attendais ce que Dieu voulait faire de lui. Ce matin, il est mieux, la fièvre paraît l'avoir quitté, il est permis d'espérer qu'il entre en convalescence, et je n'ai plus qu'à lui donner des soins rendus faciles par son retour à la vie, car pendant deux jours il a été plongé dans un sommeil léthargique qui me faisait tout redouter. En présence de tels accidents, les émotions politiques pâlissent, et la révolution, malgré ses menaces et ses combats, était oubliée ; aujourd'hui, avec la liberté d'esprit reviennent les préoccupations de l'avenir ; il me semble que la concorde et l'union ne font aucun progrès ; chaque séance est une occasion de luttes, et je suis plus effrayé de l'anarchie dans l'Assemblée que de prétendues émeutes dans les rues.

Malgré mon chagrin profond de la situation italienne, je n'ai pu m'empêcher d'admirer ce matin la réponse du général Cavaignac sur le courage des hommes de la paix, et si la pauvre république ne gagne aucun partisan dans nos campagnes, elle n'inspire pas plus de foi. Faut-il s'en affliger ou s'en réjouir ? Pour moi, qui, comme vous, cherche surtout la liberté à travers les différentes formes de gouvernement, je m'arrangerai de tout ce qui nous permettra de reprendre notre marche en ce moment suspendue ; mais pouvons-nous espérer que les théories actuelles nous donneront gain de cause, lorsque nous voyons le peuple lancé dans toutes les doctrines les plus avancées, sans avoir pour frein et pour guide la pensée de Dieu ? Voilà, ce me semble, tout le secret de notre destinée, et notre révolution serait admirable si elle était plus chrétienne.

Ce besoin qui se manifeste partout d'une autorité, d'un homme, n'est que l'expression de l'absence de Dieu ; dans le pays où j'habite en ce moment, il est encore bien moins qu'à Paris ; aussi la liberté prend de telles formes et de tels symboles que les honnêtes gens en ont peur et feraient facilement bon marché de toutes les conquêtes du siècle. Il n'y a que l'Évangile qui, en faisant remonter l'autorité souveraine à qui de droit, émancipe réellement les nations ; mais comment faire revenir notre pays à cette vérité ? qui se chargera de cet apostolat ?

Adieu ; je ne vous écris aujourd'hui ces deux mots que pour savoir comment vous allez, et entendre de loin le son de votre voix. J'ai la tête encore fatiguée de mes inquiétudes, et mon cœur bat, après cette grande course à travers les émotions filiales ; je vais faire quelques tours de jardin pour respirer l'air et voir des fleurs ; je suis comme un prisonnier dont le cachot s'ouvre, et quoique enfermé depuis peu de jours, il a besoin de quelque temps pour reprendre l'habitude de la marche, et se faire à la lumière du jour.

Donnez-moi, quand vous n'aurez rien de mieux à faire, de vos nouvelles ; dites-moi ce qu'il faut croire de tout ce qu'on nous raconte des émeutes et des guerres prochaines. Je ne vois dans tout ce bruit que le murmure d'une impuissance révoltée.

Est-il vrai que nous nommons un ambassadeur en Russie ? Vous êtes à la source de la vérité, puisque Alfred doit être, comme toujours, le mieux informé ; laissez arriver jusqu'à nous un peu de sa science. Je vous embrasse de tout mon cœur et vous demande pour notre cher convalescent et sa garde-malade vos bonnes prières.

A. DE MELUN.

Lundi 28 août 1848.

La maladie, ma chère amie, n'a pas marché aussi vite que je l'espérais vers la convalescence, et nous avons eu encore bien de mauvaises heures ; cependant il y a un mieux incontestable, et notre impatience se modère devant le chemin que doit nécessairement parcourir une fièvre, avant de céder : pourvu que chaque jour apporte maintenant son progrès, quelque faible qu'il soit, il faut remercier Dieu et s'applaudir de ne pas aller trop vite. Hélas ! dans l'ordre politique, nous ne sommes si malades que pour avoir couru trop rapidement !

Nous voilà donc sortis des menaces de l'enquête, sans trop de tapage et de scandale ; mais en lisant la défense des accusés, devant l'Assemblée et devant le conseil de guerre, on voit grandir de plus en plus cette terrible pensée du socialisme qui se présente maintenant comme le protecteur de la propriété et de la famille, et opposera toujours le prétendu remède universel de l'association aux institutions partielles, locales et incomplètes de la bienfaisance publique.

Tant qu'on n'arrivera pas à présenter au peuple un ensemble coordonné et régulier de protections et de secours, on ne pourra soutenir la lutte ; aujourd'hui l'association a remplacé l'organisation du travail, et comme on ne songe pas à l'étendre à tous, comme on semble trouver tout naturel qu'elle se concentre entre les mains des ouvriers, on se trouvera bien faible le jour où il faudra que les propriétaires, que les marchands, que tout ce qui représente le capital, résistent aux ouvriers unis. Il faudrait dans cette circonstance adopter le système de M. de Lamartine, mais avec plus d'opportunité, et mettre des paratonnerres au milieu de ces barils de poudre.

L'association serait bonne si elle appelait au secours les unes des autres toutes les classes, toutes les nuances, toutes les positions de la société ; elle serait le trait d'union entre tous ; mais isolée, concentrée dans la classe la plus exposée au mécontentement contre les autres, elle deviendra la perte de la société, son exclusion en fera une armée : je voudrais pouvoir répéter jusqu'à satiété cette vérité, et en faire partager la conviction à tout l'univers. Si la république est encore de ce monde cet hiver, il faudra mettre la main à l'œuvre et que tous les hommes de bien se réunissent pour faire de la société actuelle la seule association générale, universelle qui puisse nous sauver de toutes les autres.

Vos inquiétudes sur la Russie m'ont gagné et je

poursuis avec avidité tout ce que les journaux peuvent nous dire du Nord ; il me semble que tous les bruits si tristes ne se confirment pas, et même les journalistes, fort sujets à ce genre d'illusions, ont pris leurs vœux pour les faits, et ont prêté leurs idées à la Providence. Après les premières nouvelles, le silence de tous est une preuve contre eux, car en général les détails s'empressent de venir vite après l'événement. Nous avons assez de nos misères politiques, et puisque Dieu afflige votre pays de ces malheurs qui ne viennent pas des hommes, il ne comblera pas la mesure, il vous laissera au moins l'ordre pour que vous puissiez résister à la maladie et à la disette ; ici il nous donne du pain en échange de nos souffrances révolutionnaires ; on voit dans cet équilibre qu'il ne veut pas que les peuples périssent ; chacun souffre, mais aura assez de secours pour se sauver.

Je ne veux pas non plus assister aux funérailles complètes de la liberté ; et vous verrez que si la forme actuelle succombe, les successeurs s'armeront contre elle de tout ce qu'elle est obligée de faire, contre cette liberté même, et quand même, au début, il faudrait abandonner quelques-unes des conquêtes du passé, au moins le lendemain recommencerait la marche aujourd'hui tout à fait interrompue. Le plus grand ennemi de la liberté est l'égalité comme elle est comprise en ce pays, car ce nivellement des fortunes, des influences de position, formeraient un obstacle invincible au développement des facultés humaines, nécessairement inégales... Il faut alors proscrire la supériorité intellectuelle et morale comme un privilège, et ne permettre à personne de disposer de sa force, de son esprit, de ses lumières, c'est-à-dire d'être libre.

Un des malheurs de notre république est d'avoir encouragé dans le peuple cette dangereuse manière de comprendre l'égalité ; Dieu pourtant nous avait enseigné la véritable théorie, celle qui permet à chacun d'arriver au plus haut degré, qui met la sainteté à la portée de tous, mais ne la donne qu'à celui qui aura marché et vaillamment combattu. En modelant l'ordre politique sur l'ordre divin, en écartant des chemins de tous, tous les obstacles, toutes les entraves qui empêchent de s'élever, en plaçant la charité comme la grâce auprès de chaque homme pour qu'il puisse arriver par le travail au bien-être, et de là à la propriété, on résoudrait le problème social qui s'embrouille et se complique toutes les fois qu'on veut le trancher en dépouillant les uns pour élever sur leurs ruines la fortune des autres.

Si la santé de mon père marche vers le bien et me rend toute sécurité, je veux utiliser mes loisirs à donner aussi mon système en faveur de l'assistance publique, et répondre au socialisme par l'extension de la charité. Malheureusement les passions sont tellement enflammées, il y a tant de colère, d'irritation et de défiance en l'air qu'on n'a pas de chances d'être écouté quand on parle d'institutions pacifiques et de méthodes bienfaisantes; on songe plus à se défendre qu'à protéger, à combattre qu'à guérir. Mais c'est un devoir pour ceux qui jettent les yeux au delà du temps de suivre leur route à travers les bruits de guerre et de préparer au moins les baumes et les remèdes pendant que chacun s'occupe à porter les coups et à faire les blessures.

Adieu ; donnez-moi bien vite des nouvelles de la Russie et du voyage de madame votre sœur. Décidément la comtesse Strogonoff me tient rigueur ; elle ne m'a pas accoutumé à de si longs silences ; je vois qu'elle ne peut me pardonner mon penchant pour la république. Comment doit nous juger l'Europe, quand l'amitié la meilleure devient pour nous si sévère ? Je serais bien triste de cette pénitence si je ne comptais sur la mobilité de la politique pour obtenir mon pardon.

Ma mère me charge de ses plus affectueux compliments pour vous, et moi je voudrais qu'il fût possible d'associer à mes journées de Brumetz quelques-unes des bonnes soirées de ce printemps, car je ne puis m'habituer à ne plus vous voir.

A. DE MELUN.

Octobre 1848.

J'ai été bien heureux, en arrivant, ma chère amie, de trouver mon père en grand progrès, il avait mis à profit mon absence, et chaque jour apportant sa bonne influence, il rentre peu à peu dans les habitudes de bien-être et de santé ; j'espère que, partie de bien moins loin, vous faites de même, et que la bronchite ne vous a plus laissé aucune trace de son passage.

Après cette petite apparition à Paris, et ce renouvellement d'idées, d'émotions et aussi d'inquiétudes,

Brumetz paraît plus calme, plus pacifique, plus conservateur que jamais; sa verdure qui commence à jaunir sous le vent d'automne, son soleil adouci par de légers nuages d'octobre, sa solitude que trouble à peine le journal de la veille, tout invite à la méditation et à l'étude, tout fait contraste avec les clameurs de la ville; nos montagnes et nos plaines n'ont pas de ces ouragans qui agitent les vôtres; aussi, pendant que nos hommes d'État se montrent le poing, et changent l'arme parlementaire en combats de gladiateurs, je viens de lire intrépidement cinquante-deux tracts ou brochures sur l'organisation du travail et les moyens de venir en aide à notre société malade. Chacun apporte son remède, décrit la maladie, discute sur le tempérament, mais à la fin de cette avalanche de conseils et de recettes, je ne suis pas beaucoup plus riche qu'avant ma consultation; sous mille formes plus ou moins variées apparaissent toujours les deux grands systèmes, tout ou rien, changeant toutes les conditions de la société, ou la laissant marcher à sa guise, et entre ces deux extrêmes, quelques palliatifs, quelques verres d'eau sucrée et tout au plus un peu d'eau de sirop de groseille. Je ne sais trop que conseiller moi-même, sentant le besoin de remèdes héroïques et la difficulté de les proportionner à la nature épuisée de notre pays et de notre époque.

Avez-vous d'heureuses nouvelles du voyage de madame votre sœur? J'ai peur pour elle quand je vois les révolutions et les émeutes se soulever sur tout son chemin, et les essais de république courir l'Allemagne. Plus d'un voyageur fuyant nos barricades regrettera Paris en mettant le pied sur le sol étranger;

car nous sommes encore les plus sages et les plus paisibles de tous les révolutionnaires ; si nous nous battons bien trois jours, au moins nous nous promenons le reste du temps, tandis qu'à Berlin et ailleurs on dépense en petite monnaie nos grosses agitations. Je comprends maintenant pourquoi David a préféré trois jours de peste à trois mois de guerre.

Nos paysans ont toujours grand'peine à se réconcilier avec la république, mais ils sont fort disposés à accepter tout ce que leur enverra la sous-préfecture. En fait de gouvernement, ils appartiennent au fait accompli, et pourvu que personne n'essaie de leur prendre leurs biens ou leurs corps pour le trésor public ou l'armée, ils ne feront aucune opposition ; ils ne songent à danser aucune espèce de farandole en l'honneur de Marat ni aucune sorte de ronde pour Louis-Napoléon ; c'est le dévouement le plus absolu à leurs légumes et à leurs chanvres ; la question principale est une augmentation de salaire, et, comme on l'a dit, une affaire de pot-au-feu. On aimerait mieux se battre et même se ruiner pour Dieu ou pour la liberté.

Je vois qu'Alfred grandit chaque jour dans l'opinion publique, puisqu'ici il n'en était encore qu'aux éloges ; mais mon journal, qui vit des extraits de tous les autres, m'apporte maintenant des clameurs contre lui de la part de la république rouge ; il a les honneurs de l'injure et l'hosannah de la calomnie, il ne manque plus rien à son succès ; soyez assez bonne pour lui faire tous mes tendres compliments. Donnez-moi le plus tôt que vous pourrez des nouvelles de votre rhume et des maladies politiques et sociales, et adoucissez ainsi par quelque bon souvenir la tristesse et les ennuis de mon éloignement.

A. DE MELUN.

25 Juin 1849.

Chère amie,

Je viens enfin de terminer mon rapport sur ma proposition relative à l'assistance, et je profite d'une minute d'intervalle pour vous demander des nouvelles de votre voyage et vous donner en quelques mots des nôtres. Je suis bien impatient de savoir comment Vichy vous a reçue et si déjà vous ressentez cette heureuse influence sinon de ses eaux, au moins de ses ombrages.

Nous sortons de nos bureaux où le projet de notre Alfred a été discuté ; il n'est pas mal accueilli, et j'espère que les commissaires ne seront pas hostiles. Nous n'avons pas nommé encore le nôtre ; quelques amis voudraient de moi, je ne sais si je dois le désirer, car j'ai bien assez de mon assistance, et on ne peut être à la fois le pain et la parole des pauvres. Il est vrai que les sœurs de Charité soignent et instruisent, mais elles ont saint Vincent de Paul pour leur guide et leur inspirateur, et moi, comme le dit encore ce matin l'*Univers*, je ne suis qu'une pauvre dupe des bourgeois et des incrédules ; il est vrai que, poussant la logique jusqu'au bout, il finit, dans le long article qu'il croit devoir encore me consacrer, par demander positivement que les évêques, moyennant une subvention de l'État, soient chargés d'appliquer l'article 13 de la Constitution. J'attends un peu plus d'habitude de la tribune pour me risquer à une si singulière motion.

Nous avons tout à l'heure des interpellations sur Rome, l'Allemagne et la Hongrie, et je ne fermerai ma lettre qu'après avoir entendu quelques nouvelles, s'il y en a : les dernières laissaient nos soldats sur la brèche.

J'ai vu la pauvre Mme de Chelaincourt, toute pleine de vos souvenirs ; j'ai été bien ému de sa première vue, mais bientôt elle m'a paru plus forte, plus résignée que je ne l'espérais ; je tâcherai d'y passer un moment ce soir. Ma mère ne me donne pas de bonnes nouvelles de Brumetz ; le choléra qui nous quitte est encore très mauvais là-bas, et mon père commence à s'en inquiéter. Espérons que Dieu veillera, à défaut de leurs fils, sur de si bons parents.

Adieu ; on m'appelle pour le commencement de la séance ; vous me pardonnerez le décousu et l'insignifiance de ma lettre, ce n'est qu'une poignée de main donnée par mon affection et une recommandation de ne pas oublier que tout mot de vous m'arrivera comme un rafraîchissement et une grâce de Dieu au milieu de la fournaise politique et sociale.

On nous apporte une loi sur la presse et nous allons essayer, avec les clubs de moins et les provocations à la révolte sévèrement punies, de faire marcher la république, qui dépendra encore, je le crois, comme par le passé, de la sagesse de ses forcenés amis. M. Mauguin, dans un grand discours, vient de citer votre empereur et votre nation à la barre de l'Assemblée; il les dénonce comme méditant l'invasion universelle; mais la Chambre n'a pas l'air de croire à l'arrivée de vos Cosaques, et nous sommes loin de ces passions qui nous jetaient jadis dans la politique extérieure; mais je vois que M. Mauguin ne nous permettra pas d'arriver jusqu'à Rome, attendu qu'il n'en est encore qu'à la Moldo-Valachie; je ferme donc ma lettre sans pouvoir rien vous apprendre de notre assaut.

Quoi qu'il en soit, Paris reprend de jour en jour sa physionomie riante et rassurée, la foule abonde, le choléra, qui court ailleurs encore, recrute des voyageurs; mais que me fait cette multitude d'inconnus et de curieux? la solitude se fait non par l'absence de tous, mais par celle de nos amis, et j'ai bien besoin de mon frère pour me consoler de votre voyage. La soirée est bien longue maintenant que ses heures se passent sans vous. Je compte déjà les jours comme ces écoliers qui, le lendemain de la rentrée des classes, comptent les heures qui les séparent des vacances futures, et je fais des vœux pour que Mme de Nesselrode ne vous envahisse pas; ne sera-ce pas déjà trop de vous attendre deux mois, et les pauvres représentants n'en auront-ils pas bien assez de lutter contre le choléra et les longs discours? Je réclame au moins votre plus prompt retour pour qu'une longue et ennuyeuse séance soit vite oubliée dans votre salon.

Mais je me laisse aller à mon bavardage pendant que résonne la parole un peu vide de l'orateur, et je vous quitte en vous embrassant de tout mon cœur avant que le président me rappelle à l'ordre. Mon frère se rappelle à votre souvenir et vous présente ses respects.

A. DE MELUN.

Lettre de Mme Swetchine.

Mercredi 27 juin 1849. Vichy.

Mon cher ami, dès hier je voulais vous écrire, et votre bonne et chère lettre reçue, j'en suis bien plus pressée encore. Je commence par de tristes nouvelles : reprise de ma névralgie deux jours avant mon départ de Paris, elle n'a fait qu'augmenter, hier et aujourd'hui en particulier. Je ne puis encore une fois ni mâcher, ni parler, sans des élancements, vrais petits coups de lancette qui se succèdent avec rapidité. Vous voyez d'après cela que Vichy n'est pas plus Vichy, que Rome n'est dans Rome. M. Prunelle est des plus désolants dans ses arrêts ; je veux poursuivre pourtant, voir si cette crise, peut-être un peu plus faible, ne s'épuisera pas comme les autres, et puis mon temps fait à Vichy et tous les remèdes de la médecine ordinaire reconnus inutiles, je me mettrai entre les mains des homéopathes, sans attendre jusque-là pour rester bien confiante entre celles de Dieu.

Vous allez faire votre rapport ; je suis impatiente et émue de ce moment-là. Je ne doute pas un instant que vous ne vous en tiriez très bien, mais enfin je voudrais être au lendemain de cette prise de possession de la tribune et du sort réservé à votre loi. Vous d'abord, et puis votre œuvre, ce qui ne déclasse pas après tout les importances, tant je suis convaincue que de l'autorité que vous prendrez dépend la réalisation du bien que vous poursuivez.

J'ai été très contente de l'exposé des motifs d'Alfred. De trois ou quatre phrases qu'on en extrairait on ferait les jalons de la plus belle, la plus haute, la plus libérale ligue du monde ; il me mande qu'on a eu grande peine à empêcher l'*Univers* de signaler cette loi de l'enseignement comme dérisoirement insuffisante, et qu'il a fallu que les grandes autorités du parti s'y employassent. Quel déplorable esprit ! et que d'esprits sages et éclairés d'ailleurs se laissent prendre à ces étroitesses du zèle, toutes pétries d'animosités ! Il n'y aurait qu'à suivre ces instincts malheureux pour rendre impossible toute conquête dans la voie du bien et du vrai.

Je comprends que l'on profite du moment pour se fortifier d'hommes sûrs et d'expérience ; mais ne trouvez-vous pas que la liste proposée des conseillers d'État tourne un peu court, en faisant remonter plus d'un de ses noms à M. de Villèle ? Je n'aimerais pas beaucoup cette nature de succès, trop marqué au *plaisir de l'emporter* ; car, après tout, on peut trouver facilement, à mérite et sécurité égales, des noms qui en eux-mêmes ne disent rien, ce qui est la perfection par ceux qu'on emploie aujourd'hui.

Menez donc votre excellent frère, à qui je vous demande de bien parler de moi, à la Rocheguyon, où vous êtes si attendu et si désiré ; Mme de Liancourt prend bien un peu *les illustres au collectif*, mais l'accueil le plus empressé les attend *un à un. J'en radote devant les hommes*, me dit-elle, et *je supplie devant Dieu ; tous les samedis je les espère, et je les pleure tous les lundis*. Elle aurait presque autant aimé compter sur *les épouses catholiques ;* vous n'avez pas telle chose à lui offrir, mais deux jumeaux valent bien un ménage. En attendant, rendez à Mme de Liancourt un petit service, vous ou Alfred, à qui elle me disait de m'adresser : ce serait de lui faire avoir de la liste civile du roi Louis-Philippe une permission pour voir Bissi, château voisin de Vernon et qui est très beau.

Encore une très petite chose au milieu de vos grandes affaires. Donnez-moi une idée pour un pauvre garçon de quinze ans, élevé chez les sœurs, depuis rentré dans sa famille des plus misérables, et dont la seule ressource a été de garder les vaches, ressource qui lui manque aujourd'hui. Je le connais depuis sa petite enfance ; encore cette année on m'en rend le meilleur compte ; il est intelligent et profondément affecté de ne pouvoir rien pour lui-même, c'est ce qui m'en a le plus touché. Malheureusement il sait à peine lire et écrire ; ce qu'il savait en sortant de chez les sœurs, il l'a presque oublié, mais il le rapprendrait bientôt, il faudrait lui en donner les moyens, avant de lui donner un état, mais lequel et où ? Ne trouvez-vous pas que Paris ait trop de dangers pour un enfant dépaysé ? trouverait-on mieux en province ? Donnez-moi un bon conseil dont je vous remercierai, comme remercient ces gens qui ne peuvent rien sinon aimer beaucoup.

Adieu, bien cher ami ; ces tristesses qui planent sur Brumetz me chagrinent. Votre père est inquiet, pourquoi ne reviendrait-il pas à Paris, où on n'a pas le temps de l'être ?

S. SWETCHINE.

Juillet 1849.

Chère amie,

J'ai été heureux de voir votre écriture, mais triste d'apprendre que la névralgie vous avait accompagnée jusqu'à Vichy; tant que je ne la saurai pas loin de vous, je me tourmenterai encore plus de votre absence, car si l'affection ne soulage pas les souffrances, au moins elle a le sentiment que, quelquefois, elle en peut distraire.

Vous avez dû recevoir mon rapport qui ne fait qu'effleurer le sujet de l'assistance; mais la discussion viendra à la fin de la semaine, et c'est alors que, bon gré mal gré, il me faudra aborder la tribune pour expliquer comment j'entends la politique de la majorité. J'ai quelque peur d'avancer dans cette discussion ma réputation de socialisme, mais les grandes injures se détournent de moi; c'est maintenant à Alfred et à Montalembert que s'adresse l'*Univers*. Il n'y a pas d'objections qui ne tonnent contre le projet de loi. Alfred s'en soucie très peu, mais le pauvre Montalembert est tout abasourdi de cette attaque, et j'ai peur que, dans notre commission, l'évêque de Langres ne profite de l'étonnement de Montalembert, pour se montrer trop exigeant. Déjà, avant-hier, sur la question de la présidence du conseil académique, Thiers et Mgr Parisis ont échangé des coups, et ont déclaré que ni l'un ni l'autre ne céderait, le premier sur la présidence du recteur, le second sur celle du préfet. L'harmonie était prête à se rompre, le concordat allait être déchiré, on a ajourné la difficulté à la fin, mais elle se grossira de toutes les défiances mutuelles, et je ne sais comment nous sortirons de l'antagonisme.

J'interromps ma phrase pour vous annoncer qu'Odilon Barrot monte à la tribune et nous annonce que l'Assemblée nationale de Rome, reconnaissant l'impossibilité de la résistance, vient de demander à capituler. Les envoyés de la municipalité allaient courir au camp. Il me semble que la parole du ministre enlève un poids immense de dessus toutes les poitrines. Assurément nous sommes loin d'être sortis des difficultés, mais la diplomatie ne tue ni les hommes ni les monuments, et j'avoue que la prolongation du siège me faisait horreur; je ne pouvais m'habituer à la pensée que la France allait bombarder Rome, et que notre saint Pontife entrerait sur les ruines de sa ville. Grâce à Dieu, le mal n'aura pas été si grand qu'on pouvait le craindre, et cette fatale affaire de Rome, rayée de notre bagarre politique, ne viendra plus embarrasser notre marche.

Ce matin, l'abbé Darboy m'a apporté le prospectus du *Moniteur religieux* paraissant sous le patronage de l'archevêque et sous la direction de l'abbé Gerbet. En le lisant et en me rappelant les explications que m'a données, il y a quelques jours, M. Gerbet, je me rappelais les vœux si souvent exprimés par vous de voir un journal planant au-dessus des passions politiques et ne demandant ses inspirations qu'à la vérité et à la charité catholiques: la tâche est rude et l'entreprise audacieuse, mais vous m'avouerez qu'il serait fâcheux de laisser à un seul journal le monopole de la presse catholique, et qu'en l'entendant parler seul nos amis et nos adversaires prissent sa pensée pour celle de l'Eglise.

Alfred a été assez souffrant ; le voilà rétabli, et tout à l'heure il a eu encore un succès en répondant à M. Lherbette qui l'accusait de manœuvre *jésuitique*. Je lui ai parlé de l'affaire de M. de Gabriac, mais Mme de Gabriac m'avait prévenu. Au reste, il paraît, d'après des renseignement recueillis à bonne source, que le Morbihan destine ses voix à un individu plus breton que M. de Gabriac.

Je ne suis pas content des nouvelles de Brumetz ; le choléra n'y est plus, mais mon père a repris quelque chose de ses anciennes souffrances, et ma pauvre mère se plaint de la solitude. On nous annonce pour jeudi l'ouverture du chemin de fer de Meaux ; nous y gagnerons trois heures, ce qui nous permettra de faire quelques visites à Brumetz ; mais ce sera une grande affaire, car le dimanche n'est pas pour moi le jour du repos, c'est le seul jour qui reste à mes pauvres œuvres, et je crains bien que Mme de Liancourt, que je serais fort heureux d'aller voir, ne se trouve trop souvent en concurrence avec la famille de la charité.

Je finis la consultation que vous me demandez relativement à votre pauvre garçon ; j'ai grande pitié de sa position au milieu de sa misérable famille, mais tout vaut mieux que de l'envoyer à Paris : nous n'avons rien de bon à offrir aux campagnards ; quelle que soit leur bonne volonté, ils ne peuvent s'habituer à cette vie prisonnière de Paris. De deux choses l'une, ou le mal du pays les force à la fuite, ou ils se laissent entraîner par la mauvaise influence des camarades, et ne peuvent se défendre contre le mal. Le conseiller est aussi embarrassé que celle qui demande avis ; pour le placement à la campagne, il faudrait être sur les lieux pour savoir s'il y a place dans quelque ferme ou ailleurs pour cet intéressant orphelin.

Adieu, chère amie ; fidèle à ma méthode parlementaire, je vous écris pendant la séance, traçant plutôt un mauvais bulletin qu'une lettre et n'ayant pas le silence et le temps nécessaires pour causer sérieusement avec vous ; mais ce bavardage me fait l'illusion de ces conversations incomplètes qu'il fallait quelquefois suivre lorsque le matin votre salon était plein de monde. On préférait beaucoup la causerie intime, mais cela valait mieux que de ne pas vous voir. Placé dans cet immense salon où murmurent sept cents collègues, j'aime encore mieux vous griffonner ces lignes comme un souvenir de ma plus vive affection.

Adieu ; on parle d'un congé pour août et septembre ; il me faudra courir après les Bretons, mais j'espère qu'il viendra assez tard pour saluer auparavant votre retour.

A. DE MELUN.

Lettre de Mme Swetchine.

8 juillet 1849.

Mon cher ami, je suis mieux, mais l'ennemi n'étant pas délogé, ce n'est qu'un répit. Vous traitez bien légèrement votre rapport, et si vous vous réserviez pour la tribune, je ne vous demande que d'y faire aussi bien. Je l'ai trouvé remarquable en tous points, clair, serré, reprenant admirablement les avis contraires, et ce que j'estime tant, les faisant valoir un moment avant que de les mettre à néant. J'y ai retrouvé cette pensée, recueillie en elle-même, qui donne à votre parole un caractère à la fois sérieux et doux, et aussi les mouvements d'une générosité qui se *contient;* mais ceci ne sera que pour les intimes; c'est ce qu'on sait de l'homme qui achève son ouvrage. Je n'ai assurément pas besoin d'être mécontente de quelqu'un pour être plus contente de vous; mais il est certain que le général Cavaignac, dans sa lettre sur le projet d'une société fraternelle, a fait l'ombre de votre tableau. Il touche aux mêmes idées, fait vibrer les mêmes cordes, mais d'une manière lourde, embarrassée, obscure, que je ne lui ai jamais vue.

Vous ne soupçonnerez pas ma critique de malveillance; mais je ne puis comprendre que sa loyauté ait été si mal servie, car rien ne ferait croire qu'il se soit fait obscur à plaisir; plus je vais et plus je me convaincs que voiler sa pensée est un mauvais calcul. C'est exciter le désir de la découvrir et oublier qu'on va toujours plus loin que ce qu'on découvre. La défiance dans les esprits ne se combat que par un langage net, ferme et explicite, l'œil s'arrête forcément à des contours très arrêtés, et c'est le vague et le vaporeux qui font les *lointains douteux;* que vous en disiez plus ou moins dans cette question d'assistance, ce sera tout un, c'est la voie même dans laquelle vous et la Constitution voulez entrer, qui paraît dangereuse aux vrais opposants, et la question n'est pas encore pour eux de savoir si on y marchera avec lenteur ou rapidité.

Il me semble qu'il ne faut pas même faire acception d'eux dans l'étude qu'on fait de la question, mais l'examiner en elle-même, faire la part de l'opportunité, des limites dans lesquelles on est forcé de se circonscrire, et puis, quand on est sûr comme vous des intentions les plus droites, il faut passer outre, à la garde de Dieu ! Il serait douloureux de voir se refermer cet horizon nouveau, le seul qui puisse balancer tant de sacrifices et de désastres. Si la république laisse échapper cette gloire, je la plaindrais d'autant plus, que je ne lui en connais pas d'autre.

Cette pauvre loi de l'enseignement, que de choses elle affronte, et que de divisions parmi ceux-là mêmes qu'elle avait semblé mettre d'accord ! On a beaucoup dit, depuis Rousseau, que le parti des honnêtes gens se divisait plus que les autres, parce que les individualités étaient plus consciencieuses et qu'elles ne se redoutaient pas entre elles. Si cela est, il faut convenir que le nôtre se fait grand honneur, car je ne crois pas qu'il y en ait un où la force de cohésion joue un moins beau rôle. Si le nouveau *Moniteur catholique*, qui du reste a toutes mes adhésions, n'a pas beaucoup d'envergure, comme l'*Ere nouvelle*, par sa chute il ajoutera encore à l'orgueilleuse audace de l'*Univers*, et il serait pourtant si essentiel de s'arranger pour durer et pour ne pas renouveler les humiliations auxquelles il coûte tant de voir soumis le bon droit ! L'abbé Darboy est plein de talent et de goût ; l'abbé Gerbet, c'est bien plus qu'un talent, c'est un nom, et M. Ozanam, y pense-t-on ?

Je suis convaincue que dans cette ligne de justice et de sage réserve, on arriverait à se recruter d'une manière brillante, et au lieu de cela on s'est donné presque toujours l'apparence d'une menteuse infériorité. Et comme argent, où en sont-ils ? Plus on veut être raisonnable et plus il en faut, car on commencera par n'avoir pas pour soi le nombre.

Je sais toujours gré aux hommes et aux événements du mal qu'ils n'ont pas fait; c'est vous dire que la capitulation de Rome m'a été un grand soulagement.

Après la maladie aiguë, nous aurons peut-être la maladie chronique ; mais, comme vous le dites, nous en sommes à nous contenter de tout ce qui ne tue pas.

Comment! six semaines de congé en dépit de la loi de permanence! Il n'y a pas de gouvernement paternel qui fasse mieux que cette république qu'on traite de marâtre. Je suis aise de vous dire que Vichy n'a pas à s'en plaindre, car il n'a plus un pauvre. Je ne sais si cela tient à la police plus exactement faite ou à son nouveau maire M. Prunelle, mais j'ai le *regret* (il défaut que vous me le pardonniez) de ne plus voir semplir ma bourse chargée de gros sous! En revanche, nous avons la floraison d'une bourgeoisie évidemment nouvelle, c'est le passage de la jaquette à l'habit et du bonnet au chapeau.

Je comprends qu'entre Brumetz et vos œuvres, on n'ait rien à prétendre sur vos dimanches; et moi, mon cher ami, je ne suis plus de votre temps, même ce que je pourrais en convoiter. Rien n'est si vrai, personne plus que vous ne me ferait désirer notre retour à Paris, et je ne puis vous dire combien j'ai été combattue jusqu'à la nouvelle du congé qui va, le plus constitutionnellement du monde, vous jeter dans les bras de votre famille tant soit peu *postiche*. Pendant le cours d'émotions que vous allez faire, je me donnerai un peu de repos, si le bon Dieu me l'accorde. Quand vous m'écrirez, dites-moi bien toujours des nouvelles de vos parents, et sachez bien, que je vous l'écrive ou non, que je pense toujours affectueusement à votre frère.

S. S<small>WETCHINE</small>.

Mardi, 10 juillet 1849.

C<small>HÈRE AMIE</small>,

Je veux seulement vous dire aujourd'hui le succès pyramidal, comme dirait Victor Hugo, de ma pauvre petite proposition; les journaux vous en donneront le détail, mais ils ne vous diront pas que j'ai osé aborder la tribune, parler pendant cinq minutes, ce qui m'a valu les applaudissements de la montagne comme de la plaine, car je cherchais à verser un peu de baume et d'huile sur la discussion qui s'animait outre mesure. L'Assemblée, à laquelle j'ai donné l'honneur de l'initiative de ma proposition, l'a votée à l'unanimité, et aujourd'hui ceux qui la blâmaient le plus ont cherché à se faire nommer membres de la commission, déclarant hautement qu'il fallait chercher et faire tout ce qui était possible.

C'est ainsi que Thiers et Berryer ont été nommés, et, chose admirable, Arago le fils a été nommé dans le même bureau que Montalembert. Comme auteur du débat, j'ai eu les honneurs de l'unanimité dans le mien, et mon frère aussi. Voilà donc un des grands rêves de ma vie qui se réalise ; j'aurai forcé toutes ces hautes et politiques intelligences à s'occuper de ces questions qu'elles dédaignaient, et les pauvres ont maintenant leur immense place dans les travaux de l'Assemblée. Le ciel en soit béni ; je ne sais ce qui sortira de cette initiative, et si la société se sauvera, mais au moins elle aura fait tout ce qu'elle pouvait et par conséquent tout ce qu'elle devait faire.

Adieu, chère amie ; je voulais seulement aujourd'hui vous dire cette bonne nouvelle, comme en revenant de l'Assemblée, j'aurais été vous raconter en une minute ma séance. Nous allons donc voir à l'épreuve tous ces grands hommes et savoir si réellement ils veulent le bien du pays ; j'avoue qu'ils se sont quelquefois trompés.

J'ai reçu hier des nouvelles de Brumetz ; mon père, après plusieurs jours de grand abattement, commence à reprendre des forces, et nous allons profiter dimanche du chemin de fer de Strasbourg pour aller le voir ainsi que notre pauvre mère.

A bientôt une nouvelle lettre, dès que j'aurai quelques nouvelles à vous dire. L'enseignement va son chemin. Après avoir beaucoup crié, on se fatiguera, la raison reviendra à chacun, et on rendra justice à ce qu'au premier moment on voulait détruire.

Mon frère me charge de ses plus affectueux souvenirs. Mme de Mesnard, qui est ici et ne peut revenir à Vineuil parce que le choléra vient d'y faire invasion, m'a fait déjeuner hier avec l'abbé Gerbet, qui se recommande bien à votre souvenir.

A. DE MELUN.

Lettre de Mme Swetchine.

12 juillet 1849.

Voilà, mon cher ami, un de ces succès dont il n'est pas seulement permis, mais dont il est commandé de se réjouir, un succès *de choses* et pas *de mots*, rendu *brillant*, à force de résultats solides, utiles, qu'il promet, et surtout à cause de l'impossibilité aujourd'hui de rétrograder dans la voie qu'il ouvre. Vous avez commencé à la tribune comme vous avez commencé dans le monde, par vous *effacer*, je suis convaincue que d'avoir donné l'initiative de la proposition à l'Assemblée, inspiration qui serait de l'habileté si pour vous elle n'était de l'habitude, sera entrée pour beaucoup dans l'unanimité de son acceptation. Déclarer qu'on ferait tout ce qui était possible, implique bien que tout ne l'est pas, et l'intelligence gardant tous ses droits et les limites inflexibles toute leur puissance, il me semble qu'on a bien ses armes contre l'exagération et la mauvaise foi.

Le discours de Victor Hugo me paraît maladroit, si tant est que le bien public seul l'anime et qu'il n'ait pas eu à satisfaire quelque mouvement d'humeur. Néanmoins ce qu'il paraît vouloir établir rentre trop dans ma conviction *que Dieu a fait la pauvreté, mais n'a pas fait la misère*, pour que je m'élève trop vivement contre la question d'opportunité écartée. La *pauvreté*, comme toutes les inégalités, me paraît d'institution divine, tandis que la *misère* est d'une part le produit du vice, ou bien de l'autre l'effet de la dureté : deux choses par conséquent qui sont des anomalies dans une société chrétienne, qui peuvent donc raisonnablement se combattre avec l'espoir de les voir amendées. Lors même qu'on ne fait pas *tout*, on peut faire *beaucoup*, et ce qui empêche ici de se comprendre, c'est qu'éternellement on substitue à la gradation infinie dont les progrès dans la réalité sont susceptibles, le sens absolu des mots, dont la réalisation n'est pas de ce monde.

L'homme de lettres de M. Victor Hugo *mort de faim après six jours d'agonie* est un de *ces faits*, fût-il avéré, pour lesquels M. Royer-Collard avait tant de mépris, de ces cas exceptionnels, produits de mille causes; il y en aura toujours et ils ne peuvent compter. On a vu des gens se noyer dans leur baignoire, mais je pense que cette mauvaise chance possible ne serait guère entrée judicieusement dans les efforts d'étude qu'on a faits et qu'on continue de faire pour affronter avec moins de péril les hasards de l'océan. Il faut convenir que *l'action entend beaucoup mieux raison que la parole*. Si, au lieu de voter immédiatement, on avait discouru, vous, votre proposition et le sens commun seraient peut-être bien loin. Mon cher ami, vous savez si votre réussite et la joie que vous en avez me sont personnelles et si je vous accompagne de mes vœux. Je désire bien que vous rapportiez de bonnes nouvelles de Brumetz et que cette course vous paraisse assez facile pour que vous puissiez la recommencer quelquefois.

Faites bien mes amitiés à votre frère et ne m'oubliez pas auprès de madame votre mère.

S. Swetchine.

Juillet 1849.

Chère amie,

J'ai reçu hier par Cloppet de meilleures nouvelles de Vichy et je suis tout content de pouvoir vous féliciter de l'éloignement de cette névralgie si tenace et si douloureuse. Puissions-nous n'être plus affligés par cette incessante menace, dans le lointain ; on a plus que jamais besoin d'être en sécurité pour ceux qu'on aime, et la pensée de votre souffrance, qui m'avait été confirmée par M. de la Grange, venait sans cesse se mêler à mes inquiétudes pour mon père. Depuis ma dernière lettre, nous avons eu encore de nouvelles crises, des accidents très menaçants. Nous sommes rassurés sur la santé, et dimanche nous avons pu, grâce au chemin de fer de Strasbourg, aller embrasser nos parents ; mais il y a toujours grand malaise, et ma pauvre mère se fatigue extrêmement dans ses soins et dans les veilles. Encore si l'un de nous pouvait s'éloigner de la politique ; mais nous appartenons aux affaires, et moi surtout, retenu alternativement par l'enseignement et l'assistance, je n'ai pas une heure de liberté.

Vous devez par les journaux être au fait de nos travaux. M. Dupanloup est venu prêter appui à notre loi, et combattre auprès des évêques la dissolvante influence de *l'Univers*. Jeudi le comité de la liberté religieuse doit discuter la position de la presse vis-à-vis du projet de loi ; M. Dupanloup y rencontrera Veuillot et Lenormant, et nous verrons comment ces messieurs soutiendront leurs objections.

La loi d'assistance fait son chemin, et je dois avouer que de tous les membres, Thiers est celui dont je suis le plus content; il est vrai qu'il a développé à propos toutes les *idées de mon livre* ; mais le parti catholique, dans sa crainte de nuire à la charité privée, donne la main à quelques extrêmes économistes. Il serait fort triste que cette association présentât la commission comme hostile à l'assistance publique, et fît passer l'Église aux yeux du peuple comme ennemie du bien que la société voulait lui faire.

Vous avez dû admirer les discours sur la presse de Montalembert et de Thiers, mais vous avez reconnu dans l'éloquence du premier cette nature exclusive qui va d'une extrémité à l'autre et de l'excès de la liberté veut passer à l'excès de l'obéissance. Thiers a été plus habile et plus pratique et a eu de beaux succès de tribune. De notre temps, il a beaucoup gagné à réfléchir sur les vrais moyens de sauver une société, car il se montre maintenant le plus conciliant des hommes pour l'intérêt de l'Église et de la charité.

Je ne sais si les bruits qui circulent ici arrivent jusqu'à Vichy; on parle de coup d'État, de présidence à vie, de dictature, d'empereur; on nous menace de refuser le congé pour ne pas laisser l'usurpation s'emparer de notre pouvoir abandonné; on invoque les dispositions des populations qui accueillent les visites du président par des cris anticonstitutionnels. Je crois peu à tout cela, et j'y vois des folies d'amis exaltés ou des murmures d'ennemis qui veulent troubler par l'incertitude notre sécurité viagère.

Le dernier succès de Rome, cet appel du peuple qui revient à son père et réclame le pape, dénoue heureusement le nœud si embrouillé de notre intervention ; Alfred triomphe de ses prévisions accomplies, et le ministère, si ballotté il y a quelques jours, paraît se maintenir ; j'en désire la continuation, car j'ai peur de notre triomphe, et je ne voudrais pas encourager les espérances et les exaltations de nos amis. Il faut que nous marchions dans notre sagesse jusqu'à la fin de notre carrière parlementaire et que nous arrivions, sans violence et sans irrégularité, à cette Assemblée constituante qui doit reviser la constitution et appeler le pays, après une expérience de quatre ans, à dire son dernier mot. En attendant, faisons du bien et laissons quelques traces de notre passage dans la politique, en enrichissant nos pauvres de quelques institutions qui feront aimer nos noms et bénir notre influence.

Adieu, chère amie ; comme toujours je vous écris à l'Assemblée, entre les amendements sur la presse et les discours qui les défendent et les combattent. Donnez-moi un mot de vous qui me dise que Vichy vous fait du bien, et cette ligne me paraîtra encore plus éloquente et plus intéressante que les plus belles harangues d'aujourd'hui. Mon frère me charge de ses hommages les plus respectueux, et moi je vous renouvelle l'assurance de ma plus tendre affection.

A. DE MELUN.

Vendredi 1849.

Chère amie,

Dieu vient de nous frapper d'un coup bien douloureux : depuis deux jours l'état de mon père s'est aggravé tout à coup ; une lettre ce matin nous annonçait le plus grand danger, et à l'instant un exprès nous apprend que nous arriverons trop tard pour l'embrasser encore une fois. Nous partons consoler notre pauvre mère, qui n'avait auprès d'elle dans ce moment que Mme d'Acy. Assurément, depuis deux ans, je devais être préparé, car, surtout dans la dernière année, la vie de notre père était toujours menacée ; mais le moment de la séparation est bien cruel, et en le pleurant il faut maintenant que nos inquiétudes se reportent sur ma mère. Comment allons-nous la trouver ? Que Dieu nous vienne en aide, priez-le pour nous.

A. de Melun.

Nous partons pour Brumetz.

8 août 1849.

Chère amie,

Me voilà revenu aux travaux de l'Assemblée après de bien douloureux moments. J'ai laissé ma pauvre mère abîmée dans sa douleur, mais défendue du désespoir par la résignation la plus chrétienne.

Nous avons pleuré ensemble, et je vais bientôt avec mon frère retourner à notre chagrin commun. Le congé va nous rendre la liberté, et je le commencerai avec ma mère. Elle m'écrit ce matin que sa santé ne souffre pas trop de cette immense épreuve, et nos soins et notre affection seront les meilleurs médecins de son inconsolable douleur.

En septembre, j'irai voir l'évêque de Rennes et mes électeurs, et visiter le département qui a bien voulu m'accepter sans me connaître, étudier ses besoins et me rendre digne de représenter sa cause.

Les journaux vous auront donné la séance d'hier. Vous avez lu le discours d'Alfred : il a eu un magnifique succès en allant droit au but.

Se débarrassant de tous les faux-fuyants et sachant arborer son drapeau de chrétien, il a prouvé une fois de plus qu'il valait mieux avouer franchement la cause qu'on veut défendre que de marcher par des détours, de cacher ses pas et d'atteindre sous un prétexte ce qu'on n'ose pas avouer. L'Assemblée, à une immense majorité, a applaudi au bonheur de ses expressions, à l'élévation de ses idées, et hier c'était lui qui était le vrai ministre ; ses collègues ne semblaient plus que ses inférieurs. Toutefois le ministère se maintiendra, et il faut le désirer, car je siège à côté d'excellentes gens fort amis de l'ordre, mais trop disposés à l'assurer par tous les moyens. Notre prorogation, en prouvant que le gouvernement est maintenant assez fort pour marcher même dans l'absence de l'Assemblée, donnera une nouvelle garantie à l'ordre et contribuera, avec les derniers discours du président, à dissiper les inquiétudes sur les prétendus coups d'Etat.

J'espère que Vichy vous traite bien. Cloppet est venu me donner d'heureuses nouvelles de votre cure et il en a été bien récompensé, car je lui ai donné un billet pour sa peine, et il a eu le bonheur d'entendre M. de Falloux. J'aurais beaucoup à vous parler de nos travaux sur l'assistance. Nous allons parcourir dans une discussion générale tout ce que la société pourrait mettre de prévoyance au secours de l'ouvrier et du pauvre, et avec beaucoup de bonne volonté nous avons grand'peine à trouver des remèdes. Nous ouvrirons la session prochaine par un grand rapport sur le possible et l'impraticable ; et M. Thiers a montré tant de zèle et je dois dire tant de bon cœur dans la discussion et un si grand désir d'être notre rapporteur, qu'il me paraît impossible de ne pas le nommer. On me faisait l'honneur de penser à moi; mais j'aime mieux me réserver pour la pratique et laisser aux grands politiques les discussions d'économie sociale.

Adieu, chère amie; voilà longtemps que je voudrais causer avec vous, mais le temps manque, et aujourd'hui même je suis forcé de vous quitter sans avoir rien dit, car on m'appelle; mais je veux au moins que vous sachiez qu'au milieu de mes affaires et de mes douleurs je me réfugie souvent par la pensée dans votre cœur et que j'y trouve la plus douce et la meilleure consolation.

A. de Melun.

Rennes, le 3 septembre 1849.

Chère amie,

J'apprends à Rennes que Dieu vient de vous envoyer aussi votre part de tristesse et de deuil, et qu'un coup inattendu est allé de loin vous frapper au cœur.

Combien je regrette de ne pouvoir mêler ma douleur à la vôtre et pleurer ensemble, vous votre amie, moi mon père. J'ai su au moins, pour me consoler de mon éloignement, qu'Alfred était auprès de vous et qu'il avait été le messager de cette affreuse nouvelle. Son affection, ses soins ont adouci le premier moment, et Dieu, qui ne vous quitte jamais, pansera lui-même votre blessure. Mais si l'âme domine, avec son appui, les plus grandes épreuves, notre pauvre corps se ressent de tels combats, et je suis bien inquiet de cette émotion à la fin des eaux, lorsque vous aviez besoin de calme, de repos. Plaignez-moi d'être en ce moment si loin de vous, hors de la portée des nouvelles récentes, car je vais dans trois jours quitter Rennes, et ne m'arrêterai que des instants jusqu'à mon retour. Laissez-moi, après, espérer qu'à mon passage à Paris vers le 25, je trouverai un mot de vous qui m'annoncera que vous nous reviendrez bientôt.

Je n'ai qu'à m'applaudir de mon voyage en Bretagne. On m'accueille comme un compatriote, ce qui est tout ici. On veut bien me tenir compte de ma bonne volonté, et des heureuses dispositions de l'Assemblée pour les pauvres, et puis les succès d'Alfred me protègent et m'embellissent ; tout le monde, même les plus défiants de son opinion, s'inclinent devant sa supériorité, et en général, on rend justice non seulement à son talent, mais même à la ligne audacieuse qu'il suit. Il y a bien encore quelques rétrogrades qui ont peur de le voir engagé trop complètement avec Louis-Napoléon ; mais nous répondons corps pour corps qu'il ne serait pas ministre de l'empire. Voilà tout ce qu'on demande.

J'ai quitté ma mère toujours inconsolable, mais plus forte de santé qu'on ne l'aurait pu croire ; elle reviendra de bonne heure à Paris, et dans sa vie retirée, elle compte, pour adoucir cette plaie que le temps ne saura guérir, sur les enfants et aussi sur vos bonnes et douces paroles, si puissantes contre le désespoir. Pour moi, je veux surtout passer mon hiver entre elle et vous, et me reposer des fatigues et des devoirs qui me sont maintenant imposés, auprès de mes deux meilleures et plus saintes affections.

Adieu, chère amie ; je ne vous dis pas d'avoir du courage, je ne vous parle pas de résignation, je charge Dieu de tout ce que mon amitié demande et veut pour vous, et je le prie de donner à ceux qui vous aiment la consolation et la puissance de remplir un peu le vide que laissent dans votre cœur ceux que vous pleurez.

A. DE MELUN.

Brumetz, 29 mai, Ascension 1851.

Ma chère amie, c'est de Brumetz où j'ai été me réfugier un jour, en venant y conduire ma mère, que je vous demande des nouvelles de votre voyage et de votre installation. Je ne pouvais mieux choisir le lieu et l'heure, car ici la politique ne vous prend plus au collet, ne vous arrête plus la main, dès que vous voulez écrire autre chose qu'un rapport ou une proposition, et n'a plus le droit d'être jalouse du temps que vous donnez à vos affections. Je ne saurais vous dire combien cette trop rapide excursion m'est douce et bienfaisante.

Ordinairement je ne vois la campagne qu'après tout le monde, lorsqu'elle a passé sous le joug de la civilisation ; on lui a fait sa toilette, les allées n'ont plus de mauvaises herbes, le râteau a donné son coup de peigne officiel sur toutes ces chevelures entrelacées ; mais aujourd'hui, ma mère et moi, nous sommes les pionniers de cette terre inhabitée depuis le mois d'octobre, nos pas sont les premiers dans le parc ; aussi Adam lui-même n'a pas été mieux reçu dans son paradis terrestre : les oiseaux chantent notre bienvenue, les arbres la saluent de leur ombre, les fleurs de leur éclat et de leur parfum, la nature vient au-devant de nous avec cette liberté, cet abandon qu'elle sait si vite reprendre dès que l'homme se retire ou se repose, avec cette fraîcheur virginale qu'aucune âme humaine n'a encore effleurée de son admiration. Que tout cela est loin de notre monde qui ne sait comment se rajeunir et se renouveler, et qu'on oublierait facilement sous cette loi divine et sous le gouvernement du printemps, les gouvernements dont on a l'honneur de faire partie, et les constitutions qu'il faut tous les trois ans reviser ! Je suis sûr que vous aussi, chère amie, vous ressentez les bonnes et salutaires impressions du calme et du silence de Vichy ; cette année, Vichy doit lutter contre des souffrances plus profondes, et votre âme si douloureusement frappée a besoin d'autres eaux et d'autres régions ; mais Dieu vous attend là avec tout le bien que depuis si longtemps vous y avez fait et que vous allez continuer ; qui ne sent diminuer ses peines en consolant celles des autres ?

Demain il me faut reprendre le chemin de l'Assemblée ; j'y retrouverai les préoccupations universelles et ce chaos d'opinions et d'espérances qui s'annulent par leur opposition ; comme toujours, il y a unanimité de notre côté contre la république, mais comme toujours aussi on hésite à tuer le malade, crainte de n'être pas l'héritier et d'enrichir son associé. Plus le moment avance et plus les partis-pris chancellent. Décidément les discours de la rue de Rivoli ont été jugés téméraires, et leur retentissement n'avance pas la fusion ; je crois même que l'effet modifiera plus d'un discours pour la grande séance de la revision ; je crois que, ce jour-là, la légitimité sera hors de cause, et que ses amis devant opter entre la montagne, le prince de Joinville et le président, ils reprendront tout doucement le chemin du dix décembre, et se réuniront aux conservateurs élyséens, de peur d'une revision en faveur d'une autre monarchie que la leur. M. de Broglie, qui a été si longtemps endormi, se réveille et s'agite, pour faire pièce, je crois, à M. Molé, à la tête de trois cents Spartiates qui, d'accord avec Montalembert, se font républicains à la dernière heure ; il proclame la souveraineté nationale.

La rue de Rivoli ne voudra pas rester en arrière des Pyramides, et cette crise, cette grande discussion qui devait être le *De profundis* de la république, en sera l'exaltation. J'attends les professions de foi du gouvernement enchérissant sur tout le monde, et acclamant plus haut que tous les autres les droits sacrés de la nation et les libertés reconquises. Il faut donc se rassurer sur cette liberté qui a tant d'ennemis, mais que chacun invoque au jour du combat.

Il y a là un symptôme qui ne trompe pas, et quand vous voyez les plus grands adversaires d'un principe être obligés de s'abriter derrière lui pour se conserver une chance de succès, soyez sûre que le mouvement est donné, et que l'avenir marchera dans ce sens. La campagne de ces derniers temps est significative ; on a tout essayé, on a mis en avant toutes les combinaisons, on a exploité toutes les fautes et toutes les peines, et en dernière analyse, au jour de recueillir le fruit de tant d'efforts, et de tirer la conséquence de si belles théories, on n'a d'autres ressources que d'aller se réfugier sous l'arbre que l'on voulait abattre, et de lui demander de vous préserver de l'orage que l'on a soi-même provoqué.

Je ne vous dis rien d'Alfred, que vous avez certainement entendu parler ; il me paraît assez bien, mais entre nous il eût mieux fait de se reposer encore un peu, et comme il nous le disait, il avait affaire à trop de maladroits pour conserver toute son adresse. Je vais fort lui prêcher de ne pas risquer le bien qu'il peut nous faire dans l'avenir, sur une carte aussi incertaine que celle de la fusion.

Adieu, chère amie ; quand vous aurez le temps, dites-moi un mot, il m'arrivera dans la solitude de Paris comme une consolation du départ et une espérance de retour ; puis j'ai bien besoin d'une parole comme la vôtre qui soutient mes instincts et encourage mes tendances. Je suis à peu près le seul dans notre nombreuse Assemblée qui ait foi dans l'avenir et dans le pays, et quand je me vois entouré de tant d'excellents esprits défiants et éperdus, j'ai peur de manquer d'humilité ou de perspicacité ; il me faudrait une de nos bonnes soirées pour me rendre toutes mes forces. Maintenant que votre porte est fermée, qu'au moins quelques lignes me crient courage, et me disent que dans votre indépendance et votre foi, vous voyez la route qu'il faut suivre et vous applaudissez à la marche, même incertaine, de ceux qui s'efforcent de ne pas la quitter.

Je vous embrasse de toutes les forces de mon affection.

A. DE MELUN.

Ma mère me charge pour vous de ses plus affectueux compliments, et j'ai reçu de Mme de Forbin une lettre qui est pleine de ses tendres sentiments à votre égard.

Lundi, 16 juin 1851.

Ma chère amie, combien je vous remercie des paroles si pleines d'affection et d'encouragement qui me sont venues de Vichy, au milieu du bruit des passions humaines et de ces intrigues qui se brisent contre la grandeur méconnue des événements. J'aimerais à m'échapper de notre Assemblée et me réfugier de temps en temps auprès de vous ; nous nous entendrions si bien, surtout à cette approche du dénouement ; nous verrions de loin et de plus haut les partis travailler sans le vouloir à la grande œuvre qu'ils croient démolir, et nous nous applaudirions de tout ce que Dieu fait avec les répugnances et les mauvaises volontés.

Depuis que le discours de Dijon et la commission

de revision ont été mis en présence et qu'on a vu se dresser à la fois l'empire et la royauté, la république, si menacée, si abattue par tous, s'est relevée entre deux, on n'a plus de protestations que pour elle, et comme toujours, au moment où l'on se met en marche pour la remplacer, les deux armées parties pour l'accabler en viennent aux mains et l'implorent l'un contre l'autre. Je ne sais ce qui sortira de notre vote favorable à la revision, mais insuffisant pour la légalité ; je ne sais si le pays se chargera de faire ce que nos scrupules constitutionnels ou plutôt nos divisions nous empêcheront d'essayer; mais élu par le peuple, ou par nous, vous verrez que le président, au lieu de gagner du pouvoir par cette élection qui semble le mettre au-dessus des lois, trouvera dans cette illégalité même un affaiblissement considérable, il aura à se faire pardonner la violation de la Constitution, et nous voudrons le punir de nous être donnés à lui.

En attendant, pendant que mon frère siégeant à côté des plus illustres burgraves s'unit à Berryer pour sauver les apparences monarchiques dans un vœu tout élyséen, je poursuis modestement ma course à travers ce monde si peu connu des hauteurs politiques, et dont je suis presque le Christophe Colomb de la droite. Je pénètre les secrets, les travaux, les espérances de ces associations ouvrières, où se prépare et s'instruit tout ce qu'il y a dans le peuple parisien d'énergie et d'intelligence. Il y a là une foi dans l'avenir, un esprit de sacrifice, une volonté de succès qui contrastent avec nos incertitudes et nos défiances de nous-mêmes. J'y ai mené avant-hier

M. de Foblant, qui a été frappé comme moi de cet univers inférieur, où grandit une société nouvelle qui a son but, ses vertus spéciales, ses idées particulières et jusqu'à son système financier ; car les associations ont créé entre elles des billets payables en marchandises qui leur donnent immédiatement un crédit et un travail inaccessibles à leur pauvreté.

Nous avons constaté des règlements d'une moralité la plus édifiante ; on sent qu'ils ont l'instinct d'un grand problème à résoudre, d'une grande œuvre à faire. Quand, à la sortie de ces ateliers, on tient à rapporter aux ministres et aux burgraves quelques-unes des impressions recueillies, ils rient et ils nient. Pour moi, j'avoue que rien ne m'intéresse plus que ces efforts courageux, cette lutte contre toutes les défiances, qui produit déjà de bons fruits, car les associations commencent à se dégager de toutes ces folies du Luxembourg, et une fois le pied dans la politique, elles abandonnent le socialisme, pour passer du côté de la liberté.

Il y a une analogie frappante entre notre situation vis-à-vis du peuple et celle qui fut prise en 1814 et 1815 par les royalistes, la classe élevée, comme on disait alors, vis-à-vis de la bourgeoisie ; la charte avait donné raison à cette dernière, mais la Restauration, craignant ses idées trop libérales, dirigea contre elle un système de réaction, essaya une reprise de pouvoir qui amena 1830, et ce fut cette révolution qui consacra d'une manière définitive l'avènement de la bourgeoisie écrit dans la charte de 1815, mais diminué par le pouvoir chargé de l'appliquer.

1848 a donné au peuple sa charte et ses pouvoirs, mais la bourgeoisie joue vis-à-vis de lui le rôle pris autrefois par l'aristocratie contre elle. La loi du 31 mai ressemble beaucoup à celle du double vote ; on cherche à restreindre les conséquences, à reprendre les concessions, à limiter les résultats. Ceci nous fera vivre quelques années, mais il faudra bien que la logique l'emporte ; la démocratie aura son 1830 et reprendra son suffrage universel, et les principes de la Constitution que l'on voudrait aujourd'hui changer. Le travail des hommes qui ne croient pas qu'on arrête le temps et le mouvement social est bien plus de s'occuper du prochain avènement, d'élever nos maîtres futurs que de les comprimer en les irritant ; voilà ce qui m'attache tant à mes visites actuelles, et comme vous le dites avec tant de raison, me met si mal à l'aise en certains votes et en certaine solidarité. Cependant, pour me consoler de ma conduite ou plutôt de mes votes si souvent réactionnaires, je me dis que cette émancipation des pauvres et des petits a besoin d'être menée doucement, et que tout acte qui l'arrête sur la pente un peu trop rapide lui rend service, même malgré les acteurs. Il faut que l'enfant grandisse et souffre sous une discipline sévère et quelquefois sous des maîtres durs et presque inhumains, afin d'être à la hauteur de sa grande destinée, si Dieu veut qu'il l'accomplisse.

Je suis sûr, chère amie, que tout ce qui vous arrive par les journaux, par les lettres, n'affaiblit pas votre foi dans l'avenir, et que vous êtes avec moi dans ce conflit. Peut-être même me trouvez-vous trop silencieux et trop résigné, mais il ne faut pas devancer le moment ; les bonnes causes périssent aussi par leur impatience, et le devoir est de faire accepter au vieux monde l'avènement du nouveau. Jusqu'ici les progrès se sont opérés par des secousses, des révolutions, des hostilités ; il serait digne de notre temps de leur imprimer un mouvement pacifique et d'en faire un accord de tous au lieu d'un triomphe des uns sur les autres. Je comprends et partage votre répulsion pour les victoires.

Adieu ; je ne pardonnerai pas au monde s'il vient vous chercher même à Vichy pour vous distraire de votre recueillement et de votre repos ; je veux qu'il y ait au moins sur notre pauvre terre de France un lieu où le calme, la recherche de la vérité, la vue haute et impartiale des événements et des hommes se soient réfugiés, et ce lieu doit être votre cellule de Vichy. Je ne vous dirai rien de nos cancans politiques ; les légitimistes purs crient beaucoup contre Berryer et un peu contre Alfred parce qu'ils sont plus sages et moins emportés qu'eux ; ils les accusent de les conduire, sous un faux semblant de monarchie, à la présidence renouvelée de Louis-Napoléon, et de se mettre à la suite du duc de Broglie, et j'ai moi-même conseillé à Alfred de dire un mot sec dans son bureau, contre le discours de Dijon, car la calomnie faisait son chemin, et déjà on criait partout que le marché avait été fait et qu'un portefeuille était le prix de la vente des voix légitimistes à l'Élysée. Les paroles hostiles vont faire taire ces malveillances d'amis intimes ; mais que la situation est difficile et la planche glissante, et que notre ami a bien fait d'aller attendre à Tours ou au Marais la discussion générale sur la revision ; s'il m'en croit, il parlera peu, même ce jour-là.

Ma mère, qui a été souffrante depuis ma dernière lettre, est mieux et me charge de tous les plus tendres souvenirs pour vous. Mon frère met ses respects à vos pieds. Mme de Mesnard, reprise de ses douleurs de cœur, sort à peine de sa chambre, et nous parlons bien souvent de vous ; mais je m'aperçois que j'abuse de vos loisirs, je me hâte donc de vous embrasser de tout mon cœur.

A. de Melun.

La Forest, 8 septembre 1851.

Jeudi, ma chère amie, j'ai bien regretté, en montant ma garde autour de la république, de n'avoir plus de patrouille à faire dans la rue Saint-Dominique, et en attendant que je pousse une reconnaissance jusqu'à Chantilly, je viens vous demander des nouvelles de votre installation. Je connais déjà d'une manière très favorable votre parc, vos prairies et surtout votre bon voisinage, et en voyant ce beau soleil qui a succédé au ciel gris de ces jours derniers, j'aime à m'associer à vos promenades et à vos visites.

La politique doit vous envahir, quelque bonne envie que vous ayez de la fuir, car ce magnifique château sans maître, ces bois sans propriétaires, tout vous parle d'une candidature qui occupe beaucoup de monde, inquiète les uns, indigne les autres, et fait ourire plus d'un de ceux qui la blâment tout haut. S'il fallait en croire certaine politique, on n'aurait plus qu'à préparer les appartements, ouvrir les fenêtres, mettre des draps dans les lits, à Chantilly comme au Palais-Royal, et partout où les d'Orléans possèdent, car le succès ne fait pas de doute. Il est vrai que par compensation M. de Quatrebarbes à Angers et les membres du conseil général de la Loire-Inférieure attendent la monarchie légitime par le prochain convoi du chemin de fer de Nantes, et que d'un autre côté les préfets proclament d'avance l'élection anticonstitutionnelle de Napoléon. Je serais tenté de croire qu'entre ces prétendants si sûrs de leur fait, pourrait bien se glisser un quatrième, je ne dirai pas larron, mais candidat, ou plutôt, dans la lutte des convictions et des votes, personne ne sortira vainqueur, et vous verrez que la pauvre Assemblée dont on a tant médit finira par être prise pour juge et sera chargée par la France d'avoir du discernement et d'exercer la souveraineté pour elle.

Au reste, nous sommes aujourd'hui en faveur; les conseils généraux ont donné raison à la politique de notre ami, *la totale et la locale* l'emportent sur l'article 45, et nous reviendrons appuyés sur l'approbation du pays, si nous avons le bon esprit de maintenir le bon accord jusqu'aux élections; nous retrouverons l'année prochaine une Assemblée semblable à la nôtre et la fameuse crise s'évanouira comme un songe. La commission de permanence ne mettra pas d'obstacle à cette pacifique solution. Nous avons été, jeudi, les meilleures gens du monde, nous avons laissé le gouvernement découvrir à lui tout seul ce complot expédié de Londres, organisé en France pour révolutionner l'Allemagne, et nous n'avons pas dit un mot de ce fameux coup d'État dont la montagne et même quelques légitimistes attendent l'éclat vers le quinze septembre seulement. N'ayant à peu près rien dit ni rien fait, nous avons eu soin de nous imposer le silence le plus absolu, ce qui a permis au *Journal des Débats* de mettre à peu près mot à mot la conversation qui a occupé toute la séance.

Le lendemain j'ai pris la route de Fontainebleau pour aller me reposer d'un tel travail, et je suis installé chez M. de Castries, où l'on chasse, où l'on dit, où même on prépare et répète des proverbes ; on voudrait m'y donner un rôle, mais ma dignité de secrétaire de la commission de permanence s'y oppose, et voyez ce que deviendrait ma réputation si un beau matin l'*Univers* apprenait que la république a disparu, pendant que son gardien était occupé à jouer des proverbes à la campagne ! Assurément ce serait pour l'avenir un charmant sujet de comédie ou au moins de vaudeville, mais j'aime mieux arriver à la postérité sous une autre forme.

J'ai retrouvé ici Mme de Forbin, et hier soir Mme d'Harcourt, Mlle de Saint-Aulaire nous sont arrivées ; vous devinez que nous ne sommes pas à plaindre et que les journées ne doivent pas être trop longues. Ce sera pour moi le prologue de Vineuil et de Chantilly, après une nouvelle visite que ma mère réclame entre mes deux petits voyages. Je n'ai pas besoin de vous dire quelle fête je me fais de cette excursion intime qui me rendra quelques-unes de ces heures, les meilleures de ma vie, que Paris ne mesure qu'avec avarice et que me disputent si impérieusement les discussions et les scrutins.

A Chantilly nous aurons des soirées toute la journée, sans faire tort cependant à notre petite assemblée législative, où nous redressons si bien les fautes de la grande, et dont la majorité est un peu plus progressive que celle du grand parti de l'ordre. Nous y ferons des vœux très constitutionnels et qui, malgré toutes les apparences contraires, ont grande chance d'être exaucés, car à la suite de toutes ces dates précises, de toutes ces affirmations de retour et de victoire, on arrive toujours à la conclusion fatale : nous ne sommes pas prêts. L'habitude se prend de manquer ainsi le convoi, et je crains que chacun des successeurs de notre pauvre république ne demeure encore bien longtemps à la station, sans trouver de place pour les Tuileries.

Adieu, chère amie; pardonnez-moi ma politique, elle devrait être en vacances, et vous laisser au moins respirer en paix. Il serait bien plus sage de se réfugier dans la haute contemplation de la vérité qui ne passe pas; mais pour le moment nous ressemblons tous plus ou moins à ce mauvais coquin condamné à mort pour ses crimes, et qu'un bon prêtre exhortait dans sa prison à penser au jugement dernier ; c'était assurément le moment ou jamais de s'occuper de son âme et de se détacher des biens terrestres, et pourtant le patient, au lieu de prêter l'oreille à la sainte parole, ne cessait de regarder du côté de la fenêtre, et comme son confesseur, justement indigné, lui reprochait une si inconvenante distraction dans un pareil moment : « Eh ! mon père, lui répondit-il, vous dites
« d'admirables choses pour me préparer au supplice;
« mais je pense que si vous vouliez m'aider un peu,

« je pourrais desceller ce barreau et me sauver par
« cette fenêtre, ce qui me donnerait beaucoup plus
« de temps pour me convertir et faire mon salut ! »
Hélas ! nous pouvons bien dire, à la suite de ce saint
qui voyait pendre un voleur : Nous ne valons probablement pas beaucoup mieux, et à en croire plus d'un prophète nous ne sommes guère dans une meilleure prison et plus loin de notre supplice. La raison, la sagesse nous crient de lever les yeux en haut et de nous en rapporter à Dieu ; mais nous aimons mieux regarder les barreaux de notre fenêtre, pour voir si par quelque brèche faite à la Constitution nous ne parviendrions pas à nous échapper.

Soyez assez bonne, chère amie, pour mettre aux pieds de vos voisines mes plus tendres et plus affectueux respects ; je vous embrasse de tout mon cœur, et vous demande une ligne à Paris pour le commencement de l'autre semaine.

A. DE MELUN.

Brumetz, 26 septembre 1851.

Vous savez déjà, ma chère amie, ce qui m'a empêché de suivre votre bon conseil ; comment j'ai dû donner à Brumetz le temps que je destinais à Chantilly et ajourner au mois d'octobre le plaisir de vous voir. Ma sœur, revenue pour un moment de son exil du Midi, n'avait à rester que quinze jours, et une quinzaine est bien peu de chose sur deux années. Encore si le succès devait arriver au bout d'un si long sacrifice ! Malheureusement le mal de sa belle-fille est de ceux dont on ne guérit pas, et il faut borner toutes les espérances à arrêter pour quelques mois peut-être, à force de soins et de privations, une vie prête à s'échapper. Elle repart au commencement d'octobre, et moi je viens le 2 apporter ma part de silence et de sagesse à la commission de permanence. J'espère bien saisir à Paris le passage de Mme de Mesnard, si, comme vous l'écriviez, elle ne doit revenir à Vineuil que le 6 ou le 8, et m'arranger avec elle pour retrouver cette semaine qui m'a été offerte, et que je ne me consolerais pas d'avoir perdue, si je n'en reprenais pas la compensation. Dans le cas où Mme de Mesnard ne serait pas à Paris le 2, vous seriez encore assez bonne, n'est-ce pas ? pour m'envoyer mes instructions et m'apprendre les jours que je dois choisir.

Malgré les menaces, les manifestes des partis et les terreurs de la Bourse, je prévois que nous attendrons sans révolution et sans coup d'État la première séance de novembre, et en l'attendant j'agis comme si la fatale date de 1852 ne pesait pas sur nous. A cette époque de l'année où le laboureur fait son compte, et sait ce que son champ lui a rapporté de gerbes et d'épis, j'admire comme la terre se montre conciliante et pacifique ; elle fait tout ce qu'elle peut pour ôter aux mécontents le prétexte de la faim ; les greniers regorgent, les arbres succombent sous le poids des fruits, il semble que jamais la vie humaine n'aura été plus facile. Il est vrai que dans notre manie d'opposition à ce qui est, nous aimons mieux faire de cette bénédiction du Ciel un motif d'accusation contre la république. Nous nous imaginons de nous plaindre de ce que le pain n'est pas assez cher et de ce que le pauvre trouve à vivre à trop bon marché; si nous osions, nous ferions des ordonnances contre l'abondance, et nous défendrions aux champs de porter de si belles moissons, tant il est vrai que le jour où le vent des opinions humaines souffle d'un côté, il n'épargne personne, et s'arme pour renverser, du bien comme du mal ; ce qui devrait lui être obstacle ne fait qu'alimenter sa force et donner plus de portée à ses coups.

Je dois dire cependant que, dans nos campagnes du moins, l'ouragan politique a peu de prise ; il n'en est pas même à l'état de zéphir, et l'approche de la crise ne paralyse personne. Je vois, comme sous la monarchie, le paysan tourner et retourner sa terre, cueillir ses pommes, récolter son chanvre; il n'est pas jusqu'au maître d'école, un instant détourné de son alphabet par M. Carnot (1) pour apprendre la politique aux hommes de bonne volonté, qui ne soit revenu placidement à son école et n'ait repris son martinet et son syllabaire, et quoique à seize lieues de la fournaise parisienne, la ville de Brumetz, chaque fois que je la revois, me confond par sa quiétude et son dégagement des affaires de ce monde ; elle n'est nullement embarrassée de ce fameux choix entre les candidats, qui gêne tant de consciences et tant de souvenirs, et ne pense même pas à signer une pétition pour ou contre la revision. On dit cependant que parmi tous ces Tityres et tous ces Mélibées, plus occupés de leurs vaches et de leurs brebis que des choses de Rome, il s'est glissé un so-

(1) Ministre de l'Instruction publique.

cialiste échappé de Paris, prêchant le partage des terres et la communauté des biens, et jurant sur l'Évangile, qu'il explique à sa manière, qu'après 1852 il n'y aura plus ni propriétaires, ni fermiers, ni ouvriers, puisque la terre sera à tout le monde ; mais ses prédications ont un très minime succès auprès des gens qui, presque tous, ont gagné quelques arpents à la sueur de leurs fronts et n'ont nulle envie de les jeter dans la bourse commune.

Je voudrais bien que cette philosophique indifférence pût me gagner, et je fais tout ce que je puis pour m'élever à la hauteur de mes concitoyens paysans. Je cultive, non mes champs, mais mon esprit ; je retourne aux vieux livres de ma bibliothèque et me transporte dans des siècles et des idées lointaines ; mais j'ai beau vivre avec Plutarque et Louis XIV, courir après Platon ou Sully, je retrouve toujours et dans tous les pays la même querelle, sous d'autres formes et d'autres noms ; il y a toujours une constitution à maintenir ou à changer, un président à élire, un progrès à faire, une pente à éviter.

Qu'ils s'appellent légitimistes, orléanistes ou socialistes, comme aujourd'hui ; patriciens, plébéiens à Rome ; aristocrates ou démocrates à Athènes, ce sont toujours les mêmes intérêts en présence, et depuis le commencement du monde, la même question s'agite, se débat, marche sans pouvoir complètement se résoudre. Le singulier est de se plaindre aujourd'hui des embarras qu'elle soulève, comme si c'était chose nouvelle, et que 1830 et 1848 aient inventé les révolutions. Il y a bien longtemps que la pauvre humanité s'efforce de rentrer dans le Paradis terrestre, sans penser assez souvent que Dieu lui en a planté un plus beau et plus durable dans une région supérieure, et si l'on voulait aller au fond du socialisme, on verrait que toutes les fautes, tous les torts viennent de cette confusion entre l'ancien et le nouveau régime. Comme le christianisme, il veut réhabiliter l'homme, lui rendre sa liberté, sa dignité, l'enlever à toutes les influences de la dégradation et de la misère ; mais il oublie le péché originel, et le *felix culpa* qui, en nous donnant un Rédempteur, a changé le but de notre création et a substitué à ce paradis terrestre, qu'ils cherchent en vain à reconquérir, le bonheur du ciel. De là cette égalité qui opprime, cette fraternité qui tue, parce qu'en appliquant à ce monde ce qui n'est plus destiné qu'à l'autre, ils rencontrent la contradiction dans la logique et arrivent à des résultats opposés à leurs prémisses.

Mais il ne faut pas que nous abusions trop, nous autres honnêtes gens de la réaction, de notre mission d'anges aux ailes blanches et aux glaives de feu, et qu'en empêchant nos adversaires de rentrer dans l'Eden, nous les précipitions dans le désespoir de l'enfer.

Je me figure qu'en dépit des courses, Chantilly ne fait pas beaucoup plus de bruit que Brumetz, et qu'au moins Vineuil est un refuge assuré contre la guerre sociale ; il me tarde bien d'y retrouver votre bonne affection et celle de votre voisinage. Je ne saurais trop le répéter : je ne connais plus que ce petit coin de terre où je puisse en toute sécurité déposer mes idées et mes espérances. Ici même, auprès de ma mère si dévouée et si chérie, je me tais souvent pour ne pas heurter les plus respectables des préjugés ;

mes opinions ne se trouvent à l'aise que dans votre intelligence et dans votre cœur. J'aurai donc grand besoin d'aller faire auprès de vous ample provision d'énergie, de persévérance. Votre voisine n'y fera pas défaut, et je n'aurai pas trop de votre reconfort pour les luttes à venir, car je prévois que la campagne prochaine sera chaude. Nous avons à ajouter aux cris anticonstitutionnels, l'immense voix des conseils généraux, et notre pauvre république aura grand'peine à échapper à la poursuite de tant de chiens et aux épieux et aux filets de tant de chasseurs.

Adieu, chère amie ; veuillez parler un peu de moi à vos bonnes voisines ; ma mère se recommande à votre souvenir et aux leurs, et moi je vous embrasse de tout mon cœur.

A. DE MELUN.

Lille, 25 octobre 1851.

Chère amie, j'avais commencé une lettre pour vous datée de Londres pour vous annoncer mon retour; mais les derniers jours d'un si rapide voyage ont été si remplis qu'il a fallu remettre la correspondance au lendemain du débarquement. Après une mer assez orageuse et qui nous a passablement éprouvés, nous voilà redevenus Français et en possession de faits, d'impressions, d'idées capables de fournir des volumes et d'inspirer des années de conversations. Il y aurait prétention ridicule à se vanter d'avoir étudié et couru l'Angleterre en quinze jours ; mais, comme nous le disions ensemble au moment du départ, j'allais surtout chercher des réponses à des questions posées, vérifier des faits déjà exprimés, en un mot, voir en quelque sorte les gravures d'un livre dont j'avais déjà lu le texte.

De ce côté, je reviens très content de mon excursion, j'apporte les informations nécessaires pour éclaircir deux grands problèmes qui sont à la fois l'honneur, la difficulté de notre temps : l'exercice de la charité sociale appliquée à tous sans nuire à la liberté et à l'expansion de la charité individuelle, et l'amélioration de celui qui a failli par l'expiation même de sa faute. Ce sont deux questions qui se touchent et appartiennent au même système, car dans l'assistance publique, comme dans la réforme constitutionnelle, la société s'efforce de réaliser par les maisons de travail et par ces prisons pénitentiaires, ce que la religion obtient si facilement par sa charité et par sa pénitence. La société réussira-t-elle ? Ce que j'ai vu et ce que j'ai appris en Angleterre donne quelques espérances en laissant d'immenses doutes, et je compte occuper une partie du temps qui me reste avant de revenir à nos travaux politiques à exposer impartialement, sans enthousiasme et sans préjugé, la manière dont est appliqué là-bas le droit à l'assistance et au travail, qui fait ici l'épouvantail des uns et l'arme de guerre des autres.

Je vous avoue que ces deux points de vue ont absorbé presque tout mon temps et mes courses ; je n'ai pu refuser un coup d'œil à l'immensité de Londres, à ces magnifiques palais élevés au parlement sur les cendres de ses anciennes chambres, à l'abbaye de Westminster et à la chapelle du château de Windsor, encore tout éclatante des souvenirs catholiques, à la Tour de Londres, et même à ces gigantesques bassins où nous avons été mieux reçus que le général Haynau. Je n'ai pas surtout oublié les bas-reliefs du Parthénon qui doivent être bien étonnés de se trouver concitoyens des abominables statues et des vilains monuments élevés par l'orgueil anglais. Mais tout cela était la distraction; l'autre chose était la véritable affaire, et vous savez qu'en Angleterre les affaires comptent seules, le reste n'arrête jamais personne.

J'ai cependant pénétré un peu dans les mystères de cette Eglise épiscopale, qui n'a jamais mieux mérité qu'aujourd'hui ce titre de singe de la nôtre, car pressée entre les dissidents et la logique du catholicisme, elle cherche à nous emprunter notre force et jusqu'à notre charité, et tout près du château de Mme d'Harcourt, au milieu du parc de Windsor, j'ai vu une maison faite entièrement sur le modèle du Bon-Pasteur, avec des règlements, des prières, une discipline qui lui semblent empruntés ; un ministre qui confesse les sœurs, les repenties, un patronage qui les place et veille sur elles; enfin l'œuvre tout entière, moins cette puissance de la vie religieuse qui fait des natures les plus ordinaires, des saintes et des héroïnes, tandis que là on n'obtient du dévouement que des âmes d'élite et des natures d'exception.

Mais j'oublie, chère amie, qu'il me faut avoir pitié de vos yeux, et que je les mets à une affreuse épreuve ; je finis donc bien vite, en vous demandant, s'ils vous permettent, de m'écrire une ligne, *une seule ligne*, à Bouillancourt par Mondidier (Somme). J'y serai lundi, ma mère y est chez ma sœur, et nous attendrons ensemble le 9 novembre. Mais s'il y a la moindre fatigue pour vous, dispensez-vous de la plume. Mme de Mesnard, à laquelle j'ai écrit, me donnera de vos nouvelles.

Je ne vous dis pas un mot de politique, il sera assez temps dans quinze jours, et je me réserve ces bonnes soirées du commencement de l'hiver, où nous pourrons nous disputer sur tout, précisément parce que nous nous entendons sur tout.

Mon frère, qui a accompagné tous mes pas, me charge de ses respectueux hommages pour vous ; moi je vous embrasse et vous aime de tout mon cœur.

Avez-vous des nouvelles d'Alfred ?

A. DE MELUN.

Mardi 29 octobre 1851.

Ma chère amie, depuis votre départ, tout le temps s'est passé en enfantement ministériel, et vous avez pu croire, comme nous, que la montagne allait nous produire quelques ministres bien rouges à la Girardin, et capables de faire tomber en pâmoison la majorité. Aujourd'hui nous voilà tous rassurés et nous avons la souris. On se dispute un peu sur sa couleur : est-elle blanche, grise, incolore ? Peu importe, elle s'annonce comme voulant faire une guerre d'extermination aux tigres et aux ours montagnards, et on assure que le message pour faire passer l'abrogation de la loi du 31 mai sera féroce à l'endroit de tout ce qui est soupçonné de socialisme.

Je ne sais si cette garantie donnée à la majorité lui rendra confiance. Pour le moment, elle n'est pas très décidée à se laisser désarmer, et au fond de toute cette ostentation de réaction et de rigueur associée au rétablissement du suffrage le plus illimité, il est facile de voir poindre la nécessité et l'espérance d'un coup d'Etat, car vouloir à la fois exagérer la répulsion et se montrer aussi peu progressif que les plus extrêmes des conservateurs, et ouvrir en même temps la porte aux plus grands ennemis de la réaction, n'est-ce pas augmenter encore les difficultés de la position actuelle et se créer une impasse dont la violence seule fera sortir ? en un mot, n'est-ce pas réaliser ce mot de Carlier (1) : « Le président veut à la fois « assurer sa réélection et favoriser par le scrutin sans « réserve l'augmentation de la montagne, afin d'avoir « une excellente raison d'en appeler au pays contre « les hommes de 93 » ? Et en effet, voyant que le parti de l'ordre, comme on l'appelle, ne veut pas lui donner la puissance et la dictature, il compte que le désordre la lui assurera, par les répugnances qu'il inspire, jeu fort dangereux et surtout très peu honnête, et dont tôt ou tard le joueur sera victime.

En attendant, les partis monarchiques annoncent la volonté de rester modérés et calmes, de ne mettre en avant aucune prétention et de se renfermer dans la loi. M. le duc de Nemours a écrit hier à M. Bocher, notre collègue, une lettre que l'on dit très belle, à l'occasion de la mort de la duchesse d'Angoulême ; vous la lirez sans doute dans les journaux,

---

(1) Ancien préfet de police.

Changarnier semble le candidat des deux fractions; mais après quelques jours de réserve et de silence, la patience se perd, il a tellement peur de voir le président se rétracter et renouer les intelligences avec la majorité qu'il commence à s'emporter en paroles, ne conprenant pas que, jusqu'ici, les défaites n'ont été que pour ceux qui voulaient agir, et que les batailles se gagnent, en ce moment, les bras croisés.

Pour moi, chère amie, qui, comme vous, cherche le vrai, l'intérêt du pays, sans aspiration au ministère ou à la présidence, j'écoute en ce moment plus que je ne parle, et ne sais trop pour qui je dois faire des vœux. Je voudrais de sages modifications à la loi du 31 mai, mais il me paraît très imprudent d'exiger de la majorité un désaveu complet de son acte le plus significatif, tout en voulant maintenir et peut-être même exagérer sa politique, et j'avoue que je n'ai aucune tendance pour les coups d'État, qu'ils viennent de la monarchie ou de l'empire.

La loi entre toutes les prétentions nous trace notre chemin ; en dehors d'elle, il n'y a qu'ambition personnelle ou rêves passionnés, et si quelque chose peut nous sauver de la crise, ce sera encore cette pauvre Constitution que chacun maudit, lorsqu'il espère triompher, mais qu'il invoque à la moindre menace du triomphe du voisin. Je trouve que, malgré ses immenses défauts, elle reçoit de ces derniers temps beaucoup d'honneur, car elle partage le sort de la liberté, si mal traitée, si calomniée, et qui finit toujours par être l'appui des faibles et le refuge des vaincus.

Avez-vous lu l'ouvrage de M. Saint-Bonnet intitulé

de la Restauration française ? Il vient de me tomber sous la main, et j'avoue que peu de livres de ce temps m'ont plus attaché ; il y a, sous un style qui vise à la concision, beaucoup de redites, des théories économiques qu'on peut contester ; mais il y a une force de vérité qui éclaire et ranime l'âme. Je ne vous en parle pas plus au long parce que je veux en faire en quelques pages un résumé que je vous lirai, en y ajoutant quelques points de vue ; je ne connais pas de meilleur et de plus beau texte de discussion pour la situation actuelle, et après l'avoir lu, on arrive à cette conclusion qui depuis si longtemps est la mienne, que la société et la fortune ne sont nullement les coupables de nos misères ; c'est l'homme qu'il faut convertir, et, par conséquent, une bonne légion de missionnaires, évangélisant notre peuple, vaudrait beaucoup mieux que tous les gendarmes et toutes les lois du monde.

J'attends demain mon frère, ce qui me renvoie à la rue de Grenelle où j'espère que ma solitude ne durera pas, car ma mère s'annonce aussi pour les premiers jours de novembre. Mme de Gontaut est revenue, et m'offre la plus aimable hospitalité. Enfin je reçois à l'instant une ligne de Mme de Forbin qui me dit son arrivée hier soir ; elle va loger dans la rue Saint-Dominique à l'hôtel d'Estissac.

Je voudrais bien aussi recevoir un petit billet qui m'annonce votre retour ; mais, hélas ! je ne l'espère pas, il faut encore un bien long mois avant de vous revoir. C'est un régime bien sévère, et dans ces temps de perplexités et d'incertitudes, votre lumière et les encouragements de votre affection vont me manquer ;

mais je prendrai patience et résignation en pensant que la solitude vous fait du bien, et que personne ne vient vous prendre vos heures et vos forces, dans la retraite du Grand-Cerf. J'ai pourtant été très tenté de vous faire une surprise : il y a trois jours, entre deux séances de la commission, j'ai reparu un instant à Champlâtreux que j'avais si brusquement quitté; mais le passage a été trop rapide, j'y ai appris que la fusion et les légitimistes les plus modérés, c'est-à-dire Berryer et Falloux, étaient pour la guerre au président et passaient à Changarnier; et en effet hier, l'Orateur semblait en excellente intelligence avec le Guerrier. Nous n'avons encore aucune révélation de Montalembert ; il finit sans doute son discours à l'Académie, qui a maintenant deux fauteuils vacants, dont l'un semble tout à fait destiné à Berryer.

Adieu, ma bien chère amie ; ne nous oubliez pas dans votre solitude ; il va bien m'en coûter de passer tous les jours devant votre porte et de ne jamais y entrer. Je ne vous charge pas de mes souvenirs pour vos voisines, car si elles sont personnes de parole, elles doivent être bien près de Paris.

Mille et mille assurances de la plus vive et de la plus tendre affection.

A. DE MELUN.

Bourg-d'Iré, 29 juin 1852.

Chère amie, quoique Alfred prétende ne vous avoir rien laissé à apprendre du Bourg-d'Iré et de ses habitants, je veux, avant de le quitter, vous donner mon impression et vous faire un instant voyager en Anjou. Quand on a vu notre ami dans tout le feu de la politique, agité des émotions de la tribune et des votes, et dépensant sa vie et sa santé en discussions brillantes, mais souvent stériles, en efforts non sans gloire, mais sans résultats, et qu'on le retrouve au milieu de ses champs et de ses troupeaux, dans toute la liberté et la salubrité de l'existence pastorale et agricole, n'ayant plus à diriger que les maçons et les terrassiers, on comprend le grand service que lui a rendu le 2 décembre, et sa faiblesse pour le coup d'État.

Si la campagne ne lui a pas encore rendu sa vigueur, il est en bon chemin ; sa fille est merveilleusement bien ; Mme de Falloux est plus en arrière. Elle ne s'accoutume pas encore à la différence du climat ; le soleil de Nice lui manque, mais le mois de juin a été si maussade qu'on a le droit de mettre sur son compte tous les malaises : l'été va réparer sa mauvaise influence. Ici tout est mouvement et travail, les foins se fauchent, la terre se nivelle, les pierres se taillent, le village recule devant le parc et le vieux château devant le nouveau ; il serait assez difficile de vous représenter les constructions qui s'élèvent, elles ont pris corps à corps l'ancienne habitation, se glissent entre les murs ébranlés ; on dirait un arbre jeune et vigoureux qui s'élance d'un tronc délabré et va bientôt couvrir de sa verdure splendide les ruines d'une végétation usée. Ce qu'on en aperçoit a de la grandeur et une certaine majesté qui en impose, et sous l'activité des ouvriers les murs poussent si vite qu'on voit d'un jour à l'autre se dessiner un étage. Au milieu des inspections qu'exigeait une telle variété de travaux et de visites à la ferme-modèle, aux troupeaux dignes de ceux d'Admète, au potager qui promet dans l'avenir les meilleurs fruits, il n'y a plus de place pour la politique ; nous en parlons comme d'une vieille histoire, elle est passée à l'état de légendes et de traditions ; il y a tant d'idées utiles, de saints devoirs entre elle et le Bourg-d'Iré, qu'on ne l'aperçoit plus que dans le lointain des siècles. L'hospice à ouvrir, l'école à développer, une pauvre malade à consoler, un pays tout entier à enrichir de sa fortune, à occuper de ses travaux, tout cela efface le souvenir de toutes les intrigues, de toutes les combinaisons parlementaires, et puis, il faut le dire à notre honte, les paysans qui n'ont jamais discuté sur la Constitution et la Souveraineté paraissent en savoir plus que nous et nous donnent des leçons de sagesse et de bon gouvernement. Ils vont chercher leurs devoirs dans leur catéchisme, leurs maîtres à l'église, et obéissent à la loi, non parce que tel prince ou tel président l'a faite, mais parce que Dieu a dit d'obéir ; ils sont, à ce qu'il paraît, fort bons légitimistes et fort dévoués au comte de Chambord, mais ils ne lisent pas ses lettres, et ne lui demandent pas la permission de vendre leurs bestiaux au marché, et de partir pour l'armée lorsqu'ils ont un mauvais numéro ; ils suivent leur conscience et non leur opinion, ils aiment ceux que Dieu a placés au-dessus d'eux et ne murmurent pas contre telle ou telle forme du gouvernement, pourvu qu'elle respecte leur foi et leur foyer.

Vous voyez, chère amie, que malgré ma mauvaise

réputation d'être un homme de ville, je me laisse gagner aux charmes de l'Anjou, et pourtant je quitte aujourd'hui même le Bourg-d'Iré. Albert (1) prend le chemin de Bordeaux et va me précéder de quelques jours au pied de ses montagnes. J'espère entraîner Alfred (2) jusqu'à Baugé; puis, après une courte visite à mes bonnes religieuses et aux saints souvenirs de Mlle de Melun, j'irai demander aux Pyrénées leurs eaux et surtout leurs impressions. Je suis heureux de vous savoir à Vichy en bonne et douce compagnie. Ma sœur aura profité, je l'espère, de votre arrivée, et je vous suis dans vos promenades avec la comtesse (3), pendant que vous abrégez ensemble l'ennui de la cure. Nous vous associons ici à toutes nos courses, à toutes nos conversations; vous êtes appelée, désirée, invoquée, et le Bourg-d'Iré prépare ses plus belles chambres, ses plus belles fleurs, son plus beau soleil pour vous recevoir après les eaux; j'avoue qu'il serait impossible de trouver, pour vous reposer, un meilleur refuge.

Adieu; je vous quitte pour la triste nécessité des paquets, et un dîner grandiose de tous les curés de l'arrondissement; on va nous interroger sur la dispute des classiques et des Pères. La levée de boucliers contre Homère et Cicéron leur a rendu grand service; l'*Univers* et le ver rongeur les a remis à la mode, et on n'en a jamais tant parlé que depuis qu'on prétend les proscrire. Pour moi, avant de quitter Paris, j'ai bien mérité des Dominicains en fondant dans notre

---

(1) Albert de Rességuier.
(2) Le comte de Falloux.
(3) De Strogonoff.

arrondissement une société de secours mutuels sous la protection et le nom de saint Thomas d'Aquin ; mais j'aime mieux lui demander sa sainte influence et ses sublimes idées que son latin, et mes sociétaires imiteront plus ses vertus que sa langue.

Voici Alfred qui vient me chercher pour notre dîner-concile, et je n'ai que le temps de vous embrasser de tout cœur, et de vous charger de toutes mes plus tendres amitiés pour la comtesse Strogonoff, à laquelle M. de Falloux recommande son souvenir.

A. DE MELUN.

Si vous avez un moment, donnez-moi de vos nouvelles aux Eaux-Bonnes (Basses-Pyrénées).

Eaux-Bonnes, 26 juillet 1852.

Je ne sais, chère amie, si ma lettre vous trouvera encore à Vichy, il y a longtemps qu'elle devait être écrite et que je me promets de vous remercier des dernières nouvelles que vous m'avez données ; mais les Eaux-Bonnes ont produit sur moi un effet fort inquiétant, s'il n'était passager ; elles n'ont pas réveillé, comme le prétendait le docteur qui règne sur leur distribution, une irritation au gosier, elles ont respecté mon estomac et mes entrailles, mais elles m'ont donné le plus complet accès de paresse que j'aie jamais eu. J'avais emporté des sujets magnifiques d'étude et de méditation, des articles à faire, des livres arriérés à lire ; enfin je me faisais d'avance un repos actif et un loisir dignement occupé, sans compter les notes que j'allais prendre, et les observations empruntées aux montagnes, et voilà qu'au premier verre, tous ces beaux projets s'évanouissent, les livres se ferment, la plume me tombe des mains, je ne sais plus que m'étaler au soleil, sauter d'un rocher à l'autre, tremper ma langue et mes mains dans chaque filet d'eau que le rocher distille en murmurant. Parmi les êtres animés qui sont ici sous mes yeux, je ne vois guère que le lézard qui puisse rivaliser avec moi d'agitation stérile et d'immobilité. Pour me consoler et m'encourager dans cet inquiétant régime, on prétend qu'il n'est pas de meilleure condition pour assurer l'effet des eaux ; je le veux bien, mais j'ai hâte d'en finir avec ce péché capital, et malgré toutes les magnifiques impressions des montagnes, et le bon air que je respire, j'entame aujourd'hui même ma dernière semaine.

Je serais pourtant bien ingrat envers la Providence, si je ne la remerciais de l'excellent compagnon qu'elle m'a donné ; il est impossible de trouver une conversation à la fois plus intéressante et plus douce, qui fasse plus de bien à l'âme et à l'esprit que celle de M. de Bois-le-Comte (1). Vous le connaissez et vous avez raison de me féliciter de notre association. Avec lui on peut continuer les conversations que l'on a commencées avec vous, il habite le même pays, il vit des mêmes idées, et si la politique le trouve plus facile que nous et moins exigeant en fait de liberté, il est si fort quand il voit dans les derniers événements une leçon providentielle donnée à nos espérances

---

(1) Ancien ambassadeur.

purement humaines, et à nos efforts pour nous créer un gouvernement libre sans Dieu, que je baisse la tête et suis quelquefois tenté de dire mon *meâ culpâ*, ou plutôt revenant à ce point de vue qui vous faisait accepter le régime actuel comme un passage à des temps meilleurs, je me figure que nous retrouverons peu à peu les conquêtes aujourd'hui compromises, mais en y ajoutant ce qui seul peut les rendre durables, la pensée chrétienne rentrant dans nos lois, nos institutions et aussi notre éducation, non à la façon de l'abbé Gaume, mais par l'influence de maîtres pieux et chrétiens.

Nous partons le 3, M. de Bois-le-Comte et moi, pour une grande excursion à travers la chaîne des Pyrénées. Nous allons pendant une douzaine de jours habiter les nuages et nous approcher le plus près possible du ciel; nous irons à Cauterets, à Saint-Sauveur, à Barèges, à Bagnères-de-Bigorre, à Bagnères-de-Luchon; nous ne laisserons pas une cascade, un rocher, sans leur dire un mot de politesse ou d'admiration, et nous nous apprêtons à vivre avec les isards et même au besoin avec les aigles et les ours.

J'espère que mon compagnon va retrouver une voix de Stentor; pour moi, le docteur prétend que les Eaux-Bonnes n'auront ni grand'peine ni grand mérite à me guérir; ceci est fort rassurant pour ma vie, mais j'ai peur que ma maladie paraisse au génie de la source trop peu de chose pour être digne de son action. Nous verrons cela l'hiver prochain, à la première discussion sur l'empire.

Je viens de répondre à la comtesse Strogonoff qui

m'a annoncé son départ de Vichy ; ne sachant pas sa nouvelle adresse, je lui ai envoyé ma lettre à Paris poste restante ; je vous envoie celle-ci à Vichy, dans la pensée que vous vous y trouvez si bien que vous vous y êtes un peu oubliée.

D'ici à trois ou quatre semaines, j'ai la douce espérance de vous revoir à Paris ; je vous y rapporterai tous les brillants incidents qui m'attendaient sur le haut des Pyrénées ; vous me donnerez en échange, ce qui vaudra mieux encore, votre bonne visite au Bourg-d'Iré, que j'envierai du haut de mes montagnes. La place me manque pour vous dire adieu, et toutes les tendresses que j'ai pour vous dans le cœur.

A. DE MELUN.

Je serais bien embarrassé de vous donner mon adresse, autant vaudrait écrire à un chamois ; mais je serai le 15 à Bagnères-de-Luchon (Haute-Garonne).

Lettre de Mme Swetchine.

Vendredi, 1855.

J'ai au moins deux témoins, mon cher ami, de tout ce que j'ai fait pour me passer de vous, dans l'idée qu'on aurait à votre porte des nouvelles de madame votre mère. J'y ai envoyé plusieurs fois, on n'en avait aucune, et me voilà forcément conduite à ne pas vous épargner la peine de m'en donner. Ce silence d'ignorance me paraît bon signe, l'ensemble de sa santé peut s'être bien trouvé de la chaleur, ce qui n'empêche pas la souffrance en détail de tout ce qu'elle a de lourd et d'oppressif.

Quel cruel événement que la mort de M. Hélion de Villeneuve (1)! je n'en ai point vu qui offrît plus de faces d'intérêts divers, cette ardeur mystérieuse à force d'être aveugle, ce courage si longtemps contenu et si impatient, ce retour si touchant vers Dieu et si tendre pour sa mère ! Soyez assez bon pour dire à M™ª de Forbin combien j'ai pensé à elle dans ce chagrin de famille, où les regrets personnels prennent encore un caractère et une place toute à part. Pouvez-vous me dire si la mère du pauvre jeune homme est à Paris, son adresse, et, si vous ne l'avez pas, à qui je pourrais la demander ? Je la voyais autrefois et je voudrais qu'au moins mon nom arrivât jusqu'à elle.

M™ª de Montalembert traverse aujourd'hui Paris ; son mari y a passé trente-six heures la semaine dernière.

Adieu, mon cher ami ; je désire bien que vous soyez sinon tout à fait aise, au moins plus content.

S. SWETCHINE.

Lettre de M™ª Swetchine.

Vendredi 16, 1855.
Rue de la Santé, 29.

Ma bonne volonté, mon cher ami, n'a pas été plus en défaut que la vôtre et également traversée ;

(1) Tué au siège de Sébastopol.

une triste alerte vous a empêché de venir jusqu'à nous, et à peine votre lettre reçue, comme j'allais vous écrire, une violente reprise de mon mal m'a tout fait surseoir. Je n'ai su votre présence à Paris que par votre brusque départ ; mais dès le surlendemain M. Dublaix (1) a eu l'obligeance de me rassurer sur l'état où vous aviez trouvé madame votre mère, état meilleur comparativement à vos craintes, mais acheté à de trop douloureuses conditions et laissant subsister trop d'angoisses pour offrir de vraies consolations. Les vôtres aujourd'hui sont ailleurs, mais puissantes et s'étendant au loin.

Je comprends bien que vous ajourniez même vos autres devoirs, pour ne plus quitter Brumetz; le bien même que vous faites n'y perdra rien, les grâces que vous amassez y ajouteront une force nouvelle.

Vous savez déjà peut-être qu'Alfred est ici jusqu'à la fin du mois ; je ne l'ai pas trouvé trop mal, quoique un peu maigri ; il va et vient. Aujourd'hui il doit être parti avec Mgr d'Orléans pour Champlâtreux, où l'attiraient les plus pressantes invitations ; il m'a bien interrogé sur vous et bien tristement reçu tous les détails que j'ai pu lui donner.

Je viens de recevoir une petite lettre passablement ancienne, s'il n'y a pas erreur de date, de Mgr de Carcassonne, qui accompagnait une lettre pastorale qu'il appelle son premier manifeste. Je ne l'ai pas encore lue, Alfred me l'ayant enlevée au moment même où elle m'arrivait ; mais le sujet dont elle traite rappelle si bien vos droits que je vous l'en-

---

(1) Trésorier de l'œuvre de la Miséricorde.

verrais immédiatement, si je pouvais douter qu'elle
ne fût déjà entre vos mains.

Je suis bien aise de pouvoir vous donner de meilleures nouvelles de l'excellente sœur Rosalie, si vous
n'en avez reçu de plus récentes encore ; il y a deux
jours qu'elle a envoyé la sœur Mélanie à Mme Sioutanoff pour lui dire que M. Manec était très content
d'elle ; il semble que son état avait donné en dernier lieu quelque appréhension. J'ai vu Mme Sioutanoff assez inquiète de savoir à présent si la satisfaction de M. Manec s'étend jusqu'à l'état de l'œil opéré ;
on a pu soulever la paupière, mais il ne semble pas
que la pauvre chère sœur ait vu.

Adieu, mon cher ami ; dites-vous habituellement
que ma pensée s'unit à vos tristesses et les offre avec
vous.

S. SWETCHINE.

Lettre de Mme Swetchine.

Paris, lundi 17 septembre 1855.

Mon cher ami, je suis toujours très sincèrement
touchée du moindre souvenir, et n'ayant pu me voir
à votre passage, je vous remercie de m'en exprimer
quelque regret. J'ai bien compris votre hâte, et la
tristesse navrante des traces d'un affaiblissement qui
place ailleurs que dans ce monde l'espérance qui
soutient. Ce que vous me dites des admirables dispositions de votre chère malade est bien fait pour aider
votre courage : rien ne nous fortifie autant que ce qui

nous élève, et je ne sais s'il est quelque chose de plus propre à produire cet effet-là, que la vue d'une âme souverainement chère et qui se montre à nous supérieure à la redoutable lutte des derniers temps.

Il y a au moins cinq ou six jours que j'ai écrit à M. Thomassin ; je l'aurais fait dès le lendemain du retour de Mme Rostopchine, si m'ayant trouvée souffrante, elle ne s'était engagée, en écrivant à M. Thomassin pour son propre compte, à lui dire en même temps avec quel bonheur je souscrivais à l'arrangement projeté, et je croyais si bien que c'était chose convenue que je n'étais vraiment impatiente que d'exprimer à M. Thomassin toute ma reconnaissance, et aussi l'unique espoir que je mettais en lui, pour empêcher que la résolution de Mlle de Romgsgy ne faiblît au moment de passer outre. Je crois, d'après ce que vous me dites, que son appréhension répond à la mienne ; aussi vais-je lui écrire pour presser son installation et de ne pas attendre au premier octobre, que pour plus de régularité j'avais pris pour terme de son entrée.

Adieu, mon cher ami ; je prie avec vous et surtout je remercie, car dans votre douleur même vous avez bien des grâces à rendre, et la plus précieuse de toutes, celle de grandes consolations bien méritées.

S. Swetchine.

Lettre de Mme Swetchine.

Mercredi 20 novembre 1855.

Je reçois à l'instant, mon cher ami, votre douloureuse lettre, et c'est du fond de l'âme que je vous plains ! Assurément vous étiez bien préparé, mais la prévision n'ôte rien à l'impression d'un grand malheur. Le courage au moins ne peut vous manquer, vous avez été toujours un excellent fils, Dieu a permis qu'elle mourût entre vos bras, et tout vous dit qu'elle est heureuse ! Voilà des consolations et de telle nature que hors d'elle il n'y en a pas.

Je ne dois pas voir Alfred aujourd'hui, mais je viens d'envoyer chez lui ; encore hier nous parlions de vous et bien tristement préoccupés.

Adieu ; soyez mon interprète auprès de votre frère et de mesdames vos sœurs, et au milieu de tant de pieux devoirs qui vous rappellent ici, n'oubliez pas les amis qui vous attendent.

S. SWETCHINE.

Ici s'arrête la correspondance conservée et retrouvée du vicomte de Melun et de Mme Swetchine.

Au moment de la mort de Mme Swetchine en 1857, le vicomte de Melun et le comte de Falloux étaient auprès d'elle et assistaient à ses derniers moments.

Le vicomte de Melun écrivit de suite au comte de Montalembert qui était à Evian, pour lui annoncer la perte qu'ils venaient de faire.

Nous n'avons pas retrouvé la lettre de M. de Melun; mais

nous avons la réponse du comte de Montalembert, ainsi qu'une lettre du comte de Falloux au comte de Montalembert qui lui avait demandé quelques détails.

D'autre part, le comte de Lambel a bien voulu nous communiquer trois des lettres qu'il avait reçues à cette époque de M. de Melun sur la maladie et la mort de Mme Swetchine.

Nous n'hésitons pas à ajouter ici ces diverses lettres qu nous ont paru intéressantes et être le complément naturel de notre publication.

Lettre du comte de Montalembert au vicomte de Melun, en réponse à celle où il lui annonçait la mort de Mme Swetchine.

Evian, ce 12 septembre 1857.

Mon cher ami, combien je vous remercie d'avoir songé à moi sous le coup de cette perte si douloureuse pour vous ! Combien surtout je vous envie d'avoir pu recueillir la leçon d'une telle mort après une telle vie ! Je ne me consolerai jamais d'avoir manqué à cette réunion de fils si dévoués et *si chéris* de celle à qui vous venez de fermer les yeux.

Dites à Falloux de ne pas se fatiguer à m'écrire, qu'il dicte à Fontaine (1) quelques détails. Je suis convaincu qu'il a été pour moi *tout* ce qu'un frère et un ami a pu et dû être dans une telle conjoncture, et qu'il aura fait tout ce que je lui ai demandé de faire pour que cette sainte âme se souvienne de moi pendant ses dernières luttes comme au sein de son triomphe éternel.

(1) Secrétaire de M. de Falloux.

Oui, vous le dites bien, mon cher ami, un tel exemple et un tel souvenir imposent de bien grandes obligations. Hélas ! nous nous en étions fait une si douce habitude que nous y comptions pour toujours. Nous ne retrouverons jamais ce foyer si hospitalier, et où nous étions tellement *chez nous*, avec le bon Dieu en sus, toujours présent ou toujours rappelé à nos pensées profanes par la charité et la piété de sa servante.

Que ce souvenir soit au moins un lien de plus entre nous. Je vous le demande instamment, mon cher ami, au moment où vous vous rajeunissez en entrant dans une vie nouvelle et bien douce (1), tandis que moi, je n'ai plus qu'à vieillir en proie à la maladie et à tant d'autres mécomptes.

Adieu, mon ami, et au revoir, je l'espère bien. En attendant, mille tendres et saintes amitiés.

CH. DE MONTALEMBERT.

Lettre du comte de Falloux au comte de Montalembert.

Paris, dimanche 13 septembre 1857.

CHER AMI,

Melun vous a écrit pour moi, le jour même de notre irréparable malheur. Depuis j'ai voulu recueillir avec certitude et calme les notions qui devaient le plus vous intéresser. Ce matin, je suis en

(1) Allusion au mariage de M. de Melun.

mesure de vous faire participer aux consolations que Dieu nous accorde, et je ne perds pas un instant.

Elle m'avait dicté votre nom parmi ceux pour lesquels elle voulait *combiner* (c'était son expression un souvenir. Les souffrances ne lui ont pas permis davantage. J'y ai donc suppléé de mon mieux en demandant pour vous à ses neveux un reliquaire en bois sculpté et doré avec les reliques, qui était à l'entrée de sa chapelle. Je le remets entre les mains de M. Fontaine, qui vous le fera parvenir selon vos instructions. J'ai pensé qu'un objet pieux, auquel les regards de Mme de Montalembert et ceux de vos filles pourraient s'attacher comme les vôtres, était ce que vous auriez préféré vous-même. Quant à sa chapelle, on n'en pouvait rien distraire, son vœu formel étant que le petit sanctuaire soit reconstruit aussi intégralement que possible. C'est ce soin, dont les difficultés ne sont point encore résolues, qui me retient encore à Paris, et m'y fera probablement rester jusqu'à la fin de la semaine.

Elle m'a légué tous ses papiers. Ils sont volumineux, et nous y trouverons beaucoup plus de traces d'elle-même, que je n'avais osé l'espérer. Ce trésor vous attendra au Bourg-d'Iré; vous me guiderez dans le meilleur emploi à en faire et me prêterez, cher ami, tout ce qui me manque pour m'élever à la hauteur d'une telle confiance. Elle laisse une soixantaine de mille francs en legs de piété et de charité, mais sans forme légale. Ses neveux ont tout exécuté dans les vingt-quatre heures, avec la plus touchante délicatesse. Elle a interdit toute pompe pour ses obsèques. Elle sera conduite demain au petit cimetière de Montmartre où sa place était déjà préparée par elle à côté de celle de son mari. « Je demande, « écrit-elle, qu'on couvre ma tombe d'une pierre « semblable à la sienne ; on y gravera une croix, « mes noms et prénoms, Sophie-Jeanne de Swet- « chine, née de Soymonof, avec la date de ma nais- « sance, 22 novembre 1782, celle de ma mort, et au- « dessous les paroles du psaume : *Domine, dilexi* « *decorem domus tuæ et locum habitationis tuæ.* »

Maintenant, cher ami, voici une pensée qui vient uniquement de moi et à laquelle, par conséquent, vous n'êtes pas le moins du monde tenu à vous as- socier. Elle avait sept ou huit pauvres de prédilec- tion auxquels elle donnait environ 60 francs par an à chacun, en ajoutant quelques *douceurs*, de temps en temps. J'ai pensé non seulement à la dé- tresse, mais au regret de ces pauvres gens pour les- quels elle avait les mêmes délicatesses et les mêmes prévenances que pour ses illustres amis. Je voudrais donc que chacun de ses pauvres fût adopté par un ou plusieurs d'entre nous qui se régleraient sur cet ineffable modèle, autant que possible. J'en ai la liste et les adresses. Si vous en voulez une, vous le direz à Fontaine, auquel je laisserai les mêmes ré- ponses à recevoir de Mme de Gontaut qui est au loin et de quelques autres.

A la minute même où j'aurai rempli sa dernière volonté, je quitterai Paris pour regagner Caradeuc- Bécherel (Ille-et-Vilaine). C'est là que m'attendent ma femme et Loyde, mon frère ayant quitté le Bourg-d'Iré hier. J'aurai en Bretagne plus de recueil- lement et de possession de moi-même qu'en Anjou.

J'espère y passer au moins un mois. Je l'emploierai, s'il m'est donné, à consigner par écrit les trois dernières semaines d'un si admirable exemple. Vous serez la première personne, cher ami, à qui ce récit sera adressé. Je vous embrasse en faisant tous mes efforts pour donner à ma douleur le caractère que lui commanderait celle même que nous pleurons.

ALFRED.

Lettres adressées au comte de Lambel sur la maladie et la mort de Mme Swetchine.

5 septembre 1857.

Cher ami, Mme Swetchine s'affaiblit de plus en plus, et je crains bien que nous ayons bientôt à pleurer cette âme si belle que le ciel nous enlève. M. Rayer espère seulement qu'elle échappera aux crises violentes que la nature de sa maladie faisait redouter. Elle s'endormira dans un sommeil dont le réveil ne saurait nous inquiéter. Voilà le bulletin que je vous donne aujourd'hui à la place de M. de Falloux, dont j'ai promis de prendre la plume au milieu des soins admirables qu'il rend à notre bien-aimée malade. Les symptômes de faiblesse vont en augmentant, sans menacer d'une fin immédiate, mais sans permettre de la croire éloignée.

Adieu, je vous embrasse de tout mon cœur.

A. DE MELUN.

10 septembre 1857.

Cher ami, ce matin à 6 heures la sainte âme que nous aimions tant est retournée au ciel, sans agonie, sans avoir un moment perdu connaissance dans cette longue nuit qu'elle a consacrée tout entière à la prière. Nous sommes dans les larmes, et cependant nous remercions Dieu de lui avoir épargné les angoisses, les luttes dernières que redoutaient les médecins ; elle s'est très paisiblement endormie dans le Seigneur. J'ai réclamé auprès de M. de Falloux le privilège d'appeler vos prières, moins sur cette âme, que sur ceux qu'elle laisse orphelins. Il me charge de vous dire que sans moi il vous aurait écrit ainsi qu'à M. de Bertou.

Adieu, cher ami ; d'après les instructions de notre sainte amie, elle sera exposée aujourd'hui jusqu'à samedi dans sa chapelle. Samedi, une messe basse sera dite sans invitation, sans tentures, à Saint-Thomas d'Aquin.

Elle restera deux jours dans les caveaux de l'église, et lundi le service et l'enterrement auront lieu à Montmartre.

Tous ces jours-là vous prierez avec nous.

A. DE MELUN.

19 septembre 1857.

. . . .

Bien cher ami, je ne vous parle pas de toutes les émotions par lesquelles nous avons passé dans ces derniers jours d'une vie si pleine d'enseignements et d'avant-goût du ciel, vous les avez partagées. Maintenant que chaque heure nous éloigne du moment de la séparation, l'émotion ne s'affaiblit pas, mais elle prend un autre caractère.

Le ciel l'emporte sur la terre, l'âme sanctifiée sur l'amie, et nous éprouvons au fond de notre cœur pour Mme Swetchine quelque chose des sentiments de l'Église pour ceux qui ont témoigné pour elle devant les hommes. Elle prie pour eux le jour de leur mort, elle revêt les ornements de deuil et déploie toute la puissance de ses regrets autour de leur cercueil, puis bientôt, sa tristesse se change en allégresse, l'*Alleluia* remplace le *De profundis*, et elle a des habits de fête et des chants joyeux pour célébrer l'entrée au ciel de ceux dont elle pleurait tout à l'heure la sortie de la terre.

Pour nous consoler, nous avons un trésor que nous n'osions espérer, plus de vingt-cinq volumes écrits de cette main, dictés par cette intelligence dont chaque inspiration venait de si haut, et comme elle n'a rien écrit ni dit qui suppose la volonté d'interdire la publication de ce qu'elle laisse, M. de Falloux se propose de réunir tout ce qui n'est pas trop personnel, et nous travaillerons ensemble à faire entendre au monde quelque chose de cette voix que Dieu n'a pas voulu rendre muette après la mort, pour la consolation de quelques-uns et l'édification de tous.

Adieu; je vous embrasse de tout cœur.

A. DE MELUN.

TABLE DES MATIÈRES

	Pages
Lettre I, du Vte de Melun à Mme Swetchine, 20 juillet 1835.	1
Lettre II, du Vte de Melun à Mme Swetchine, du 21 octobre 1835.	3
Lettre III, de Mme Swetchine au Vte de Melun, du 9 novembre 1835.	7
Lettre IV, du Vte de Melun à Mme Swetchine, du 19 novembre 1835.	12
Lettre V, de Mme Swetchine au Vte de Melun, du 14 décembre 1835.	17
Lettre VI, du Vte de Melun à Mme Swetchine, de 1836.	
Lettre VII, du Vte de Melun à Mme Swetchine, du 11 juin 1836.	23
Lettre VIII, de Mme Swetchine au Vte de Melun, du 20 juin 1836.	27
Lettre IX, du Vte de Melun à Mme Swetchine, du 25 juin 1836.	30
Lettre X, du Vte de Melun à Mme Swetchine, du 4 juillet 1836.	34
Lettre XI, de Mme Swetchine au Vte de Melun, du 23 juillet 1836.	38
Lettre XII, du Vte de Melun à Mme Swetchine, du 31 août 1836.	41
Lettre XIII, du Vte de Melun à Mme Swetchine, du 7 octobre 1836.	45
Lettre XIV, du Vte de Melun à Mme Swetchine, octobre 1836.	49
Lettre XV, de Mme Swetchine au Vte de Melun, du 5 mai 1837.	54

	Pages.
Lettre XVI, du Vte de Melun à Mme Swetchine, 1837.	60
Lettre XVII, du Vte de Melun à Mme Swetchine, du 14 mai 1837.	67
Lettre XVIII, du Vte de Melun à Mme Swetchine, du 10 juin 1837.	72
Lettre XIX, de Mme Swetchine au Vte de Melun, du 13 juin 1837.	78
Lettre XX, du Vte de Melun à Mme Swetchine, du 27 juin 1837.	83
Lettre XXI, du Vte de Melun à Mme Swetchine, du 22 juillet 1837.	86
Lettre XXII, du Vte de Melun à Mme Swetchine, du 3 août 1837.	92
Lettre XXIII, de Mme Swetchine au Vte de Melun, du 30 août 1837.	97
Lettre XXIV, du Vte de Melun à Mme Swetchine, septembre 1837.	102
Lettre XXV, du Vte de Melun à Mme Swetchine, du 19 septembre 1837.	113
Lettre XXVI, du Vte de Melun à Mme Swetchine, du 5 novembre 1837.	118
Lettre XXVII, de Mme Swetchine au Vte de Melun, du 19 novembre 1837.	125
Lettre XXVIII, de Mme Swetchine au Vte de Melun, du 19 décembre 1837.	130
Lettre XXIX, du Vte de Melun à Mme Swetchine, du 15 juin 1838.	133
Lettre XXX, de Mme Swetchine au Vte de Melun, du 26 juin 1838.	138
Lettre XXXI, du Vte de Melun à Mme Swetchine, du 26 juin 1838.	145
Lettre XXXII, du Vte de Melun à Mme Swetchine, du 4 juillet 1838.	150
Lettre XXXIII, de Mme Swetchine au Vte de Melun, du 15 juillet 1838.	157
Lettre XXXIV, du Vte de Melun à Mme Swetchine, du 9 août 1838.	163
Lettre XXXV, de Mme Swetchine au Vte de Melun, du 20 août 1838.	169
Lettre XXXVI, du Vte de Melun à Mme Swetchine, du 22 août 1838.	175

TABLE DES MATIÈRES

Pages

Lettre XXXVII, du Vte de Melun à Mme Swetchine, septembre 1838. 183

Lettre XXXVIII, du Vte de Melun à Mme Swetchine, du 1er octobre 1838. 192

Lettre XXXIX, du Vte de Melun à Mme Swetchine, de 1838. 201

Lettre XL, de Mme Swetchine à M. le Vte de Melun, du 3 octobre 1838. 202

Lettre XLI, du Vte de Melun à Mme Swetchine, du 16 octobre 1838. 206

Lettre XLII, du Vte de Melun à Mme Swetchine, du 22 octobre 1838. 208

Lettre XLIII, du Vte de Melun à Mme Swetchine, du 8 novembre 1838. 212

Lettre XLIV, de Mme Swetchine au Vte de Melun, du 18 novembre 1838. 216

Lettre XLV, du Vte de Melun à Mme Swetchine, du 22 novembre 1838. 222

Lettre XLVI, du Vte de Melun à Mme Swetchine, du 28 novembre 1838. 225

Lettre XLVII, de Mme Swetchine au Vte de Melun, du 2 décembre 1838. 229

Lettre XLVIII, du Vte de Melun à Mme Swetchine, du 7 juin 1839. 231

Lettre XLIX, du Vte de Melun à Mme Swetchine, du 12 juin 1829. 234

Lettre L, de Mme Swetchine au Vte de Melun, du 12 juin 1839. 236

Lettre LI, du Vte de Melun à Mme Swetchine, du 15 juin 1839. 240

Lettre LII, du Vte de Melun à Mme Swetchine, du 20 juin 1839. 247

Lettre LIII, de Mme Swetchine au Vte de Melun, du 5 juillet 1839. 253

Lettre LIV, du Vte de Melun à Mme Swetchine, du 5 juillet 1839. 259

Lettre LV, du Vte de Melun à Mme Swetchine, du 7 juillet 1839. 264

Lettre LVI, du Vte de Melun à Mme Swetchine, du 11 juillet 1839. 268

	Pages.
Lettre LVII, du Vte de Melun à Mme Swetchine, du 21 juillet 1839.	274
Lettre LVIII, de Mme Swetchine au Vte de Melun, du 28 juillet 1839.	277
Lettre LIX, de Mme Swetchine au Vte de Melun, du 7 août 1839.	282
Lettre LX, de Mme Swetchine au Vte de Melun, du 21 août 1839.	283
Lettre LXI, du Vte de Melun à Mme Swetchine, du 22 août 1839.	285
Lettre LXII, du Vte de Melun à Mme Swetchine, du 25 septembre 1839.	289
Lettre LXIII, du Vte de Melun à Mme Swetchine, du 7 octobre 1839.	290
Lettre LXIV, de Mme Swetchine au Vte de Melun, du 8 octobre 1839.	294
Lettre LXV, de Mme Swetchine au Vte de Melun, du 17 octobre 1839.	296
Lettre LXVI, du Vte de Melun à Mme Swetchine, du 6 novembre 1839.	298
Lettre LXVII, de Mme Swetchine au Vte de Melun, du 9 novembre 1839.	302
Lettre LXVIII, du Vte de Melun à Mme Swetchine, du 11 novembre 1839.	306
Lettre LXIX, du Vte de Melun à Mme Swetchine, du 9 juin 1840.	309
Lettre LXX, du Vte de Melun à Mme Swetchine, du 12 juillet 1840.	313
Lettre LXXI, du Vte de Melun à Mme Swetchine, du 19 septembre 1840.	321
Lettre LXXII, du Vte de Melun à Mme Swetchine, du 28 septembre 1840.	333
Lettre LXXIII, du Vte de Melun à Mme Swetchine, du 1er octobre 1840.	337
Lettre LXXIV, du Vte de Melun à Mme Swetchine, du 27 octobre 1840.	344
Lettre LXXV, du Vte de Melun à Mme Swetchine, du 11 juin 1841.	351
Lettre LXXVI, du Vte de Melun à Mme Swetchine, du 30 juillet 1841.	355

TABLE DES MATIÈRES

Pages.

Lettre LXXVII, du Vte de Melun à Mme Swetchine, du 3 juin 1842. 355

Lettre LXXVIII, du Vte de Melun à Mme Swetchine, du 20 juin 1842. 361

Lettre LXXIX, du Vte de Melun à Mme Swetchine, du 5 juillet 1842. 367

Lettre LXXX, du Vte de Melun à Mme Swetchine, du 23 juillet 1842. 374

Lettre LXXXI, du Vte de Melun à Mme Swetchine, du 3 août 1842. 382

Lettre LXXXII, du Vte de Melun à Mme Swetchine, du 16 août 1842. 390

Lettre LXXXIII, du Vte de Melun à Mme Swetchine, du 5 juin 1847. 393

Lettre LXXXIV, du Vte de Melun à Mme Swetchine, du 14 juillet 1847. 397

Lettre LXXXV, du Vte de Melun à M. le Cte de Lambel, du 4 octobre 1847. 401

Lettre LXXXVI, de Mme Swetchine au Vte de Melun, du 6 octobre 1847. 403

Lettre LXXXVII, de Mme Swetchine au Vte de Melun, 1847   460

Lettre LXXXVIII, du Vte de Melun à Mme Swetchine, du 23 août 1848. 409

Lettre LXXXIX, du Vte de Melun à Mme Swetchine, du 28 août 1848. 411

Lettre XC, du Vte de Melun à Mme Swetchine, octobre 1848. 415

Lettre XCI, du Vte de Melun à Mme Swetchine, juin 1849.   418

Lettre XCII, de Mme Swetchine au Vte de Melun, du 27 juin 1849. 421

Lettre XCIII, du Vte de Melun à Mme Swetchine, juillet 1849. 424

Lettre XCIV, de Mme Swetchine au Vte de Melun, 8 juillet 1846. 427

Lettre XCV, du Vte de Melun à Mme Swetchine, 10 juillet 1849. 431

Lettre XCVI, de Mme Swetchine au Vte de Melun, du 12 juillet 1849. 433

Lettre XCVII, du Vte de Melun à Mme Swetchine, juillet 1849. 435

Lettre XCVIII, du Vte de Melun à Mme Swetchine, 1849.   438

	Pages.
Lettre XCIX, du Vte de Melun à Mme Swetchine, du 8 août 1849.	438
Lettre C, du Vte de Melun à Mme Swetchine, du 3 septembre 1849.	440
Lettre CI, du Vte de Melun à Mme Swetchine, du 29 mai 1851.	442
Lettre CII, du Vte de Melun à Mme Swetchine, du 16 juin 1851.	446
Lettre CIII, du Vte de Melun à Mme Swetchine, du 8 septembre 1851.	451
Lettre CIV, du Vte de Melun à Mme Swetchine, du 26 septembre 1851.	455
Lettre CV, du Vte de Melun à Mme Swetchine, du 25 octobre 1851	460
Lettre CVI, du Vte de Melun à Mme Swetchine, du 29 octobre 1851.	463
Lettre CVII, du Vte de Melun à Mme Swetchine, du 29 juin 1852.	467
Lettre CVIII, du Vte de Melun à Mme Swetchine, du 26 juillet 1852.	471
Lettre CIX, de Mme Swetchine au Vte de Melun, 1855	474
Lettre CX, de Mme Swetchine au Vte de Melun, 1855.	475
Lettre CXI, de Mme Swetchine au Vte de Melun, du 17 septembre 1855.	477
Lettre CXII, de Mme Swetchine au Vte de Melun, du 20 novembre 1855.	479
Lettre CXIII, du Cte de Montalembert au Vte de Melun, en réponse à celle où il lui annonçait la mort de Mme Swetchine, du 12 septembre 1857.	480
Lettre CXIV, du Cte de Falloux au Cte de Montalembert, du 13 septembre 1857.	481
Lettres CXV, CXVI, CXVII, du Vte de Melun au Cte de Lambel sur la maladie et la mort de Mme Swetchine, septembre 1857	484-486

POITIERS. — TYP. OUDIN ET Cie

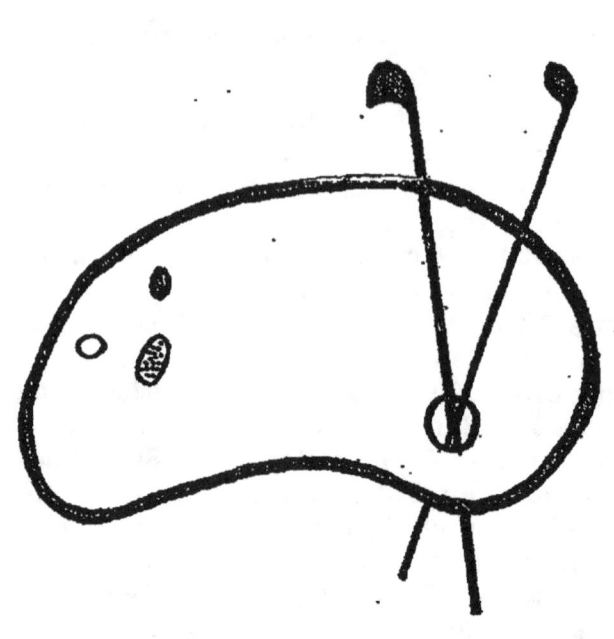

ORIGINAL EN COULEUR
NF Z 43-120-8

www.ingramcontent.com/pod-product-compliance
Lightning Source LLC
Chambersburg PA
CBHW050559230426
43670CB00009B/1189